Franz Huber

VOM SUCHEN UND FINDEN DES WUNDERBAREN

Herbert und die Bäume

SILBERSCHNUR VERLAG

MIX
Papier aus verantwortungsvollen Quellen
FSC® C014138

ISBN: 978-3-96933-046-3

1. Auflage 2022

Umschlaggestaltung: Beeg | graphics, Kirchheimbolanden; unter Verwendung verschiedener Motive von © Fahkamram, © Nowik Sylwia; shutterstock.com, © GDJ; pixabay.com
Satz: XPresentation, Güllesheim; unter Verwendung eines Motivs von freepik.com
Druck: Finidr, s.r.o. Cesky Tesin

Verlag »Die Silberschnur« GmbH · Steinstraße 1 · D-56593 Güllesheim
www.silberschnur.de · E-Mail: info@silberschnur.de

Für Nelly

Nur wer die Sehnsucht kennt,
Weiß, was ich leide!
Allein und abgetrennt
Von aller Freude,
Seh' ich ans Firmament
Nach jener Seite.
Ach! Der mich liebt und kennt,
Ist in der Weite.
Es schwindelt mir, es brennt
Mein Eingeweide
Nur wer die Sehnsucht kennt,
Weiß, was ich leide!

Johann Wolfgang von Goethe

Vorwort

Etwas Besseres als den Tod finden wir überall, sagten die Bremer Stadtmusikanten und zogen in die Welt hinaus.
Da stellt sich sogleich die Frage, was ist der Tod? Ist damit das Ende des Lebens gemeint? Kann er sich nicht auch in Stillstand, lähmender Gewohnheit, im Festgefahrensein zeigen?

Herbert, mein Freund aus Kindertagen, behauptete, es gäbe kein größeres Glück, als sich auf die **Suche nach dem Wunderbaren** zu machen, sich von der Sehnsucht zu neuen Ufern tragen zu lassen. Bäume wären dabei hilfreich. Seine Erlebnisberichte las ich mit Sorge, befürchtete, dass mit Herbert etwas nicht stimme. Zu seltsam, auch widersprüchlich kamen mir seine Aussagen vor. Wollte er mich zum Zweifeln bringen, zum Nachdenken?

Fast unmerklich begann seine Botschaft im Laufe der Zeit zu wirken. Zaghaft entstand in mir neues Gedankengut. Ein neuer Weg deutete sich an.
Manches änderte sich. Meine Mitmenschen erlebte ich positiver, freudige Augenblicke nahmen zu, wohl fühlte ich mich in meinem Körper. Manchmal nahm ich mein Herz wie brennend wahr.

Ich fragte mich: Ist die Sehnsucht nicht die wissende Führerin, die uns aus dem Paradies mitgegeben wurde, damit wir mit ihrer Hilfe zurückfinden? Färbt sie nicht schon hier die Blätter golden? Schenkt sie uns nicht die Kraft, die wir benötigen, um den Weg zurück in unsere wahre Heimat zu wagen?

Herbert betrachtet die Sehnsucht nach dem Paradies als die Mutter aller Sehnsüchte, als die Ursehnsucht, in die jedes Verlangen mündet.

Verehrte Leserin, hochgeschätzter Leser, wir laden Sie ein, uns auf unserem Weg zu begleiten. Sie werden erleben, wie wir aufbrechen und, ähnlich den Bremer Stadtmusikanten, in die Welt hinausziehen. In eine Welt, die ab einer von uns selbst gezogenen Grenze verschlossen scheint. Wir durften erfahren: Es steht uns frei, diese Grenze zu überwinden.

Dass sich Jahre später aus unseren bescheidenen Anfängen ein Freundeskreis bilden, der Herberts Erkenntnisse aufnehmen und weiterentwickeln würde, konnten wir uns nicht vorstellen. Schon gar nicht, dass ein Buch entstehen würde. Und erst recht nicht, dass es zu einer bescheidenen Friedensbewegung käme.

Unsere Mühe, das alles aufzuschreiben, hat sich gelohnt, wenn Sie während des Lesens innehalten, sich in Ihr Herz versenken und ein wenig von der ungeheuren Sehnsucht, die Herbert und später auch mich ergriff, zu der Ihren machen.

Der Autor

Vor einigen Monaten erhielt ich den weiter unten abgedruckten, undatierten Brief. Der große braune Briefumschlag war in der Mitte zusammengefaltet, verknittert, etwas verschmutzt. Als hätte der Absender ihn einige Tage mit sich herumgetragen. Vielleicht weil er an keinem Briefkasten vorbeikam, oder weil er sich unschlüssig war, ob er den Brief überhaupt absenden sollte. Nur dunkel erinnere ich mich daran, dass auf der Briefmarke ein üppiger, dickstämmiger Baum abgebildet war. Wenn ich versuche, ihn wieder ins Leben zu rufen, überrascht er mich mit einer Unzahl zwar gelbgrüner, doch lebensfrischer Blätter. Fast rund sind sie, erstaunlich hell, feingeädert, mit kleiner, sachte nach oben gebogener Spitze. Die Absenderzeile las ich nicht, der Inhalt malte auch so schon die Farbe meines Jugendfreundes Herbert in mein Herz.

Von Herbert hatte ich seit mehreren Wochen nichts gehört. Es ist seine Art, sich, falls er tief in ein Thema einsteigt, von allen und allem, soweit es geht, zurückzuziehen.

Wie Sie gleich lesen werden, liebe Leserin, lieber Leser, wird vor Freude über Herberts Brief gleich die Fantasie mit mir durchgehen.

Da lag er nun, der Briefumschlag, auf meinem Schreibtisch. Aufgrund der mittigen Faltung war eine seiner Hälften etwas aufgerichtet. Sie warf einen durchscheinenden Schatten auf die Holzplatte des Schreibtischs. Das Bild, das sich mir bot, war längerer Betrachtung wert. Sollte ich den Brief gleich öffnen, sofort beginnen zu lesen - oder lieber abwarten, der Vorfreude ein buntes Feld überlassen?
Oder saugte ich durch den geschlossenen Umschlag wie mit einem Bienenhonigrüssel erst jenen Zauber ein, den jemand für

den, der sehnsuchtsvoll auf das lang erwartete Zeichen hoffte, in dürre Zeilen streuen kann, streuen sollte - falls er denn diesen Zauber in seinem Herzen trägt. Das ist die Voraussetzung. Ohne ihn im eigenen Herzen zu tragen, kann kaum etwas geschehen. Ganz gewiss nicht von außen.
Die Sonne zog gerade mit Mühe an einer ausgefransten Wolke vorüber, vergoldete das Braun des Briefumschlags, brachte die ohnehin helle Holzplatte zum Strahlen, blendete meine Augen.

Da Herbert bei unseren letzten Begegnungen von erstaunlichen Erlebnissen mit Bäumen berichtet hatte, ging ich davon aus, dass der Inhalt des Briefs darauf Bezug nähme. Ein Thema, das mich neben anderen inzwischen selbst brennend interessierte. Sehnsucht - Bäume, das hatte was. Das ging auf eine mir noch unbekannte Weise zusammen. So gerne hätte ich mich mit kommunikationsoffenen Bäumen verbunden, sie Freunde genannt, unsere Schicksale mit grünem Band verknüpft, sie umarmt, geliebt wie eigene Kinder, wie Lieblingssöhne und Lieblingstöchter. Genauso, wie Herbert dies tat. Falls hilfreich, würde ich mit kleinen Bäumen beginnen, selbst mit unscheinbaren, dürftig beblätterten, die im Schatten der mächtigen darbten. Bäume. Ja, Bäume, Träume. Meine Träume. Die Augen kniff ich zusammen, um so vielleicht eine Botschaft herauszulocken. Der wie ein plattgedrücktes "V" ruhende Briefumschlag wandelte sich erst verschwimmend, dann klarer werdend in weiß blendende Flügel, sein Inhalt perlte an brüchigen Stellen heraus, ergoss sich fein gewölkt, wie glaskörniger Wüstensand, einer von der Art, die an Bernstein erinnert, über den staunenden Tisch. Die Sonne schenkte jedem Sandkorn ein geheimnisvolles Leuchten. Wolken aus Gold stürzten sich in meine Augen.

Eine Weile bangte ich mit dem Briefvogel mit. Würde er die Flugkraft aufbringen, sich zu erheben, aufzusteigen, entflöge er mitsamt dem heiß ersehnten Inhalt? Nein, ich war voller Drang zu lesen.

Mein ungeduldiges Herz duldete keinen Aufschub. Möge sich der Umschlag ohne die weißen Blätter in seinem Bauch erheben und mit meinem Segen erleichtert dorthin fliegen, wohin sein Sinn ihn zöge. Ich zündete mir ein rotes Kerzlein an. Voller Erwartung öffnete ich den Brief.

Der Einfachheit und der besseren Übersicht halber sind die folgenden Originaltexte von Herbert in einer anderen Schrift gedruckt. Manches in Herberts Text musste ich nacharbeiten, da er teilweise Abkürzungen verwendete oder im Telegrammstil schrieb.

Lieber Herzbruder,

ich darf dich doch mit deinem alten Spitznamen ansprechen? Du erinnerst dich doch, oder?

Wie bei unserem letzten Treffen besprochen, sende ich dir einige vom Inneren meines Herzens stammende Zeilen. Wenn ich schreibe von Herzen, dann weißt du, dass es sich nicht um leeres Gerede handelt. Die Themen, mit denen ich mich beschäftige, sind, wie du weißt, etwas ungewöhnlich und ich muss sehen, dass ich richtig und verständlich formuliere, damit keine Missverständnisse auftreten. Und ich muss grob zusammenfassen. Bedenke bitte, das Folgende ist noch nicht so richtig ausgegoren. Das bedeutet für mich, dass ich eine Art These benötige, an welcher ich mich abarbeiten, dadurch neue Erkenntnisse gewinnen und diese dann weiterentwickeln kann. Um diese These geht es im Folgenden. Ich freue mich auf deine Gedanken dazu! Gerne erwarte ich deine Anregungen! Viel habe ich noch nicht erreicht, bin dem aber Schicksal auch für die geringste Erhellung dankbar! Und vergiss nie, nichts von alledem, was uns umgibt, ist selbstverständlich.

Eigenartigerweise gingen mir in den letzten Tagen ähnliche Gedanken durch den Kopf. Hier füge ich ein Erlebnis ein, bevor es wieder aus meinem Fokus entschwindet und mir vielleicht nie wieder in den Sinn kommt. Wie so viele andere, mehr oder weniger beachtenswerte Erlebnisse. Zu schätzen, was man hat oder noch hat, das selbstverständlich Scheinende und auch das Alltägliche in Dankbarkeit anzunehmen, ist eine nicht geringe Kunst. Darüber habe ich vor Jahren eine unvergessliche Lehre erhalten. Bei einem mehrtägigen Seminar in einem abgelegenen Gebirgstal. Etwa fünfundzwanzig Frauen und Männer nahmen daran teil. Alles junge Leute. An das Thema erinnere ich mich nicht mehr genau. Jedenfalls stand die Beziehung zwischen Männern und Frauen im Mittelpunkt. Mir war klar, dass ein Großteil der Probleme, mit welchen man zu kämpfen hat, sich in Mann-Frau-Beziehungen ergeben.

In diesem Seminar hoffte ich dazuzulernen. Ich hoffte weiter, mit den hoffentlich zu gewinnenden Erkenntnissen in Zukunft besser in meiner kleinen Welt zurechtkommen zu können.

Erwartungsvoll hatten wir in einem großen hellen Raum auf fülligen, bunt geblümten Sitzkissen Platz genommen. Jeder an der Stelle, an welcher er meinte, sich am wohlsten zu fühlen. Gespräche gab es kaum, man hoffte wohl, eine gute Zeit vor sich zu haben. Aus dem Verhalten der Teilnehmer schloss ich, dass sich die meisten nicht kannten. Von draußen, teilweise durch zerfledderte Nebelschwaden verdeckt, grüßten eindrucksvolle Bergriesen durch regennasse, großflächige Fenster. Sattgrün im unteren Bereich, kantig, ein Fest von Grautönen weiter oben, hoch darüber in Berggewitterschwarz getaucht. Die Natur triefte vor Nässe. Es roch nach Gebirge.

Ein Gong kündigte den Beginn des Seminars an. Gespannt warteten wir auf den Leiter. Nach, wie mir vorkam, langer Zeit betrat er den Raum. Er war Jahre älter als die Teilnehmer. Graue kurze Haare, Dreitagebart, in seiner Mitte ruhend, kugeliger Buddhabauch, grünkariertes Hemd, dicke rote Stricksocken, meditativer Blick über chromgeränderte Brillenränder hinweg, all das versprach eine interessante Zeit. Er lächelte auf eine Weise, die offen ließ, ob er wirklich lächelte oder ob man sich nur einbildete, ein Lächeln zu sehen. Angenehm war es, wie sich später herausstellte, mit ihm zu sprechen, beherrschte er doch die hohe Kunst des Zuhörens.

Nach der Begrüßung folgten einige organisatorische Hinweise, in denen es auch um das übliche Diktat des Duzens ging, gefolgt von einer kurzen Vorstellungsrunde der Teilnehmer. Nichts Ungewöhnliches, bis zu diesem Punkt. Die Vorstellungsrunde hielt ich nur für bedingt sinnvoll. Wer kann sich schon fünfundzwanzig Namen und die dazugehörigen Details merken? So entschied ich mich dafür zu versuchen, mir wenigstens die Namen der mich Umgebenden zu merken.

Anschließend erläuterte der Seminarleiter: "Wir befinden uns in einem therapeutischen Schutzraum. Hier gelten Ausnahmeregeln. Was hier geschieht, muss in diesen Räumen bleiben und darf keinesfalls nach außen getragen werden. Sind wir uns darüber einig? Gibt es jemanden, der sich nicht an diese Vereinbarung halten möchte?" Alle waren einverstanden. "Um ein guter Therapeut werden zu können, muss man viele Erfahrungen im Leben sammeln. In allen möglichen und unmöglichen Situationen. Es ist ratsam, dabei immer aufmerksam zu beobachten, wie sich die anderen verhalten. Auch auf uns selbst achten, wahrnehmen, was uns angenehm berührt; besonders aber darauf, was wir ablehnen. Letzteres sollten wir besonders ernst nehmen. Anschließend unbedingt das eigene Verhalten analysieren und Schlüsse daraus ziehen. Für ein besseres Miteinander, für eine bessere Zukunft. Hier, in diesen Räumen, eröffnet sich nun eine besondere Gelegenheit, Erfahrungen zu machen. Haltet euch nicht zurück. Springt rein ins volle Leben! Lieber sich in diesem Schutzraum, unter meiner Führung öffnen, auch wenn es vielleicht wehtut, als ohne Nutzen in einigen Tagen nach Hause zu fahren.

Eines der herausfordernden Themen ist für uns die Mann-Frau-Beziehung, oder, wer es wie folgt lieber hat, die Frau-Mann-Beziehung, insbesondere die Sexualität. So viele Ehen scheitern, weil die Partner nicht in der Lage sind, in diesem Punkt Harmonie zu erreichen. Meine Empfehlung: Übt in diesem Seminar Sex so oft es geht und mit so vielen Partnern wie möglich. Ja, ihr habt richtig gehört. Es ist durchaus in Ordnung, Spaß dabei zu haben. Ihr braucht es eurem Partner zu Hause ja nicht gleich auf die Nase zu binden."

Der Seminarleiter regte weiter an, gleich für die erste Nacht nach einem geeigneten Sexpartner oder einer hübschen Sexpartnerin Ausschau zu halten. Good news! Das war unerwartet! Kein Widerspruch regte sich. Die nächsten Sätze des Seminarleiters konnte ich nicht hören. Grund dafür war die aufkommende Unruhe in der Gruppe. Seine Stimme ging darin unter. Eine Welle der Wachheit überzog den Raum. Die Blicke der Seminarteilnehmer schweiften hin und her, man schätzte ab, wer wohl am begehrenswertesten und auch passendsten sein könnte, bei wem man Chancen hätte, ihn oder sie als Bettgefährten für die erste Nacht zu gewinnen. Man zwinkerte, lächelte sich zu, einige nahmen ihr Sitzkissen unter den Arm und tauschten die Plätze, vermutlich, um sich eine bessere Ausgangsposition zu sichern. Ein junger, hagerer

Mann stolperte dabei recht unglücklich, weil überaktiv. Genau vor mir. Direkt mit dem Oberkörper fiel er auf eine kreischende junge Dame, während mir sein Sitzkissen um die Ohren flog. Zum Glück ging die Sache ohne Verletzungen ab.

Der Seminarleiter stand auf, erhob die Stimme, um sich Gehör zu verschaffen, und beruhigte uns mit dem Hinweis, dass bis zum Abend noch genug Zeit sei, jemand Geeigneten zu finden. Keinen Sinn mache es, vor lauter Angst, allein zu bleiben, die Damen zu verletzen.

Während der junge Mann sich mit hochrotem Kopf entschuldigte, stellte ich fest, dass es einen leichten Damenüberschuss gab. Da gab es nun wirklich keinen Grund, überhastet etwas zu unternehmen. Das Seminar entwickelte sich im Laufe des Tages munter weiter. An den Atem- und Yogaübungen schien das Interesse eher gering zu sein. Muntere, vielfache Wortmeldungen, wie sie in anderen Seminaren üblich, wenn auch manchmal lästig sind, gab es nicht. In den wenigen Pausen sprach man aufgeregt mit verschiedenen Seminarteilnehmern, um zu erkunden, ob die Chance für eine gemeinsame Nacht bestehe. Die Spannung wuchs zusehends, je näher der Abend kam. Mir schien, als habe sich ein Teil der Anwesenden bereits zu Paaren zusammengefunden. Obwohl dies nicht Thema des Seminars war, hatten sich zwei Herren zusammengesetzt, der jüngere der beiden hielt lächelnd die Hand des älteren in seiner. Offenbar hatten sie Sympathien füreinander entdeckt.

Kurz vor dem Ende des ersten Seminartages meldete sich eine junge Dame zu Wort. Dazu stand sie auf. Wohl um ihren gut geformten Körper, der sich in ihrem groß gemusterten Hosenanzug erahnen ließ, ins rechte Licht zu rücken. Ihr Gesicht war leicht gerötet. Die schwarzen Augen blitzten. Um den Hals trug sie eine zweireihige, schimmernde Perlenkette. Vom rechten Ende der

Gruppe aus hatte sie fast alle Teilnehmer im Blickfeld. Sie ließ erst ihre Augen über die Gruppe wandern, räusperte sich, begann dann zu reden. Barfuß wolle sie über Wiesen, weich wie Teppiche laufen, dabei einen bunten Blumenstrauß sammeln, Bienen und Vögel beobachten, im Sonnenschein tanzen und, endlich müde geworden, mit dem Herrn ihrer Wahl den Sonnenuntergang bewundern, brachte sie mit angenehm heller Stimme vor.

Nach dieser Ankündigung sah sie sich aufmerksam in der Gruppe um. Ihr verführerischer Vorschlag schien mir einen angenehmen Zeitvertreib zu versprechen. Was für eine gelungene Idee! Wunderbar! Für mich konnte ich mir das sehr gut vorstellen. Leider war ihre Rede nicht an mich gerichtet gewesen. Die Dame wäre wohl auch eine Nummer zu groß, sprich, zu hübsch und zu selbstbewusst für mich gewesen. Nicht die geringste Chance rechnete ich mir bei ihr aus. Um herauszufinden, wer der Glückliche war, sah ich mich in der Runde um, konnte mir jedoch keine Klarheit verschaffen. Wie schön wäre es, mit dieser jungen Dame einen Nachmittag zu verbringen und sich dann nach dem Sonnenuntergang nicht zu trennen, sondern beim Italiener ein Abendessen bei Kerzenschein zu genießen. Mein Herz weitete sich, schlug höher. Wer weiß, vielleicht würde sie dann noch zu mir kommen oder ich zu ihr ... Träumen ist erlaubt.

Die junge Dame wiederholte ihren Vorschlag mit den Bienen und Vögeln nach einer angemessenen Pause noch einmal, was wohl dem Angesprochenen die Gelegenheit geben sollte, sich zu äußern. Diesmal mit etwas Unsicherheit, aber auch mit mehr Gefühl in der Stimme und etwas ausführlicher, indem sie noch Schmetterlinge und Hummeln mit in das Angebot mit aufnahm. Den Sonnenuntergang schmückte sie zusätzlich mit "herrlich" und "blutrot" aus.

Schweigen. Ungehörig fand ich es, dass der angesprochene Herr in keiner Weise auf dieses verlockende Angebot reagierte. Wäre ich an seiner Stelle gewesen, wäre ich aufgesprungen, hätte gern geantwortet und von meiner Seite wenigstens noch "laue Lüfte" und "rosafarbene Wölkchen" mit eingebracht. Das Sitzkissen hätte ich unter den Arm genommen und hätte mich zu ihr gesetzt. Das Schweigen breitete sich indes mit allgemeiner Ratlosigkeit weiter aus. Zwei vor mir sitzende Herren drehten sich unisono zu mir um und blickten mich fragend an. Auch von anderen meinte ich, beobachtet zu werden. Täuschte ich mich? Mein Blick fiel auf den Seminarleiter. Durchdringend sah er mich an. "Willst du denn nichts dazu sagen", fragte er. Wie kam er denn ausgerechnet auf mich? "Es wäre meiner Meinung nach besser, wenn der betroffene Herr selbst darauf antworten würde", war meine Antwort. "Ich an seiner Stelle hätte mich gern gemeldet", schob ich nach. Gelächter brandete auf, die Herren bogen sich vor Lachen. Die Damen wieherten in den höchsten Tönen. Es schien nun tatsächlich so, dass das Angebot an mich gerichtet war. Eine glatte Überraschung! Und alle fanden es lächerlich, was ja auch laut zu hören war, dass mir das nicht aufgefallen war. Dabei handelte es sich nur um ein Missverständnis, um unklare Kommunikation. Hätte sie mich doch beim Sprechen angesehen! Es war zu dumm.

Die Dame im Hosenanzug saß inzwischen zusammengekauert auf ihrem Kissen und weinte. War da noch etwas zu retten? Versuchen wollte ich es, stand auf, sprach meinen tiefen Dank aus, verneigte mich dabei in ihre Richtung. Seltsam muss es geklungen haben, denn die Gruppe brach erst recht in Gelächter aus. So stand ich da und hatte zu warten, bis das Lachen etwas abgeklungen war. Nachdem ich mich ausgiebig entschuldigt hatte, gab ich zu bedenken, dass es draußen regnete, es zu kalt zum Barfußlaufen sei und wir zudem in das Seminar eingebunden seien. An eine zeitnahe Realisierung des Vorhabens war somit nicht zu denken.

Mein Vorschlag, die ganze Aktion zu einem späteren Zeitpunkt und bei schönem Wetter nachzuholen, ging im wieder aufbrausenden Gelächter unter. Ohnehin hatte sich die besagte Dame in die Toilette zurückgezogen und konnte mich nicht mehr hören. Dabei hatte sie die Tür mit lautem Knall zugeschlagen. Das war auch das offizielle Ende des ersten Seminartages. Die Teilnehmer zogen sich immer noch lachend zurück, um sich frisch zu machen und dann im Speisesaal das Abendessen einzunehmen.

Verschiedene Paare hatten sich an den Tischen zusammengesetzt. Einige Damen und Herren erschienen nicht zum Abendessen. Ein Pärchen umarmte und küsste sich bereits.

Ich suchte nach der Dame mit den schwarzen Augen. Vielleicht konnte ich mich zu ihr an den Tisch setzen, und das Geschehene ins rechte Licht rücken. Sogleich fand ich sie nicht, da sie mir, wie ich später bemerkte, den Rücken zukehrte. Als ich sie endlich in einer dämmrigen Ecke fand, saß neben ihr ein hochgewachsener Herr mit Glatze und hielt Händchen. Also kein guter Zeitpunkt, um mich ein weiteres Mal zu entschuldigen. Enttäuscht zog ich mich zurück. Mich würdigte sie fortan keines Blickes mehr. Nach dem Essen leerte sich der Speisesaal schnell. Man ging frühzeitig schlafen. Ich verbrachte die Nacht mit Selbstvorwürfen und Vorstellungen, wie wundervoll es mit der Schwarzäugigen hätte sein können.

Am nächsten Morgen war Duschen angesagt. Zwei große, himmelblau gestrichene Gemeinschaftsduschen, eine für die Damen und eine zweite für die Herren, standen zur Verfügung. An der Decke waren selbstleuchtende Sterne und ein zunehmender

Mond angebracht. Das schuf eine romantische Atmosphäre. So machte das Duschen Spaß. Platz war ausreichend vorhanden, auch genügend warmes Wasser. Allgemein war man gut gelaunt. Es war ein Rauschen, ein Lachen und ein Spritzen. Nach einigen Minuten erschienen zwei vollkommen nackte Damen an der Tür. Zuerst dachte ich an eine Art Fata Morgana, welche aus nebeneinander duschenden Männerleibern unter Zuhilfenahme von Wasserdampf und magerer Beleuchtung wohlgeformte Damenkörper formte. Überrascht verdeckten wir Männer unsere Blöße, so gut es ging, ich zog mich erschrocken in eine der hinteren Ecken zurück. Die Damen fragten höflich, ob sie bei uns duschen dürften, da die Damendusche hoffnungslos überfüllt sei. "Aha!" Welcher Kavalier könnte denn eine Dame in einer derartigen Notlage abweisen? Großzügig wurden ihnen Duschplätze angeboten.

Am Morgen darauf hatte sich die Anzahl der Damen mit Duschproblemen verdoppelt. Am Tag darauf schien es mir, als hätten sich alle Damen in der Herrendusche versammelt. Nun gab es kaum noch eine Möglichkeit, unter eine der Duschen zu gelangen, es entstand ein Gerangel um die besten Plätze. Einer der Herren mit diplomatischer Veranlagung jammerte herzergreifend, er habe Seife im Auge und müsse unbedingt Vortritt erhalten. Als niemand sich seiner annahm, drängte er sich brutal zur Dusche durch. Dabei rutschte ein hagerer, junger Mann, vermutlich der Pechvogel, der am ersten Seminartag auf die Dame gestürzt war, wohl auf einem Stück Seife aus. Mit lautem Schrei fiel er auf den Lattenboden. Vielleicht wurde er auch von dem Diplomaten umgestoßen. So genau konnte ich das im Gedränge und im nebligen Wasserdampf nicht sehen. Leicht verletzt und klagend verließ der Unglückliche humpelnd die Dusche, um sich verarzten zu lassen. Sein Weggehen brachte kaum Erleichterung. Inzwischen war der Diplomat von einer resoluten Dame, die dabei geschickt ihre fülligen Hüften einsetzte, vom Wasserstrahl weggestoßen worden. Er versuchte, an einer schwächer besetzten Dusche erneut sein Glück.

Eine kleine Gruppe Herren, der ich mich anschloss, machte sich auf, die Damendusche zu erkunden, um gegebenenfalls dort in Ruhe duschen zu können. Und siehe da, es waren dort nur zwei Damen verblieben. Wir baten um Einlass wegen der Überfüllung der Herrendusche. Dies wurde uns gewährt. Am Tag darauf hatte sich dann fast ein Gleichgewicht bei der Nutzung der Duschräume eingestellt. Nur dass die meisten Herren in der Damendusche und die meisten Damen in der Herrendusche duschten.

Nun ist es an der Zeit, auf die Lehre, die uns erteilt wurde, zurückzukommen. Wir bleiben dazu vorläufig weiter in den Duschräumen. Es war am letzten Seminartag. Die meisten Seminarteilnehmer waren bereits eingeseift, die Haare hatte man shampooniert, als klar wurde: Das anfangs laue Wasser kam nur noch kalt aus den Duschköpfen. Es gab kein warmes Wasser mehr! Verzweifelt drehte man an den Hähnen. Einige der Damen schienen sich kurz vor einer Ohnmacht zu befinden. Auch ein Ausflug in die jeweils andere Dusche kam zum gleichen Ergebnis. Da war nichts zu machen, das Wasser blieb kalt. Schreie des Entsetzens und der Empörung, Flüche gellten durch beide Duschräume. Mit kaltem Wasser, brrrr, wollte man sich das Shampoo nicht vom Kopf waschen. Schnell wurde eine Delegation bestimmt, die sich auf den Weg machen und den Mangel dem Seminarleiter kundtun sollte. Mir dämmerte: Selbst wenn der Fehler schnell zu beheben wäre, würde es lange dauern, bis wieder warmes Wasser zur Verfügung stünde. Es machte also keinen Sinn zu warten. Meine Meinung wurde dadurch erhärtet, dass die Delegation, alle mit Bademänteln bekleidet oder notdürftig mit Handtüchern bedeckt, mit Flip-Flop-Latschen an den Füßen und Schaum im Haar, unverrichteter Dinge zurückkam. Berichtet wurde, dass man niemanden gefunden habe, der die Beschwerde hätte entgegennehmen können.

Während wir auf die Beschwerdedelegation warteten, kam mir in den Sinn, dass bei den wenigen interessanten Gesprächen und Übungen dieser Tage das Thema Sexualität keinen Raum einnahm, obwohl es der Seminarleiter anfangs überdeutlich angesprochen hatte. Von den Teilnehmern wurden keine einschlägigen Fragen gestellt. Vielleicht lag das daran, dass die meisten diesbezüglich gut versorgt waren und einen zufriedenen Eindruck machten, oder daran, dass sich quer durch die Geschlechter Ermüdungserscheinungen zeigten. Eine Dame schlief zum Beispiel während einer Yogaübung an der Schulter ihres Kavaliers ein. Das wäre kein Problem gewesen, hätte sie nicht grauenvoll geschnarcht. So musste sie geweckt werden.

Mit kaltem Wasser reinigte ich mich, trocknete mich anschließend, so gut es ging, und machte mich auf, um nach dem Frühstück zu schauen.

Nachdem der Seminarleiter viel später als sonst endlich im Seminarraum erschienen war und jeder, der das wollte, die Möglichkeit genutzt hatte, sich empört und ausgiebig wegen der Wasserproblematik zu beschweren, erfuhren wir, dass die ganze Sache abgekartet, also beabsichtigt gewesen war. Wir waren sprachlos! Bei dieser Gelegenheit sollten wir lernen, dass nichts, aber auch gar nichts als selbstverständlich zu nehmen sei. Und obendrein wäre es schön, auf das Gegebene zu achten, gar dankbar zu sein, auch in dem Wissen, dass Dankbarkeit das Herz erwärme, zufrieden und glücklich machen könne. Weiter machte der Seminarleiter klar, dass Dankbarkeit nicht leicht zu erwerben sei. Es sei letztlich ein Geschenk des Lebens an sich selbst, das es durch jeden Einzelnen von uns entgegennähme.

Er wies darauf hin, dass üblicherweise die Größe der Angst vor einem Ereignis um viele Male größer sei als die gezeigte Dankbarkeit nach glücklicher Überwindung des bedrohlichen Ereignisses. Dies zeige eben deutlich, dass man undankbar oder nicht hinreichend dankbar sei. Es erübrigt sich zu erwähnen, dass diese Rede von Unmutsäußerungen gestört wurde. Teilweise war der Seminarleiter kaum zu verstehen, so dass er sich wiederholen musste.

Manche wollten das nicht einsehen und warfen ein, dass es völlig ausgereicht hätte, verbal mitzuteilen, dass man nichts als selbstverständlich nehmen und dankbar sein solle. Schließlich hätten sie die volle Seminargebühr bezahlt und hätten deshalb wohl ein begründetes Recht auf warmes Wasser.

Unvollkommenheit muss sich wiederholen,
Vollkommenheit schreitet weiter.

Unbekannt

Dafür dankbar zu sein, dass die Dusche nicht funktioniere, wäre doch wohl ein seltsames Verhalten. Zwei Damen beklagten ihre ruinierten Dauerwellen. Eine erschien gar nicht mehr. Man munkelte, sie habe sich wegen einer sich anbahnenden Lungenentzündung krankgemeldet und sei schon auf dem Weg nach Hause. Da die Empörung kein Ende nehmen und keine Ruhe einkehren wollte, wechselte der heute blau kariert behemdete Seminarleiter das Thema und erhob die Stimme. Da dies nicht ausreichte, erhob er sich und schrie fast.

Er fände es schändlich, dass hier jeder mit jedem schliefe. Wir seien doch erwachsen und müssten selbst wissen, was wir zu tun hätten. Unabhängig davon, was er oder andere empfehlen würden. Therapeuten wollten wir werden und hätten solch schwache Charaktere. Unverständlich sei es ihm, wie leicht die Teilnehmer des Seminars sich in einer doch so klaren und eindeutigen Sache beeinflussen ließen. Er hoffe, dass sich das in der Politik nicht herumspräche. Sonst sähe er schwarz für unsere Demokratie.

Größe erlaubt Sünde und versöhnt mit dem Fehltritt.

Der zweite Ritter

Die Duschthematik verschwand augenblicklich im Hintergrund. Ruhe kehrte ein. Die folgenden Stunden herrschte gedrückte Stimmung. Mancher mochte sich an das Lachen des ersten Tages mit Wehmut erinnern. Die Stimmung fiel vollends in den Keller, als der Seminarleiter dringend empfahl, die Verfehlungen dem Lebenspartner zu Hause mitzuteilen und das Für und Wider ausgiebig zu diskutieren.

Erst als das Seminar sich seinem Ende zuneigte, hellten sich die Gemüter wieder etwas auf.

Aus meinen Erinnerungen aber nun schnell zurück zu Herberts Brief:

Hoffentlich irritiere ich dich nicht allzu sehr, wenn ich ausgerechnet mit der Bibel beginne. Vergiss einfach alles, was du bisher darüber wusstest. Du kannst auch ohne weitere Überlegungen mit den Bäumen in Kontakt treten. Wenn du aber mehr Wissen hast, wird es einfacher und du kommst schneller voran. Also bitte, schluck diese für dich sicher warzige Kröte.

Schon sehe ich dich vor mir, wie du an deinem Tisch sitzt, die Stirn runzelst und vor dich hin murmelst: "Jetzt kommt er mir auch noch mit der Bibel daher." Du schüttelst den Kopf, hältst einen Moment inne, gehst zum Kühlschrank und holst dir erst mal ein Bier, bevor du weiterliest. Stimmt's?

In der Bibel ist das Thema, das ich ansprechen möchte, wie sonst nirgendwo erläutert. Ich bitte dich also um etwas Geduld und um Unvoreingenommenheit. Du kennst sicher den Anfang des Johannes-Evangeliums. Ich meine den Text, der berichtet, dass Gott mit dem Wort die Welt geschaffen hat. Er beginnt wie folgt:

Im Anfang war das Wort
Und das Wort war bei Gott
Und das Wort war Gott.
Im Anfang war es bei Gott.
Alles ist durch das Wort geworden
Und ohne das Wort wurde nichts was geworden ist.

Dr. Faust hatte vor, die Bibel zu übersetzen. Goethe lässt ihn sagen:

Geschrieben steht: "Im Anfang war das Wort"
Hier stock ich schon! Wer hilft mir weiter fort?

Ich kann das Wort so hoch unmöglich schätzen,
Ich muss es anders übersetzen.
Wenn ich vom Geiste recht erleuchtet bin.
Geschrieben steht: Im Anfang war der SINN.
Bedenke wohl die erste Zeile,
dass deine Feder sich nicht übereile!
Ist es der SINN, der alles wirkt und schafft?
Es sollte steh'n: Im Anfang war die KRAFT!
Doch, auch indem ich dieses niederschreibe,
Schon warnt mich was, dass ich dabei nicht bleibe.
Mir hilft der Geist! Auf einmal seh' ich Rat
Und schreibe getrost: Im Anfang war die TAT!

Faust zweifelt an der Kraft des Wortes, ersetzt es daher durch andere Begriffe. Mephisto platzte herein, die Übersetzung wurde erst einmal gestoppt.

Das Wort wird in der Bibel aus gutem Grund hochgeschätzt:
"Und das Wort war Gott."

Wort und Gott waren das Gleiche! Das Wort war wortmächtig, es hatte Schöpfungskraft in sich. Wie hätte es sonst schöpfen können? Gilt das auch heute noch? Wenn ja, was ist genau ein Wort dieser Art, und was macht es so kraftvoll? Muss es in einer bestimmten Sprache ausgesprochen werden, ist beim Aussprechen eine bestimmte innere Haltung erforderlich? Geht der Akt der Schöpfung kontinuierlich weiter, haben wir Menschen darin eine Rolle zu spielen? Und wenn ja, welche?

Es ist offensichtlich, dass der Schöpfungsakt fortwährt und von uns Menschen schon im zarten Kindesalter weitergeführt wird, indem wir zum Beispiel den Objekten Worte zuweisen. Zuerst eignen wir uns die von den Erwachsenen geprägten Worte an und verbinden sie dann mit den uns umgebenden Personen oder Objekten. Dadurch trennen wir sie von anderen, schöpfen sie so aus dem namenlosen, undifferenzierten Hintergrund heraus. Dieser willentliche Akt des Verlinkens der Objekte mit Worten schenkt ihnen erst ihre Nutzbarkeit, ihre Einzigartigkeit. Dabei ist die Zuweisung der Inhalte ganz individuell und einmalig. Gegenstände werden so für uns aufrufbar. Nun können wir sie bewusst kategorisieren, sie in unser inneres Universum sinnvoll einbauen, von ihnen Gebrauch machen, sie kommunizieren. Die ganz private Möblierung unseres Lebens kann seinen Lauf nehmen.

Hatte Schöpfung einen Anfang? Laut Bibel: ja. Ein Ende scheint es nicht zu geben. Fortwährend wird weiter geschöpft und wir dürfen uns als Teil dieses wundersamen Prozesses betrachten.

Bist du noch dabei, lieber Herzbruder?
Ich weiß. Mein Text ist nicht geeignet für verschlossene Herzen, könnte aber ein Anfang sein, die Welt neu zu entdecken.

So viel für heute, es ist schon spät.
Ist es bei einem Bier geblieben?

Mit herzlichem Gruß und bis bald!

Herbert

Herberts Brief ist mit dem Computer geschrieben und mit dem Füllfederhalter unterzeichnet. Auf solche Details wie die Unterschrift mit dem Füllfederhalter achtet Herbert. Beim Betrachten seiner Unterschrift spüre ich etwas Verbindendes und Ausgreifendes, etwas, das über den Unterzeichnenden hinausweist.

Meine Augen schließe ich, spüre hinein in den Schriftzug, in die kräftigen Schwünge. Kann ich sagen, dass sie mich beruhigen? Oder ist es etwas anderes?

Augen auf und starr darauf geschaut, Herberts Unterschrift eingekreist mit leichtem Augenkreisen. Die Unterschrift wandert mit, biegt sich in die Kurven hinein, einige Hirnkopien entstehen, legen sich als Doubletten drüber. Nahe bin ich dran, ein Herbert-Unterschriften-Meer zu kreieren, indem ich sie über- und nebeneinandersetze. So lange, bis mein inneres DIN-A4-Papier damit vollgepackt ist.

Nein, das ist langweilig. Lieber färbe ich die Unterschriften bunt ein, setze sie zu tragfähigen Bündeln, zu Herbert-Unterschriften-Ziegeln zusammen, baue mir einen lustigen Turm, ja, einen Unterschriftenturm werde ich schöpfen! Höher als der Turm zu Babel soll er werden, über die Wolken hinausragen wird er, Himmel und Erde verbinden, höher, als alle Scheichs zusammen mit ihrem vielen Geld bauen könnten.

Der Turm als ein einzigartiges Werk menschlicher Leistung. Hab ich das auch gut überlegt? Hm, ich mache es lieber doch nicht. Nicht dass wieder so ein Schlamassel geschieht wie damals in Babylon, mit dem Resultat, dass wir uns am Ende nicht einmal mehr in der eigenen Sprache verständigen können. Fast ist es ja schon so weit! Wer versteht sich denn selbst, geschweige denn die anderen! Schluss damit.

Es ist übrigens der längste Brief, den ich bisher von Herbert erhalten habe. Er ist gut verwahrt in der kleinen bordeauxroten, goldverzierten Truhe meiner wenigen "Heiligtümer". Gemeinsam mit einigen Erinnerungsstücken aus meinem Leben, die mir besonders wichtig und ans Herz gewachsen sind.

Die Starken tun gerne, was sie können,
die Schwachen erleiden bitter das,
was sie nicht vermeiden können.

Herbert

Der Brief verwirrte, enttäuschte mich anfangs. Nichts schien durch, was zu Bäumen führen konnte. Genau das hätte mich aber interessiert. Und dann der Hinweis auf das Bier. Es sind sogar drei Flaschen geworden. Die halbe Nacht habe ich wach gelegen und habe über den Inhalt des Briefes nachgedacht, immer wieder die eine oder andere Passage gelesen. Offenbar kennt mich Herbert besser, als ich dachte. Er hatte bewusst Bibeltexte in seinen Brief mit eingebaut. Wohl um mich zu ärgern.

Beim nächsten Zusammenkommen würde wohl wieder der alte Konflikt zwischen uns aufbrechen. Wie oft habe ich ihm diesbezüglich schon meine - zugegeben - unmaßgebliche Meinung gesagt. Darüber sind wir schon in Streit geraten. Immer wieder fängt er damit an. Mit der Bibel. Mit Gott. Gibt es denn einen Gott? Einen, der das, was ständig an Schrecklichem geschieht, einfach so zulässt? Einen, der sehenden Auges die Menschen, die ganze Menschheit gar, in ihr Unglück rennen lässt?

In den folgenden Tagen habe ich Herberts Brief täglich mehrmals gelesen. Wort für Wort. Teilweise war mir ziemlich unklar, was er da so von sich gab. Meist klärt sich bei mehrmaligem Lesen das eine oder andere auf. Bei diesem Text war es anders. Je mehr ich darüber nachdachte, desto mehr Fragen ergaben sich. Dass er meinen alten Spitznamen nutzte, der vor vielen Jahren kurz verwendet wurde und bald in Vergessenheit geriet, gab mir zu denken. Hatte er wieder mal Grimmelshausen gelesen?

Wollte er mir dadurch etwas sagen? Wie kam er nur auf diese eigenartigen, fast möchte ich sagen schrulligen Ideen? Besonders die Vorstellung von den anderen Ebenen irritierte, aber fesselte mich auch. Mit Worten hatte ich mich in dieser Form noch nicht so tief beschäftigt. Allein kam ich da nicht weiter.
So hoffte ich auf Aufklärung bei unserem nächsten Treffen, das in unserem Vereinsheim stattfinden sollte. Voller Ungeduld wartete ich darauf. Schattige Tage schlichen sich vom faden Morgen in den unruhigen Abend, verschwanden dann irgendwo, ohne eine brauchbare Spur zu hinterlassen.

Wohlwollen ist der Versuch,
das Trennende zu überwinden.

Herbert

"Lieber Herbert, Danke für deinen Brief. Damit hast du mich überrascht. Als ich ihn öffnete, habe ich erwartet und gehofft, dass ich etwas über Bäume erfahren würde. Du weißt doch, mit welcher Sehnsucht ich darauf warte. Stattdessen schreibst du über die Schöpfungskraft von Worten, wo doch jeder aus eigener Erfahrung weiß, dass das nicht funktioniert. Ganz ehrlich, kann es sein, dass du mir nur einen Bären aufbinden möchtest?", sprach ich lächelnd zu Herbert.

Wir saßen in unserer Stammkneipe. Es roch nach altem Fett. Der längliche Gastraum unserer Vereinsgaststätte hatte sich bereits geleert, die lärmende Fußballjugend war längst verschwunden. Auch Marina war gegangen, die hochgewachsene Blondine mit ihren krachend roten, hochhackigen Schuhen, dem abenteuerlichen Ausschnitt, ihrer aggressiven Erotik, die keinen klaren Gedanken aufkommen ließ. Offensichtlich war es, dass der Wirt bald schließen wollte. Bei uns Stammgästen war er jedoch zurückhaltend. Andere späte Gäste hätte er sicher schon hinauskomplimentiert.

“Ich möchte so gerne auf deine Erlebnisse mit den Bäumen zurückkommen. Das interessiert mich wirklich. Wie soll ich zum Beispiel mit deiner früheren Behauptung umgehen, dass Bäume, Pflanzen und Tiere unsere menschliche Welt stark beeinflussen. Das kommt mir absurd vor. Ich habe das nicht ganz verstanden.”

Herbert und ich hatten schon öfter über Dinge gesprochen, die für viele Menschen wahrscheinlich ungewöhnlich sind. Oder genauer gesagt, meist hat Herbert von seinen Überlegungen und Erfahrungen berichtet, ich habe zugehört und Fragen gestellt. Manchmal war ich selbst, zugegebenermaßen nach einigen Bieren, etwas ins Fantasieren geraten. Herbert unterstützte das. Jedes In-Frage-Stellen und jeden Versuch, über “bekanntes Land” hinauszugehen, fand er gut und wichtig.

Herberts blau und hellgrau kariertes Hemd strahlte mit seinen Augen um die Wette. Aus seiner Brusttasche lugte die Ecke eines Zehn-Euro-Scheins hervor. Er lehnte sich zurück und das Gebirge seines Gesichts verschwand aus dem Lichtkegel der Hängelampe in der Dämmerung.
Herbert war mein bester Freund. Allzeit korrekt, immer zuverlässig. Ganz Buchhalter. In den letzten Jahren kam er mit ungewöhnlichen Themen auf mich zu, was mit seinem Beruf seltsamerweise nicht in Widerspruch stand.

Mein Blick fiel auf die unlackierte, massive Tischplatte aus Eichenholz. Sie hatte im Laufe der Jahre viele Ringe bekommen, verursacht durch Bier- und Schnapsgläser. Auch von Zigaretten eingebrannte, bräunliche Stellen waren zu sehen. Zeugen einer in uns sehr lebendigen Vereinsvergangenheit. Herberts ringlose Hände lagen flach auf der Tischplatte. Hell waren sie angeleuchtet. Rechts daneben stand auf einem grell swimmingpoolblauen Bierdeckel mit weißer, fetter Schrift ein fast leeres Glas Bier.

Altertümlich wirkte die Holzverkleidung an der Wand, die direkt an unseren Tisch grenzte, sie war mit Urkunden längst vergangener Fußballturniere gepflastert. Mehr oder weniger geschmackvoll erinnerten sie an Erfolge unseres Vereins. Rahmen unterschiedlicher Art und Größe waren peinlich genau in Reih und Glied neben- und untereinander aufgehängt. Mittendrin, mit einem schräg an der rechten oberen Ecke angebrachten schwarzen Band, hing seit kurzem ein Schwarz-Weiß-Foto des im letzten Jahr verstorbenen Vereinsvorstands. Heinz war ein guter, ein sehr aktiver Vorstand gewesen. Gemeinsam waren wir für nicht wenige der Ringe auf der Tischplatte verantwortlich. Unvergessliche Zeiten waren das gewesen. Unsere Jugend gab großzügig ihre Naivität und Freude dazu.

Bei entsprechendem Lichteinfall glänzt die Holzwand fast schwarz, da und dort ist sie leicht fleckig, was dazu führt, dass bei längerer Betrachtung seltsame, sich verschiebende Bilder entstehen. Mancher behauptet, sie wären kurz vor Mitternacht am deutlichsten. Ist das auf den um diese Zeit erhöhten Alkoholpegel zurückzuführen? Oder ist das nur die halbe Wahrheit?
Im Hintergrund hantierte der Wirt lärmend beim Abspülen der Biergläser.

“Danke, dass du bereit bist, dir meine Erfahrungen der letzten Zeit anzuhören. Es ist wichtig für mich, dir das alles ganz genau zu erzählen. Und es muss heute sein. Wenn ich meine Gedanken ausspreche, sie dadurch aus mir heraus in eine materielle Ebene hinein schöpfe, belebt sich das Gesprochene, klärt, erweitert sich, bekommt mehr Festigkeit. Neue Aspekte tauchen auf. Das Reden, auch das Schreiben ist für mich sehr wichtig geworden, um besser verstehen, tiefer in die Materie eindringen zu können. Einmal ausgesprochen, gibt es für das Gesagte kein Zurück mehr.

Welche Worte es auch gewesen sein mögen. Eine gedachte Beleidigung wird nur geringe Konsequenzen haben. Dazu fehlt noch die nächste, die materielle Ebene.
Ist das Denken schon nicht einfach, das rechte Hineinschöpfen in die Welt ist noch schwieriger.

Schreibe nur, wie du reden würdest,
und so wirst du einen guten Brief schreiben.
Johann Wolfgang von Goethe

Ich wüsste nicht, mit wem außer dir ich darüber reden könnte. Jemand anderem möchte ich das auch nicht erzählen. Abgesehen davon, dass mir keiner glauben würde, hätte ich Angst davor, dass man mich in die Psychiatrie steckt. Also bitte, das bleibt nur zwischen uns beiden. Ist das klar? Und die Bäume kommen schon noch dran."

Ich nickte zustimmend. Herbert wusste, dass er sich in diesem Punkt auf mich verlassen konnte. Sein Gesicht erschien wieder im Lichtkegel und seine blauen Augen blitzten. Die graublonden, kurz geschnittenen Haare und sein dazu etwas unpassender, struppiger Schnauzbart, der sich wie zwei weit gespannte Flügel über den Mund wölbte, fingen an zu leuchten.

Tue das Mögliche und überlasse es Gott,
das Unmögliche zu erledigen.

Unbekannt

Ohne Bart habe ich Herbert nie gesehen. Selbst in der Jugendmannschaft hatte er schon einen Flaum, den er stolz hin und wieder in einem kleinen, runden, auf der Rückseite roten Plastiktaschenspiegel ungeniert vor uns betrachtete und vorsichtig mit dem mit Spucke angefeuchteten Zeigefinger seiner rechten Hand etwas korrigierte.
Vorsichtig wohl deshalb, weil er auch nicht den Verlust eines einzigen Haares riskieren wollte. "Eisenbahner Bart" sagten wir damals dazu, wenn wir ihn aufziehen wollten, "jede Station nur ein Haar". Das brachte ihn jedoch nicht aus der Ruhe. Eher dazu, dass er noch öfter die Lage der einzelnen Barthaare überprüfte. Herbert behauptete, er sei schon mit Bart geboren worden. Dieser sei aber, was wohl jeder verstehen könne, damals nicht so füllig, nicht so dicht gewesen wie heutzutage.

Jahre später hat Herbert geheiratet. Auf seinen Hochzeitsfotos habe man seinen Bart einfach wegretuschiert, berichtete er. Der Fotograf dachte wohl, es sei Schmutz auf den Film geraten. Herbert habe daraufhin reklamiert, aber die nichtretuschierten Filmnegative waren nach der Bearbeitung bereits entsorgt worden. "Das war schon ein bezeichnender Anfang für meine Ehe", erläuterte Herbert, "man hat mich gleich zu Beginn meiner Männlichkeit beraubt."

Reife könnte man beschreiben als den Willen und die Fähigkeit, die Unsicherheiten des Lebens zu akzeptieren und ihnen trotzdem Widerstand zu leisten.

Unbekannt

"Kommen wir zu den Pflanzen", fuhr Herbert fort. "Diese Frage hatten wir bei unserem letzten Treffen nicht weitergeführt. Sie beeinflussen uns in jedem Fall. Das lässt sich kaum leugnen. Hast du von den neuesten Forschungen über Pflanzen und Bäume gehört? Unglaublich, was sich da herausgestellt hat. Dabei hatte man, wie man es von wissenschaftlicher Seite erwartet, nur den materiellen und messbaren Bereich im Auge.
Kurzum, Bäume sind soziale Wesen, die miteinander kommunizieren, in Familienverbänden leben, sich gegenseitig schützen, nähren und sich zum Beispiel durch chemische Veränderungen in ihren Blättern Schädlinge weitgehend vom Hals halten. Ist dir aufgefallen, dass alte Bäume, trotz ihrer enormen Masse an Holz im Gegensatz zu ihren jungen Artgenossen, nur wenige Blätter haben? Den Grund dafür hat man jetzt herausgefunden. Sie reduzieren die eigene Nahrungsaufnahme auf das Nötigste und leiten die Nährstoffe ihren Sprösslingen zu, die in der Wachstumsphase viel davon benötigen." Herberts Gesicht mit dem jetzt vielsagenden Ausdruck verschwand wieder im Halbdunkel.

Seltsam kamen mir seine Aussagen vor. Da saß er nun, der Mann ohne Kopf. Wurde Herbert durch die Verführung der Worte fortgerissen, etwa um sich mitzuteilen oder um mich Kleingläubigen zu erheben? Oder wäre ihm die Erinnerung entschwunden, hätte er sie nicht mithilfe der Worte eingekesselt, wie er einmal sagte. War Herbert noch Herr dessen, was in ihm dachte?

Der Wirt zerbrach im Hintergrund ein Glas und fluchte vor sich hin. Dann schaltete er einen Teil der Beleuchtung aus. Der Raum wurde noch dunkler. Es roch nun nach Bier und Spülmittel. "Gut, aber das hat doch wenig mit deiner Theorie zu tun, warf ich ein." "Irgendwie hat alles mit allem zu tun, auch wenn es nicht so aussieht, natürlich kann nicht alles gleichzeitig im Vordergrund stehen.

Wir Menschen ernähren uns von Tieren und Pflanzen. Über andere Möglichkeiten verfügen wir nicht. Ganz sind wir auf sie angewiesen. Wir akzeptieren weder Tiere noch Pflanzen als hochentwickelte Wesen und trauen ihnen wenig Intelligenz zu. Man spricht bei Pflanzen von Biomasse, von Unkraut. Früher hat man sogar von 'Unland' gesprochen für nicht landwirtschaftlich nutzbares Land. Welch' verächtliche Bezeichnungen! Die Sprache ist wieder mal deutlich.

Zu sagen, was man denkt, kann dazu führen,
dass einen die eigene Meinung fast zerreißt.

Der zweite Ritter

Man sagt auch, du bist, was du isst. Und dadurch, dass wir Pflanzen und Tiere essen, nehmen wir deren Geschichte und Eigenheiten, deren Gene, Krankheiten, ihre Freuden, Ängste und Trauer in uns auf. Bei den Tieren spricht man von der Todesangst beim Schlachten, die wir mit dem Fleisch mitessen, von Stresshormonen und so weiter. Hast du mal darüber nachgedacht?" Herberts Kinn tauchte mit dem sich darüber befindenden, vom Schatten des Barts verdeckten Mund wieder in den Lichtkegel ein. Die Auferstehung aus der Finsternis war halb gelungen. Der Rest des Gesichts erschien dadurch noch dunkler. Wie eine geflügelte Kartoffel sah das Kinn mit dem Bart darüber nun aus. "Nein, wirklich nicht, wer kommt schon auf solche Gedanken", entgegnete ich. "Denkst du, dass die Pflanzen ebenfalls Todesangst fühlen und wir diese mitessen?" "Das kann ich mir gut vorstellen, ich gehe sogar noch einen Schritt weiter. Aber, das sind nur meine privaten Überlegungen. Der Beweis dafür steht aus."

In Herberts Anwesenheit verändert sich stets der ihn umgebende Raum. Irgendwie wird alles leichter, positiv. Weiter fühlte ich mich als üblich, nahm wahr, dass das Leben bedeutsam ist. Auch mein Leben. Wir prosteten uns zu. Ich nahm nur einen kleinen Schluck. Der Wirt würde kein weiteres Bier mehr herausrücken. Also musste ich haushalten. Schnäpse würde er noch bringen, daran ist mehr zu verdienen. "Könnte es nicht sein, und das hat die Wissenschaft bereits, wie gesagt, im Zusammenhang mit Baumschädlingen herausgefunden, dass auch die Pflanzen, bevor wir sie essen, eine chemische Veränderung in sich hervorrufen? Eine, die verursacht, dass Schädlinge - und wir Menschen sind von deren Standpunkt aus gesehen wohl nichts anderes als Schädlinge - auf eine bestimmte Art und Weise beeinflusst werden. Nämlich so, wie sie das wollen. Wir sind quasi von Geburt an ihrer Chemie, also ihren Hormonen oder anderen Stoffen, ausgesetzt und nehmen diese täglich zu uns, ohne uns dieser Beeinflussung bewusst zu sein. Und schon gar nicht erkennen wir, was sie bewirken. Wir haben ja, wie gesagt, nichts anderes als Pflanzen und Tiere als Nahrung zur Verfügung und können daher auch nicht feststellen, wie unser Leben ohne diese Nahrung aussehen würde. Also kann man doch guten Gewissens sagen, Pflanzen und Tiere beeinflussen unser Leben. Die Südeuropäer sind ganz anders als die Menschen in Skandinavien. Klar. Unter anderem ernähren sie sich von anderen Pflanzen.

Und bedenke, obwohl wir Menschen uns als die Krönung aller Wesen dieser Erde betrachten, sind wir, verglichen mit den anderen Lebewesen, zahlenmäßig eine winzige Minorität. Fast zu vernachlässigen." "So habe ich das noch nicht gesehen", musste ich zugeben. Eine Pause entstand. Vom Wirt war nichts zu hören. Vielleicht war er auf der Toilette. Herbert schien zu überlegen. Dabei bewegte er stumm seine Lippen, wohl passend zu seinen Gedanken. Nachdem er eine Weile mit gerunzelter Stirn den Fingernagel seines rechten Zeigefingers fixiert hatte, als ob er auf eine Botschaft von ihm warte, fuhr er fort.

"Angefangen hat es schon viel früher, ich mache jetzt einen Sprung."

Überraschend tauchte der Wirt schweren Schrittes aus dem Halbdunkel an unserem Tisch auf. Der Sprung musste daher noch warten. Im Dämmerlicht sah er mit seinen fülligen Lippen und seinem prallen Gesicht furchteinflößend aus. 'Fehlt nur noch der Nasenring', dachte ich mir. Dann würde er locker als Menschenfresser durchgehen. Ich blickte auf seine Schürze. Selbst in der Dämmerung fiel mir auf, dass sie schon sauberere Tage gesehen hatte. Herbert und ich blickten uns verschwörerisch an und schwiegen. "Hallo Leute", sprach der Wirt. "Euch ist schon klar, dass ich nichts mehr ausschenke. Oder? Ist schon zu spät." Ziemlich entgeistert mussten wir ihn daraufhin angesehen haben. "Also gut, wenn ihr wollt, dann noch einen Kurzen, das geht schnell." Wir stimmten zu. "Einen doppelten?" "Okay." Der Wirt verschwand, tauchte geschwind wieder auf und stellte zwei doppelte Enzian auf den Tisch.

Wenn man schon trinkt, macht es Sinn, etwas möglichst Gesundes zu trinken. Enzian erschien uns in diesem Zusammenhang als weise Wahl. Auf unseren Wunsch hin hat sich der Wirt ein ausreichendes Lager einer von uns präferierten Marke zugelegt. Wir prosteten uns zu, leerten die Gläser, versicherten uns, dass der Wirt hinter der Theke verschwunden war, und hofften, dass wir nun unsere Ruhe hätten.

Herbert fuhr fort: "Lange habe ich überlegt, ob ich dir das alles schreiben und erzählen soll. Es ist wahrscheinlich zu viel auf einmal. Deshalb werde ich nur kleine Teile nach und nach weitergeben. Ich habe mich ja schon lange damit beschäftigt. Da werden diese Dinge ganz normal. Aber diesen Sprung muss ich doch machen. Ohne das folgende Thema, das mit den Bäumen zusammenhängt. Durch meine Verbindung zu den Bäumen bin ich empfindsamer geworden, einfühlsamer. Ich nehme Dinge war, die ich früher nicht für möglich gehalten hätte. Es ist, als ob sich in mir Türen geöffnet, sich meine Sinne geschärft hätten. Als ob ich dem Tanz der Baumseelen zusehen und manchmal mit steifen Beinen mittanzen dürfte. Als ob ich sogar über einige der neuen Worte verfügte, welche ich zum Durchbruch in andere Seinsebenen benötige. Du erinnerst dich doch an meinen Brief? Also höre bitte aufmerksam zu." Ich nickte.

Gut ist es nicht, wenn einer zu tief in sich hineinblickt.

Volksmund

"Wie du weißt, war ich schon immer beeindruckt von den Aussagen weiser Menschen, wie zum Beispiel die folgenden: Lebe im Hier und Jetzt. Erledige alles, was du tust, bewusst. Es kommt nur darauf an, wie du die Teetasse hinstellst. Und so weiter und so fort. Du kennst das. Wenn man sich eingehender damit beschäftigt, tauchen Fragen auf. Wie nehme ich denn zum Beispiel wahr, dass ich im Hier und Jetzt angekommen und so bewusst bin, wie sich das gehört, nämlich genau so, wie es sich die Weisen vorstellen? Wie soll ich das bitte überprüfen?

Äh, und wenn ich eine sichere Überprüfungsmethode hätte und mit dieser erkennen würde, dass ich doch nicht ganz bewusst wäre und nicht im Hier und Jetzt weilte, wie bitte könnte ich dann diesen Zustand korrigieren?
Gibt es Übungen oder Worte, welche mir den Eintritt in die Bewusstheit erleichtern oder ermöglichen? Kommt hier das *Om* der Asiaten ins Spiel?

Allwissend bin ich nicht, doch viel ist mir bewusst.

Johann Wolfgang von Goethe

Bewusst sein, denke ich, kann sich weder auf das Vergangene noch auf das Künftige beziehen, sondern nur auf das Gegenwärtige. Da sind wir uns doch einig, oder? Aber wann sind wir uns denn wirklich bewusst? Das kann doch nur in der kleinen Zone zwischen Vergangenheit und Zukunft, also in der Gegenwart, dem sogenannten Jetzt, der Fall sein.

Dieser Abstand zwischen Vergangenheit und Zukunft scheint mir winzig klein zu sein. So klein, dass man ihn ganz bewusst, nur mit Mühe erwischt. Damit meine ich, dass man sich völlig in dieser Gegenwart befindet. Kaum denkt man, jetzt wäre man bewusst im Jetzt, ist dieses Jetzt auch schon wieder vergangen, eine nächste, genauso flüchtige Gegenwart ist vorbei und man kann wieder von vorne anfangen mit seinen Bemühungen, bewusst zu sein. Kann man in diesem so kurzen Zeitabschnitt, lass mich einfach davon ausgehen, dass noch Zeit zwischen Vergangenheit und Zukunft für die Gegenwart verbleibt, drei Dinge gleichzeitig tun? Nämlich bewusst sein, überwachen, ob man *richtig* bewusst ist, und sich gewahr sein, wie das ist, wenn man sich im Jetzt befindet? Und nicht zu vergessen: im Hier. Nicht irgendwo auf den Schwingen der Phantasie im Zauberland oder vor sich hindösend.

Wie auch immer, den Zeitraum zwischen Vergangenheit und Zukunft hat man meines Wissens noch nie seriös gemessen. Ist es denn denkbar, die Zeitdauer der Gegenwart seriös messen zu können, wenn man in ihr drinsteckt? Es wäre schon interessant zu erfahren, wie lange sie wirklich andauert. Um den Messvorgang zu ermöglichen, müsste man der jeweils gegenwärtigen Gegenwart wahrscheinlich eine gewisse Statik zuschreiben. Man könnte es sich vorstellen wie einen Kinofilm, in dem die einzelnen Bilder unbewegt sind und erst durch die Bewegung zum Leben erweckt werden. So könnte man den Abstand zwischen den einzelnen Bildern, die Dauer der Gegenwart vielleicht messen.

Ich trage ein Herz mit mir herum,
wie ein nördliches Land den Keim einer Südfrucht.
Es treibt und treibt, und es kann nicht reifen.

Heinrich von Kleist

Gibt es denn wirklich etwas zu messen zwischen Vergangenheit und Zukunft? Lass mich fantasieren: Möglicherweise berühren sie sich fugenlos. Angenommen, die Gegenwart ist so kurz, dass man sie vernachlässigen kann, sie als solche nicht existiert. Was ist dann mit dem Hier und Jetzt? Gibt es das Jetzt und damit auch uns überhaupt? Wir können ja, wie schon festgestellt, nicht in der Vergangenheit oder in der Zukunft leben. Falls es die Gegenwart nicht geben sollte, sie nur die Nahtstelle zwischen Vergangenheit und Zukunft wäre und wir daher nicht in ihr sein könnten, wo wären wir dann eigentlich? Ständen wir dann vielleicht bildlich gesprochen mit einem Bein in der Vergangenheit und mit dem anderen Bein in der Zukunft?

Wie wäre es, wenn wir durch irgendeinen Umstand, dessen Ursache ich mir jetzt nicht vorstellen kann, einen Augenblick lang zu unachtsam, zu langsam wären, um auf dem schmalen Grat der Gegenwart, der sich zwischen Vergangenheit und Zukunft spannt, zu balancieren? Sagen wir zum Beispiel, wir verspäteten uns um eine Zehntelsekunde. Dann wären wir ja etwas hinter der Zeit unserer Ebene zurück. Für alle anderen wären wir dann verschwunden, weil wir ja aus deren Sicht in die Vergangenheit gerutscht wären. Und die Vergangenheit kann man schließlich nicht sehen. Aber wo wären wir dann? In einer anderen Dimension, einem Paralleluniversum vielleicht?

Wären wir in der Lage, diese Zehntelsekunde mit Mühe irgendwie wieder aufzuholen, um wieder in die Gegenwart unserer Mitmenschen zurückzukehren? Könnte der Grund für das Sterben sein, dass man nicht mehr in der Lage ist, sich zwischen der Vergangenheit und der Zukunft zu halten? Bliebe im Todesfall der Verstorbene endgültig in der Vergangenheit zurück? Genau genommen ist es schon verwunderlich, dass wir uns so viele Jahre, selbst im Schlaf, in Krankheit und anderen schwierigen Umständen, an dieser schmalen Nahtstelle halten können, findest du nicht auch?"
Ich fand das nicht, sondern war einfach nur verwirrt. Herbert erwartete glücklicherweise keine Antwort und redete mit gedämpfter Stimme weiter.

Freude und Leid gleichzeitig sind manchem zu viel.

Der zweite Ritter

"Manche sagen, die Ewigkeit bestehe aus dem fortwährenden Augenblick, in welchem wir uns befinden, der immer war und der wohl immer weiter bestehen wird. Ewig. Zwischen Vergangenheit und Zukunft. Die Gegenwart eben. Für uns ist ja immer Gegenwart. Und sie ist jetzt. Selbst wenn wir in die Vergangenheit zurückgefallen wären, befänden wir uns ja auch in der Gegenwart, in einer anderen zwar, nämlich der Gegenwart der Vergangenheit. Die Zukunft entwickelt sich, ist eine Fortsetzung der Vergangenheit und der Gegenwart, sie ist nur etwas modifiziert. Deshalb, einfach gesagt, wächst die Zukunft gewissermaßen aus dem Samen der Vergangenheit, aus dem Jetzt. Aus dieser Perspektive könnte man behaupten, dass sich alle Zeit in diesem Augenblick befindet.

Als Teil dieser ewigen Gegenwart sollten wir, genauso wie sie selbst, ewig, also unsterblich sein. Ist doch einleuchtend, oder? Das schließt jedoch nicht aus, dass sich unsere Form in den künftigen Gegenwarten, die ja keine anderen als die derzeitige sein können, ändert. Was die Zeit wirklich ist, aus welcher *Substanz* sie bestehen mag, können wir, da wir ja ganz in ihr stecken, kaum ermessen. Man müsste die Fähigkeit haben, aus der Zeit auszusteigen, nur für kurze Zeit, um sie von außen betrachten zu können. Vielleicht würden wir so ihr Wesen begreifen. Aber dann stellt sich schon wieder die Frage, wo wären wir dann? Gibt es zeitlose Orte? Wenn ja, in welcher Beziehung stehen sie zur Zeit? Stehen diese Orte außerhalb und die Zeit ist lediglich einer von vielen nicht sehr bedeutenden Unterpunkten in der Zeitlosigkeit? Verrückte Vorstellung, für 'kurze Zeit' aus der Zeit aussteigen zu wollen, findest du nicht?" Ich nickte.

Dann bleibt noch die Frage: Wie ist das Verhältnis von Zeit und Raum? Ist Erstere im Zweiten enthalten, oder ist es umgekehrt? Es gibt Raum zwischen Ereignissen, zwischen den Gedanken, wenig zwar, aber immerhin. Zuerst bewegen wir uns in der Ebene der Gedanken, ich denke, die Gedanken müssen in Zeit und Raum, also in anderen Dimensionen ausgerollt werden.

Lass uns das noch weiterspinnen. Es ist klar ersichtlich, dass wir uns im Todesfall nicht mehr zwischen Vergangenheit und Zukunft, also nicht mehr in der Gegenwart befinden. Ich spreche jetzt von unserem Kern, von dem, was von nach der Trennung von unserem geliebten Körper übrig bleibt, von unserer Seele oder wie immer du das bezeichnen möchtest.

Vielleicht, habe ich mir schon oft gedacht, sind Himmel und Hölle nur einige tausendstel Sekunden voneinander getrennt und wir leben dazwischen. Und das dazwischen heißt Gegenwart - oder nennt sich Fegefeuer. Könnte es sein, dass die Menschen, die schlechte Taten verübten und sich dadurch immer mehr beschwert haben, sich nicht mehr in der Gegenwart halten können, deshalb in die Vergangenheit, in den 'Tod' zurücksinken? Während andere, welche sich in guten Taten üben, leichter werden und eher nach vorne, an die Schwelle zur Zukunft, in den Himmel geraten? Auch hier ist die Sprache deutlich. Wir sagen ja oft, ich werde mich über jemanden beschweren. Wir sagen nicht, wir beschweren jemand anderen. Wir beschweren uns selbst! Unglaublich!

Ab einer gewissen Schwere träte der 'Tod' ein. Der Mensch könnte sich mit seinem großen Gewicht einfach nicht mehr in der Gegenwart halten. Oder er käme, wie gesagt, durch entsprechenden Lebenswandel und die dabei entstehende Leichtigkeit in die Zukunft, was ebenso den 'Tod' in dieser, in unserer Ebene bedeutete. Ich spreche jetzt natürlich nicht von Kilogramm. Eher von einem Gewicht auf einer Art Gut-schlecht- oder Plus-minus-Skala. Obwohl die Spanne zwischen gut und schlecht nur einen kleinen Ausschnitt dessen anspricht, was ich meine. Äh, das möchte ich noch einflechten, da wir uns erst darüber einigen müssten, was 'gut' und 'schlecht' in unserem Sinne ist. Da jeder Mensch ein unterschiedliches Gewicht dieser Art aufwiese, fiele er bei seinem Tod auch unterschiedlich weit zurück oder schnellte eben verschieden weit nach vorne, was bedeuten würde, dass wir nach dem Tod ziemlich alleine wären und daher ungestört über unsere Taten nachdenken könnten.

Sagte nicht schon der Buddha, dass man sich in der Mitte, nämlich zwischen den Extremen oder Polen bewegen solle? In der Gegenwart eben. Ein gutes Rezept finde ich. Daraus ergäbe sich auch, dass die Vergangenheit die Hölle ist, da in ihr ja all die schlechten und bereits begangenen Taten stecken. Wenn wir uns selbst und die Welt betrachten, müssen wir ehrlicherweise zugeben, dass das Schlechte bei weitem überwiegt. Die guten Taten fallen kaum ins Gewicht oder, anders gesagt, erleichtern nicht wesentlich. Die Zukunft wäre der Himmel. Klar. In der Zukunft gibt es noch keine schlechten Taten.

Dabei stellen sich mir seltsame Fragen, die ich klären möchte, wie zum Beispiel: Ist in diesem Zusammenhang 'vorne' gleichzusetzen mit 'oben', im Sinne von positiver Entwicklung? Ist es gleichzusetzen mit der Zukunft? Ist im Gegensatz dazu die Vergangenheit 'hinten' und 'unten'? Und wo und was ist 'vorne'?" "Stopp", unterbrach ich ihn, "jetzt nimmst du mich auf den Arm!" Herbert lächelte mich mit seinem unschuldigsten Kinderlächeln an. "Okay. Wollte nur prüfen, ob du auch wirklich zuhörst."

"Moment mal, darauf müssen wir trinken", unterbrach ich Herbert lachend. Ich brauchte jetzt eine kleine Verschnaufpause, damit sich das Gesprochene etwas setzen konnte. Mein Lachen steckte Herbert nicht an. Es war auch kein echtes Lachen. Früher hatte er immer mitgelacht. Egal, worum es ging. Damals war auch mein Lachen noch echt gewesen. Nun erstickte ich es schnell, da ich es für unangemessen hielt. Den Freund wollte ich nicht verletzen. Herbert blieb ernst und redete unverdrossen weiter: "Abgesehen von den auf die übliche Weise Verstorbenen", Herberts Blick wanderte für einen Moment lang zu dem Foto unseres verblichenen Vereinsvorstands an der Holzwand, "verschwinden immer wieder Menschen, ohne jemals wieder aufgefunden zu werden. Eine weit größere Anzahl, als man denken würde."

“Was hat das denn alles mit deinem Brief zu tun?”, fragte ich. Die ganze Sache wurde mir langsam zu unübersichtlich. Meine viel gehasste Ungeduld plagte mich. Mir war nicht klar, worauf Herbert hinauswollte. Und müde war ich auch.

“Moment, Moment, darauf komme ich gleich noch, bitte habe noch etwas Geduld. Ich wollte ganz konkret herausfinden, wie ich in der Gegenwart, im berühmten Hier und Jetzt leben und erfahre kann, wie das genau funktioniert”, fuhr er fort. “Wenn uns gesagt wird, wir seien nicht im ‘Hier und Jetzt’, stellt sich sogleich die Frage, und nun wiederhole ich mich, wo wir uns denn dann befinden. Wir befänden uns weder in der Vergangenheit noch in der Zukunft, weil wir ja ohne Zweifel hier sind. Und trotzdem wären wir nicht im Hier und Jetzt, also nicht in der Gegenwart. Eigenartig. Keiner konnte mir bisher Genaues darüber sagen. Man redet nur oberflächlich darüber.

Danke lieber Gott, dass du mich warten lässt.
Dadurch schenkst du mir die Möglichkeit, Geduld zu üben.

Der zweite Ritter

So dachte ich nach, ob und wie ich einen bewussten Zustand in der Gegenwart erreichen könnte, und führte verschiedene Überlegungen und Versuche durch.
Zunächst beschäftigte ich mich damit, welche Vorteile wohl die Weisen davon hätten, bewusst in das Hier und Jetzt geraten zu wollen und darin zu verweilen. Keiner macht doch etwas, ohne dass er hinterher besser dasteht als vorher, etwas Geld verdient, berühmt wird, es bequemer hat oder sich besser fühlt. Das ist doch klar. Das Letztere schien mir bei den Weisen der Fall zu sein. Geld und Berühmtheit sollten bei ihnen keine große Rolle spielen. So versuchte ich zu ergründen, bei welchen Gelegenheiten es mir besser ging, wie genau sich das anfühlte, wo genau ich es

in mir spürte, wie ich diesen Zustand erreichen, beschreiben und wiederholen konnte. Klar, das hatte alles mit Bewusstsein zu tun.

Geht es denn darum, dass ich mir meiner selbst bewusst werde, um zu wissen, wer und wo ich bin? Oder darum, mir bewusst zu sein, was um mich herum im sichtbaren und unsichtbaren Bereich vorgeht, oder in beiden? Oder geht es vielleicht um etwas ganz anderes? Wenn ich mir meiner selbst bewusst sein möchte, sollte ich da ständig jede Körperzelle, jeden meiner Gedanken und all meine Gefühle wahrnehmen? Und zusätzlich noch das, was sonst noch um mich herum vorgeht? Oder was genau ist damit gemeint?

Mir meiner selbst bewusst sein ... das sollte nicht nur dann erreicht werden, wenn ich bewegungslos und mit geschlossenen Augen dasitze, ohne Ablenkung, sondern auch in der Bewegung, im vollen Leben. Besonders aber, während ich andere Tätigkeiten ausübte, mit jemandem sprach oder über etwas nachdachte. Letzteres war bedeutend schwieriger. Womit wir beim bewussten Handeln als dem Resultat des Bewusstseins angekommen wären.

Möchtest du Gott zum Lachen bringen?
Dann teile ihm deine Pläne mit.

Unbekannt

Ständig spielen sich verschiedenste Bewegungen und Gedanken gleichzeitig in uns ab. Wenn ich zu viel gegessen habe, ist mir mein Magen bewusst. Sonst nicht. In diese geistigen und körperlichen Gegebenheiten und Bewegungen versuchte ich, mich hineinzudenken, hineinzufühlen, um mir auf diese Weise alles, was im Innen und Außen geschieht, gleichzeitig bewusst zu machen. Sozusagen alles mit meiner Achtsamkeit zu überziehen, es zu durchdringen, es in diese einzubetten, so dass nichts geschieht, das unbemerkt bleibt. Für dich hört sich das sicher seltsam an. Stimmt's?

Zusätzlich hatte ich vor, auch meine Gedanken bewusst zu beobachten und sie in mein Bewusstsein mit einbeziehen. Darüber hinaus strebte ich danach, mich und alle inneren Vorgänge von innen und von außen her zu sehen.
Wie könnte ich denn mein Ich betrachten und befühlen? Offenbar gibt es etwas, das ich bin. Befindet sich dieses Etwas, das ich bin, außerhalb meines Bewusstseins? Ist es gar damit identisch?
Mir scheint, ich kann es nicht beobachten, hätte es aber gerne in mein Bewusstsein mit einbezogen. Bisher entzieht es sich erfolgreich meinem Einfluss. Wer oder was ist das? Bin ich das, ist das mein innerster Kern, meine Seele?

Wer bin ich, wo befinde ich mich? Außerhalb meines Körpers? An unterschiedlichen Plätzen? Dass das Auge sich selbst nicht beobachten kann, leuchtete mir ein. So konnte ich wohl auch das, was ich wirklich bin, nicht sehen.

Die Geschichten in unserem Kopf
sind Momentaufnahmen.
Als solche sollten wir sie betrachten.

Der zweite Ritter

Dieses und jenes überlegte ich, bis ich mir gewahr wurde, dass sich nach längerem Üben meine Glieder, es ist schwer zu beschreiben, etwa wie aufgeladen anfühlten, als ob sich auf meiner Haut etwas wie eine Spannung, eine Ladung, ein Fluidum, ein Flaum, etwas wie ein unsichtbarer Pelz aufbauen würde. Das ist wohl eine weitere Stufe in meinem Bewusstwerdungsprozess. Es fühlt sich schon ganz gut an, dachte ich mir. Das Pelzgefühl ist angenehm. Nun komme ich weiter."

"Hast du jetzt im Moment auch so einen Pelz?", fragte ich unsicher. "Kann ich den sehen oder berühren?" "Nur ein klein wenig von dem Pelz ist jetzt vorhanden. Ich bin leider noch nicht so bewusst, wie ich das gerne wäre. Außerdem bin ich jetzt zu sehr auf das Sprechen konzentriert. Aber lass mich bitte fortfahren. Wenn ich durch das Experimentieren mit diesem Pelz in meiner Sache weiterkäme, so wäre es sinnvoll weiter zu üben. Sonst nicht. An der Vergangenheit-Gegenwart-Zukunft-Frage bin ich, unabhängig davon, wirklich sehr interessiert.

Wenn ich zum Beispiel in der Lage wäre, die Bewegung des Pelzes, der an meinem Arm anliegt, einen Augenblick der Zeit vorauszudenken, in die Zukunft hinein, wenn das gelänge, würde mein Arm hier und der Pelz in der Zukunft sein. Das Pelzgefühl würde ebenfalls in der Zukunft sein und ich würde es nicht mehr wahrnehmen. Erst dann, wenn der physische Arm diese Bewegung nachvollzogen, sich wieder mit dem Pelz vereinigt hätte, wäre das Pelzgefühl wieder für mich spürbar. Das hieße, mein Arm würde in diesem Fall dem Pelz in die Zukunft folgen und somit ebenfalls in der Zukunft sein.

Am schlimmsten wäre es, und das war meine Befürchtung, wenn der Pelz mitsamt meinem Arm in der Zukunft bliebe. Möglicherweise würde er mich selbst als Ganzes in die Zukunft mit hineinziehen. Schreckliche Szenarien stellte ich mir vor. Ein Arm ohne Pelz, das wäre noch zu verschmerzen, aber ein Arm in der Zukunft und ich in der Gegenwart, das wollte ich keinesfalls erleben. Diese Überlegungen haben mich eine Weile von meinem Vorhaben abgehalten. Am Ende fasste ich dennoch Mut und habe trotz meiner Bedenken weiter geübt.

Und du siehst, ich bin noch vollständig da!"

"Hm, hm", sagte ich und kratzte mich am Kopf. Die Worte flossen fast schon von allein aus meinem Mund, doch noch wollte ich schweigen. Aber es war schon geschehen, ich platzte heraus: "Du prüfst schon wieder, ob ich dir zuhöre." Herbert tat so, als ob er meine Bemerkung nicht gehört hätte.

Was man lange genug denkt,
kommt einem normal vor.

Der zweite Ritter

"Mir geht es darum, das allseits Anerkannte anzuzweifeln, es kritisch zu hinterfragen und ihm entgegenstehende Thesen aufzustellen. Bis zu den äußersten Rändern hin versuche ich zu denken, möchte mich am liebsten sofort dorthin aufmachen. Unmöglich Scheinendes möchte ich als Idee zulassen, versuchen, das Gedachte so weit als möglich ins Leben zu bringen und es in ein verständliches Konstrukt einzubauen. Und das mit den Mitteln, die mir zur Verfügung stehen. Da kommt mir der Pelz gerade recht. Als Vorstufe nämlich, um in andere Ebenen vorzustoßen."

Herbert schwieg eine Weile und sah mich dann prüfend an. So als ob ich jetzt dran wäre, etwas Bedeutendes zu sagen. Mir fiel unangenehm auf, dass ich den Mund offen stehen hatte. Ich schloss ihn so unauffällig wie möglich, indem ich einen Schluck Bier hineingoss. "Sorry, ich bin etwas verwirrt, dazu kann ich wirklich nicht viel sagen, ich habe nie etwas Ähnliches gehört oder mich gar, äh, damit beschäftigt.

Aber wenn ich dich ganz direkt und konkret fragen darf, mein Lieber, unter Freunden meine ich. Sei jetzt bitte ganz ehrlich. Du nimmst mir meine Frage hoffentlich nicht übel. Nimmst du irgendwelche starken Medikamente ein? Oder Drogen? Hast du Kontakt zu einer Sekte? Fühlst du dich gut? Ist alles okay mit dir?"

Herbert setzte einen Gesichtsausdruck auf, der sagen sollte, ich dachte mir schon, dass du Banause wieder nichts kapieren würdest, und schüttelte bedauernd seinen Kopf.

"Bitte versteh' mich nicht falsch, aber ein bisschen seltsam hört sich das schon an. Das musst du doch zugeben. Ich bin doch dein Freund. Zu mir kannst du ganz offen sein", ergänzte ich mit frischen, nicht geringen Schuldgefühlen.

Draußen fuhr ein Auto mit Martinshorn vorbei. Der Lärm bohrte sich in meine Ohren. Wahrscheinlich die Polizei. Das schenkte mir ein bisschen Zeit zum Überlegen. Zu viel hatte ich getrunken, war müde. Irgendwie musste ich später noch mit dem Auto nach Hause kommen.

Herbert schwieg wieder. Der Wirt drehte den Wasserhahn voll auf. Der Wasserstrahl plätscherte laut und blechern in die Edelstahlspüle. Vereinsheimminiwasserfall. Von draußen war ein klopfendes Geräusch zu vernehmen. Mir wurde die Sache langsam peinlich.

Herberts Offenbarungen brachten mich in eine schwierige Lage. Ich fühlte mich verantwortlich für den Freund. Wie sollte ich mich verhalten? War das noch normal? Sollte Herbert zu einem Arzt gebracht werden? Er hatte bisher in fast gleichem Tonfall gesprochen. Bei den letzten Sätzen hatte er die Stimme ein wenig angehoben, in eine etwas höhere Tonlage. Das wirkte auf mich, als ob er selbst verwundert wäre über das, was er erlebt, und über das, was er da gerade gesagt hatte. Ja, überrascht und verwundert. Als ob er es zum ersten Mal hörte, es selbst nicht glauben konnte. Dabei schien er interessiert zu sein, offenbar selbst neugierig und gespannt, auf das, was nun folgen würde. Aber auch unsicher. Forschend sah er mich an. Lächelnd nickte ich ihm aufmunternd zu. Vielleicht würde es schon helfen, wenn er sich aussprechen konnte. Herbert würde dann bestimmt wieder einen klaren Kopf bekommen.

Zögernd fuhr Herbert fort: "Um meine Experimente fortzusetzen, legte ich mich auf den Boden und versuchte, mich leicht zu machen, indem ich mich nach oben hin dehnte und mich beim Einatmen mit jedem meiner Atemzüge ein wenig nach oben tragen ließ. Ich sah zu, dass ich während des Ausatmens in der jeweils erreichten Höhe blieb, sozusagen der Tendenz nach unten entgegenwirkte. Wie du weißt, ergibt das ein seltsames Gefühl, es zieht einen nach oben, es ist, als ob man, oder wenigstens etwas von einem selber, schweben würde. Natürlich schwebte der Pelz mit nach oben, ohne sich von der Haut zu entfernen. Nach einer Weile machte ich mich mit der gleichen Atemmethode schwer, der Pelz sank nach unten. Dann versuchte ich beides gleichzeitig, mich leicht und schwer zu machen. Das ergab ein Gefühl ähnlich dem, wenn man versucht, sich bewusst auszudehnen. Also, nun dehnte ich mich nach oben und unten. Spannung baute sich auf. Das verursachte ein enormes Ziehen und Prickeln auf meiner Haut.

Das Oben und das Unten versuchte, wieder zusammenzukommen. Es verlangte eine hohe Konzentration, die beiden Extreme aufrechtzuerhalten. Dann geschah dieses, dieses Zappen, äh, mir fehlt das Wort, ich möchte es mit dem Reißen von gespannten Gummiringen vergleichen. Unmengen dieser, äh, dieser Gummiringe rissen. Unsicher, was das bedeutete, brach ich die Übung ab.

Auch hier möchte ich anmerken: Vieles von dem, was in mir vorgeht, muss sich noch klären, ist noch nicht gereift. Deswegen möchte ich weitergehen. Wer sich noch nie mit solchen am Rande liegenden Aktivitäten beschäftigt hat, würde die Resultate, ja, es sind Resultate, wohl nicht für realistisch halten. Klar, wenn man von etwas keine Ahnung hat, ist es am einfachsten, es abzulehnen oder den Vertreter dieser Resultate gar als verrückt zu bezeichnen. Es gäbe dazu aber eine Alternative: einfach selber ausprobieren!"

Herbert atmete einige Male tief durch, strich sich über den Bart. Blies die Luft aus, als ob er "Puh" sagen wollte. Offenbar war er froh, endlich ausgesprochen zu haben, was ihn bewegte. Meine Hände waren mir im Weg. Ich war nervös. Unsicher. Fragen wollte ich etwas, da hatte sich die Frage schon aus dem Staub gemacht und quälte mich durch ihre Abwesenheit. Wo sollte ich auch beginnen? Vom Wirt war nichts zu hören.

Mir war nichts von dem, was Herbert von sich gab, klar. "Sorry", hakte ich ein: "Lieber Herbert, ich muss mal kurz raus."

Ich brauchte etwas frische Luft. Auf dem Weg zur Toilette musste ich an der Theke vorbei, hinter welcher breitbeinig der Wirt stand und mich hinterhältig angrinste, während er mit seinen dicken Fingern auf die Theke trommelte.
Ich öffnete die Toilettentür. Sie quietschte fürchterlich. Da fehlten ein paar Tropfen Öl. Am Waschbecken bespritzte ich mein Gesicht mit kaltem Wasser, um mich zu erfrischen und klar im Kopf zu werden. Träumte ich? Unglaublich kam mir das alles vor. Am offenen Fenster atmete ich einige Male tief durch. Wie um mich aufzuladen, um für das Weitere gestärkt zu sein.

Draußen war nichts als Finsternis. Die hohen Fichten, die parallel zum Gebäude wuchsen, ließen kaum Licht durchscheinen. Als ich in den Verein eintrat, waren sie gerade gepflanzt worden. Winzig klein waren sie gewesen, damals. Ich war dabei gewesen. Und nun waren Riesen aus ihnen geworden. Wie viele Jahre lag das nun schon zurück? Unbewusst sah ich auf dem Rückweg zur Tür zum Spiegel, der über dem Waschbecken hing. In der rechten oberen Ecke war ein kleiner roter Aufkleber angebracht. Der war kürzlich noch nicht da gewesen. Neugierig ging ich näher an den Spiegel heran, um die weiße fette Schrift lesen zu können. "Ein froher Gast ist niemals Last", stand darauf. Ich strich den Spruch durch und schrieb mit meinem Kugelschreiber drunter: "Ein dummer Wirt hat sich zu uns verirrt!"

Sorry, die Beschreibung des Treffens mit Herbert ist
trotz Kürzung immer noch zu lang geraten!
Halten Sie noch ein wenig durch,
gleich haben wir es gemeinsam geschafft.
Dann werden Sie wohl den Inhalt
von einigen Stunden Philosophie aufgenommen haben.
Und die Erkenntnis: Gemeinsam sollten wir
weiter nach der Weisheit suchen!

Der Autor

Eigentlich versuchte ich, so gut es ging, zu vermeiden, in den Spiegel zu sehen. Aber nun war es geschehen. Alt sah ich aus. Mit hässlichen Tränensäcken. Aufgedunsen. Meine Güte! Um näher an den Spiegel heranzukommen und mich besser betrachten zu können, beugte ich mich etwas vor. In nüchternem Zustand hätte ich das bestimmt nicht getan. Der Spiegel war übersät mit kleinen Wasserspritzern und hellen Kalkflecken, die nach dem Trocknen des Wassers zurückgeblieben waren. Mein Gesicht war bedeckt mit diesen Flecken. Hatte ich eine Tropenkrankheit? Oh Gott, oh Gott!

Anstatt mich im Bett zu erholen, saß ich hier, soff Enzian und hörte mir so etwas an. Wenn ich mir selbst begegnen würde, hätte ich wohl keine gute Meinung von mir. Vertrauenswürdig sah ich nicht gerade aus. Eher wie ein Auslaufmodell. Alt. Einfach alt. Verlebt. Wenn ich mein Leben nicht radikal umstellen würde, ginge es wohl nicht mehr lange so weiter. Das sollte ich endlich kapieren. Und vor allem anderen beherzigen. Ich streckte dem Spiegel meine Zunge aus, nur um zu sehen, dass sie hässlich weiß belegt war.

Vorbei an der Theke mit dem noch immer trommelnden Wirt, den ich mit keinem Blick würdigte, ging ich zu unserem Tisch zurück. Die quietschende Pendeltür passte nicht zu seinem Trommelrhythmus.

Meinen Schritten versuchte ich, Gewicht zu verleihen. Selbstbewusstsein sollten sie vermitteln. Nicht das Gefühl eines Menschen zeigen, der befürchtet, gleich an die Luft gesetzt zu werden. Nur nicht zu schnell gehen. Langsam, bestimmt und fest, gemessen sollten die Schritte sein. Ja, gemessen. Meine Schritte hallten überraschend selbstbewusst durch die Gaststube.

Ich setzte mich wieder Herbert gegenüber. Der Wirt hatte gerade noch einen doppelten Enzian gebracht. Den musste Herbert bestellt haben. An dieser weiteren Bestellung konnte ich wie auf einer Skala, einer Herbert-Enzianskala, ablesen, wie wichtig das Gespräch für Herbert war. Wir waren für Herberts Verhältnisse schon ganz, ganz oben angelangt. Reif für das Guinessbuch der Rekorde. Wir kippten den Enzian hinunter.

Wir sollten zusehen, dass unser Sein
über Deutschsein hinauswächst.

Herbert

Herbert räusperte sich und fuhr fort: "Du warst lange draußen. Wird es dir zu viel? Sollen wir aufbrechen?" Er sah mich bittend an, erwartungsvoll. Kurz und schweigend nickte ich ihm zu.

Der Wirt machte sich wieder von der Theke her bemerkbar: "Höchstens noch zehn Minuten, dann mache ich hier endgültig dicht." Wir verstanden seine Sprache. Im Grunde wollte er uns sagen: "Entweder ihr bestellt noch etwas oder ich werfe euch raus."
"Bring uns noch zwei doppelte Enzian", rief ich mit fester Stimme laut in seine Richtung. So sicherte ich uns noch mindestens zehn weitere Minuten. Gerade jetzt, wo es so spannend war, musste eben noch investiert werden. In Windeseile brachte der Wirt die Doppelten. Er musste meine Bestellung geahnt haben und hatte wahrscheinlich schon vorsorglich eingeschenkt. So schnell, wie er sie gebracht hat, haben wir sie hinuntergekippt.

Herbert schaute mich mit großen Augen unsicher an. Wie ein Kind. Ich kannte ihn gut. Positives erwartete er nun von mir zu hören. Schließlich hatte er sich weit geöffnet. Schmerzlich wäre es für ihn gewesen, jetzt ausgelacht oder kritisiert zu werden. Mit den Ellbogen stützte ich mich auf den Tisch, verbarg mit den Händen mein Gesicht und überlegte. Einerseits war die ganze Geschichte schon seltsam. Andererseits kannte ich Herbert als Realisten. Als Buchhalter eben. Und er hat mich nie belogen. Was wäre, wenn die Sache einen wahren Kern hätte? Wenn es eine Chance für uns alle wäre und Herbert aus einem unbekannten Grund eine Art Vorreiterrolle hätte?

Was wäre, wenn ich die Sache jetzt schlecht redete und Herbert seine Arbeit deshalb aufgeben würde? Das konnte ich nicht verantworten. Außerdem war ich ganz wild darauf, selbst mit den Bäumen Kontakt aufzunehmen. Ohne die Hilfe von Herbert wäre das kaum möglich. Nach einer Weile nahm ich die Hände wieder von meinem Gesicht und meinte: "Mein lieber Herbert, dranbleiben, unbedingt dranbleiben." Das war nun wirklich keine hilfreiche Aussage. Ziemlich dumm kam ich mir vor. Andererseits, was konnte ich schon sagen?

Herbert schien erleichtert, die Spannung in seinem Gesicht wich einem zuversichtlichen Ausdruck. "Danke dir, ich bin sehr froh, dass du das sagst! Aber, es geht noch weiter!" 'Was wird denn jetzt noch kommen?', dachte ich irritiert. Hoffentlich keine weiteren Phantastereien. Herbert sprach eindringlich. Jetzt mit froher Stimme. "Stell dir vor, dass über der Erde verschiedene Ebenen liegen, welche sich durchdringen. Zum Beispiel die Ebene, in der wir Menschen uns begegnen und aufhalten. Wir Menschen denken meist horizontal. Verstehst du? Wir denken immer in der Ebene der Menschen. Von Mensch zu Mensch. Zum Beispiel nehmen wir Kontakt auf mit Menschen in anderen Erdteilen, mit dem anderen Geschlecht, mit Menschen anderer Religionen. Wir bleiben aber immer in dieser Ebene.

Das dritte Jahrtausend hat begonnen. Es ist allerhöchste Zeit, auch mal in eine andere Richtung zu denken, nämlich in die vertikale Richtung. Damit meine ich in andere Ebenen, in Welten, die uns bis heute fremd und unzugänglich sind. Die Ebenen der Pflanzen, der Tiere, der Bäume, der Steine. Und auch die vielen Ebenen, die existieren mögen, von denen wir nicht die geringste Ahnung haben.

Diese Ebenen möchte ich erforschen, in sie eindringen, ich möchte eine Art von Brückenbauer, ein vertikaler Pontifex, vielleicht sogar ein vertikaler Pontifex maximus werden. Ja, ein Brückenbauer möchte ich werden, verstehst du, ein Brückenbauer zwischen den Ebenen. Und wenn es nur, äh, wenn es nur Hängebrücken aus Seilen wären, weißt du, solche wie in den alten Filmen, die über tiefen Felsschluchten im Urwald hängen. Solche mit morschen Bohlen. Wo an manchen Stellen schon welche fehlen. Und die Seile schon brüchig sind. Das wäre mir egal, Hauptsache Brücken.

War der Vertikalismus der gotischen Kirchen nicht schon der Versuch, durch die Höhe des Kirchenbaus in die Wolken, also in höhere Ebenen vorzustoßen? Und die tief unter dem Kirchenschiff angelegten Gruften: Waren sie nicht ein Versuch, hinein in das 'unten' vermutete Reich des Todes vorzustoßen?

In der gotischen Kirche von Cluny war das Mittelschiff zehn Meter breit, die Höhe betrug dreißig Meter. Welch' krasser Unterschied! Wie stark musste da der Sog nach oben gewesen sein. Erhob sich dadurch das Bewusstsein, der Geist der Gläubigen? 'Erhebet die Herzen', wurde gebetet. Was ist davon geblieben? Jammerschade, dass man mit dem Abriss der Kirche von Cluny schon 1806 begann."

Ich sage dir als tröstlich Wort,
wie eins aufs andre ist gestellt.
Denk einen Punkt des Ganzen fort,
du denkst dich selber aus der Welt.

Christian Morgenstern

"Lieber Herbert", entgegnete ich kühl, "wir Menschen schaffen es nicht einmal, die Mitmenschen in unserer, äh, unserer Ebene zu verstehen. Überall gibt es Streit und Krieg. Denke doch nur an Marion. Sorry, wenn ich das anspreche. Du hast es nicht geschafft, sie zu verstehen - und umgekehrt. Ihr habt euch getrennt. Klug brauche ich nicht zu reden, mir erging es nicht anders in meiner Ehe. Denkst du nicht, dass wir erst in unserer menschlichen Ebene klarkommen sollten, bevor wir an andere Ebenen denken? Könnte dein Wunsch nicht eine Art Flucht sein?"

"Was du sagst, ist richtig. Teilweise. Trotzdem. Es ist an der Zeit zu versuchen, ernsthaft mit anderen Welten in Kontakt zu treten. Was wissen wir schon über sie? Fast nichts von außen besehen und gar nichts aus innerer Kenntnis! In der Materie versuchen wir, mit Raketen andere Planeten zu erreichen. Angetrieben von der Idee, dort Bodenschätze zu finden und zu militärischen Zwecken. Ist das nicht lächerlich und traurig? Es ist, als ob die Verantwortlichen alles Spirituelle aus ihren Leben verbannt hätten und nur noch von der Geld- und Machtgier getrieben wären.

Wo bleiben die immateriellen Reisen? Zeit wird es, uns auch geistig auf den Weg zu machen. Meine Bäume habe ich gebeten: Nehmt mich an als euren Freund und Geliebten, als euren Schüler, euren Patienten, als Lehrer vielleicht, wo nötig. Falls ich euch etwas beibringen oder wenigstens etwas über unsere Welt erzählen kann. Bitte ladet mich in euer Leben ein. Kommt auch in unsere Ebene. Lasst uns lernen, aktiv miteinander zu kommunizieren und alle gemeinsam daran zu arbeiten, damit wir uns näherkommen, ganz bewusst Brüder und Schwestern werden. Wenn wir gemeinsam weiterkommen, wenn wir lernen, die Welten der jeweils anderen besser zu begreifen, verstehen wir uns vielleicht selber besser, dann kann Frieden einkehren. Ja, du hörst richtig. Die Welt kann ein Paradies werden ...

Aus dem Halbdunkel schlurfte der Wirt an unseren Tisch. Er hatte sich mit einer seiner grimmigsten Mienen dekoriert. "Freunde, seid mir nicht böse, hier ist nicht das Paradies. Es ist schon nach Mitternacht. Ihr schwebt in philosophischen Höhen, während ich mir hier die Beine in den Bauch stehe. Und: Umsatz macht ihr auch keinen großen. Außerdem höre ich so viel Quatsch und so viele seltsame Storys in meinem Job, dass mir das zum Hals heraushängt und ich wirklich keinen neuen Blödsinn mehr zu hören brauche. Besonders nicht, wenn das Gesagte so bescheuert ist wie das, was du da vor dich hinquasselst, mein lieber Herbert. Da muss ich mich schützen. Sonst werde auch ich noch verrückt. Da hilft es auch nichts, wenn ihr noch einen Doppelten bestellt."

Das saß! Betretenes Schweigen.

Danken schützt vor wanken,
loben zieht nach oben.

Volkstümlich

“Okay, lass uns zahlen”, sagte Herbert betroffen nach einer etwas längeren Pause, in welcher er mich auf seltsame Weise angesehen hatte. Dann zog er sich fast ganz aus dem Lichtkreis zurück. Nur die kleine rundliche Spitze seines Kinns war hell beleuchtet. Ohne Flügel.
Nachdem Herbert auch für mich bezahlt hatte, was ich bei ihm eher nicht kenne, aber gerne annahm, verließen wir ohne Abschiedsgruß schnell das Lokal. Wir schlossen die schwere Eichentür hinter uns. Auf dem kleinen betonierten Platz vor der Eingangstür blieben wir stehen.

“Und noch etwas möchte ich dir sagen”, sprach Herbert. Sein charakteristisches Profil hob sich kaum gegen den Nachthimmel, gegen die Schwärze, die uns vollkommen einhüllte, ab. Kein Lichtschein kam aus der Gaststätte, da sich auf dieser Seite des Hauses nur die Toilettenfenster befanden, und in der Toilette brannte kein Licht. Herbert formulierte schweigend Worte, das konnte ich noch wahrnehmen, vielleicht bildete ich es mir auch nur ein. Sein Flügelbart bewegte sich leicht, vermochte ihm jedoch nicht zum Abheben zu verhelfen.
Herbert schwieg. Er hatte wohl vergessen, was er sagen wollte.

Liebe Leserin, lieber Leser,
noch eine klitzekleine Anstrengung
und Sie haben diese Textstrecke überwunden!

Der Autor

Eine lange Pause ergab sich. Wir hingen unseren Gedanken nach. Genauer gesagt, ich döste im Halbschlaf vor mich hin. Oder träumte ich? Jedenfalls meinte ich, eine freundliche Weide zu sehen, auf die ich mich anschickte hinaufzuklettern. Die Sonne schien, trotzdem war mir kalt. Die Weide lud mich ein, auf sie zu klettern. Ich schickte mich dazu an. In diesem Augenblick wurde mein Oberarm gepackt und geschüttelt. Irgendjemand hielt mich zurück. “Schläfst du?” Herbert räusperte sich einige Male, die Weide verblasste, ein Teil ihrer Freundlichkeit blieb.

Herbert öffnete die Tür des Autos. Er nahm meine rechte Hand und drückte sie fest, sprach mit einer Stimme, welche nicht ganz die seine war: “Mein Lieber, einen kleinen Moment bitte noch. Es ist mir ernst und sehr wichtig. Ich habe Angst, dass mir etwas zustoßen könnte. Wer wird dann die Ebene der Bäume erforschen? Wird man auf die Idee kommen, dieses Glück spüren zu wollen? Wird es jemanden geben, der mit gleicher Leidenschaft seine Zeit und sein Leben dafür einsetzt, so wie ich? Wird jemand den Wunsch verspüren, sich als Teil eines Baumes zu betrachten? Wir haben keine Zeit zu verlieren. Es muss etwas geschehen. Und zwar jetzt.”

Wer sich mit dem Zeitgeist vermählt,
wird bald Witwer sein.

Kierkegaard

Herbert ließ meine Hand nicht los. Sie schmerzte. Die Autotür fiel wieder zu. Mich fröstelte. “Du hast doch die wunderbare Begabung zu schreiben. Wenn mir etwas zustößt, bitte schreibe alles, was ich heute gesprochen habe, auf und veröffentliche es. Damit die Sache nicht einschläft. Vielleicht findet sich jemand, der an meiner Stelle weitermacht. Versprichst du mir das? Vielleicht bist du es ja, der weitermacht? Oder du findest jemand anderen? Hörst du?” Herbert rüttelte an meiner Schulter. “Ich habe übrigens einige Notizen niedergeschrieben. Kann ich dir zukommen lassen.

Wie können wir Wunder erleben,
wenn wir selbst nicht auf dem Weg sind,
wunderbar zu werden?

Herbert

Einen Text über das Wunderbare füge bitte ein", sprach Herbert weiter. "Darüber möchte ich jetzt aber nicht weitersprechen. Wir haben das Thema schon mehrfach erörtert. Unbedingt sollte das noch aufgeschrieben werden. Ohne die Beschäftigung mit der Gewohnheit und einer Strategie, wie mit ihr umzugehen ist, kommen wir kaum weiter, dieses Thema gehört ebenso dazu.

Du bist doch mein bester Freund. So gerne würde ich dich mitnehmen auf meinem Weg. Wir waren doch immer zusammen. Keine Ahnung, wie mein Weg genannt wird. Er muss auch nicht benannt werden. Wohin er führt, ist mir nicht bekannt. Aber ihn nicht zu gehen, würde für mich bedeuten, mein Leben wäre umsonst gelebt, ohne Sinn. Vielleicht ergibt sich bald die Gelegenheit, dich weiter in meine Erfahrungen einzuführen. Falls du möchtest. Es ist so wunderbar."

Die letzten Sätze hatte Herbert geradezu flehentlich gesprochen. Ich sagte zu, alles aufzuschreiben. Ich bedauerte ihn. Mit dem vielen Alkohol in mir hätte ich ihm, ohne nachzudenken, alles versprochen, was er wollte. Herbert dankte mir überschwänglich und schüttelte noch einmal meine schmerzende Hand. "Jetzt sind wir verbunden auf dem neuen Weg!" Dann verabschiedeten wir uns kurz voneinander, nicht ohne uns zu versichern, das Thema bei nächster Gelegenheit wieder aufzugreifen und zu vertiefen. Herbert drückte mir noch einen Brief in die Hand mit dem Hinweis, das wäre eine Ergänzung zu seinem letzten Schreiben. Er redete mit sich selbst weiter. Seine Schritte verloren sich schnell in der Finsternis.

Du sagst, du hast keinen Weg. Worauf gehst du dann?

Der zweite Ritter

Vermutlich denken die meisten Autofahrer ähnlich wie ich, wenn sie zu viel getrunken haben. Ich beruhigte mich damit, dass ich ja noch voll fahrtüchtig und um diese Zeit fast niemand mehr unterwegs sei. So fuhr ich langsam nach Hause. Langsam nicht nur deswegen, weil ich zu viel getrunken hatte. Noch hatte ich nicht ganz verstanden, was mit Herbert los war, wie ich damit umgehen sollte. Unser Gespräch ging mir durch den Kopf. Der angedeutete Weg war mir nicht klar. Um Herbert machte ich mir große Sorgen.

Bricht der Ast unter dir, denk daran,
dass du fliegen kannst!

Herbert

Bald durchfuhr ich die Allee mit den alten Pappeln. Sie kam mir anders vor als sonst, obwohl ich nicht sagen konnte, was mich irritierte, so sehr ich auch versuchte, es herauszufinden. Vielleicht waren die Pappeln heute schwärzer oder das Licht war anders. Die dunklen Wolken hatten sich verzogen, der abnehmende Mond flackerte durch die Ordnung der Pappelblätter hindurch, streute ihre Schatten, sich tausendfach überlappend, auf die blanke Straße. Indem er sich manchmal kurz, dann länger hinter dem mehr oder weniger mächtigen Blattwerk verbarg, sandte er unverständliche, gleichzeitig eindringliche Morsezeichen herunter.

Hell blitzte er durch die Leerräume zwischen den Bäumen hindurch, seltsam abstrakt zeichnete er die Umrisse der Pappeln auf dem Teer mit breitem Pinsel nach. Wie schlanke Ungeheuer nahmen ihre Schatten von der Straße Besitz. Substanzlos zwar, vergänglich. Scheinbar, ohne auch nur das geringste Bleibende zu hinterlassen, trotzdem fast greifbar. Bleibt von den Schatten wirklich nichts zurück, fragte mein überanstrengtes Gehirn? Kann es sein, dass das Gefälle zwischen Licht und Schatten ohne energetische Auswirkungen bleibt? Weist der Schatten eine eigene Präsenz, eine eigene Verdichtung auf? Dazu musste ich Herbert fragen.

Das Gefühl schlich sich ein, dass die Temperatur in den Schatten etwas niedriger sei als an den mondbeschienenen Stellen. Hell und dunkel vibrierte es in meinen Augen. Mondhelle und tiefer Schatten wechselten schnell. Ein ähnlicher Eindruck wie man ihn vom Leinwandgeflimmer alter Kinofilme her kennt. Vom Wind waren die Blätter der Baumriesen leicht bewegt. Sie vibrierten auf eine Art, welche nur Pappelblättern eigen ist. Dabei ahnte ich mehr, als ich es hörte, ein leicht metallenes, fast silbern klingendes Rauschen. Ein leises Sehnen, ein vergessener Funke, ziehender Schmerz quoll in meinem Herzen auf. Fremd, gleichwohl nicht unbekannt. Ein Sehnen, das in eine längst vergangene, vergessene Zeit wies, in der die Welt noch in Ordnung war und jeder Tag, am vorhergehenden gemessen, zu wachsen schien. Damals, als das Leben, mein Leben, noch Sinn, Bedeutung, Hoffnung, heiß erwartete Zukunft hatte. Etwas, das ich verdrängt, das ich einmal gut gekannt hatte, meldete sich zu Wort. Was war geschehen, dass dieses freudige Wachsen, dieses sich Ausdehnen und Jubeln aufgehört hatte? Die Welt hatte sich in ein Jammertal verwandelt, die Türen meines Herzens hatten sich geschlossen. Freuden waren rar geworden.

Jeder wollte wohl klug werden,
wenn es nur ohne Lernen ginge.

Unbekannt

Ohne es geplant zu haben und zu meiner eigenen Überraschung verlangsamte ich das Tempo und stellte das Auto auf einem in die Hauptstraße einmündenden Feldweg ab. Neben dem leisen Rauschen der Pappeln war aus der Ferne das gedämpfte Getöse der großen Stadt zu hören, die an einem hellen Saum, der sich blass und raumgreifend in den Nachthimmel hineinfraß, verortet werden konnte. Die Luft war feucht, es roch nach Moos. Über Steine stolperte ich, als ich mich den Pappeln näherte. Auf der Suche nach einer Stelle, an der ich mich auf eine Wurzel setzen und mich mit dem Rücken an einen Baum lehnen konnte, bemerkte ich, dass der Boden feucht war. Teilweise waren die Wurzeln mit Moos überzogen. Deshalb ging ich zurück zum Auto, holte eine Decke, worauf ich mich setzte und mich müde an einen Baum lehnte. So saß ich einige Minuten, vermutlich war ich eingeschlafen. Als ich nach oben sah, bemerkte ich, dass die starken Äste unbewegt waren, während die dünneren Äste und Zweige sich leicht im Wind wiegten. Der Blätter weite Kleider raschelten wie im Tanz. So saß ich still eine ganze Weile da.

Aus der Ferne sah ich auf der Landstraße von links her ein einsames Licht auf mich zukommen. Näher und näher kam es heran. Hoffentlich sieht mich keiner, dachte ich. Wie sollte ich denn mein Sitzen an einem Baum um zwei Uhr dreißig morgens erklären? Das Licht stellte sich als der Scheinwerfer eines ratternden Motorrads heraus. Es zog an mir vorüber. Langsam verschwand das rote Rücklicht, das einen dünnen Schweif in meinen Augen nachbildete. Fast wie der Komet von Bethlehem, dachte ich mir. Matt sah ich ihm nach, bis er hinter einer fernen Biegung der Straße verschwand. Kühl fühlte ich den Baumstamm an meinem Rücken.

Einige Zeit saß ich noch in der Dunkelheit und unter dem Eindruck des Gesprächs mit Herbert. Dann schlief ich ein. Erst die Kälte weckte mich. Wie anders das Leben doch wäre, wenn Bäume und Menschen Freunde würden.

Faul sein ist die Ursache für alle Mühen.

Herbert

In dieser Nacht hatte ich allerlei Albträume und einen unruhigen Schlaf. Von Bäumen träumte ich, riesigen Bäumen, mit enorm dicken Stämmen und ausgedehntem, unruhig vibrierendem, landgreifendem Wurzelwerk, das sich über dem Boden befand. Die Wurzeln ähnelten fetten Schlangen, die sich in die Landschaft fraßen. Dünnere Wurzeln krochen aus ihnen hervor, um sich tausendfach in ein Gewebe von feinen und feinsten Würzelchen zu verzweigen. Wie eine breite Wand setzten sich die Bäume, alle gleichzeitig, wie synchronisiert, in Bewegung. In einer weiten Kurve kamen sie auf mich zu. Dabei benutzten sie ihre Wurzeln wie kriechende Beine. Der Ansturm glich einem Tanz. Erst neigten sich alle gleichzeitig nach vorn, dann wieder zurück, dann seitlich nach links, dann nach rechts.

Anschließend begann das Ganze wieder von neuem. Unaufhaltsam näherten sich die Bäume einer kaum erkennbaren, hauchfeinen Trennlinie. Eine Art transparenter Vorhang teilte das Bild in zwei ungleiche Hälften. Augenblicklich war mir klar, es müsse sich dabei um die Linie, an welcher sich Vergangenheit und Zukunft begegnen, handeln. Die Schnittlinie erkannte ich als die dahineilende Zeit. Wie mit einer Rasierklinge war sie in die stehende Luft geschnitten. In eine Luft aus dem durchsichtigsten, silbrigsten

Blauweiß der Welt. Feststehend und massiv wie das azurblaue Firmament an einem Sonnentag, das zur Erde hin weißlicher und transparenter wird, ruhend auf dem festen, fast greifbaren bläulichen Weiß, das der Erde am nächsten steht. Von oben schleierte diese Linie durchscheinend auf den Boden herab, senkte sich vor den Stämmen der Bäume nach unten: Sie umschlangen diesen lichten Vorhang wie auf ein geheimes Zeichen hin, packten ihn gleichzeitig mit ihren starken Wurzeln, bis er sich unverrückbar in sie verstrickte, umfangen und festgehalten wurde.

Nun konnte diese Linie nicht mehr weiter, kam fast zum Stillstand. Ein letztes Zappeln, Zucken und Wellen des Schleiers. Nichts bewegte sich mehr. Das führte dazu, dass alle Wesen, Menschen und Tiere, die nun plötzlich fern im Hintergrund auftauchten – oder waren sie etwa schon vorher da gewesen und waren mir nur nicht aufgefallen? –, steif und völlig unbeweglich wurden, erstarrten. Auch die Bäume selbst und die Pflanzen waren nun ohne Bewegung, nicht ein Hauch war zu spüren. Kein Blatt spielte im Wind. Alles fror ein. An der Seite stehend, nur halb im Bild, versuchte ich krampfhaft, mich nicht ganz hineinziehen zu lassen, mich irgendwie in Bewegung, in der Gegenwart zu halten. Das gelang mir allerdings nur bis zum endgültigen Stillstand der Szene. Zunehmend von außen nach innen verfestigte sich mein Sein, fror ein. Mein Denken wurde langsamer, zog sich zu einem immer kleiner werdenden Punkt zusammen, stellte sich dann schließlich schwarz ein.

Ähnlich muss es wohl der Frau des Lot ergangen sein, die bekanntermaßen zur Salzsäule erstarrte, weil sie sich unerlaubterweise umgesehen hat. Ja, ja, nach hinten. In die Vergangenheit hat sie geschaut, dorthin, wo die Hölle liegt. Mir kam ein Bibelwort in den Sinn.

Wer den Pflug in die Hand nimmt und siehet zurück,
der ist nicht berufen zum Reiche Gottes.

Lukas 9.62

Ob sich in meinem Traum die Erde noch drehte, die Sonne ihre Kreise weiterzog, die Wolken über den Himmel glitten, kann ich nicht sagen. Anfangs war ich zu sehr auf das Geschehen konzentriert. In meinem Schrecken habe ich darauf auch nicht geachtet. Später war ich dann starr und ohne Gedanken. In der nun allumfassenden Schwärze war nicht die geringste Möglichkeit mehr zu beobachten.

Nach dem Aufwachen am nächsten Morgen vergewisserte ich mich zuerst, ob ich mich bewegen konnte, ob mir meine Glieder noch wie früher gehorchten. Viel später, vorsichtig, zögernd, ängstlich, öffnete ich meine Augen. Erleichtert und froh war ich, dass ich mich auch in dieser schwierigen Nacht einmal mehr in der Gegenwart hatte halten können und die Zeit offenbar wie gewohnt verging. Meine quälenden Kopfschmerzen ertrug ich mit Fassung.

In aller Ruhe
möchte ich über meine Unannehmlichkeiten nachdenken.
Täte ich das nicht, was hätte ich denn von ihnen?

Der zweite Ritter

Dieses Jahr war ich spät dran, um mich für oder gegen einen Besuch der Buchmesse in Frankfurt zu entscheiden. Viele Jahre habe ich die Buchmesse besucht, heuer stellte sich die rechte Lust nicht ein. Der Grund dafür war, es gab zu viele Für und Widers, so dass ich am Ende ganz verwirrt war und mich außerstande fühlte, eine Entscheidung zu treffen. Neben einigen nicht notwendigen, aber angenehmen Terminen auf der Messe hatte ich überlegt, auch den möglichen Verleger meines Buches HERZENSHÜHNER[1] zu treffen. Er brütete nun schon ein ganzes Jahr lang über meinen Texten, fand sie gut, war sich aber unsicher, ob er sie publizieren sollte oder nicht.

Zimmer für die Übernachtung waren so kurz vor Messebeginn, wenn überhaupt, nur noch zu astronomisch hohen Preisen zu ergattern. Solch hohe Preise wollte ich keineswegs bezahlen. Schon war ich dabei, mir Frankfurt aus dem Kopf zu schlagen, als mir einfiel, in einer Jugendherberge die beiden geplanten Nächte anzufragen. Lustlos suchte ich eine Telefonnummer aus dem Internet, rief dort an, landete aber in einem Youth Hostel. Der Unterschied zwischen einer Jugendherberge und einem Youth Hostel war mir unklar. Jedenfalls erfuhr ich, dass nur noch ein einziges Bett zu einem für eine Jugendherberge hohen, aber im Vergleich zu den vorgenannten Hotelzimmern akzeptablen Preis zu haben sei. Das Bett sei in einem Sechsbettzimmer mit integrierter Toilette. Man müsse also nicht auf den Gang hinaus, wenn man die Toilette benutzen wolle. Großartig! Der warm geschilderte Vorteil schien mir im Vergleich zu den Nachteilen allerdings kaum etwas

[1] *Das Buch hat es ins Verlagsprogramm geschafft: Herzenshühner: Ein erfülltes Leben mit Hühnern, Silberschnur 2021.*

aufzuwiegen. Es sei wirklich das letzte verfügbare Bett. Man empfahl mir, sofort zu buchen, da die Nachfrage groß sei. Das konnte ich mir nun doch nicht entgehen lassen. Nicht ohne Vorbehalte nahm ich das Angebot an. Noch nie war ich in einem Youth Hostel gewesen und hatte daher keine Vorstellung davon, wie es dort zugeht.

Um meine Buchung im Nachhinein gutheißen zu können, begann ich, mir die Unterkunft in den rosigsten Farben auszumalen, angefüllt mit interessanten, weltoffenen Menschen, vor allem natürlich mit hübschen Frauen. Als mir dies nicht gelingen wollte, kramte ich meine Neugierde hervor, plusterte sie auf und versuchte auf diese Weise, meine Stimmung aufzuhellen. Allein, es gelang mir nicht. Gewiss, es würde sich ein kleines Abenteuer ergeben. Warum nicht. Meine Hoffnung war nun, wenigstens Einblicke in eine andere Art zu reisen zu erhalten und vielleicht von einigen der anderen Gäste ein wenig über die Universen zu erfahren, in welchen ihre Planeten Bahnen ziehen. Mit dem Zug reiste ich nach Frankfurt, begleitet von den üblichen Bahnproblemen.

Meine Unterkunft war nicht weit vom Bahnhof entfernt. Am Empfang hatten sich junge Menschen aus aller Welt eingefunden. Langwierigen Formalitäten war ich ausgesetzt, ein Code war von einem derzeit abwesenden Mitarbeiter mitgenommen worden, so war der Zugang in das Reservierungsprogramm unmöglich, deshalb konnte ich nicht eingecheckt werden. Nach mehreren Telefonaten konnte der Code glücklicherweise in Erfahrung gebracht werden.

Dann gab es ein neues Hindernis. Meine Buchung war nirgends verzeichnet. So musste ich erneut warten. Inzwischen hatte sich eine lange Schlange gebildet. So hatte ich Gelegenheit, die Gäste zu beobachten. Mir schienen sie ausnahmslos originell gekleidet, trugen oft sehenswerte Halstücher, sicher Unikate, oder Kopfbedeckungen, Hüten ähnlich, wie man sie nur noch selten in Fernsehsendungen über indigene Völker zu sehen bekommt. Dazu trug man auffälligen Schmuck und breite, bunte Stoffgürtel, wie sie in Peru gerne getragen werden.
Die Gäste bewegten sich auf eine Weise, die sich nur durch ihre Weltoffenheit und jahrelange Erfahrung bei ausgedehnten Reisen durch alle fünf Kontinente erklären ließ.

Junge Damen nahmen dekorative Posen ein, ähnlich jenen, die oft schon kleine Mädchen einnehmen, wenn sie fotografiert werden. Allerdings lächelten die jungen Damen nicht, sondern guckten bedeutungsschwer in eine weite Ferne. Wenige rauchten seltsam geformte Zigaretten, deren Aussehen sich wohl damit erklären ließ, dass sie an schlecht beleuchteten Orten handgedreht worden waren. Die Art, wie sie rauchten, war schön anzusehen. Es hatte etwas Unnachahmliches an sich, strahlte Selbstbewusstsein aus. Ganz bewusst zog man den Rauch ein, ließ den Atem einige Augenblicke ruhen, um den Rauch dann mit viel Gefühl hinaus zu wehen. Fast war ich versucht, hinaus zu blasen zu schreiben, es wäre aber übertrieben und träfe ohnedies nicht zu. Man schien allgemein ziemlich entspannt zu sein.

Je tiefer ich in meine Betrachtungen versank, desto mehr bedauerte ich, nicht schon früher in Youth Hostels übernachtet zu haben. Grandiose Erlebnisse mit anderen Menschen, mit herrlichen Frauen sind mir entgangen! Weiter bedauerte ich, dass ich mit meiner eher durchschnittlichen Kleidung wie ein Fremdkörper, gar störend wirken musste.

Wie gern wäre ich entsprechend gekleidet und ganz unauffällig eingegliedert gewesen. Als ersten Schritt in diese Richtung ließ ich meine Krawatte unauffällig in der Anzugtasche verschwinden. Langsam wurde mir auch der Unterschied zwischen Jugendherbergen und Youth Hostels klar. In Ersteren übernachten wohl eher Schulklassen, während sich in Letzteren Weltenbummler einfanden. Mit allerlei Betrachtungen war weit über eine Stunde Wartezeit vergangen. Nur durch äußerst günstige Umstände, wie das beherzte Jonglieren eines Dreitagebart-Zimmerakrobaten mit Telefon und Code sowie Gespräche mit anderen Wartenden, gelangte ich zu einem Bett.

Nutzen und Schaden kommen oft Hand in Hand daher.

Der zweite Ritter

Dankbar ging ich in das mir zugewiesene Zimmer und konnte mich endlich in mein Lager in der oberen Etage eines Bettes zurückziehen. Als Erster im Zimmer hatte ich durch die später ankommenden Gäste wohl mit Störungen zu rechnen. Damit fand ich mich ab. Der nächste Neuankömmling, ein vollbärtiger, dunkelhäutiger junger Mann mit krausem Haar, machte mir in einem seltsamen Kauderwelsch mein Bett streitig, obwohl klar ausgeschrieben war, dass ich mich im richtigen Bett befand. Auch die Vorlage meiner sämtlichen Unterlagen, welche klar bewiesen, dass das Bett das meine war, konnte ihn nicht überzeugen. Meinen Hinweis, sich an der Rezeption über die Sachlage Klarheit zu verschaffen, lehnte er kategorisch ab. Um ihm meine Papiere zeigen zu können, hatte ich das Bett verlassen, um sie meiner sich am Boden befindlichen Tasche zu entnehmen.

Nachdem der Krausköpfige meine Unterlagen gesichtet hatte und dabei ständig vor sich hin murmelte: "No, no, these papers are not correct. They are fake", unterstrich er seinen Anspruch auf mein Bett geschickt dadurch, dass er seine Reisetasche in hohem Bogen auf das Kopfkissen warf, stürmisch, wie beim Kapern eines Schiffes die Leiter hochkletterte, sich triumphierend auf das Fußende des Bettes setzte und die Füße lässig in der Luft baumeln ließ. Dabei grinste er ein Hier-kriegst-du-mich-nicht-mehr-weg-Grinsen, das man als unverschämt hätte bezeichnen können. Das passte mir nun absolut nicht.
Seine Beine baumeln zu lassen, war noch das i-Tüpfelchen auf seinem verfehlten Verhalten. Strategisch war ich, dadurch dass ich das Bett verlassen hatte, allerdings in eine schlechtere Position geraten, dies entpuppte sich im Nachhinein als grober Fehler. Allerdings muss ich mir zugutehalten, dass ich in meiner Unerfahrenheit keine Vorstellung davon hatte, wie hart umkämpft die Schlafstellen in Youth Hostels sind und mit welch ausgeklügelten, geradezu brutalen Methoden dabei vorgegangen wird, sich ein Bett zu erschleichen oder gar zu erkämpfen.

Informationen darüber hätte ich mir im Vorfeld gewünscht, am besten mit Hinweisen kombiniert, wie man sich in einer solch angespannten Situation zu verhalten und zu wehren hätte. Eine zusätzliche Notrufnummer für solche Fälle sollte eigentlich in jedem Raum groß und sichtbar an der Wand angebracht sein.

Überraschend für mich, erwachte in mir der Kampfgeist. Um mein Bett nicht zu verlieren, kletterte ich beherzt die Leiter hoch und schaffte es trotz der massiven Gegenwehr des Bärtigen, mich ebenfalls auf das Bett zu setzen. Da mir Gewalt nicht liegt, versuchte ich mit einer List, den Eroberer loszuwerden. Auf diese Weise konnte ich vielleicht zu meinem Bett kommen. Ich schlug vor, den jungen Mann zu fünfzig Prozent an meinem Bett partizipieren zu lassen, bestand aber darauf, die Wandseite zu belegen, da ich ungern nächtens aus dem Bett geschubst werden wollte. Dieses Angebot lehnte der Krausköpfige ohne Überlegung mit einem Kopfschütteln ab, da er das gesamte Bett für sich alleine beanspruchte.

Ehrlich gesagt hatte ich befürchtet, dass er sich mit fünfzig Prozent begnügen würde. Die Betten waren für zwei Personen zu schmal, das sah ich ein. Der junge Mann zog nun Jacke und Schuhe aus und begann, sich in meinem Bett häuslich einzurichten, indem er sich das Kopfkissen zurechtmachte und sich hinlegte. Und dies auf der Wandseite, was mich wiederum in eine schlechtere Lage brachte. Ob einer solchen Dreistigkeit mochte ich keineswegs kampflos aufgeben. Das Wissen darum, dass ich mich im Recht wähnen konnte, stärkte mich. Nach einiger Überlegung wurde mir klar: Wenn ich Erfolg haben wollte, würde das nur mit einem Überraschungsangriff gelingen. So stellte ich mich wieder auf die Leiter, warf mich mit wildem Schrei über meinen Bettnachbarn an die Wand, in der Hoffnung, ihn dadurch zu erschrecken und ihn so von der Wand weg, an den Bettrand zu drängen. Das schaffte ich nach kurzem Handgemenge, erhob dann die Stimme, brüllte ihn an, versuchte, dabei so grimmig wie möglich dreinzusehen, und fuchtelte mit meinen Armen bedrohlich vor seiner Nase herum.

Dabei machte ich keinen Hehl daraus, dass das Fünfzig-Prozent-Angebot nun nicht mehr galt. Zuerst war der Krausköpfige verdutzt, eine derartige Attacke hatte er mir nicht zugetraut. Dann zog er die Stirn in Falten und kratzte sich am Kopf. Offensichtlich kamen ihm Zweifel bezüglich der Chancen, sein Anliegen durchzusetzen. Meinen Standpunkt hatte ich wohl deutlich genug vorgetragen, so dass mein Konkurrent schließlich bereit war, auf mein Revier zu verzichten. Er sammelte seine Habseligkeiten ein, zog sich grollend zurück, vermutlich in der Hoffnung, in einem anderen Zimmer mehr Glück zu haben.

Das Ziel jeder Übungspraxis ist es,
die Oberherrschaft über das kleine Ich zu erhalten
und sich dadurch mehr Freiheit zu verschaffen.

Der zweite Ritter

Eiligst, mit allerlei Befürchtungen, begab ich mich auf die Toilette. Nach meiner Rückkehr wollte ich das Bett nun keinesfalls mehr verlassen. Das Risiko, das bei einer möglichen nächsten Bettenterung bestehen würde, war mir zu groß. Da ich müde war, stellte sich der Schlaf schnell ein. Allerdings erwachte ich bei jedem der Neuankömmlinge. Wie zu erwarten, kam einer nach dem anderen an, und zwar immer dann, wenn ich gerade wieder eingeschlafen war.

In den jeweils fünfzehn bis zwanzig Minuten nach deren Ankunft, bis das Gepäck verstaut war, man sich ausgezogen und ins Bett gelegt hatte, war an Schlaf nicht zu denken. Als, es war kurz nach Mitternacht, alle Betten endlich besetzt waren, hoffte ich auf Ruhe. Allerdings pilgerten nun die Zimmergenossen einer nach dem anderen zur Toilette. Das Spülgeräusch belastete mich besonders, da ich mit dem Kopf direkt an der Toilettenwand lag. Die Situation war leicht zu bereinigen, ich legte mein Kopfkissen an das Fußende des Bettes und drehte mich um einhundertachtzig Grad.

Als auch diese Periode glücklich ein Ende fand und ich endlich wieder eingeschlafen war, zog und riss plötzlich jemand an meinem Arm. Das Licht blendete mich. Es dauerte eine Weile, bis ich wahrnahm, wo ich war und worum es ging. Jemand klagte mit einer teils beleidigten, teils empörten Stimme und verlangte von mir, ich solle mit dem Schnarchen aufhören. Dabei zog er mehrmals ruckweise an meinem Arm, als ob dadurch das Schnarchen künftig abgestellt werden könne. Mir war nicht bewusst gewesen, dass ich schnarchte. Keinesfalls wollte ich die Zimmergenossen in ihrer Nachtruhe stören.

Niemand könne bei diesem nervenzerfetzenden Lärm schlafen, wurde mir erläutert. Das Rezept, wie das Schnarchen zu verhindern sei, wurde gleich mitgeliefert. Nicht auf den Rücken, auf die Seite solle ich mich legen, was das Problem eliminieren würde. An diesem sicher sehr guten Rat fiel mir auf, dass die Zimmergenossen wohl Erfahrung mit ähnlichen Situationen gesammelt haben mussten.

Um des lieben Friedens willen folgte ich gerne dem Rat, bemerkte aber, dass es in mir eine eigenwillige Tendenz gab, während des Schlafes wieder in die Rückenposition zu wechseln. So lag ich mit dem guten Gewissen eines Mannes im Bett, der sich sagen konnte, das Menschenmögliche zur Befriedung der Situation beigetragen zu haben.

Paläste wurden als Luftschlösser geboren.

Der zweite Ritter

Nun war mir durchaus in Erinnerung, dass meine Eltern vor Jahren an einer Busreise nach Russland teilgenommen hatten, bei der die Reiseteilnehmer für die Nacht in einem Busanhänger mit schmalen Kabinen untergebracht worden waren. So ganz konnte ich mir das damals nicht vorstellen. Ich hatte Bilder von Särgen vor Augen.

Für mich käme eine solche Unterbringung nicht infrage, da ich Enge nicht aushalten kann. Nach der glücklichen Rückkehr meiner Eltern berichtete meine Mutter, mit einem von diebischer Freude geprägten Gesichtsausdruck, dass mein Vater so grauenhaft geschnarcht hatte, dass die Urlaubsgesellschaft nicht schlafen konnte. Bei dieser mir wohlbekannten Miene wurde klar, dass das für meine Eltern anscheinend nicht gar so ungünstig gewesen war.

Einige Mitreisende hatten sich gleich am Morgen des zweiten Reisetages zusammengerottet und solidarisiert, meinen Vater bedrängt, den Reiseleiter beschimpft und mit dem Abbruch der Reise gedroht, falls dem Schnarchen nicht Einhalt geboten würde. Mein armer Vater hätte diesem Wunsch sicher gerne entsprochen, wusste sich aber keinen Rat, wie dies zu bewerkstelligen sei. Offenbar war die Lösung des Problems, er möge auf der Seite schlafen, den Mitreisenden unbekannt.

Da keine Lösung gefunden werden konnte und um das Übel abzustellen, erhielten meine Eltern als einzige Reiseteilnehmer fortan komfortable Hotelzimmer. Somit war niemand mehr durch das Schnarchen gestört.
Es lag nahe zu vermuten, dass ich als Sohn dieses Superschnarchers mit ähnlichen Fähigkeiten ausgerüstet sein würde.

Zurück in die Zimmergemeinschaft des Acht-Betten-Raumes (im Telefonat mit dem Youth Hostel war von sechs Betten die Rede gewesen): Der gute Mann war nach wie vor empört. Wie ich erfuhr, hatte man ihn als das unglückliche Opfer bestimmt, das sich um mein Schnarchen kümmern sollte, anders ausgedrückt, das dafür zuständig war, dass mein Schnarchen unterbunden würde.

Später in der Nacht erwachte ich, als ich bemerkte, dass sich jemand an meinem Bauch zu schaffen machte. Zärtlich strich eine Hand vom Bauch hinunter auf mein Geschlecht. Ein ernsthafter Übergriff, wie ich finde. Da ich die Geldbörse, in Ermangelung einer geeigneteren Möglichkeit und um einen Diebstahl zu verhindern, sicherheitshalber unter meinem Allerwertesten deponiert hatte, dachte ich, es sei ein Angriff auf sie im Gange. Um diesen abzuwehren, schlug ich, aufgeschreckt, ohne mir dessen in meinem halbwachen Zustand ganz bewusst zu sein, mit der Faust hinein ins Dunkle. Zum Glück traf ich nicht direkt ins Gesicht der Person, sondern rutschte an der Wange ab, streifte aber empfindlich sein Ohr. Der Getroffene schrie vor Schmerz laut auf. Natürlich erwachten alle. Auch aus den Nebenzimmern kamen einige besorgte und neugierige Naturen hereingeströmt, knipsten das Licht an, um zu erfahren, was geschehen sei, und um sich zu versichern, dass der Vorfall nicht schlimm ausgegangen war.

Ich setzte mich auf, entschuldigte mich, wie mir schien, vor allen hier versammelten Gästen des Youth Hostels für meine Tat, gab aber zu bedenken, dass ich in Notwehr gehandelt hatte und dass es ungehörig sei, sich in der Nacht an fremde Schläfer heranzumachen und deren Bauch zu betasten. Erst hinterher kam mir zu Bewusstsein, dass ich dabei mit den Beinen, ähnlich wie der Kraushaarige, hin- und herschlenkerte.

Meine Argumente brachten mir kein Verständnis ein. Bis geklärt war, wie sich die Sache genau verhielt, verging fast eine halbe Stunde mit Verdächtigungen und Vorwürfen. Es stellte sich heraus, dass der Schnarchbeauftragte durch mein Schnarchen wieder aktiv geworden war und ertasten wollte, ob ich auch wirklich in Seitenlage schlief. Es dauerte etwas, bis ich das glauben konnte, hatte ich doch immer noch meinen Geldbeutel und anderes im Sinn.

"Legen Sie sich doch bitte nicht auf den Rücken, sondern auf die Seite, Ihr Schnarchen ist ja nicht auszuhalten", sagte er immer wieder, während er sich die gerötete Wange und das Ohr massierte. Die Lärmempfindlichkeit der jungen Männer erstaunte mich ein wenig, da sie, wie man oft hört, durch den Besuch von Diskotheken und der darin üblichen, extrem lauten Musik gegen den Lärm gewissermaßen abgehärtet, teilweise gar schwerhörig sein sollten. Ich fügte mich dem berechtigten Wunsch und legte mich wieder auf die Seite, diesmal auf die andere. Mein Körper hatte leider, wie schon angemerkt, in sich die Tendenz zur Rückenlage ausgebildet, und so nahm ich im Schlaf diese Stellung bald wieder ein, ohne es zu bemerken. Mit allen Nachteilen, die das für die anderen mit sich brachte.

Offenbar war der im Bett B, also der im Etagenbett genau unter mir liegende junge Mann am stärksten vom Schnarchen betroffen. Irgendwann verlor er wohl die Nerven und trampelte von unten her mit großer Rohheit mit Fäusten und Beinen gegen meine dünne Matratze. Jeden seiner Schläge spürte ich schmerzhaft im Rücken. Dazu heulte er so, wie ich mir das Heulen eines verwundeten Wolfs vorstellen könnte. In den kurzen Heulpausen rief er "aufhören, verflucht, fuck, aufhören, fuck, fuck, aufhören."

Die höchsten Werte des Lebens, Liebe, Freundschaft,
Harmonie, fallen uns nicht zu,
sie wollen durch Hingabe erworben sein.

Arno Peters

Als er völlig erschöpft zu sein schien, bekam er einen Weinkrampf, der sich erst löste, als ihm die anderen gut zugeredet und, als das zu keinem Ergebnis führte, eine Weile auf ihn eingeschlagen hatten. Ich fand das Eindreschen auf einen im Bett liegenden, wehrlosen, noch dazu weinenden Menschen empörend und mischte mich ein, indem ich aus dem Bett sprang und versuchte, die Schläger vom unteren Bett wegzudrängen. Das gelang mir nicht, die Überzahl war einfach zu groß. Ich schrie die Üblen an. Dies führte dazu, dass sich wieder Gäste aus den anderen Zimmern einfanden und es zu Chaos und allgemeinem Handgemenge kam. Als man sich einigermaßen beruhigt hatte, wurde erklärt, man habe dem Rückenklopfer eine für Anfälle von Hysterie geradezu ideale, sehr wirkungsvolle und nachhaltige chinesische Klopfmassage verabreicht.

Als ich das hörte, beruhigte ich mich wieder. Nur noch wenige Male schlugen die jungen Männer daraufhin auf den Weinenden ein. Als er schließlich das Weinen einstellte, ließen sie von ihm ab. Diese Art von Klopfmassage schien mir tatsächlich wirkungsvoll zu sein. Der junge Mann fiel fortan nicht mehr unangenehm auf. Wie oft ich in dieser Nacht noch geweckt wurde, weiß ich nicht. Jedenfalls erwachte ich am nächsten Morgen, ebenso wie die anderen Zimmergenossen, viel zu spät und fühlte mich wie gerädert. Wir trennten uns wortlos, jeder ging seiner Wege.

Mit berechtigtem Grauen dachte ich an die kommende Nacht. Der Tag auf der Buchmesse war anstrengend. Der Versuch, auf der Toilette etwas Schlaf nachzuholen, misslang.

Reifung ist den Bescheidenen vorbehalten.

Der zweite Ritter

Wegen der hohen Messekosten sind viele Verleger aus ärmeren Regionen dieses Jahr weggeblieben. Sie belegten früher die kleinsten, nur zwei Meter breiten Stände. Somit fehlten viele der bekannten Gesichter. Das fand ich bedauerlich, weil nun die vormals breiten Fachgespräche nicht mehr stattfinden konnten. Die freundschaftlichen Kontakte würden ebenso bald enden. Die leerstehenden Flächen wurden mit Reiseunternehmen und Weingütern aufgefüllt. Zum ersten Mal sah ich sogar einen Verkaufsstand für Bratpfannen. Die Verbindung zu Büchern konnte ich nicht herstellen.
Der Kommerz siegte ein weiteres Mal über die Kultur. No comment.

Zum Glück waren unsere russischen Freunde aus Moskau da. Am Freitagnachmittag bauen sie alljährlich einen Tisch auf, an welchem die neuesten Wodkaentwicklungen gemeinsam mit Brötchen, die mit weißem oder schwarzem Kaviar belegt sind, gereicht werden. Erstaunlich, wie kreativ die Russen mit ihrem Lieblingsgetränk umgehen! Man schiebt das mit Kaviar belegte Brot in den Mund, wurde mir erklärt, dann gießt man den Wodka hinterher. Im Mund ergäbe sich dann dieser einmalige, unnachahmliche Geschmack, der bei unseren russischen Freunden dazu führte, dass sie die Augen schlossen und das Atmen einstellten, um diesen Genuss so lange wie möglich auszukosten.

Beschwingt kam ich abends im Youth Hostel an. Der Schlafraum war leer, alle Zimmergenossen waren verschwunden, ohne sich zu verabschieden. Bei der großen Nachfrage zur Messezeit konnte ich mir nicht vorstellen, dass der Inhaber des Youth Hostels wegen eines einzigen Schnarchers auf die fetten Einnahmen eines ganzen Zimmers verzichten würde. Hatten die Zimmergenossen von gestern andere Unterkünfte gefunden oder waren sie gar früher abgereist? Nach und nach kamen erwartungsgemäß neue Leute herein. Es dauerte eine Weile, bis ich verstanden hatte.

Wer um Himmels Willen braucht Zahnpasta
mit Bananengeschmack?
Und wie bitte kommt die Banane in die Tube?

Der zweite Ritter

Man hatte die Besetzung von gestern Nacht durch junge Damen ausgetauscht. Das war für mich eine große Überraschung. Ich fühlte mich nicht wohl dabei, da ich fürchtete, neben dem Schnarchen noch weitere Einschränkungen in meinem Verhalten auf mich nehmen zu müssen. An der Rezeption erkundigte ich mich, ob es sich dabei nicht um ein Versehen handele. Mit fettem Grinsen wurde mir bedeutet, die Maßnahme sei richtig und angemessen, ich solle mir nur keine Gedanken machen.

Der Anblick der appetitlichen jungen Damen, die sich, modern wie sie waren, völlig ungeniert vor mir aus- und umzogen, war ein schöner und gerechtfertigter Ausgleich für das Durchgemachte. Als man das Licht gelöscht hatte, drehte ich mich unaufgefordert in die Seitenlage, mit dem Rücken zu den jungen Damen, und schlief auch bald ein. So hoffte ich, allfälligen Verwicklungen zu entgehen. Warum diese Nacht völlig ohne jegliche Probleme verlief, ist mir bis zum heutigen Tag unklar. Vielleicht hatte ich mich an die Seitenlage gewöhnt und es kam deshalb nicht mehr zum Schnarchen, oder die jungen Damen waren robuster als die jungen Männer und fühlten sich dadurch nicht gestört. Es könnte aber auch daran gelegen haben, dass junge Damen weit öfter als junge Männer Diskotheken aufsuchen.

Gut gelaunt und ausgeschlafen ging ich mit meinem Gepäck am Morgen zur Rezeption. Beim Auschecken aus dem Youth Hostel begegnete mir der Krausköpfige. Er sah zufrieden aus, kam auf mich zu und klopfte mir lächelnd auf die Schulter. Unsicher trat ich einen Schritt zurück, besorgt, was er nun wohl wieder gegen mich im Schilde führte. Zu meiner Erleichterung trat eine junge Dame zu uns, die an der Rezeption tätig war.
"Da ist vorgestern ein kleines Missverständnis passiert", sagte sie freundlich zu mir. "Sie haben sich in der Zimmertür geirrt. Für Sie war das Bett A im Zimmer 7 reserviert, Sie sind aber in Zimmer 6 gewesen. Es war definitiv nicht Ihr Bett, sondern das von Herrn Al-Mansuri, der, nachdem Sie ihn hinausgeworfen hatten, ziemlich aufgebracht zu mir an die Rezeption kam. Wir konnten die Situation dadurch entschärfen, dass wir ihm das von Ihnen reservierte Bett in Zimmer 7 gegeben haben. Daraufhin beruhigte er sich schnell."

Herr Al-Mansuri lächelte, streckte mir seine Hand entgegen und lud mich auf eine Tasse Kaffee ein. Bereitwillig schlug ich ein und entschuldigte mich ausgiebig für das Versehen. "No problem, no problem at all." Die nächsten beiden Stunden habe ich viel über Herrn Al-Mansuris Universum erfahren. Und wie seine Planeten darin ihre Bahnen zogen. Mehrere Tassen Kaffee haben wir dabei getrunken. Das Gespräch mit Mohamed, wie ich ihn nennen durfte, hat mich bereichert. Ich hoffe sehr, dass er trotz allem eine gute Erinnerung an Frankfurt mitnehmen konnte.
In meiner Brusttasche hatte ich auf der Suche nach Visitenkarten folgendes Gedicht gefunden, das mir Herbert vor einiger Zeit gegeben hatte. Es zeigte mir erneut, wie sehr Herbert sich auf sein Baumthema schon eingelassen hatte.

Der Wunsch

Geliebter Baum, wir stehen uns gegenüber,
empfangen uns, brauchen uns dabei nicht zu berühren.

Dein großes Herz strahlt in das meine.
Weit wird es. Sehnsucht greift über mich hinaus.

Ach, hätte ich doch Wurzeln wie du,
die tief in kühler Erde gründen.

Besäße ich doch einen Stamm wie du,
der fest stünde, auch wenn der Sturm wütet.

Arme wünsche ich mir, stark wie deine Äste,
die sich allzeit gen Himmel recken.

Weshalb blühe ich nicht neben dir,
frei und in Glückseligkeit?

Gerne wäre ich in goldene Blätter gekleidet,
auf welchen die Sonnenstrahlen tanzen.

Den himmlischen Segenstau möchte ich empfangen
und verströmen durch meine grüne Haut.

Und doch, ich bin schon einer von euch,
einer, der nur noch seinen Platz sucht.

Seit Jahren treffe ich mich mit einem distinguierten japanischen Herrn, seinem Sohn und seiner Dolmetscherin an einem Mes-

sestand. Die beiden Herren tragen immer die gleichen dunkelblauen Anzüge mit leichtem Rotstich und einheitlichem Schnitt, gekrönt von ebenso einheitlichen, dezenten Seidenkrawatten in weiß-gelblichem Ton. Darauf sind kunstvolle, altertümlich wirkende florale Muster abgebildet mit wenigen geschwungenen, goldfarbenen Ranken. Meine Krawatte zeigt, ebenfalls auf Seide, einen der Form der Krawatte geschuldeten langen und schmalen, nach unten breiter werdenden Ausschnitt aus dem Frankfurter Stadtplan. Der Grundton ist silberfarben, während der Stadtplan selbst in angenehmem Mittelgrün gehalten ist. Die Schrift ist schwarz.
Das ist jedes Jahr meine Krawatte für die Frankfurter Buchmesse. Sie ist fast bei jedem Termin Gesprächsthema, man nimmt gern die Gelegenheit wahr, sich ein Bild von der Stadt zu machen, zu fragen, wo sich die Oper befindet, oder Straßen zu suchen. Sogar fremde Menschen haben sich nach öffentlichen Gebäuden und Straßen erkundigt. Dadurch kamen wir ins Gespräch. Geschäftsbeziehungen haben sich entwickelt. Immer wieder habe ich Messestandbesucher gefragt, um welche Stadt es sich wohl handele. Man hat meist auf Groß-Gerau getippt, obwohl der Name Frankfurt in Großbuchstaben deutlich lesbar ist. Hin und wieder wurde ich gefragt, was denn auf der Rückseite meiner Krawatte abgebildet sei. "Ein Reiseführer von Frankfurt in zwölf verschiedenen Sprachen."

Beziehungen und Demokratie
funktionieren nur mit eindeutiger Sprache.

Der zweite Ritter

Es fällt nicht auf, dass ich die gleiche Krawatte jedes Jahr wieder trage. Man kann sich einfach nicht mehr an das Vorjahr erinnern. So habe ich jedes Jahr wieder meinen Spaß mit der Frankfurt-Krawatte. Nebenbei erwähnt, ich besitze auch Krawatten im gleichen Stil von München, Hamburg, Köln, Leipzig und Dresden. Der Erfolg in Frankfurt hat mich dazu verführt, sie zu kaufen.

Wenn ich mich in Städten aufhalte, von denen ich keine Krawatte habe, verwende ich oft welche mit einer Deutschland-, Europa- oder Weltkarte drauf. Je nach Lust und Laune. Eine historische Karte der Hansestadt Hamburg kommt immer gut an.
Zum jährlichen Ritual mit den Japanern gehört die gegenseitige Betrachtung und Bewunderung unserer Krawatten. Vielleicht kommt es eines Tages zu einem Krawattentausch, ähnlich wie es bei Fußballspielen üblich ist, das Trikot zu tauschen. Für diesen Fall habe ich zu diesem Termin immer eine zweite Krawatte der gleichen Art in meiner Tasche. Schließlich habe ich es ja mit zwei Herren zu tun. Mehrfach wollte ich diesen Tausch schon anstoßen, fühlte in mir aber immer wieder etwas, das mich zurückhielt, ein Hindernis, das ich nicht überwinden konnte. Im Umgang mit anderen Kulturen ist bei solchen Vorschlägen Vorsicht geboten. Das Gespräch kam vor etwa zehn Jahren auf die Krawatten, als dem Sohn etwas Tee auf seine tropfte. Schnell wischte er die kaum sichtbaren Flecken mit einem perfekt auf Kante gefalteten, seidenen Taschentuch ab. Dies gelang meiner Meinung nach recht gut. Ob die Krawatte zusätzlich gereinigt wurde, ist mir nicht bekannt.

Heuer hatte ich mit einer Irritation umzugehen. Der Anzug des Vaters wich farblich von dem gewohnten Farbton ab. Er war etwas heller als der des Sohns. So eine Farbabweichung war bisher nicht vorgekommen. Hatte sich zwischen Vater und Sohn etwas verändert? Was konnte der Grund für diese unerklärliche Diskrepanz sein? Hin und her überlegte ich, ob ich dieses delikate Thema ansprechen durfte, formulierte mehrere Fragen in meinem Kopf, kam wieder von ihnen ab und entschied mich schließlich, aus einer Frage ein Kompliment zu machen.

“Dieses Jahr tragen Sie einen schönen Anzug.” Mal sehen, was geschehen würde. Die Übersetzung gestaltete sich schwierig. Nach einer längeren Beratung der Gäste erhielt ich zur Antwort, dass sie planten, das nächste Jahr wieder zur Messe zu kommen. Nach einigem, zugegebenermaßen anstrengenden Hin und Her nicht ohne Peinlichkeiten und nachdem ich wiederholt auf die beiden Anzugärmel gezeigt und dabei fragend den Kopf geschüttelt hatte, verstand ich, dass sie diesmal vor der Messe in Usbekistan gewesen waren. Leider sei der Koffer des Vaters bis zum heutigen Tag verschollen und so musste er sich einen neuen Anzug kaufen. Er bedaure, nicht die gewohnte Qualität vorgefunden zu haben.

Manchmal meine ich, bei dem Vater einen schwachen Oberlippenbart ausmachen zu können. Ganz sicher bin ich nicht. Auf seiner etwas dunkleren Haut ist er nicht gut zu erkennen. Falls er wirklich Bart trägt, wächst er sehr dünn.
Ein wenig erinnert mich sein Bart an den Jugendbart meines Freundes Herbert. Ihn habe ich übrigens heute von der Buchmesse aus angerufen. Es geht ihm gut, er musste die beiden letzten Wochenenden durcharbeiten, hat aber vor, sich demnächst mit mir zu treffen. Eine schöne Perspektive. Darauf freue ich mich.

Menschen, die wissen, reden nicht.
Diejenigen, die reden, wissen nicht.

Japanisches Sprichwort

Ich weiß nicht, warum die drei Japaner seit so vielen Jahren immer wieder auf die Messe kommen, auch nicht, was man sich von dem Treffen mit mir erwartet. Nicht einmal, in welcher

Branche sie arbeiten, ist mir bekannt. Die Visitenkarte in japanischer Schrift half mir nicht dabei, dieses Rätsel zu lösen. Zu fragen erübrigt sich. So eine komplexe Frage würde die Dolmetscherin kaum übersetzen können. Die drei Japaner lächeln fortwährend, was mich bei jedem unserer Treffen in eine gehobene Stimmung versetzt. Ein ehrliches und offenes Lächeln ist das, wie mir scheint. Da ist gut mitlächeln! Auf die Gespräche selbst könnte ich gut verzichten.

Die Dolmetscherin übersetzt so grauenhaft, dass es keinen Sinn macht, sich auszutauschen. Bei jeder noch so simplen Frage, die ich stelle, erhalte ich nach einer mir unverständlich langen Diskussion zwischen Vater, Sohn und Dolmetscherin eine kaum verständliche Antwort, welche darüber hinaus in der Regel nichts mit der Frage zu tun hat. Der Grund dafür, dass ich meinen Vorschlag, generell das Sprechen einzustellen und sich von nun an nur noch zuzulächeln, bisher nicht gemacht habe, ist zum einen, dass die Gefahr besteht, die Dolmetscherin dadurch zu verletzen, zum anderen befürchte ich, dass sie nicht in der Lage sein würde, meinen Vorschlag richtig zu übersetzen. Weiß Gott, was dabei herauskäme.

Vor einigen Jahren habe ich versucht, meinen Wunsch zu befördern, indem ich nur noch auf Fragen antwortete, die mir der japanische Vater stellte. Ansonsten sagte und fragte ich nichts mehr. Und seine Fragen beantwortete ich erst nach einer langen Pause. Die Japaner sind höfliche Leute und richten sich, zumindest nach der geringen Erfahrung, die ich sammeln durfte, gerne nach ihren Gesprächspartnern. Offenbar nahm der Vater an, dass sich in der deutschen Kultur Gespräche auf diese Weise abzuwickeln haben. Jedes Jahr sprechen wir weniger, lächeln umso mehr, nicken uns bisweilen zu. Vielleicht kommen wir in einigen Jahren so weit, ganz auf das Sprechen zu verzichten.

Vor der Verabschiedung und nachdem wir einige Tassen Tee geleert haben, kommt es zum Höhepunkt des Treffens. Wir stehen auf, richten unsere Krawatten, knöpfen unsere Sakkos zu, verbeugen uns eine Weile voreinander. Wobei ich darauf achte, dass ich mich aus Höflichkeit und Achtung vor meinem Gesprächspartner tiefer verbeuge, als er das bei mir tut. Eigentlich trifft das Wort Gesprächspartner kaum mehr zu, vielleicht sollte ich ein anderes Wort verwenden: *Mensch* wäre wohl besser geeignet. Es schränkt nicht ein, zwingt zu nichts und ist doch universell einsetzbar.

Der Vater beobachtet genau, lächelt noch intensiver als vorher, seine Augen blitzen. Allerdings kann er wiederum, wohl auch aus Gründen der Höflichkeit, die Verbeugungssituation so nicht stehen lassen und neigt sich tiefer, als ich das tat. Da möchte ich wiederum nicht zurückstehen. So geht das weiter, hin und her, bis wir aufgrund anatomischer Einschränkungen keine tiefere Verbeugung mehr zustande bringen. Dann schütteln wir uns lächelnd die Hände.

Der Vater gibt seinem Sohn, der in gebeugter Haltung hinter ihm steht, einen Wink. Dies ist übrigens das erste und einzige Mal, dass dieser in Erscheinung tritt. Er lächelt, reicht seinem Vater die schwarze Lederaktentasche, welche er vorher geöffnet hat. Der Vater greift hinein, entnimmt einen silberfarbenen Plastikbeutel und überreicht ihn mir mit beiden Händen. Ich nehme den Beutel mit beiden Händen entgegen, drehe ihn hin und her und betrachte ihn genau. Dazu nehme ich extra das Brillenetui aus meiner Tasche, öffne es, entnehme die Brille und setze sie auf. Das ist die übliche Art der Wertschätzung für das Geschenk und um meine Dankbarkeit zu zeigen. Der Vater betrachtet mein Interesse ganz genau, mit lächelndem Wohlwollen. Auch das gehört zum Ritual. Dabei sagt er etwas zu seiner Dolmetscherin. Was jetzt kommt, weiß ich längst. Es ist jedes Jahr das Gleiche. “Grünes best Tee Japan.”

Ich bedanke mich, wir verbeugen uns wieder einige Male voreinander. Diesmal ziehe ich danach den Sohn und anschließend die Dolmetscherin der Reihe nach in das Verbeugungsritual mit ein. Diesen beiden gebe ich die Möglichkeit, sich tiefer vor mir zu verbeugen, als ich das vor ihnen tue, da ich der Ältere bin. Auch die Anzahl der Verbeugungen meinerseits ist geringer. Das Lächeln wird nicht abgestuft.

Nun nähert sich mein großer Auftritt. Lächelnd deute ich auf meine Tasche, greife hinein und überreiche dem Vater mit beiden Händen und unter mehreren Verbeugungen eine Tafel Schokolade. Dann folgt mit weiteren Verbeugungen eine für den Sohn und eine für die Dolmetscherin. Die drei betrachten die Schokolade genau, drehen sie um, halten die Tafel gegen das Licht, riechen daran, streichen zärtlich mit den Fingerkuppen drüber.

Der Vater hat sogar die Brille auf die Stirn geschoben. Er reibt sich die Augen mit einem seidenen, auf Kante gefalteten Taschentuch, um einen klareren Blick zu erhalten, hält dann die Schokoladentafel ganz nahe an seine Augen. Offenbar sieht er in der Nähe ohne Brille besser. Nach einigen weiteren allseitigen Verbeugungen in die Runde überreicht der Vater die Schokoladentafel seinem Sohn, der sie gemeinsam mit seiner eigenen behutsam in die Tasche steckt.

Was du über die anderen sagst, zeigt, wer du bist.

Herbert

Als wir uns das erste Mal trafen, überreichte ich ihnen Schokoladentafeln in roter Verpackung. Sicher eine gute Schokolade. In der Zwischenzeit bin ich jedoch zu der Erkenntnis gekommen, dass eine rechteckige Tafel einer quadratischen, wenn es um ein Geschenk geht, vorzuziehen ist. Als ich bemerkte, dass die rote

Farbe überhaupt nicht zur Farbe der Anzüge meiner Gäste passte, wurde mir der Vorgang peinlich. Ich entschuldigte mich für meine Unachtsamkeit. Das Lächeln der drei hat sich durch meinen Fehler nicht verändert, so konnte ich glauben, dass unsere Beziehung nicht beschädigt worden war.

Ein Jahr lang hatte ich Zeit, mir zu überlegen, wie ich die Übergabe der Schokolade im nächsten Jahr passender gestalten könnte. Nach vielen Überlegungen und jeder Menge Tafeln Schokolade, die ich nicht nur einem optischen, sondern auch einem Geschmackstest unterziehen musste, kam ich auf hochfeine Vollmilchschokolade.

Der in Gold geprägte Markenname trägt ein Krönchen über den Buchstaben. Es schwebt auf dem gedeckten, weiß-gelblichen Grund der Tafel. Das Gelb führt leichte Rotanteile in sich. Dort, wo die geschwungene Schrift abgebildet ist, genau unter ihr und sie umgebend, verwandelt sich das Gelb, wie ich finde, einigermaßen überraschend in strahlendes Weiß. Der ins Weiß übergehende Gelbton passt hervorragend zu den Krawatten der Herren. In der rechten unteren Ecke der Schokoladentafel ist eine kleine, dreieckige blaue Fläche zu sehen. Von ihr hingegen kann man nicht behaupten, dass sie zu Krawatte oder Anzug passte. Es fehlen die Rotanteile.

Die Bedeutung des Einzelnen rührt her
von seiner Verbindung mit dem Ganzen.

Japanisches Sprichwort

Das kleine braune Stück Schokolade, das auf der Packung abgebildet ist, erscheint mir zu klein, als dass es sich farblich auswirken würde. Das vernachlässige ich. Wenig Sinn machte es, Schokoladenverpackungen in zu Anzügen passenden Farben zu entwickeln. Den kleinen farblichen Misston, ich denke dabei an das blaue Dreieck mit den zu wenigen Rotanteilen, musste ich mangels besserer Alternativen leider in Kauf nehmen. Zunächst versuchte ich mit Wasserfarben, dann mit Rotstiften das Blau etwas ins Rötliche hinüberzuziehen. Allein, die Resultate waren nicht befriedigend.

Ich war besorgt, wie man die Farbgebung der Schokolade bei unserem nächsten Treffen aufnähme. Der Augenblick der Übergabe würde ein denkwürdiger sein. Es ging ja nicht nur um die Farbigkeit einer Tafel Schokolade. Nein. Zwei Kulturen, zwei Welten begegneten sich. Meine nicht gerade einfache Aufgabe, die zweifelsohne eine große Chance in sich barg, sah ich darin, diese Begegnung zu einer Art von etwas über beide Kulturen Hinausgreifendem, zu einem Größeren zu verbinden. Auch wenn es nur für einen Augenblick wäre. Dabei kommt mir das Wort *Gesamtkunstwerk* in den Sinn. Wenn ich das Leben als ein solches betrachten möchte, was mir am Herzen liegt, spielen auch und gerade Details eine Rolle.

Die Ursache für das Unglück ist der Mund.

Japanisches Sprichwort

Detail bedeutet eben nicht, dass es ohne Bedeutung, also unwichtig ist. In diesem Fall stellt die Übergabe der Schokolade, und nun wird klar, wie wichtig mir jedes Detail ist, den Kristallisationspunkt dar, in welchem sich nicht nur die deutsche, sondern die gesamte westliche Kultur bündelt.

Mit diesem Ritual, der Übergabe der Schokolade und des grünen Tees, öffnen sich die Kulturen einander, wachsen quasi über sich hinaus, verbinden sich auf eine ähnliche Weise, wie das bei der Kommunion in der katholischen Kirche gepflegt wird. Jeder gibt das Besondere, das, was er für den anderen geeignet hält, um bei ihm Freude zu erzeugen. Er gibt das Beste aus seiner Sphäre, um sich zu präsentieren, gebündelt in einem sinnhaften Geschenk.

Entscheidend ist es, ob und wie das Gegenüber das Geschenk und damit auch das Wesentliche der anderen Kultur an- und aufnimmt. Nun drängt sich die Bedeutung von Essbarem in den Vordergrund. Essen trägt nicht zur Lebenserhaltung bei, es ist die Voraussetzung dafür.

Vertrauen wird bei der Aufnahme in den eigenen Körper verlangt. Wird mir das Fremde guttun, mich gar innerlich bereichern? Die Wertigkeit von Geschenken wie kunstvollen Vasen oder Seidenhalstüchern zum Beispiel möchte ich keineswegs herunterspielen. Obwohl Geschenke dieser Art länger vor Augen sind, ist ihre Bedeutung, wie nun klar geworden sein sollte, doch eine Ebene tiefer anzusiedeln.

Nach all den Schokoladentests, den Überlegungen zur Farbe und auch zur Symbolkraft der Schokolade an sich, welche das Süße, das Angenehme, den Genuss in den Vordergrund stellt, war ich erleichtert.

Eine Tafel Schokolade ist kein besonders wertvolles Geschenk, wenn man es nur von der materiellen Seite her betrachtet. Abgesehen von den bereits erwähnten Bedeutungen verpflichtet dieses kleine Geschenk zu nichts. Der grüne Tee, auch wenn er der beste sein sollte, gehört wohl ebenso in diese Kategorie. Diese Geschenke verursachen kein Ungleichgewicht durch unterschiedliche Wertigkeit, deshalb schenken sie Freiheit von solchen Gedanken und schaffen so die Möglichkeit, sich ganz auf das Ritual zu konzentrieren und Freude zu empfinden.

Die japanischen Herren nahmen die Schokolade mit der Würde und Größe entgegen, die einem Geschenk, das so symbolgeladen und in der Vorbereitung so viel Anstrengungen erforderte, angemessen ist. Auch schienen sie mit der Farbgestaltung einverstanden, was ich an ihrem Lächeln erkennen konnte. Ob sie mit dem Geschmack der Schokolade zufrieden waren, konnte ich nicht erfahren.
Mit der Übergabe der Schokoladentafeln neigte sich unser Treffen dem Ende entgegen. Wir schüttelten uns die Hände, winkten uns zu, das Trio entfernte sich langsam. Nicht ohne sich einige Male umzudrehen, sich erneut zu verbeugen und zu winken. Ich verbeugte mich ebenfalls mehrfach, winkte und lächelte ihnen zu. Erst als sie im Trubel verschwunden waren, wendete ich mich ab.

Vor zwei oder drei Jahren, bei solchen Angaben bin ich zugegebenermaßen nicht sehr zuverlässig, kam lächelnd die Dolmetscherin alleine zu unserem Termin. Ich war erschrocken und versuchte zu erfahren, was der Grund für die Abwesenheit von Vater und Sohn sei. Lange dauerte es, bis ich herausfand, dass der Herr Generaldirektor erkrankt sei und deshalb nicht kommen könne. Er habe aber eigens für mich einen silbernen Plastikbeutel mit grünem Tee per Luftpost gesandt. "Grünes best Tee Japan." Er grüße mich herzlich und versichere, im nächsten Jahr wiederzukommen und unsere sehr interessanten Gespräche fortzuführen. Ich bat darum, meine besten Genesungswünsche, gemeinsam mit den vorbereiteten Tafeln der Schokolade zu überbringen, und betonte, dass ich untröstlich sei, mich aber schon jetzt auf den inspirierenden Termin im nächsten Jahr freue.

Wir saßen noch etwa eine halbe Stunde schweigend und lächelnd zusammen. Die Dolmetscherin sagte mir zu, dass sie unser ausführliches Gespräch in allen Details nach Japan berichten werde. Das habe ich jedenfalls verstanden. Mit freundlichem Lächeln und unter vielen Verbeugungen verabschiedeten wir uns voneinander.

Dunkel ist es am Fuße des Leuchtturms.

Japanisches Sprichwort

Das Treffen mit Herbert ist nun schon drei Wochen her. Seit dem Abend im Vereinsheim habe ich ihn weder gesehen noch hat er mich angerufen. Auch in das Vereinsheim kam er nicht. Geschäftlich war ich damals sehr gefordert. Bei der nächsten Gelegenheit habe ich den Wirt nach ihm gefragt. Er meinte, mit Herbert würde es nicht gut ausgehen, er, der Wirt, sei ein guter Menschenkenner. Das habe er immer schon gespürt. Erst solle er die Toilettentür ölen, bevor er ungefragt zweifelhafte Weisheiten von sich gebe, war meine Antwort.

Herberts Schwester, die ich schließlich anrief, machte einen niedergeschlagenen Eindruck. Herbert habe sich auf eine Pilgerwanderung, wie er es nannte, durch die Wälder der Karpaten aufgemacht, erfuhr ich. Man solle nicht so schnell mit seiner Rückkehr rechnen, sagte er seiner Schwester zum Abschied. Monate könne es dauern, bis er wieder zurückkomme. Sie mache sich aber schon große Sorgen, da sie von ihm seither nur wenige

Nachrichten erhalten habe. Der letzte Anruf kam aus Synewyr, das wohl in der Ukraine liege.

Das hat mich wie ein Schlag getroffen. Warum gab mir denn niemand Bescheid? Vorwürfe standen wie schwarz rauchende Vulkane um mich. Hätte ich mich doch mehr um Herbert gekümmert. Wo waren unsere Gemeinsamkeiten geblieben, wo unsere Ziele? Und meine Einführung in seine Baumerfahrungen?

Hoffentlich ging es Herbert gut und er meldete sich in Kürze! Ehrlich gesagt, er fehlte mir schrecklich! Es tat mir leid, dass ich so wenig Geduld gehabt hatte, damals vor der Tür des Vereinsheims.

Die kleinen Steine werfen den Wagen um.

Bulgarisches Sprichwort

Da ich Herbert mein Wort gegeben hatte, dass ich, falls ihm etwas zustoßen würde, das Gespräch, das wir an diesem denkwürdigen Abend geführt hatten, aufschriebe, machte ich mich sogleich an die Arbeit. So sehr ich hoffte, dass er bald zurückkehrte, notierte ich doch lieber gleich unser Gespräch, jetzt, da die Erinnerung noch frisch war. Auch die Begleitumstände bei unserem Treffen habe ich notiert, damit Sie sich ein Bild von uns beiden machen können. Auch wenn mir manches Detail peinlich ist, habe ich es so genau, wie ich das konnte, vermerkt. Das bis hierher Geschriebene haben Sie ja schon gelesen – offensichtlich haben Sie bis zu dieser Stelle durchgehalten. Herzlichen Dank dafür!

Täglich bete ich um Herberts Rückkehr. Das will etwas heißen!

Ich zünde mir ein rotes Kerzlein an. Um mir Mut zu machen. Nun wende ich mich persönlich an Sie, liebe Leserin, lieber Leser. Das ist vielleicht etwas gewagt und ungewöhnlich. Bitte erschrecken Sie nicht! Klappen Sie einfach das Buch zu, legen Sie es weg, wenn ich Ihnen zu nahetrete. Ganz kurz halte ich mich mit meiner persönlichen Bitte:

Ich suche Menschen,
die Herbert auf seinem Weg zu den Bäumen nachfolgen.

Das bin ich Herbert schuldig! Vielleicht sind Sie ja die- oder derjenige, der diesen Text nicht nur liest, sondern sich angesprochen oder aufgerufen fühlt, in Herberts Fußstapfen zu treten. Dann könnten Sie Ihre Erfahrungen mit ihm austauschen, wenn er zurückkehrt. Mit Freude wäre er dabei. Gut genug kenne ich ihn, das behaupten zu dürfen. Ich selbst wäre ebenso gerne dabei. Aber nicht im Vereinsheim. Besser bei mir zu Hause, da ist es ruhiger.

Falls Sie nicht mitmachen möchten, weil Sie das Thema nicht anspricht, kennen Sie vielleicht jemanden, der dafür infrage kommt, und sind so freundlich, ihm um der guten Sache willen einen freundlichen Hinweis zu geben. Dafür danke ich Ihnen schon im Voraus!

Wir sollten so oder so alle zusammenstehen und uns jetzt an die vertikale Arbeit machen. Mit oder ohne Herbert. Hoffentlich möchten Sie schon jetzt mit unserem Thema vorankommen, was ich Ihnen und uns allen von Herzen wünsche. Meiner Meinung nach sollte eine unabhängige, zentrale Stelle geschaffen werden, welche die Erfahrungen und Resultate der verschiedenen vertikalen Bemühungen, Baumerfahrungen, den Umgang mit Worten, Buchstaben, Tipps und die Fortschritte beim Über-Grenzen-reichenden-Denken usw. aufschreibt, strukturiert, archiviert und für die

Interessenten im Internet zugänglich macht. Meine Hoffnung ist, dass etwas wie eine "vertikale Bewegung" entsteht. Eine lockere, aber zukunftsfähige Gemeinschaft von Gleichgesinnten, von Visionären, welche an dieser Friedensarbeit teilhaben möchten.

Wer gleichzeitig in Vergangenheit,
Gegenwart und Zukunft lebt,
hat das Geheimnis des menschlichen Daseins begriffen.

Arno Peters

Am Ende unseres Beisammenseins in der Vereinsgaststätte war Herbert noch auf eines seiner Lieblingsthemen zu sprechen gekommen: die Gewohnheit. Dies soll hier nicht unerwähnt bleiben. Er meinte, so nützlich und hilfreich die Gewohnheit bei vielen unserer täglichen Verrichtungen sei, so sehr entferne sie uns vom Wesen der Wesen und vom Wesen der Dinge, endlich von uns selbst.

Wir sähen dann die Welt und ihre Erscheinungen so, wie wir es gewohnt wären, sie zu sehen. Genauso, wie wir sie immer schon gesehen hätten. Ihre Frische, Tiefe, ihren Zauber erführen wir nur noch in ganz besonderen, emotionalen Augenblicken. Zufällig. Überraschend. Wie wunderbar waren wir als Kleinkinder dazu noch in der Lage, damals, als wir unser nun gewohntes Bild geschöpft haben. Wir waren in der Lage, die Welt und ihre Erscheinungen weit über das heutige Maß hinausgehend wahrzunehmen. So wie sie wirklich sind? Haben sie sich denn nicht gewandelt im Laufe der Zeit? Gemeinsam mit uns? Sind denn die Erscheinungen nicht Teil unserer ganz persönlichen Welt geworden? Statisch sind sie sicher nicht. Erschließen, öffnen sie sich denn nicht im

Gleichschritt, parallel zu unserer persönlichen Erfahrung und unserer Entwicklung?
Herbert meint, die Gewohnheit sei mit dem Schubladendenken und dem Vorurteil verwandt. Sie gehe mit dem Wunsch nach Sicherheit Hand in Hand. Herbert nannte ein Beispiel, wohin Gewohnheit führen kann: Er habe einem Bekannten von seiner Freude im Umgang mit Blumen berichtet. Dieser sagte darauf nur: "Diesen Blödsinn, diese Träumerei habe ich glücklicherweise schon in meiner Pubertät zurückgelassen. Hast du dich denn gar nicht weiterentwickelt?"
"Wenn man an die Dinge gewöhnt ist, geschieht es, dass sie nicht mehr richtig wahrgenommen werden, dass sie ihren Zauber verlieren." Herbert hatte angeraten, der Gewohnheit entgegenzuwirken, Verrichtungen anders als üblich durchzuführen. Zum Beispiel die Suppe mit einem Teelöffel zu essen, Nägel mit dem Hammer in der linken Hand (bei Linkshändern natürlich umgekehrt) einzuschlagen, gewohnte Wege zu ändern, Veranstaltungen zu besuchen, welche einen nicht interessieren, oder Dinge in der Wohnung immer wieder an eine andere Stelle zu versetzen. Das waren die ganz praktischen Vorschläge, von denen er weitere nannte. Ich verzichte hier darauf, sie wiederzugeben.
Es gäbe auch die Gewohnheit im Denken, welche dann die Gewohnheit im Handeln nach sich zöge. Auch hier gab er mir einige Anregungen, zum Beispiel Entscheidungen so zu treffen, wie der erste Impuls es einem eingibt. Dieser käme aus dem Herzen. Nach diesem Impuls begänne üblicherweise die innere Diskussion um das Für und Wider, um die Konsequenzen, die Kosten. Das führe dazu, dass vom ersten Impuls oft nicht viel übrig bliebe. Deshalb sollte das vermieden werden.

Recht hat er. Herbert riet auch dazu, manchmal das Gegenteil von dem zu tun, was man üblicherweise entscheiden würde. Auch wenn man Widerstände spürte.

Die Gewohnheit im Wahrnehmen würde die Wahrnehmung einschränken und fröre sie in einem früheren Stand ein.

Die Tage und Wochen schlichen unfroh vorüber. Die Nächte waren voll wirrer Träume. Oft habe ich Herberts Schwester Lisa angerufen. Sie hatte aber keine neuen Nachrichten. Sollte ich mich auf den Weg machen, auf Spurensuche in der Ukraine? Vielleicht würde ich Herbert finden. Von dieser Idee kam ich wieder ab. Wo sollte ich denn suchen? Der ukrainischen oder der russischen Sprache war ich ohnehin nicht mächtig.

So konnte es nicht weitergehen. Etwas in mir, etwas an meiner Einstellung musste geändert werden. Nach einiger Überlegung kam ich zu dem Schluss, mich so weit wie möglich zu öffnen und Übungen auszuführen, welche mich meinem Ziel näher bringen würden. Woher diese Übungen nehmen? Sie würden mit meiner Öffnung von selbst in mir erscheinen. Darauf vertraute ich. Dann würde ich sie ernst nehmen, versuchen, damit weiterzukommen, auch wenn sie mir seltsam oder auf den ersten Blick unsinnig erschienen.

Wie öffnen? Indem ich mich ausdehnte. Wie ginge das? Ausprobieren! Was ist mein Ziel? Mit Bäumen und anderen Wesen zu kommunizieren und mich dabei in Richtung Einheit bewegen. Einheit womit? Mit allem. Aufpassen wollte ich, dass ich mich nicht in den Schlingen des Wissens oder gar des Besserwissens verfangen würde und dadurch an der praktischen Erfahrung vorbeiginge. Ja, das Wissen kann hilfreich sein, aber auch hinterhältig. Wissen habe ich genug gehabt, jede Menge davon vergessen. Macht nichts. Ab sofort sollen andere Prioritäten gelten.

Einige Tage bewegte ich diese Gedanken in meinem Herzen. Dann kam mit der Post eine Schachtel, etwa in der Größe eines Schuhkartons, eingepackt in braunes Packpapier. Meine Adresse war mit ungelenker Hand krakelig und mit dünnem Kugelschreiber auf den Postaufkleber geschrieben. Der Absender war Lisa, Herberts Schwester.
Überrascht war ich, da ich nicht mit Post von ihr gerechnet hatte, ahnte jedoch, dass der Karton etwas mit Herbert zu tun haben könnte. Neugierig zog ich mich in eine ruhige Ecke zurück, zündete ein rotes Kerzlein an, riss ungeduldig das Packpapier herunter, öffnete den Schuhkarton mit zitternden Händen und fand einen Stapel Papiere.

In dem knappen Brief, der sich im Schuhkarton fand, bedauerte Lisa, dass Herbert noch nicht zurückgekehrt sei und sich nicht mehr bei ihr gemeldet habe. Er müsse doch wissen, wie sehr sie die Sorgen um ihn quälten.

Ihres Bruders Wunsch sei es gewesen, mir bei Gelegenheit den Karton zu übergeben. Ich solle damit verfahren, wie mit ihm besprochen.

So gut ist es, dass dieser Karton hier ist! Würde mir der Inhalt Klarheit über Herberts verschwinden geben? Bäume, immer wieder die Bäume kamen mir in den Sinn. Hoffentlich würde ich bei der Durchsicht der Texte mehr von den Bäumen verstehen. Aufgeregt sah ich den Inhalt des Kartons durch. Manuskripte, die meisten auf A4-Papier mit der Hand geschrieben und in verschiedene Plastikhüllen sortiert, füllten den Karton. Auch kleinere Blätter, manchmal mehrere davon zusammengeklammert, waren darunter.

In einer Plastikhülle fand sich ein Umschlag. Ich las: Zitate. In einer weiteren Hülle stand auf einem kleinen Zettel mit grünem Filzstift geschrieben: neue Manuskripte. Am Boden des Kartons befanden sich Baumrinden unterschiedlicher Art und einige Eichenblätter. Dazwischen waren kleinere farbige Zettel, auf welchen handschriftliche Notizen vermerkt waren. Teilweise stand nur ein einziges Wort darauf, dann wieder waren es einige Zeilen Text. Da stand zum Beispiel "Eichenblätter einlegen, 24.3., 19 Uhr" oder "Gummistiefel kaufen" oder:

Leben wie ein Baum, einzeln und frei,
doch brüderlich wie ein Wald, das ist unsere Sehnsucht.

Nazim Hikmet

Gespannt auf den weiteren Inhalt, wühlte ich mich durch den Stapel, wunderte mich, dass ich keinen Brief von Herbert in der Schachtel fand. Aus dem Kühlschrank holte ich mir eine Flasche Bier, setzte mich auf den Boden, verteilte überall die Papiere, suchte noch einmal in dem gesamten Karton nach einem Brief.

Die Manuskripte nahm ich aus der Plastikhülle heraus, hob sie hoch und schüttelte sie, um zu sehen, ob nicht doch ein Brief zwischen den Seiten versteckt war. Beim letzten Stapel fiel tatsächlich etwas heraus. Allerdings kein Brief. Es war ein quadratisches Schwarz-Weiß-Foto, nicht sehr groß. Das Papier war chamoisfarben. So sagte man früher zu dem etwas gelblichen Weiß. Die Ränder waren nicht glatt beschnitten, sondern in unregelmäßigen kurzen Bögen ausgestanzt. Ja, genau so hatte man das früher.

Auf dem Foto waren Herbert und ich zu sehen. Beide in Sportkleidung, in kurzen Hosen. Gemeinsam hielten wir einen schwarzgepunkteten, weißen Lederfußball in den Händen. Im Hintergrund war das Vereinsheim zu sehen, mit den damals noch kleinen Fichten.

Da unsere Körper ganz abgebildet waren, konnte man die Gesichter kaum erkennen. Die Köpfe waren zu klein geraten. Damals hatte ich gebrauchte Fußballschuhe, “Fußballschläuche” wie wir dazu sagten, erhalten. Auf der Rückseite des Fotos stand: “... in herzlicher Verbundenheit, Herbert.” Wie der vielleicht Zehnjährige fühlte ich mich wieder, der so wild darauf war, ein Tor zu schießen, aber nicht Stürmer, sondern nur rechter Verteidiger spielen durfte.

Ich legte das Foto beiseite und begann, das oberste Manuskript zu lesen. Schon nach wenigen Sätzen wurde klar, dass der Text aus der Zeit stammen musste, als Herbert noch verheiratet war. Einige Jahre hatte er während dieser Zeit selbstständig gearbeitet. Damals hatten wir weniger Kontakt. Oft war er sehr beschäftigt und unterwegs auf Reisen.

In der Hektik der letzten Wochen ist einiges schiefgelaufen. Erfolg stellte sich nicht ein. Zu viele Baustellen waren offen, zu viele Probleme ungelöst. Und ... einiges an Geld war verloren. Dazu hatte ich noch jede Menge Kritik eingeheimst. "Du machst zu viele Dinge gleichzeitig. Das kann so ja nicht gut gehen", wurde mir von Kollegen gesagt. Dieses Argument kenne ich seit langer Zeit von meiner Gattin. Immer dann, wenn die Zeiten schlechter werden, höre ich es öfter und öfter. Im Laufe der Jahre hat es sich allerdings wegen der ständigen Wiederholung etwas verbraucht. Es dringt nicht mehr richtig zu mir durch. Meine Ohren durchhuscht es wie ein blasser Schatten, ohne einen Eindruck zu hinterlassen. Die Argumentation aber von anderen zu hören, verlieh der Aussage neues Gewicht.

Mir wurde schmerzhaft bewusst, dass meine vielen Baustellen sehr wohl der Grund für die Flaute sein konnten. So nahm ich mir ernsthaft vor, mich künftig auf das Wesentliche zu konzentrieren, so wie mir geraten wurde. Ja, das Wesentliche, das sollte es sein! Dadurch versprach ich mir mehr Erfolg und weniger Stress. Ein Neuanfang stand an. Neu erfinden wollte ich mich! Ja, das war es! Ohne mir aber ein Bild davon machen zu können, was das genau bedeutete. Gleichzeitig hatte ich Bedenken, mich zu sehr nur auf das "Wesentliche" zu fokussieren.

Dies schien mir die Gefahr in sich zu bergen, dass mein Leben eintönig werden könnte, langweilig gar. Das Wesentliche? Was genau bedeutete das? Eine Änderung meines ganzen Wesens, welches das Wesentliche ja schon als Wort in sich birgt? Wie würde die Welt für mich aussehen, wenn ich mich nur noch auf das Wesentliche konzentrierte?

Was ist denn nun genau das Wesentliche? Das, was Geld bringt, würde meine Gattin sagen. Oder die dringendste Aufgabe? Das was ein/mein Wesen ausmacht, meinen innersten Kern betrifft und mich in meiner Entwicklung voranbringt? All das wollte ich nun herausfinden. Hin- und hergerissen nahm ich eine Auszeit.

Diese führte mich nach Damanhur, was, wie mir gesagt wurde, Stadt des Lichts bedeutet. Eine geheimnisvolle Siedlung in einem Gebirgstal nördlich von Turin. Ausgestattet mit beeindruckenden, zur Ruhe und Kontemplation einladenden, in die Felsen gehauenen, reich bemalten Tempeln, mit zur inneren Einkehr verführenden schattigen Plätzen, Wasserfällen, Denkmälern, mysteriösen Steinspiralen, dem heiligen Wald. Aber auch mit moderner Selbstverwaltung, gut sortiertem Supermarkt, beeindruckendem Rentensystem sowie Verbindungen zu Forschungseinrichtungen weltweit.

An diesen wundersamen Platz war ich von amerikanischen Freunden eingeladen worden. Kaum, dass ich mich grob mit den Örtlichkeiten und der eigenen Damanhur-Währung vertraut gemacht hatte, wurde für den Abend ein Konzert angekündigt. Mit einem menschlichen Violinisten und Bäumen als Akteuren. Bäume als Musiker? War das ein Scherz? Wie sollte das denn funktionieren? Neugierig war ich. Dieses Konzert wollte ich nicht versäumen. Zuerst sollte es im Freien abgehalten werden. Leider regnete es und man musste umdisponieren. In einem Saal wurde nun das Konzert alternativ mit Topfpflanzen vorbereitet. Meine Freunde waren anderweitig eingebunden, so entschloss ich mich, allein zum Konzert zu gehen.

Der Abend kam, die Neugierde nahm zu. Unruhig vertrieb ich mir die Zeit. Zu früh machte ich mich auf den Weg. Der kleine Konzertsaal füllte sich langsam. Heimelig roch es nach Bohnerwachs und Klassenzimmer. Bei den Besuchern nahm die Spannung sichtbar zu. In kleinen Gruppen wurden kontrovers Möglichkeiten, Sinn und Unsinn pflanzlicher Musiker diskutiert. Mir fiel auf, dass die Meinungen sehr weit auseinanderdrifteten. Manche schienen sich einfach nur lustig zu machen über die Idee.

Endlich ertönte ein Gong und die Gäste nahmen ihren Platz ein. Auf einem Küchentisch standen einige Topfpflanzen bereit. Brav und unscheinbar. Bald sollten sie uns mit Musik erfreuen. Da waren ein Alpenveilchen, das in schönster, roter Blüte stand, und einige weitere, relativ unauffällige Zimmerpflanzen, die ich zwar schon öfter gesehen hatte, deren Namen mir aber nicht bekannt waren.

Der Beginn der Liebe zu sich selbst
ist der Beginn einer lebenslangen Romanze.

Wolf-Dieter Störmer

Die Pflanzen waren jeweils durch dünne Kabel mit einem Computer verbunden, welcher die sich verändernden elektrischen Ströme in den Blättern und Stängeln in Töne auf verschiedene Instrumente umsetzen sollte. So hatte ich es jedenfalls verstanden. Nach einigen einleitenden Worten in italienischer Sprache, die ich allerdings nicht verstand, konnte es losgehen. Meine bisherigen Erläuterungen hatte ich mir aus mehreren, wenn auch teilweise unsicheren Quellen selbst zusammengestellt.

Die mitspielende menschliche Geigerin sollte zuerst ein wenig allein vorspielen, wohl um die Topfpflanzen einzustimmen und sie zum Mitmachen zu animieren. Das tat sie auch sehr einfühlsam. Vorsichtig, wie tastend, das neue Medium ausprobierend, fiel nach einer Weile ein pflanzlicher Akteur nach dem anderen leise mit seinem Instrument ein. Am Anfang gab es einige kleine Abstimmungsschwierigkeiten, die ich aber gerne nachsah, da die Bäume ja wegen Regen ausgefallen waren und die übliche pflanzliche Stammbesetzung wegen eines parallel stattfindenden Konzerts an anderer Stelle nicht verfügbar war. Man musste sich daher erst einspielen. Frei wurde interpretiert. Anfangs nicht so gut passende Klänge gingen schnell in ein harmonisches Miteinander über. Das Spiel wurde voller und kräftiger. Mit der Zeit verschwand die anfangs von uns Zuhörern deutlich gefühlte Unsicherheit der Pflanzen und wich einem selbstbewussteren Spiel.

Nicht nötig zu erwähnen, dass dieser Prozess unterschiedlich lang dauerte bei den verschiedenen Akteuren. Das Alpenveilchen ließ sich nach kurzer Zeit auf ein atemberaubendes, wirklich überzeugendes Violin-Solo ein. Wohl selbst etwas überrascht von seiner Courage nahm es sich schnell wieder zurück, so als ob es den anderen Musikern die gleiche Möglichkeit einräumen wollte. Der Pianist, eine großblättrige Pflanze mit wolligen Blättern, folgte mutig mit einer leidenschaftlichen Einlage, kulminierend in einem Triller, nach einem Crescendo endend.

Das war keine übliche Musik, doch hat sie mich tief berührt. Keines der Stücke glich dem anderen, es gab so gut wie keine Wiederholungen. Obwohl gewohnte Melodien gar nicht und übliche Harmonien eher weniger vorkamen, konnte ich mich dem Zauber nicht entziehen. Mehrfach applaudierte das Publikum begeistert, selbst während der Stücke. Dies führte dazu, dass die Musiker wieder vorsichtiger agierten. Applaus konnten sie wohl noch nicht richtig einordnen.

Ich versuchte, die unterschiedlichen Instrumente einzeln herauszufiltern, mich voll auf sie zu konzentrieren, um sie sozusagen rein und getrennt von den anderen zu hören, um mir dadurch eine Vorstellung von dem Wesen der unterschiedlichen Pflanzen bilden zu können. Allein, es gelang mir nicht recht. Immer wieder wurde ich von überraschenden Wendungen in den Tonfolgen in meiner Konzentration abgelenkt.

Im letzten Teil des Konzerts durften einige der Konzertbesucher einzeln mit den Pflanzen Kontakt aufnehmen, um zu versuchen, ihr Spiel zu beeinflussen. Ihnen zum Beispiel liebende Gedanken zu senden, um zu sehen, ob und auf welche Weise sich ihr Spiel dadurch verändern würde. Zum Glück wurde auch ich ausgewählt. Das überraschte mich. Bei den Auserwählten bin ich üblicherweise nicht dabei. Als ich an der Reihe war, trat ich vor und konzentrierte mich mit liebevollen Gedanken auf das Alpenveilchen. Mein Versuch, auf die Pflanze einzuwirken, zeigte kein Resultat. Mit den liebenden Gedanken kommt man eben schnell an ein Ende. Die ist man nicht so gewöhnt. Ich versuchte noch, die Blume irgendwie durch mein Herz anzuatmen. Aber auch dies führte zu nichts. Vielleicht war ich einfach zu verkrampft vor dem Publikum. Selbst ein weiterer Versuch, meine Konzentration auf eine kleine Blütenknospe zu richten, rief keine auffallende Veränderung im Spiel hervor. Enttäuscht ging ich zurück zu meinem Platz.

Mit meiner speziellen Art hoffte ich, etwas erreichen zu können. Schließlich liebe ich Pflanzen, Blumen und Bäume und habe mich wiederholt auf verschiedene Weise für sie eingesetzt. Wahrscheinlich fühlt sich jeder Mensch irgendwie einzigartig und besonders und erwartet, dass sich gerade bei ihm etwas tut. Am Ende musste ich mir eingestehen, dass ich nichts erreicht hatte. Leider war ich nur ein ganz durchschnittlicher Konzertbesucher. Wie jeder andere.

Eine attraktive Dame mittleren Alters mit unnatürlich schwarz gefärbtem Haar und blasser Hautfarbe trug knallroten Lippenstift und ebenso knallrote hohe Stöckelschuhe, stark kontrastierend zu ihrem dunkelgrünen Kostüm. Sie war mir schon vor dem Konzert unangenehm aufgefallen. Hatte sie sich doch über das Alpenveilchen lustig gemacht. Nun war sie an der Reihe. Ruhig näherte sie sich der Pflanze und versuchte, mit großen fließenden Bewegungen ihres Oberkörpers und ihrer Arme Einfluss zu nehmen. Wie in einem luftigen Meer von Musik schwimmend kam sie mir vor. Eindrucksvoll war ihr Auftritt, eine Art eleganter Tanz, schön anzusehen. Zur ausgreifenden Bewegung ihrer Arme wiegte sie sich ein wenig hin und her, schwang dann immer stärker mit ihren Hüften mit. Zwischendrin warf sie Blicke in das Publikum, wohl um zu sehen, wie ihre Vorstellung aufgenommen würde.

Ich meine gehört zu haben, dass sie die Pflanzen freundlich angesummt hat. Da sich auch bei ihr keine Veränderung des Spiels ergab, wurde sie sichtlich nervös und zunehmend ungeduldiger. Die Eleganz der Bewegungen verlor sich. Die Dame steigerte sich in hastige, zuerst eckig, dann in immer wilder werdende, wie Drohgebärden wirkende Verrenkungen hinein. Dazu schnitt sie die schrecklichsten und furchterregendsten Grimassen. Dann bückte sie sich etwas und blies mit vollen Backen auf das Alpenveilchen. Wahrscheinlich um ein Unwetter oder einen Sturm zu simulieren. Sie nahm ein Blatt der Pflanze zwischen ihre Finger und es schien mir, als ob sie es abreißen wolle. Prompt veränderte sich das Spiel und verlor sich in leisen Moll-Tönen, stakkatoartig, in immer größeren Abständen vorgetragen. Die grüne Dame war jedoch noch nicht zufriedengestellt. Sie beugte ihren Oberkörper extrem weit nach hinten, atmete geräuschvoll und tief ein und stieß, nun wieder nach vorne gebeugt, einen langgezogenen, schrillen, markerschütternden Schrei aus.

Noch heute, wenn ich daran denke, lässt mich die Erinnerung daran erschauern.

Dann beugte sie sich knapp über das Alpenveilchen, stand wie eingefroren vor der Pflanze und starrte sie mit ungläubigem, wütendem Gesichtsausdruck an. Das war dem sensiblen Alpenveilchen nun doch zu viel und nach einem dumpfen letzten Ton verabschiedete es sich endgültig aus dem Orchester. Nun erst, für meine Begriffe viel zu spät, schritten endlich die Verantwortlichen ein. Neben einer ernsten Ermahnung durch das Personal, zog sich die Dame jede Menge missbilligender Blicke zu. Schmollend und vor sich hin schimpfend ging sie zu ihrem Stuhl zurück.

Wie schnell war doch die Zeit verflogen. Die Gäste bedauerten, dass die zauberhafte Aufführung zu Ende war. Gerne denke ich daran zurück. Eine dargebotene CD habe ich erworben. Viel möchte ich nun nicht mehr verraten, ich empfehle aber wärmstens, sich so ein Konzert persönlich anzuhören.

Nach dem Konzert standen einige der Konzertbesucher in kleinen Grüppchen zusammen und diskutierten das Erlebte. Mit einem der begeisterten Zuhörer, einem älteren Herrn in dunklem

Anzug und grau-weiß gemusterter Fliege, kam ich ins Gespräch. Seine Haare waren schlohweiß, ein gebogenes Haarbüschel guckte frech über die anderen hinaus. Bei einem Glas Prosecco erzählte er von seinem jüngeren, sehr begabten Bruder. Dabei sprach er leise. Nahe musste ich an ihn herankommen, um ihn zu hören. Sein Bruder sei sehr musikalisch und spiele schon seit seiner frühen Kindheit ausgezeichnet Violine. Allerdings sei er in den letzten Jahren etwas wunderlich geworden.

Der Herr schwieg und musterte seine Fingernägel. Nach einer ausgedehnten Pause erkundigte ich mich höflich, warum er meine, dass der Bruder wunderlich geworden sei. Der Herr zögerte einen Moment, blickte mich prüfend an, so als ob er sich nicht sicher sei, ob er die Sache mit seinem Bruder mit mir teilen wolle. Nach einer weiteren Pause sprach er noch leiser als zuvor weiter. Von Zeit zu Zeit sah er sich vorsichtig um, offenbar um sich zu vergewissern, dass außer mir niemand zuhörte. Dabei fiel mir sein scharfes Profil auf. Ein wenig erinnerte es mit der Hakennase an einen Raubvogel.

Der Herr fuhr fort. "Also, mein Bruder übte ziemlich oft, immer für sich alleine. Meist in einem abgedunkelten Zimmer. Es war nicht in seinem Sinne, Konzerte zu geben, noch sich einem Trio oder Quartett anzuschließen oder auch nur anderen vorzuspielen. Mehr und mehr zog er sich von seinen Freunden zurück.

Seine Gattin Else war mit seinem Spiel unzufrieden. Eines Tages, sie hatte ihren Ärger schon zu lange geschluckt, konnte sie nicht mehr an sich halten und beklagte sich lautstark: 'Warum spielst du nicht wie andere Leute Melodien, warum tagein, tagaus immer nur ein und denselben widerlichen Ton. Das ist ja nicht mehr auszuhalten!' So schimpfte und klagte sie eine Weile weiter, nicht ohne weitere Versäumnisse meines Bruders, die mit der Sache nichts zu tun hatten, einfließen zu lassen.

Überraschtdavon, dass seine Gattin nicht verstand, worauf es ihm ankam, wartete mein Bruder, bevor er antwortete, bis sich Else etwas beruhigt hatte. Dann erläuterte er so ruhig, wie es ihm möglich war: 'Lass mich doch erklären, liebe Else. Bitte. Dann wirst du mich sicher verstehen. Wenn möglich, unterbrich mich nicht, damit ich nicht den Faden verliere. Weißt du, ich habe herausgefunden, was für mich wichtig, was für mich im Leben das Wesentliche ist. Darauf konzentriere ich mich. Als Musiker gilt das besonders für die Töne. Meinen Ton, meinen ganz eigenen Ton, der mit mir harmoniert, besser gesagt, der mich ausmacht, habe ich nach langer Suche gefunden, während andere noch danach suchen!

Wir Menschen versuchen, den Tönen ihre Freiheit zu rauben'", fuhr der Herr fort, indem er seinen Bruder zitierte, "wir quetschen sie in Takte, Tonarten, Melodien, vergewaltigen sie dadurch. Da und dort werden am Ende des Konzerts gar die Instrumente auf der Bühne entzweigeschlagen. Krach pur. Und die Zuhörer jubeln. Die Töne werden gezwungen, unnatürlich zusammenzuklingen, Dissonanzen zu erzeugen oder in militärischer Ordnung zu marschieren. Sie werden in Gefängnisse kleinen Denkens gesperrt, geformt von unfertigen Vorstellungen, die nur darauf aus sind, das Ego ihres Komponisten oder des Musikers aufzublasen. Schrecklich werden sie durch Lautsprecher verstärkt, dazu gezwungen, ihre zarten Seelen zu entblößen und wie hungrige Löwen zu brüllen. Göttliche Töne sollen in unsere perverse Welt hineingezwungen werden. Ihre geheime Botschaft enthüllt sich aber nur dem, der sich bescheiden und respektvoll auf sie einlässt, in sie eintaucht, mit ihnen tanzt, sich mit ihnen auf eine Reise in ihr Reich macht. Denke an die Äolsharfen …'

Else unterbrach meinen Bruder: 'Das ist doch alles Phantasie. Kannst du denn nicht beim Thema bleiben? Was du machst, ist einfach nicht mehr normal! Verrückt ist das!' 'Normal? Möchtest du denn normal sein, liebe Else? Um normal zu sein, ist mir mein Leben zu schade! Entschuldige bitte, wenn ich das anspreche, ist es denn normal, wenn du jede freie Minute nützt und kleine Deckchen klöppelst, die keiner braucht? Sorry, ich finde die schön, zweifellos ein beruhigendes Hobby. Das weißt du. Ich könnte das nicht. Aber bedenke die vielen Stunden für so wenig Resultat!' 'Das ist meine Sache. Misch dich da nicht ein.' 'Okay. Vielleicht kannst du es mir gegenüber ebenso halten', sprach mein Bruder. 'Und lass mich bitte, bitte ausreden und dir in aller Ruhe und ausführlich, ohne mich zu unterbrechen, von meinem Ton erzählen.'

Eines kann ich vorwegnehmen", sprach der alte Herr, "und das kommt mir fast wie ein Wunder vor, Else ließ meinen Bruder ausreden, ohne ihn auch nur ein einziges Mal zu unterbrechen.

Also, wo war ich stehengeblieben? Ah, bei der Äolsharfe. Genau. In einem Baum, vorzugsweise einem Olivenbaum lebt sie, von der Sonne beschienen, vom Regen benetzt, von den himmlischen Winden hin und her geschaukelt, gestreichelt und liebkost. In ihrem schwingenden Tanz gibt sie Töne von sich, die aus den Tiefen der Erde und aus den Höhen der Wolken zu kommen scheinen. Voller Zartheit und wilder Leidenschaft drängen sich vielfältige Energien in ihr Herz, verbinden, vermählen sich dort und strömen transformiert in die Welt hinaus. Wer hören kann und über die Fähigkeit verfügt, sein Herz zu öffnen, wer die Möglichkeit hat, dieses göttliche Instrument in einem engen Gebirgstal oder auf einem ins Land ragenden, grünen Vorsprung singen zu hören, dem wird anders ums Herz. 'Zwar spiele ich immer den gleichen Ton, meine liebe Else', fuhr mein Bruder fort, aber wenn du gut zugehört hättest, wäre dir aufgefallen, dass ich ihn unterschiedlich lang, verschieden im Ausdruck, manchmal intensiver oder auch vibrierend spiele. In vielen Nuancen, die ich nicht mit Worten ausdrücken kann, welche sich mir erst nach Jahren des Übens zögernd offenbart haben. Meinem Ton lasse ich seine Freiheit. Er ist mein Freund und Meister. Wenn er anklingt, mache ich eine Pause und höre genau hin, mit meinem ganzen Herzen, mit dem ganzen Körper.

Jede Lösung eines Problems ist ein neues Problem.

Johann Wolfgang von Goethe

Ist er noch der meine, mir unverändert gewogen, hat er sich weiterentwickelt im Vergleich zu unserem letzten Rendezvous? Ist er bereit, mir etwas mitzuteilen? Neugierig bin ich darauf zu spüren, auf welche Weise er hinausschwingt, woran und auf welche Weise er sich bricht, welche Schwingungen von ihm in Wellen zurückgeworfen, zurückgeliebt werden. Mit achtsamem Herzen möchte ich wahrnehmen, wie er seine eigentümliche, zarte Welt schöpft, wie er die Luft zum Mitsingen, zum Jubeln bringt, möchte sehen, wie sie tanzt, sich wirbeln lässt und kräuselt vor Vergnügen. Ich ergötze mich daran, wie mein Ton die Möbel und Gegenstände anrührt, an ihnen zärtlich entlangstreicht, wie dabei langsam und zart ihre Seelen aufscheinen. Staune, wie sie in ihrem ureigenen Wesen, kaum vernehmbar, ganz nach ihrer Art, in großer Leidenschaft mit vibrieren. Selbst nach dem Verklingen des Tons bleibt noch für Stunden ein seidiger Glanz auf den Möbeln zurück. Sie halten ihn in all ihren Fasern fest, so gut und so lang es geht. Inzwischen ist es auch ihr Ton geworden. Wenn ich sie in einem geschenkten Augenblick mit meinen Fingerkuppen leicht antippe, kommt er aus ihnen zögernd wieder hervor. Jedenfalls meine ich ihn zu vernehmen. Mit Leichtigkeit höre ich ihn heraus aus allen zufälligen Tonmischungen, die ungefragt mein sensibles Gehör traktieren. Ein Lächeln fliegt über mein Gesicht, wenn ich ihn als den Meinen, den Einzigen, den Vielgeliebten erkenne.

Und erst die Pausen, die Stille. Ohne Stille kein Ton. Der Stille, die kein Nichts ist, sondern ein Etwas, nein, sie ist ein Alles. Eine latente, durchaus geordnete, in das Leben weisende Ahnung des sich in ihr vorbereitenden Chaos, wenn man so sagen darf, in dem alles, was das Potenzial hat, geboren zu werden, geborgen ist und auf den Augenblick wartet, in welchem es ins Leben eintreten darf. Demjenigen, der seine Herzensohren erweckt hat, bilden sich davon Ahnungen. Ein ernster Augenblick ist es, wenn der Ton vorsichtig fragend anhebt, aus der Stille herausschwingt und uns als das Gegenüber einlädt mitzuhelfen, ihn zu tragen. Zuvor hat er sich geprüft: Hat er die Qualität, den Reichtum, dass er es wagen darf, die Stille in sein Leben mit einzubeziehen? Nein, beenden kann er, will er sie nicht, immer ist sie da. Überall. Darf der Ton sie mit einbeziehen, sich vor allem anderen hervortun, hoffend, Positives, mehr zu erhalten, auch mit dem Wunsch, solches beizutragen? Wie soll ich ihn spielen, damit das möglich wird? Um das herauszufinden, ist viel Übung nötig. Einsame Wege müssen gegangen werden. Enttäuschung ist dabei unvermeidbar.

Es bleibt nicht nur bei dem gleichen Ton. Nein! Die ganze Bandbreite der Töne, Obertöne und Oktaven, das Spektrum der Instrumente und Stimmen, die gesamte Natur, nein, ich sage das bewusst, das ganze Universum schwingt sachte mit, ist auf geheimnisvolle Weise in meinen Ton eingebettet. Einen kleinen Teil dessen bin ich imstande zu hören. Tiefer in das geahnte, unendlich größere Zauberreich der Musik einzudringen, ist mir noch nicht möglich, nicht einmal mit meinem jahrelang geschulten Gehör.

Wenn die Sonnenstrahlen, fein strukturiert vom Häkelmuster der Vorhänge, durch das Fenster stürmen, verwandeln sich die Töne in hauchzarte, nahezu transparent-strukturierte Farbnebelchen. Sie schleiern auf und ab, mischen sich zu neuen, mir unbekannten Nuancen, überlagern, vermählen sich, umtanzen meinen Ton, um sich dann an sonnenverwöhnten Stellen auf dem Nussbaumschränkchen wie zur Ruhe niederzulassen.

Sind nicht (...) Töne wie Farben und Farben wie Musik?
Ich liebe die Musik der Farben.

Emil Nolde

Nach einer Weile, von einer übermütigen oder unachtsamen Sekunde angerührt, gleitet mein Ton sachte hinunter auf den Parkettboden, leichter als Entenflaum, wird von kaum wahrnehmbaren Strömungen wieder nach oben gewirbelt, um sich dann endlich mit der gläsernen Luft in feinsten Schwingungswölkchen zu vereinen. Dann lausche ich meinem verklingenden Ton nach, fühle, wie er wieder eintritt in die unendliche Stille. So lange es mir möglich ist, versuche ich, zu hören, zu fühlen, ihn durch meine Sehnsucht lebendig zu halten mit all' meinen Sinnen. Mit jeder meiner Fasern. Nun ganz ohne meine Violine. Inzwischen bin ich in einer Feinheit der Wahrnehmung angelangt, in welcher die Mühen meines Instruments, mich zu erheben, kaum noch hilfreich sind.

Mein Herz dehne ich hinaus, mit dem Ansinnen, den Ton zu umfangen, ihn mit Herzenskraft noch einige Augenblicke zu stärken und so sein Vergehen hinauszuzögern. Wichtig ist mir, meinem Ton zu zeigen, dass ich der Seine bin und er noch mehr der Meine werden sollte. Neu möchte ich ihn in meinem Innersten entstehen lassen. Möchte ihn in meiner tiefsten Herzkammer für immer wie in einer Monstranz bewahren. Um das zu erreichen, versuche ich, meinen Ton wieder aus dem tonlosen, gleichzeitig alltönenden Urgrund herauszuschälen.'"

Der Herr schwieg einen Moment und schloss die Augen. Mit seiner rechten Hand vollführte er einige kreisende Bewegungen. Sein gesamter Körper schwang leicht mit. Ausgestreckt gebärdete sich sein Zeigefinger würdevoll als Hohepriester der Töne. Fühlte er sich wie ein Dirigent? Ob er wohl versuchte, sich an den Klang des Tones zu erinnern? Dann fuhr er, seinen Bruder zitierend, fort: "‚Manchmal meine ich, Schatten von Gesichtern wahrzunehmen. Gesichter aus anderen Zeiten, in welchen ihr ganz eigener Ton die Menschen noch umhüllt und begleitet hat. Auf Schritt und Tritt. Oft vergesse ich dann weiterzuspielen. Etwas in meinem Inneren versucht, sich diesen Gesichtern zu nähern, sie mit meiner so bereiten Liebe zu umfangen. Dann lausche ich noch konzentrierter, versuche Schwingungen, das Sein dieser geistvollen Erscheinungen in mich aufzunehmen, ihre Essenz zu spüren, ihren ureigensten Ton zu hören.

Dabei formuliere ich lautlos Fragen in meinem Herzen. Wer seid ihr? Woher kommt ihr? Seid ihr die Gesichter der Töne? Gebt euch zu erkennen! Manchmal erahne ich ihre Antworten. Dann wächst mir Gänsehaut. Viel später spiele ich weiter meinen Ton. Weicher ist er geworden, zärtlicher. Weit schwingt er, fließt hinaus wie die sachte Brandung des Meeres, welche die Erde ohne Unterlass an langen Stränden küsst. Nach uralten, geheimnisvollen Regeln windet sie sich um den Erdball. In mein Herz rieselt der Ton, in meinen erwartungsvollen Körper, der ihn liebend aufsaugt. Bis dann warm und sachte der Zauber ausklingt.

Mein Ton webt sich in alles ein, was ist, in alles, was war, das Sichtbare und das Unsichtbare. Mit seinem goldlichten Glanz überdeckt, durchdringt er alles, hält auch meine kleine Welt zusammen. Vater und Mutter jeder Schwingung, jeder Vibration ist er, der Ton aller

Töne, der Klang aller Klänge. Der Urton. Er ist die Quelle, die Energie, aus welcher sich alle anderen Töne und die gesamte Schöpfung heraus entwickelt haben. Anders ausgedrückt, er ist der Bildner des Wortes, das im Anfang war und aus dem alles gekommen ist. Ohne ihn wäre nichts von dem, was gekommen ist. Dieser Ton hat den Raum, die Zeit ausgebreitet und aufgespannt. In jedem Augenblick hält er die Schöpfung aufrecht, indem er sie immerwährend erfrischt, neu durchklingt und belebt.

Seinen eigenen Ton zu finden, DEN Ton zu finden, ist das große Ereignis im Leben eines Menschen. Wie lange habe ich gesucht, gezweifelt. Für so eine Suche braucht man Zeit, Weltabgewandtheit, Stille. Bis eines glücklichen Tages, nach Monaten vielleicht oder Jahren, unerwartet der Augenblick gekommen ist, in welchem sich jede Körperzelle geweitet, geöffnet hat und sich der Ton in seiner vollen Kraft entfalten kann. Dann ist man einen Augenblick lang eins mit ihm, eins mit allem geworden, man ist angekommen.'"

Eine Pause entstand. Der Herr hatte sich so in Leidenschaft geredet, dass ich das Gefühl hatte, sein Bruder spräche durch ihn oder er sei am Ende gar sein Bruder selbst und nicht der, als der er sich ausgab. Nach einer stillen Weile sah er mich unvermittelt direkt an, ich bemerkte aber, dass er durch mich hindurchsah. Sein Blick war starr, schien auf etwas weit Entferntes gerichtet zu sein. Mir war es, als ob er mich nicht mehr wahrnehmen würde. Hatte er, berührt durch das Konzert, nur mit sich selbst gesprochen, dachte ich mir, um sich an seinen Bruder zu erinnern, ihn vor seine Augen zu rufen?

Seltsam entspannt fühlte ich mich, meinte die Präsenz der Musiker-Pflanzen noch zu spüren. Umweht von dem Ton, den ich zwar nicht hören konnte, jedoch meinte wahrzunehmen. War dies der Ton seines Bruders, der Urton, der vielleicht auch mein Herz eines Tages durchklingen würde?

Mit weit aufgerissenen Augen starrte der Herr nun schweigend auf einen an der Decke angebrachten, tiefhängenden Kronleuchter. Eine der Glühbirnen flackerte sich mutiger als die anderen in die Dämmerung hinein, ohne ihr allerdings Herr zu werden. Mit seinem Zeigefinger deutete er auf die Glühbirne, verharrte in dieser Position. Still war es geworden. Die meisten Konzertbesucher waren schon nach Hause gegangen, die Gespräche der wenig verbliebenen Gäste waren wie in eine weite Ferne verweht.

Dann fuhr der Herr fort: "Es ist ähnlich wie mit den Bäumen", sagte mein Bruder immer. Ihren Ton fanden sie bereits. Sonst wären sie ja keine Bäume geworden. Auch ihren Platz fanden sie, den einzigen für sie passenden Platz. Den Platz für ihr Leben. Das ist die Stelle, an welcher ihr Ton am besten klingt, sich am wirksamsten mit Himmel und Erde verbinden kann. Der Ort, an welchem sie mit ihrem Ton ihren besten Beitrag zur universellen Harmonie leisten können. Wenige Menschen fühlen den Impuls, den Weg zu ihrem eigenen Ton zu suchen, sich nach ihrem Platz aufzumachen. Die meisten irren und eilen ziellos hin und her, so als ob sie suchen würden. Aber sie wissen noch nicht, dass sie suchen – und erst recht nicht, was das Ziel ihrer Suche sein könnte. Bäume eilen nicht mehr, sie bleiben da, wo sie sind, und konzentrieren sich ganz auf ihr Sein, auf ihren Ton und ihre Aufgabe."

Tief berührt von dieser Schilderung, mit Tränen in den Augen, nahm ich mir insgeheim vor, alsbald meinen eigenen Ton zu suchen. Schon sah ich mich mit geschlossenen Augen am Klavier sitzen, die Töne der Reihe nach anschlagend, ihrem Verklingen mit offenem Herzen lauschend. Den Raum würde ich etwas abdunkeln, die Mächte des Tages und der Nacht als Gefährten zu meiner Suche einladen, sie um Beistand bitten. Wie der Bruder des Konzertbesuchers würde ich eine Kerze anzünden.

Vielleicht würde ich dabei noch einen Schritt weiter gehen und ein Glas Rotwein trinken. Ja, das hielt ich für angemessen. Primitivo sollte es sein. Das würde mein Empfinden gewiss noch etwas steigern. Welcher Ton würde sich als meiner offenbaren? Ein hoher, ein tiefer, in Dur oder Moll? Wie lange würde es dauern, bis ich ihn fand? Tief in mir vernahm ich eine zarte Schwingung. Hineinzufühlen zwang ich mich. War das schon eine erste, schwache Andeutung des Ersehnten? Die Suche nach dem Wesentlichen war zu einem überraschenden Ende gekommen. Und mit ihr die so sehr belastende Unsicherheit. Ich wusste nun, was ich wollte: meinen Ton!

"Ihr Bericht hat mich zutiefst berührt. Wie soll ich das sagen? Wissen Sie, ich bin gerade an einem Scheideweg in meinem Leben angelangt, bin auf der Suche. Ich fühle, dass es Zeit ist für eine neue Richtung. Und da kommen Sie daher und zeigen sie mir. Einfach so. Unglaublich. Gerade habe ich mich dazu entschlossen, mich selbst auf die Suche nach meinem Ton zu machen. Ganz sicher bin ich, dieses Gespräch wird mein Leben verändern. Danke, dass Sie so freimütig berichtet haben, Sie haben mir dadurch einen neuen Horizont eröffnet. Aber, gestatten Sie mir die Frage, wie ging es denn weiter mit Ihrem Bruder? Hat seine Gattin endlich verstanden, worum es ihm ging?", fragte ich nach.

Der Herr brauchte eine Weile, bis er seinen Zeigefinger sinken ließ, der sich noch immer auf die flackernde Glühbirne richtete, und sich mir zuwandte. "Sachte, sachte, bitte überstürzen Sie nichts. Hören Sie erst das Ende. Eine traurige Geschichte. Sehr traurig. Glauben Sie mir, ich habe Mühe, das Weitere auszusprechen, es zerreißt mir fast mein Herz. Aber da wir nun schon so weit gekommen sind, sollen Sie alles erfahren. Nein, es war nicht das Ende meines

Bruders, wie Sie vielleicht denken mögen. Es war das Ende von allem, was für ihn bedeutsam war, das Ende seines gewohnten, seines freien Lebens." Schweigen warf sich, sich bedrohlich anfühlend, in den Raum zwischen uns, die Stimme des Herrn schaffte es kaum, die letzten Worte zu artikulieren, sie war brüchig geworden. Hatte sie ihn nun ganz verlassen? Er räusperte sich, sah mich hilfesuchend an. Erregt nickte ich ihm aufmunternd zu. "Seines freien Lebens? Ich verstehe nicht ganz. Bitte sprechen Sie weiter. Sprechen Sie doch." Mit Anstrengung schaffte er es, den letzten Satz aus sich herauszuquälen. "Seine Frau ließ ihn kurzerhand im Krankenwagen abholen. Die Violine blieb zurück und ist mittlerweile verkauft. Seitdem ist mein Bruder in einer geschlossenen Anstalt."

Schockiert war ich. Sprachlos. Das konnte ich nicht verstehen. "Kann das sein, ist das wirklich wahr?", hakte ich nach. Der Herr brachte kein Wort mehr heraus, nickte nur noch. "Bitte fahren Sie fort, sprechen Sie doch weiter. Was geschah dann? Wie geht es Ihrem Bruder?" Der Herr schüttelte den Kopf, das schlohweiße gebogene Haarbüschel guckte frech über die Haare hinaus, schüttelte sich mit. War da eine Träne im Auge des Herrn? Eine lange Pause trat ein. Der Herr schüttelte immer noch bedauernd seinen Kopf.

Verunsichert fragte ich mich, ob es, nach all dem, was ich gehört hatte, richtig wäre, mich auf die Suche nach meinem eigenen Ton zu begeben. Aber das war später, viel später am Abend. Als der Herr längst den Saal verlassen und seine letzten Sätze in ihrer Bedeutung von mir verstanden waren. Er war auf den Ausgang zugegangen, zögernden Schrittes, ohne sich zu verabschieden, ohne mich oder jemand anderen auch nur eines Blickes zu würdigen. Vielleicht war auch er in den Bann der Töne geraten. Kurz war nur noch das schlohweiße, aus seiner Frisur ragende Haarbüschel zu sehen. Dann verschwand auch dies im Dunkel der Nacht.

Nein. Wie sein Bruder wollte ich nicht enden. Trösten mochte ich mich damit, dass er vielleicht ganz glücklich geworden ist in seiner Anstalt, wo er sich nun ganz ungestört und ohne jede Kritik auf seinen Ton konzentrieren kann. Sicher bin ich, dass er immer, wenn er das mag, den Ton in sich entstehen lassen kann, auch ohne seine Violine. Vielleicht ist die gesamte Anstalt durchdrungen und durchwebt von diesem Ton und die anderen Patienten sind bereits selbst unterwegs zu ihren ganz eigenen Tönen.

Meine Gedanken kamen wieder zu meinen ursprünglichen Überlegungen zurück. Ich musste mich wohl weiter auf die Suche nach dem Wesentlichen machen. War es mir denn gegeben, zum Wesentlichen vorzudringen? Wäre es denn nicht besser, ein ganz normales Leben zu führen, jeden Tag zu genießen, ohne mir groß Gedanken zu machen? Wie konnte ich nur so leichtsinnig gefallen an einer so gefährlichen Tonsuche finden? Und gefährlich ist diese Suche, wie man am Schicksal des Bruders unschwer erkennen kann.

Weitere Überlegungen brachten mich zurück zu meiner Gattin. Ein hervorstechender Wesenszug ist ihre Fokussierung auf das Wesentliche. Das kann man getrost so sagen. Sie kennt all diese zermürbenden Suchen nicht. Dafür bewundere ich sie!
Ein Beispiel möchte ich einfügen. Hatte sie sich früher noch mit der Zubereitung von vielerlei Vorspeisen, Suppen, Hauptspeisen, Salaten und Nachspeisen in mannigfaltigen Varianten verzettelt, so fand sie im Laufe der Jahre das ihre, das für sie Wesentliche: Tortellini!
Tortellini gefüllt mit Spinat. Preisgünstig, vegetarisch, über längere Zeit in der Vakuumverpackung lagerbar, schnell zu kochen, heiß mit etwas Olivenöl übergossen dargereicht. Und darüber hinaus mit italienischem Flair. An guten Tagen noch mit gehacktem Knoblauch oder Petersilie verfeinert. Reste finden in unserem Hund einen dankbaren Abnehmer.

Einige sonnige Tage durfte ich noch mit meinen Freunden in Damanhur zusammen sein. Wir erkundeten die Gegend, fanden an einem Gebirgsfluss wundervolle, einsame Badeplätze. Kaltes Gebirgswasser kühlte unsere Freude nicht. Gute Flaschen italienischen Rotweins rundeten den Naturgenuss bestens ab. Dabei haben wir viel, wie könnte es anders sein, auch über das Wesentliche diskutiert.

Wie es sich nun wirklich damit verhält, ist mir am Ende nicht deutlich geworden. Das Beispiel mit dem Musiker, der immer nur ein und denselben Ton spielt, und das andere mit den immer gleichen Tortellini haben mich sogar noch mehr verwirrt.

Neben dieser Verwirrung konnte ich noch etwas anderes aus Damanhur mitnehmen. Etwas, das den weiteren Verlauf meines Lebens nachhaltig beeinflussen sollte: das Wissen darum, dass Pflanzen und Bäume ihren Ton, ihren Platz gefunden haben, dass sie viel mehr in sich bergen, als wir denken. Und genau darüber wollte ich mehr herausfinden.

Die Begebenheit in Damanhur kannte ich noch nicht. Was für eine Geschichte! Eines der wichtigsten Dinge im Leben scheint es zu sein, das für sich Wesentliche herauszufinden. Vielleicht komme ich durch das Lesen weiterer Herbert-Texte der Sache näher. Endlich weiß ich, wie Herbert zu den Bäumen gekommen ist. Ganz verstehen kann ich noch nicht, wie das mit der Baummusik läuft. Unbedingt muss ich zusehen, sobald als möglich ein Musikstück aus Damanhur zu bekommen. Vielleicht wird mir dann Herberts Weg deutlicher. Neugierig bin ich darauf, wie sich diese Pflanzenmusik anhören wird.

Hm, hm. Das mit dem eigenen Ton scheint eine wunderbare Sache zu sein. Ein großes Ereignis. Allein schon diese Idee zu haben! Wie wäre es aber, wenn noch weitere Musiker hinzukämen, solche, die ebenso auf der Suche wären, oder andere, die ihren Ton schon gefunden hätten? Könnte mit ihnen ein Trio, ein Quartett, gar ein ganzes Orchester gegründet werden?

Würden sich diese Töne auf delikate, auf strahlendste Art ineinanderflechten, sich verweben und verbinden wie in einem gigantischen Töne-Webstuhl? Entstände dadurch etwas wie ein vier- oder mehrdimensionaler Tonteppich, gar eine multidimensionale Tonsphäre, ein Tonraum universalen Ausmaßes? Ein Tonuniversum, in welches jeder hineinhören, sich hineinbewegen, sich dort mit seinen eigenen Koordinaten verorten könnte, genau dort, wo sich sein Ton befindet, exakt an der Stelle, an der sein Platz, seine Heimat ist?
Überirdisch würde diese Musik klingen!

Spät war es geworden. Zur Stärkung holte ich mir noch ein Bier, nahm ein weiteres kurzes Manuskript aus dem Schuhkarton und las. Der folgende Text wurde wohl viel später geschrieben.

Oft schon habe ich mir Gedanken darüber gemacht, wie ich mein Erleben mit den Bäumen, die Kommunikation, die Energie und den Segen – oder was immer es auch sein mag, das ich als so stärkend wahrnehme –, anderen Menschen erklären, es niederschreiben kann. Beispiele suchte ich aus anderen Bereichen, um daraus zu lernen. Weit vorne wollte ich anfangen und versuchen nachzuvollziehen, wie es geschehen konnte, dass Sprache entstand, sie durch die Töne geboren, sozusagen in Schrift gegossen wurde.

Unübersichtlich schien mir diese Aufgabe zu sein. Besonders der Teil, der ihre Geburt betrifft.

Lebendige Sprache gerinnen zu lassen in ein zwar totes, aber doch bleibendes, für jeden nachvollziehbares Schriftsystem macht es später möglich, das gesprochene Wort zu erinnern und Inhalte weiterzugeben. Warum die einzelnen Buchstaben gerade die uns heute vorliegende Form angenommen haben, ist mir ein Rätsel geblieben.

Zwischen den gesprochenen Buchstaben und ihren geschriebenen Formen konnte ich kaum einen Zusammenhang erkennen. Bei den Buchstaben des "O" und des "A" lassen sie sich noch nachvollziehen. Vielleicht wurden sie abgeschaut von der Form des Mundes bei ihrer Aussprache.

Hat die Ausprägung der Formen der Buchstaben etwas mit ihrer Aussprache zu tun? Stimmgabeln in Buchstabenform müsste man erstellen, um diese anzuschlagen und die Klänge zu hören; dann könnte man dies prüfen.
Wäre es auf diese Weise möglich, den Klang der Buchstaben in eine angemessene geschriebene Form zu überführen, die sie nicht nur aufzeichnet, sondern an deren Aussprache erinnert, sie im Lesenden darüber hinaus geradezu hervorruft?

Falls das nicht zielführend wäre, könnte man in einer Vorstufe versuchen herauszufinden, welche Frequenzen verschiedene zum Beispiel geometrische Formen ausstrahlen, um sich dem Thema anzunähern. Dann könnte gegebenenfalls ein sinnvolles neues Alphabet entwickelt werden. Auch Wesen, die nicht des Lesens mächtig sind, sollten es intuitiv aussprechen können.

Das Schreiben bietet die Möglichkeit,
zu reifen und sich selbst zu verändern.
Und damit Einfluss
auf den weiteren Verlauf der Welt zu nehmen.

Herbert

Wenn auch dies nicht möglich wäre, sollte sich die gedruckte Schrift wenigstens in den Groß- und Kleinbuchstaben ähneln, sprich eine Wiedererkennung ermöglichen. Beginnen wir mal mit dem "A". Das große A ist dreieckig. Das kleine a ist rundlich. Passt also nicht zusammen. Das große B hat zwei Bäuche, das kleine b hat einen verloren. Schlecht gelöst. Großes und kleines C sind perfekt aufeinander abgestimmt. Beim D wird es schon wieder verwirrend. Es trägt einen großen Bauch nach vorne, während sich bei dem kleinen d der Bauch verkleinert hat und nach hinten gewandert ist. Beim E braucht man etwas Fantasie, um eine Ähnlichkeit zwischen Groß und Klein zu finden. Bei den Buchstaben F, G, H die fehlen Gemeinsamkeiten. Die Is und Js gleichen sich. K geht fast ohne Abstriche durch. L, M, N lassen kaum Verwandtschaft erkennen. O ist perfekt. P gar nicht übel. Bei Q und R ähneln sich Groß- und Kleinbuchstaben nicht. S, wunderbar. Das große und kleine T erkennt man nicht als zusammengehörig. U, V, W. X, Y, Z passen ziemlich gut.

Ein Bekannter lebt seit sieben Jahren in China. Kürzlich war er auf Besuch in Deutschland. Chinesisch hat er gut gelernt, behauptet er, beklagt aber, dass er immer noch nicht in der Lage sei, zum Beispiel das Wort "Taxi" richtig auszusprechen. Er spricht es mir vor. Mehrmals. Unglaublich ist das. Sein Gesicht zeigt enorme Anspannung, es ist geradezu verzerrt. Das Zuhören geht kaum, vom Nachsprechen gar nicht zu reden. Seine Frau, selbst Chinesin, verbessert ihn. Ihr Gesicht ist entspannt, fast lächelt sie. Nicht den geringsten Unterschied höre ich zur Aussprache ihres Gatten, was nichts bedeutet. Mehrfach wiederholt sie das Wort. Ihr Gatte starrt sie verständnislos an. Mir ist es ein Rätsel, wie die Chinesen mit ihren zehntausenden von Schriftzeichen auf ihrem kleinen Smartphone zurechtkommen. Ich frage nicht nach. Wahrscheinlich übersteigt das die Komplexität der Aussprache des chinesischen Wortes "Taxi" bei weitem und ich bin ja schon damit überfordert.

Um noch kurz die Notenschrift zu bemühen. Außer dass die Töne unterschiedlich hoch sind, kann ihr der Laie nicht viel entnehmen. Auch wie lange die Töne gehalten, wie kräftig sie gespielt werden sollen, wie ihre Verhältnisse untereinander sind, bleibt ihm ein Geheimnis. Ein Freund wollte die Notenschrift vereinfachen, nachdem er festgestellt hatte, dass für ein und denselben Ton vierundzwanzig verschiedene Schreibweisen oder Notenschlüssel gebräuchlich sind. Vierundzwanzig! Wir haben gemeinsam über ein Jahr an einem neuen System experimentiert, Farben für die unterschiedlichen Töne festgelegt, Aufkleber für Klaviertasten erstellen lassen, mehrere Klavierbücher erarbeitet, beginnend vom Anfänger bis hin zu fortgeschrittenen Spielern.

Das erste Buch war fast quadratisch, jedes nachkommende war etwas höher. Um ehrlich zu bleiben, der Löwenanteil der geistigen Arbeit lag bei meinem Freund, während es die Aufgabe eines Graphikers war, die Resultate anschaulich umzusetzen. Die Farben waren so abgestimmt, dass sie sogar für Menschen mit Farbenblindheit unterscheidbar waren. Nun liegen die Notenbücher in den Regalen, die wunderbaren Resultate unserer Mühen. Und keiner interessiert sich dafür.

Für die Kommunikation mit den Bäumen konnte ich jedenfalls nicht viel bei meinem kleinen Ausflug in die Schrift lernen. Wie sollte ich also meine nonverbale Kommunikation mit den Bäumen jemals schriftlich einem anderen Menschen erklären können?

Herbert hat anscheinend versucht, sich in vielen Feldern schlau zu machen, um das Eine, das ihn so sehr berührte, besser verstehen und ausdrücken zu können. Dass nicht jeder Versuch zum Ziel führen kann, ist klar.

Nur die Erweiterung des Repertoirs an Fragen ermöglicht
es uns, befriedigendere Antworten zu finden.
Phantasie ist dabei hilfreich. Vieles von dem,
was wir denken, mag sich später als falsch herausstellen.
Irrtum muss jedoch in Kauf genommen werden,
wenn wir weiterkommen wollen.

Herbert

Ich nahm einen gelben Zettel in die Hand und las:

Jeder ist für sich selbst verantwortlich und
sollte sehr genau darauf achten,
ob ihm ein Baum oder eine Übung guttut oder nicht.

Herbert

Darunter war zu lesen:

Glaube mir, denn ich habe es erfahren,
du wirst ein Mehreres in den Wäldern
finden als in den Büchern.
Bäume und Steine werden dich lehren,
was du von keinem Lehrmeister hören wirst.

Bernhard von Clairvaux

Auf einem weißen Zettel stand mit Kugelschreiber geschrieben:

Entweder Sie lehnen sich an den Baum an, klettern auf ihn hinauf oder stellen sich in beliebiger Distanz vor ihm auf. Probieren Sie alle drei Varianten. Oft sind Bäume nicht gut zugänglich und wir können deshalb nur auf Distanz Kontakt mit ihnen aufnehmen. Manchmal lässt sich auf diese Weise eine größere Spannung aufbauen als bei direkter Berührung.

Kürzlich habe ich gehört, Bäume dürften nur aus einer bestimmten Himmelsrichtung angegangen werden. Und dies nach Tageszeit und Jahreszeit noch unterschiedlich. Ogottogott. Damit beschäftige ich mich nicht. Am besten ist es, das selbst auszuprobieren – wenn Sie mögen. Meine Erfahrung: Bäume sind immer für mich da, egal wann oder von woher ich mich ihnen annähere. Die Vorstellung einer fast mechanistischen Art der Annäherung wird den Bäumen nicht gerecht. Bäume sind edle Wesen, sie kommunizieren gerne und senden Energie aus, genauso wie sie das mögen.

Auf eine solche Weise hatte ich noch nicht versucht, mit Bäumen Kontakt aufzunehmen. Bäume, wie sehr ich sie auch liebe ... sie als Persönlichkeiten wahrzunehmen, so wie Herbert das tat, ist doch etwas gewöhnungsbedürftig. Können Bäume denn fühlen, hören oder gar kommunizieren? Herbert ist davon überzeugt. Kaum kann ich es erwarten, das selbst zu erfahren. Für diesen

Abend ließ ich es genug sein.

Bäume sind wie wir, Gottes lebendige Gedanken.
Sie bieten Weisheit an, die uns fehlt.

Herbert

Am nächsten Abend nahm ich neugierig ein weiteres Manuskript zur Hand. Es war mit dem Computer begonnen und etwa ab der Hälfte des Textes handschriftlich weitergeführt worden.

Wenn Sie einen Baum spüren möchten, versuchen Sie zuerst herauszufinden, mit wem Sie es zu tun haben. Das Optische ist nicht so wichtig, gibt Ihnen aber die Möglichkeit, sich auf den Baum einzustimmen. Von welcher Art ist er? Ist er dort gewachsen, wo er wollte, oder handelt es sich um einen Setzling? Wie ist er insgesamt geformt? Wie sehen die Blätter aus? Blüht er, hat er Früchte? In welcher Umgebung wächst er? Weist er Beschädigungen durch Blitzeinschlag oder Sturm auf? Sind Äste abgebrochen, gar abgeschnitten? Hat er am Stamm Verletzungen? Ist er stark bemoost, wachsen Baumpilze an ihm, wurde er etwa von Bibern angefressen? Steht er in der Sonne oder im Schatten?

Machen Sie sich mit dem Baum bekannt. Denken Sie sich in den Baum hinein, fühlen Sie sich als ein Teil von ihm. Als einen Ast, eine Wurzel, einen Zweig oder ein Blatt. Oder stellen Sie sich vor, Sie wachsen als ein Ast, als ein fester Teil des Baums aus seinem Inneren heraus.

Fühlen Sie die Luft, die Temperatur, den Wind auf Ihrer Haut. Berühren Sie den Baum mit Ihren Händen. Erzählen Sie dem Baum, gerne mit lauter Stimme, was Sie freut oder ärgert, eine Geschichte, Ihre geheimsten Wünsche. Beobachten Sie, ob und wie sich Ihre Gefühle dabei verändern. Es geht um Ihre Achtsamkeit.

Seien Sie aufmerksam, aber nicht auf Ihre gewohnte Weise. Nicht nur mit den Augen. Verwandeln Sie Ihren Körper in ein hochsensibles Werkzeug, das dadurch in die Lage versetzt wird, feinste Energien wahrzunehmen. Sensibel werden Sie, wenn Sie in sich gehen – und vor allem, wenn Sie das wollen. Versuchen Sie, einen Baum zu "betrachten". Das meint, auf eine besondere Weise zu sehen. Besonderes sehen Sie dann, wenn Sie ihn besonders sehen möchten. Sie entscheiden. Wunderbar, dass er gerade hier steht. Jetzt!

Ist es nicht herrlich, wie das Sonnenlicht tausende Varianten von Grün in seine Blätter schöpft? Erleben Sie, wie sich dieses Sonnenlicht in den Blättern verwandelt, sie verzaubert, sich direkt in Ihr Herz senkt! Fühlen Sie den Baum, unterlegt von Ihrem starken Willen, eins mit ihm zu werden.

Versuchen Sie, dieses Wunderbare zu spüren, es herauszufiltern, es zu ermutigen, dass es sich Ihnen offenbart. Werden Sie Teil des Wunderbaren, trauen Sie sich zu, es zu sein. Tragen Sie auf Ihre ureigene, einzigartige Weise zum Segen bei.

Wenden Sie dabei Ihre Handflächen dem Baum zu.

Von Herberts Text inspiriert lege ich mich auf den Rücken, weite meinen Brustraum, so weit es geht. Das tut so gut. Wo bist du,

Idee, geistige Grundform aller Bäume, ihr Urbild, ihr Form und Geist schenkender Vater, Mutter, Traumbild all jener, die wie du werden wollen? Ich rufe nach dir! Wo bist du, geliebter, göttlicher Segensformer?

Lange warte ich schon auf dich, bin von Sehnsucht übermannt. Sachte, sachte, nähere dich behutsam, mein Freund. Vorsicht. Habe Acht! Bedenke, mein Herz ist von Fleisch und Blut, weich und verletzlich, überquellend, sich sehnend nach dir. Senke dich in mein Herz, mein Bruder, fülle es mit Wurzel, Stamm, Ast und Blatt. Und vor allem mit Segen! Verbinde dich mit denjenigen meiner Aufnahmeorgane, die dich lange schon erwarten. Weit geöffnet sind sie, möchten ihre Leere füllen. Enthülle dich, lasse dich spüren, führe mich an grüner Hand in deine göttliche Welt.

Als Kind habe ich einen Buchtitel gesehen:

Auf der Suche nach dem Wunderbaren.

Peter Demjanowitsch Ouspensky

Dieser Titeltext hat mich fasziniert und seitdem beschäftigt. "Auf der Suche nach dem Wunderbaren!" Das hatte etwas, das gefiel mir. Gab es etwas Besseres, etwas Wichtigeres, als danach zu suchen? So oft wird nach dem Negativen gesucht, nach dem Trennenden und dann wird kritisiert. Anstatt nach dem Gemeinsamen Ausschau zu halten und dieses dann gleichsam wunderbar werden zu lassen. Ja, das Wunderbare kann von uns gerufen werden. Und es kommt!

Je mehr es in den Hintergrund tritt, desto kleingeschriebener wird das Trennende. Bis es endlich verkümmert und seinen Platz irgendwo im Nirgendwo einnimmt. Dort, wo es hingehört. Mit diesem starken Motto wollte ich in die Welt hinausziehen. Spätestens von diesem Moment an fühlte ich bewusst den schmerzhaften Mangel, dieses

Ziehen in meiner Brust, das ich später als Sehnsucht identifizierte. Dieses Sehnen hat bis heute nicht nachgelassen. Im Gegenteil! Stärker ist es geworden! Ich nähre und hüte es, so gut es geht.

Manchmal fühlte ich mich wie getrieben, etwas zu erreichen. Aber was? Nicht nur von hier nach dort wollte ich mich bewegen, sondern vom Nichtwissen zum Wissen. Wissen allein war es gewiss nicht. Mehr wollte ich, viel mehr. Auf die Suche nach dem Wunderbaren wollte ich mich machen, das über alles Wissen weit hinausgehen würde. Endlich fände ich es und machte es zu dem Meinen.
Würde Wissen das Wunderbare mit sich bringen? Den derzeitigen Mangel, diese Unvollkommenheit, wollte ich nicht mehr in mir spüren, nicht der Getriebene mochte ich sein, sondern eher wie eine duftende Blüte erblühen, die das Wunderbare wie ein Insekt anlockt.

Dankbare Herzen ziehen Wunder an.

Der zweite Ritter

Gras wächst nicht schneller, wenn man an ihm zieht. Geheimnisse ergründet man nicht dadurch, dass man ihnen, so schnell man kann, hinterherrennt. Das war mir schon damals klar. Mit dem Suchen hatte ich begonnen, indem ich nicht nur mit meinen Augen schaute. Alles und jedes musste auf den Prüfstand.

Vieles, was früher selbstverständlich, nicht beachtenswert war, habe ich von da an in meinen liebenden Blick gehüllt, ihm Beachtung, neue Bedeutung geschenkt, den fremd-seidigen Glanz des Geheimnisvollen aus ihm herausgelockt.

In Tagträumen, die sich unbemerkt in Schlaf, in aufschlussreiche Träume verwandelten, trachtete ich danach, unsichtbare Zusammenhänge zu enthüllen, den Dingen liebevoll ihre Geheimnisse, ihre Seele herauszubitten, sie herauszulocken. Den Pflanzen und Wesen, den duftigen Wolken, dem blauen Himmel über mir.

Ganz bewusst bemühte ich mich, in allem etwas Wunderbares zu sehen, an den versteckten Zauber zu glauben. Dass ich nur die Oberfläche sehen konnte, musste ich einsehen. Allein diese Oberfläche war für mich schon ein Füllhorn, angefüllt mit Wundern. Schon fühlte ich, dass noch viel mehr darunter verborgen war. In dies alles wollte ich eintauchen, es entdecken, es zu meinem machen. Dann schriebe ich es auf. Nicht in ein Tagebuch. Nein. In ein Lebensbuch, das vom grauen Einerlei ins Strahlende reichen würde. Und durch die Seiten schimmerte sanft ein Regenbogen.

Zweifel tauchen auf. Dann bin ich wieder bei meinen Bäumen. So viel Kraft geht von ihnen aus. Wortlos überzeugen sie mich weiterzumachen. Dann geht das Schreiben wieder flott von der Hand. Die Sätze fallen in meine Seele, die Worte reihen sich aneinander wie an einer Perlenkette. Die Finger tippen, fast ohne dass ich auf die Tastatur sehe. Freude. Am nächsten Tag bin ich dann wieder unzufrieden mit dem Geschriebenen, frage mich, wen außer mir das wohl interessieren dürfte? Niemanden natürlich!

Soll ich wirklich mein Herz so weit öffnen, dass jeder in mich hinein, durch mich hindurchsehen kann, mich verlacht wegen meiner eigenartigen Vorstellungen? Habe ich das nötig?

Soll ich unter einem Pseudonym schreiben? Und doch, ohne dies aufzuschreiben, wäre ich nicht da, wo ich jetzt bin.
Der Platz des Schreibenden ist kein bequemer Platz, aber einer, der Sinn macht. Andernfalls wäre ich den Dingen nicht in gleichem Maße auf den Grund gegangen.

Was wir beobachten, ist nicht die Natur selbst,
sondern die Natur, wie wir sie betrachten.

Werner Heisenberg

Das Wunderbare! Aaah! Herrlich! Lebensbuch, das gefiel mir. Vielleicht sollte auch ich in so ein Buch schreiben, es Herbert nachtun, gar versuchen, sein Werk weiterzuführen? Ich machte mich auf zu erproben, wie es mir mit Herberts Vorschlägen bei der Annäherung an die Bäume ergehen würde. Gleich am nächsten Tag, einem Samstag, ging ich früh ins nahe gelegene Naturschutzgebiet, um mich umzusehen. Und um das Wunderbare zu suchen. In tiefen Schatten hingen noch letzte Reste der Nacht. Vereinzelt flohen Nebelchen vor der Sonne.

Es war spätes Frühjahr. Die Welt war tatsächlich voller Blütenduft und Wunder. Vögel zwitscherten um die Wette. Ein kühles Lüftchen wehte. In den letzten verbliebenen Pfützen spiegelte sich der blank geputzte Himmel. Die Ränder der Pfützen waren sonnengelb umsäumt von Leuchtbändern aus Blütenstaub. Welch' eigentümliche Gebilde sich so ergaben. Nie hatte ich mich mit den Formen der Pfützen beschäftigt. Nun lagen sie ausgebreitet vor mir. Lassen sich die Formen der Pfützen etwa auf eine Grundform zurückführen? Welche wäre das?

Meine Aufmerksamkeit zog ich von den Pfützen ab. Aufpassen musste ich, mich nicht zu verzetteln. Vielleicht sind die Pfützen zu einem späteren Zeitpunkt dran. Jetzt ging es um die Bäume. Punktum. Die Wurzeln, soweit sie sichtbar waren, die Struktur, Rauheit oder Glätte der Rinde, die Art, wie die Äste aus dem Stamm herauswuchsen, die Form, Farbe und Größe der Blätter, der Nadeln.

Auch den Moosbewuchs betrachtete ich, konnte auf diese Weise die Himmelsrichtung bestimmen, beobachtete Misteln, welche sich vereinzelt in den Zweigen festgesetzt hatten. Wie verirrte Wasserbälle hingen sie verloren in den Ästen.

An manchen Stämmen waren Baumpilze zu sehen. Jetzt im Frühjahr waren die Blätter noch saftig, strahlend hell im Grün. Nicht wie später im Jahr, wo sie derb werden und die Spuren von Wetter und Schädlingen aufweisen. Einige der leuchtenden Blätter einer Birke kostete ich, verglich sie mit dem Geschmack der Lindenblätter.

An Baumstämmen fühlte ich die unterschiedliche Temperatur auf der Sonnen- und auf der Schattenseite.

Nach kurzer Zeit waren meine Hände klebrig vom Baumharz. Dann versuchte ich, die Bäume zu spüren. Vor jeden einzelnen der ausgewählten Bäume stellte ich mich hin, versuchte, ihn über ein mir nicht bekanntes, noch nicht bewusstes, vielleicht neu zu erweckendes inneres "Organ" zu fühlen. Wärme, Vibration oder ein Gefühl der Freude sollten nun zu mir zurückstrahlen. Wenn ich leicht ins Schwingen gekommen wäre, hätte ich das als schönes Zeichen gesehen. Vielleicht würde ich etwas wie Sympathie oder eine Anziehung aufgrund der Größe und Masse der Bäume spüren.

Bevor Holzfäller in vergangenen Zeiten
einen Baum fällten,
nahmen sie ihre Kopfbedeckung ab
und sprachen ein Gebet.

Herbert

An einen Baum von passabler Größe, der mir besonders passend und zugänglich erschien, lehnte ich mich an, vergewisserte mich, dass ich allein war. Dann sagte ich ein Sprüchlein auf, das ich in Herberts Karton gefunden hatte. Nichts ergab sich. Vielleicht hatte ich den Text zu mechanisch vorgetragen. Mehrfach wiederholte ich ihn, mit mehr Emotion. Nichts war zu spüren.

Noch intensiver wollte ich mich auf den Baum konzentrieren, umarmte ihn, schmiegte mich an seinen Stamm. Wie zerborsten doch seine Borke war. Zerrissen in viele unregelmäßig geformte, teils abstehende Teile, mit tiefen Tälern, Schrunden. Ein dicker Pfropfen Baumwachs füllte eines der Rindentäler ein Stück weit aus. Daneben waren kleine Inseln von Moos. Eine Ameisenstraße führte seltsam mäandrierend vom Boden zu irgendwelchen, für Ameisen sicherlich lohnenden Zielen. Etwas Abstand vom Stamm würde vermeiden, dass ich in ihre Straße mit einbezogen würde. Aber - ich nahm wieder nichts wahr.

Ehrlich gesagt war ich nicht ohne Zweifel gewesen. Herberts Ideen waren zu fantastisch. War bei ihm alles nur Einbildung gewesen? Oder war ich nicht offen genug? Vielleicht ging der Kontaktaufnahme noch etwas anderes voraus. Etwas, das ich noch nicht wusste. Etwas, das Herbert zwar erwähnte, was sich aber bei mir nicht in der Erinnerung festgesetzt hatte.

Sich zu öffnen macht frei und glücklich,
aber auch verwundbar.

Der zweite Ritter

Enttäuscht eilte ich nach Hause, öffnete den Karton, um nach weiteren Hinweisen zu suchen. Verschiedene Zettel ging ich der Reihe nach durch, fand aber auf die Schnelle nichts, was hilfreich gewesen wäre. Vielleicht hatte ich mich in mehr Geduld zu üben. Möglicherweise müsste ich jeden Tag in den Wald gehen, mich dort jeweils eine Stunde oder länger an einen Baum lehnen.

Vielleicht waren die heute ausgewählten Bäume nicht geeignet gewesen und es wäre besser, andere zu suchen. Am besten wäre es wohl, wenn ich verschiedene Arten von Bäumen auswählen würde, um mit ihnen zu experimentieren. Einer würde schon dabei sein, mit dem ich klarkäme. Täglich ging ich nun in den Wald, um Bäume auszusuchen und zu üben, kam aber zu dem Schluss, dass aus meiner derzeitigen Sicht der Dinge ein Baum mehr oder weniger wie der andere war. Nämlich wenig kontaktfreudig.

Unsicher legte ich mich später auf fünf Bäume, zwei alte Weiden, eine Birke, eine Buche und eine Fichte, fest, mit denen ich in Zukunft üben wollte. An jedem Baum verbrachte ich etwa fünfzehn Minuten. Wieder ohne Resultat. Das Umarmen der Bäume ergab ebenfalls nichts. Ich setzte mich auf Wurzeln, kletterte in die Weide und verbrachte dort lange Zeit, aber nichts geschah. Vielleicht käme ich damit weiter:

Übe den offenen Herzensblick,
der dem Baum keine Gewalt antut.

Herbert

Einige Tage lang versuchte ich mich geduldig im "offenen Herzensblick". Gar nicht so einfach, wenn man nicht genau weiß, was damit gemeint ist. Ich konzentrierte mich auf mein Herz und schloss die Augen. Dann versuchte ich, mit dem Herzen zu spüren, zu fühlen, aus ihm heraus zu sehen. Allein, über ein leichtes Ziehen in meiner Herzgegend kam ich nicht hinaus. Dazu war es nicht sicher, ob das Ziehen etwas mit dem Baum zu tun hatte oder ob es davon herrührte, dass ich mich auf mein Herz konzentrierte. Wichtig war mir, zweifelsfreie, wiederholbare Resultate zu erhalten.

Oft schalt ich mich einen Narren, dann wieder kam mir das ganze Unterfangen schräg und aussichtslos vor. Manchmal schaffte ich es nicht, in den Wald zu gehen, mein Glaube an einen Fortschritt war verschwunden. Wenn es regnete, musste ich mich besonders überwinden.

Frierend, mit durchweichten Schuhen und aufgespanntem Regenschirm lehnte ich an einem nassen Baumstamm und zweifelte an Herbert und mir. Dabei betrachtete ich den Regen, wie er auf die Blätter tropfte, ihnen kurz Glanz verlieh, in dünnen Rinnsalen ablief, um dann an der Blattspitze wieder Tropfen zu bilden, die auf Nimmerwiedersehen im am Boden befindlichen Moos versickerten.

Wo sich wohl die vielen Käfer, Raupen und Schmetterlinge bei Regen aufhielten? Wo waren denn die Vögel? An besseren Tagen beobachtete ich sie, wie sie am Himmel ihre Kreise zogen. Auch das Treiben des Windes beobachtete ich, sah, wie er schubweise daherkam, ohne erkennbaren Grund wieder nachließ, seine Richtung änderte. Elegant federten die Blätter mit etwas Verzögerung die Kraft des Windes ab, indem sie diese langsam an die Zweige, Äste und den Stamm weiterleiteten.

Wenn du pensioniert wirst, dauert es noch zwei Jahre,
bis du in der Lage bist, den Duft einer Blume zu riechen.
– Ich rieche ihn doch schon jetzt. – Das meinst du nur!

Michael Huber

Inmitten einer alten Weide, die sich in drei mächtige Stämme teilte, erlebte ich, an den kräftigsten gelehnt, einen heftigen Sturm. Eigentlich wollte ich mich nur kurz unterstellen, um das Ende des ärgsten Wolkenbruchs abzuwarten. Dieser nahm jedoch kein schnelles Ende. Eigenartige Gefühle, Angst machte sich breit, als ich die vom Sturm verursachten, ruckartigen Bewegungen des Stammes an meinem Rücken spürte. Erstaunlich, wie er den dicken Baumstamm hin- und herschubste.

Die Kraft des Sturmes erschloss sich mir so auf eine neue, dramatische Weise. Dabei verlor ich das Gefühl für die Sicherheit, welche die Erde zu bieten scheint. Alles bewegte sich, taumelte, wurde durcheinandergeworfen. Der feste Grund, auf dem ich noch vor kurzem gestanden hatte, ohne dies entsprechend zu würdigen, schien für immer verloren. In diesem Tosen und Brausen war kein Halt, kein sicherer Punkt mehr. Über mir wirbelten Blätter, Zweige und Äste vom Sturm gepeitscht und wild aufgewühlt durcheinander. Am Boden trieb der Sturm vergessene Herbstblätter, abgerissene Äste und Papier vor sich her, zwang das Treibgut, sich in wilden Spiralen und Kreisen zu drehen, warf Mengen davon kurzerhand in den aufgepeitschten Fluss.

An den offenen Herzensblick war in dieser Lage nicht zu denken. Manche Äste rieben aneinander und verursachten ein grauenhaftes

Quietschen, Schreien und Brüllen, das mir eiskalt den Rücken hinauf- und hinunterlief. Der heftige Wolkenbruch setzte sich unvermindert fort und trug das Seine zu diesem Weltuntergangsszenario bei. Blitze zuckten. Donner polterten. An ein Aufspannen des Regenschirms war nicht zu denken.

Wo war denn überhaupt dieser Schirm? Ich hatte ihn doch an einen der Stämme gelehnt. Der Wind hatte sich wohl inzwischen seiner bemächtigt und ihn zu einem unbekannten Ziel mit sich genommen. Vermutlich dorthin, wo er einen besseren Platz für ihn wähnte.

Über mir brach ein kräftiger, jedoch morscher Ast krachend ab. Ich sah nach oben, presste mich instinktiv und so gut ich konnte an meinen Stamm.
Der Ast riss einige gesunde Äste und jede Menge Blätter prasselnd mit sich in die Tiefe. Direkt neben mir prallte er auf den Boden. Befürchten musste ich, dass ein weiterer Ast abbrechen und mich treffen würde. Trotzdem hielt ich fast zwei Stunden durch. So lange, bis sich das Unwetter etwas legte. Der Regen ließ nach. Zwei Stunden, eine Ewigkeit! Welche Bedeutung hat denn die Zeit in einer solchen Lage?

Manche meinen, die Zeit sei die Währung des Lebens.
Man solle sie sparsam ausgeben.
Ich behaupte, Liebe ist diese Währung
und je mehr man davon gibt, desto mehr fließt nach.

Der zweite Ritter

Die Festigkeit und Möblierung meiner ganz persönlichen Zeit, meines Raumes war erschüttert. Neues kam hinzu, machte sich breit, das ahnte ich. Etwas, das ich nicht kannte, noch nicht kannte, trat in mein Leben. Vielleicht würde mich dieses gemeinsame Erleben den Bäumen näherbringen. Schwankend trat ich den Weg nach Hause an. Tropfnass und frierend. Aber ich hatte durchgehalten. In der Hoffnung, dass vielleicht in so einer Grenzsituation etwas geschehen könnte, was mir bei meinem Wunsch, den Kontakt zu den Bäumen aufzunehmen, hülfe.

Ein vom Sturm umgeworfener Baum
hat vermutlich viel mehr Äste als Wurzeln.

Herbert

Auch des Nachts besuchte ich die Bäume, da ich vermutete, im Dunklen, in einer anderen Stimmung eher etwas wahrnehmen zu können. Am Baum meiner Wünsche angekommen, schloss ich zusätzlich meine Augen, ließ mich hineintreiben in die Schwärze. Schien der Mond, war mein Unterfangen noch ganz übersichtlich.

Nicht die geringste Vorstellung hatte ich jedoch zuvor, wie dunkel es bei Neumond in einem Wald sein konnte. Die Sterne leuchteten in einer mir nicht bekannten Helligkeit und Schönheit über dem kleinen, sichtbaren, von Fichtenästen nur spärlich zernadelten Ausschnitt des Himmels. Zum Glück kannte ich den Wald mittlerweile sehr genau. Allerdings verschoben sich durch die Dunkelheit scheinbar die Distanzen, so dass ich mich oft an anderen Stellen wähnte, als ich mich tatsächlich befand.

Dass ich mir kein Auge ausgestochen oder die hohen Böschungen hinabgestürzt bin, ist wohl glücklichen Zufällen zu verdanken. Kleinere Blessuren mag ich nicht erwähnen. Die tausendfach schattierte Dunkelheit mit ihren unbekannten, manchmal unheimlichen Stimmen half mir nicht weiter. Nach einigen Wochen war ich so verzweifelt, dass ich meine Bemühungen schon aufgeben wollte. Es war ja offensichtlich, dass das Ganze eine Schnapsidee, ein Fehlschlag war. In meiner Gutgläubigkeit war ich wieder mal voll auf etwas hereingefallen.

Finde eine Stelle in dir, in der es Freude gibt.
Und diese Freude vertreibt deinen Schmerz.

Joseph Campbell

Was war nun mit Herbert? Mich einführen wollte er und ist doch plötzlich, ohne eine Nachricht zu hinterlassen, verschwunden. Hätte er mich doch gelehrt! Vielleicht wäre ich mitgekommen mit ihm. Gemeinsam hätten wir bestimmt viel erreicht. Allein war ich nun zurückgeblieben, irrte wie ein Verrückter im Wald umher, hatte nicht die geringste Ahnung, was nun werden solle.

Manchmal war ich wütend auf Herbert, dann wieder auf mich, oft traurig. Je mehr Zeit verstrich, desto mehr fehlte mir Herbert. Immer wieder hatte ich Vorstellungen, dass er umgekommen sein könnte. Vielleicht von einem Ast erschlagen, von Räubern ermordet.
Dann wieder war ich ziemlich sicher, dass er mich morgen schon anriefe. Er würde ganz ruhig sagen: “Ich bin wieder da.” Und ich würde vor lauter Freude nicht daran denken, dass ich für diesen Fall eingeplant hatte, verärgert zu reagieren.

Ich entzündete ein rotes Kerzlein. Ein weiteres von Herberts Manuskripten weckte mein Interesse:

Erstaunlich, welch alte Busse in manchen Ländern die Straßen unsicher machen. Dass sie überhaupt einsatzfähig sind, zeugt von den außergewöhnlichen Fähigkeiten unbekannter Mechaniker, vom permanenten Eingreifen der Glücksgöttinnen. Die Fahrgäste scheinen dankbar zu sein, dass überhaupt Transportmittel zur Verfügung stehen, benutzen sie klaglos. Besser schlecht gefahren als gut gelaufen! Hundemüde saß ich in so einem früher wohl grünen Vehikel.

Die Fensterscheiben waren zerkratzt, verschmiert, da und dort matt, undurchsichtig. Ausgebleichte Aufkleber verstellten teilweise die Sicht. Da und dort baumelten Plakatfetzen von Veranstaltungen von der Decke, die wohl zur Zeit der Großeltern des Fahrers stattgefunden hatten. Eingerollte braune Blätter, heller Sand und Zigarettenkippen bedeckten den löchrigen Plastikboden. Beim Darübergehen raschelte es ähnlich wie beim herbstlichen Wandern im Laubwald. Kurz war die Dämmerung, sie entschloss sich, das unschöne Interieur barmherzig zu übergrauen. Schwarz würde die Nacht das Werk ihrer lichteren Schwester gnädig zu Ende führen.

Von Ferne vernahm ich das leise Rauschen einer Stadt. Fast ging es unter in den tausendfachen Stimmen der tropischen Nacht. Nur eine Handvoll Fahrgäste waren noch unterwegs, setzten sich schweigend auf die wenig vertrauenerweckenden Bänke. Das kam mir entgegen. So bequem, wie es die zerschlissenen Sitze mit ihren dünnen Stahlrohren, die sich in meinen Rücken drückten, zuließen, richtete ich mich auf die Fahrt ein. Vielleicht gelänge es mir, etwas zu schlafen.

Kurz bevor der Bus abfuhr, stieg eine junge, hochgewachsene Frau ein. Sie trug ein mittelblaues Kleid mit weißem Gürtel, einen kleinen Rucksack hielt sie in der Hand. Gerade hatte sie ihn geöffnet, mit kleinen Münzen eine Fahrkarte erworben. Auf dem Rucksack war das Bild eines lachenden Pandabären aufgebracht. Nachdem sie sich umgesehen hatte, deutete sie ein Lächeln an, kam auf mich zu.

Ausgerechnet neben mich wollte sie sich setzen. Mir kam das ungelegen, ich stand aber auf, bot ihr höflich den gewünschten Fensterplatz an. Wie anders konnte ich denn handeln, der Bus war schließlich für alle Fahrgäste da. Gleich nachdem sie sich gesetzt hatte, ratterte das Vehikel los. An Schlaf war nun nicht mehr zu denken. Unbehaglich fühlte ich mich, gestört. Sollte ich mich auf eine der freien Bänke setzen? Das erschiene wohl unhöflich.

Die holprige Straße trug zu meiner Unbequemlichkeit bei. Beißender Dieselgeruch breitete sich aus. Der Tag war heiß gewesen, einige Fenster waren gekippt, um frische Luft hereinzulassen. Im Fahrtwind blähten sich Vorhänge von unbestimmter Farbe wie kleine Segel auf. Erst döste ich vor mich hin, etwas später entschloss ich mich, den vergangenen Tag noch einmal an mir vorüberziehen zu lassen, kam aber davon ab, als ich bei neun Uhr morgens angekommen war. Warum wieder in den Ärger eintauchen?

Nach einigen durchgerüttelten Kilometern fühlte ich eine Art leichten Druck auf meiner rechten Körperseite, der Seite, an welcher die junge Frau saß. Was war das? War es der Fahrtwind? Hatte ich mich getäuscht? Keine Erklärung konnte ich finden. Meine gesammelte Aufmerksamkeit richtete ich auf die betroffene Stelle. Tatsächlich, da berührte mich etwas. Verstohlen lugte ich nach der jungen Frau, um zu sehen, ob mich etwa ein vom Fahrtwind bewegtes Stück Stoff ihrer Kleidung oder ihre Tasche berührte. Da während der Fahrt die Beleuchtung ausgeschaltet war, musste ich abwarten, bis mir eine vergessene Straßenlaterne für einen Moment genügend Licht verschaffte. Nun sah ich es deutlich: weder berührte mich die Frau noch war ein Halstuch, ein Schleier oder Ähnliches zu sehen, welche mich hätten berühren können. Ihre beiden Hände lagen im

Schoß, ruhten auf dem kleinen Rucksack. Halb war der dümmlich grinsende Pandabär zu sehen.

Unbeteiligt sah die Frau aus dem Fenster. Viel war da nicht zu sehen. Wenige kleine, weiße und bunte Lichter, weit entfernt. Kein Wunder, wir durchfuhren eine dünn besiedelte Region. Der Druck wurde indes zunehmend stärker, war nun auf meiner gesamten rechten Körperseite wahrzunehmen. Mir kam es vor, als würde eine leichte Flüssigkeit, dünner als Wasser, Gas oder eine Art von Energie in mich eindringen. Prüfend fuhr ich mit meiner linken Hand an meiner rechten Körperseite entlang, beginnend unter der Achsel bis hinunter zum Gesäß. Nichts Außergewöhnliches war zu ertasten. Der Druck aber blieb bestehen, verstärkte sich sogar noch. Ab und zu ein war schnell wieder absterbendes Huschen zu hören, wenn der Bus an einem nahe an der Straße stehenden Baum oder einem Telegrafenmasten vorbeifuhr.

Plötzlich kam Bewegung in die Sache. "Energie" hatte sich an meinem Gesäß zu einem Klumpen angesammelt, zog langsam hinauf zu meiner rechten Schulter, sank wieder, leicht vibrierend, nach unten. In Höhe des Herzens kam das Energiefeld zum Stillstand. Waren dies Abstrahlungen der jungen Frau? Nur mit ihr konnte es zu tun haben, sonst war da nichts und niemand. Bald fühlte sich die Erscheinung kalt, dann wieder warm an. Etwa in der Stärke, wie man eine leicht aufgelegte Hand spürt. Eigenartig. Nach einer Weile begann diese Energie zu pulsieren. Nicht im Rhythmus meines Blutes. Nein, viel langsamer, gleichmäßig.

An einer Stelle, etwa in meiner Körpermitte, ergab sich eine Art Durchbruch von etwas Undefinierbarem. Etwas, das ich immer noch nicht genauer als mit dem Begriff Energie, Fluidum vielleicht, bezeichnen konnte, bildete eine Strömung, nun gefühlt wie lauwarmes Wasser. Es wirbelte, kreiste im rechten oberen Drittel meines

Oberkörpers. Derartiges war mir bisher nicht begegnet. Würde das so weitergehen? Wohin führte es? War es gar gefährlich? Ich war unsicher, wie ich reagieren sollte. Meine Bereitschaft, mich mit fremder Energie überfließen zu lassen, hielt sich in Grenzen, mir kam das Wort "erobern" in den Sinn. Widerstand regte sich. Kurz, ich wollte mich keinesfalls erobern lassen, von wem oder was auch immer. In mir hatte niemand außer mir etwas zu suchen. Hier handelte es sich wohl um eine Art feindlicher Übernahme.

Was konnte ich tun? Wenn diese junge Dame die Fähigkeit hatte, mich mit ihrer Energie zu attackieren, sollte ich entsprechend antworten können, mich verteidigen und die Energie der Aggressorin in die Flucht schlagen. Endlich war ich so weit, Widerstand zu leisten – oder das, was ich darunter verstand. Mein Wille und meine Konzentration waren schwach ausgebildet. Das war mir klar.

Ich begann zu experimentieren. Kaum merklich bildete sich etwas wie eine Verdichtung in der Bauchmitte, grenzte sich zögernd von der Umgebung ab. Zunächst fühlte ich sie wie ein kleines rundliches Gebilde, dann meinte ich Außengrenzen, sich auflösend, ausfransend, sich weiter ausdehnend, wahrzunehmen. Allerdings empfand ich meine Energie deutlich schwächer als die der jungen Frau. So gut ich konnte, schob ich gegen den Eindringling an. Dieser wusste sich geschickt zu helfen, auszuweichen, meine Mühen zu umgehen. Taktisch gesehen war ich der Sache nicht gewachsen. Hin und her ging es, Boden konnte ich nicht gutmachen. Im Gegenteil, ich fühlte mich mehr und mehr bedrängt.

Zu schöpfen ist die Fähigkeit eines jeden Menschen.

Herbert

Einen Moment hielt ich inne, um zu überlegen, wie ich nun weiter verfahren sollte. War es sinnvoll, doch noch den Sitzplatz zu wechseln oder die junge Frau anzusprechen, um mit ihr die Lage zu klären? Letzteres würde wohl kaum gelingen, da mein Englisch damals unzureichend war. Den Kampf fortzusetzen hatte keinen Sinn. Meine Verteidigung war miserabel.

Während ich noch überlegte, wurde ich gewahr, dass die Energie sich veränderte, zarter wurde, weniger aggressiv. Auch die Stimmung, welche sie vermittelte, änderte sich. Mit einem Mal nahm ich sie nicht mehr als feindlich wahr. Im Gegenteil, sie fühlte sich angenehm und weich an. Vielleicht war sie es schon von Anfang an gewesen. War mir das wegen meines Widerstands nicht aufgefallen? Nun bewegten sich Wirbel auf mein Herz zu, umfassten es leicht in einer zärtlich kreisenden Bewegung. Laut klopfte es, zögerte noch, sich hinzugeben. Wo sich gerade Energie befand, fühlte ich meinen Körper weicher, entspannter. Führte dieser Energiewirbel leichten Lichtschein mit sich, der etwas wie einen vergehenden Schweif hinter sich herzog? Mir kam es so vor.

Das war der Augenblick, in welchem sich vor meinem inneren Auge ein Bild aufspannte. Blätter üppig wachsender, sattgrüner tropischer Pflanzen schoben sich vor mein inneres Auge, zogen vorüber. Tanzend, sich öffnend wuchsen sie hin zum oberen Bildrand. Neue Blätter schoben in Windeseile von unten nach. Einen Augenblick lang blieb das Bild unbewegt stehen, vielleicht deshalb, um es besser betrachten zu können. Sogleich mündete es wieder in tanzende Bewegungen. Zögernd erst öffnete sich eine hellgelbe, lilienartige Blüte, drängte forsch einige Blätter zur Seite, breitete sich strahlend aus, wuchs zu enormer Größe an. Mir war, als setzte sie an, mich zu verschlingen.

War das etwa eine fleischfressende Pflanze? Schwersüßer, verführerischer Duft breitete sich aus. Moschus? Da war kein Halten mehr. Fein und lang atmete ich aus, um auf der schiefen Ebene meines

Atems in die Tiefe der Blüte zu gleiten. Duftete etwa die junge Frau neben mir so anregend, oder war es doch die gelbe Blüte? Zuvor war mir der Duft nicht aufgefallen. Zarteste Berührungen an meinem Herzen und der verführerische Duft, der sich auf wunderbare Weise mit den weit ausgestreckten Fühlern meiner Sehnsucht traf, zogen mich in den Bann.

War da eine Gefahr? Seltsamerweise kümmerte mich das nicht mehr. Schon hatte ich mich ergeben, meine dürstenden Organe streckten sich dem Glück entgegen. Sollte die gelbe Blüte mich doch verschlingen. Von meinem Brustraum aus strahlte der Energiewirbel indessen in Arme, Beine, in meinen Kopf. So gut ich es vermochte, wirbelte ich mit, bestrebt, mich aufzulösen, hinein in das vermutet Größere. Ein leichtes Stechen blitzte von der Schädeldecke hell den Rücken hinunter. Da wanderte etwas auf schmalem Grat zwischen Schmerz und Ekstase, bot mir die Freiheit des Wählens. Narren, welche den Schmerz wählen!

Unwillkürlich rutschte ich etwas auf meinem Sitz nach unten, um meine Haltung sogleich wieder zu korrigieren. Eine leichte Lähmung überkam mich, nicht unangenehm. Keinesfalls. Leuchtend gelb füllte die Blüte mein Gesichtsfeld aus. Da war Leuchten, nur Leuchten. Leiseste Klänge woben sich in das monotone Motorengeräusch ein. War das der Rhythmus meines Herzens, gemeinsam mit dem Rauschen des Blutes? Zarte Töne überschwemmten, transparent wie Wellen an flachem Sandstrand, die Riesenblüte, verschlangen das Gelb, es fiel in sich zusammen, implodierte, bis es sich auf einen winzigen gelben Punkt, ähnlich einem Stern, zusammenzog.
Mein anfänglicher Widerstand war längst gebrochen, nun konnte, wollte ich mich nicht mehr wehren, beabsichtigte stattdessen, in diesen wundersamen Augenblick einzutauchen, so tief es mir möglich war, zuzulassen, was geschah, mitzugestalten, soweit dies mein Unvermögen zuließ. Vor allem aber zu genießen. Mein Körper

mochte sich nicht bewegen, schwerer wurde er, sank mehr und mehr in die Sitzbank hinein.

Fort ging es so, eine zeitlose Weile. Lust verführte mich, dem Geschehen mit neuer Intention etwas hinzuzufügen. Die verteilte Energie zog ich zu einem kugelähnlichen Gebilde zusammen, jonglierte es, als es sich anwärmte, mit zunehmender Freude auf die junge Frau zu. Aus verdichtetem Nichts gewachsene Sphärenhände, Finger, zart wie sie an keiner Menschenhand je sein könnten, berührten indes innerlich, heiß meinen Körper. Es war ein behutsam-zärtliches Abtasten, ein sich Anschmiegen, gefolgt von schüchternem Rückzug und wieder sensiblem Vordringen.
Körperteile, nein, was für ein grobes Wort. Es waren bislang nicht wahrgenommene duftige Organe, nie auch nur geahnt, eher ätherisch als von Fleisch deuteten sie sich an. Sie offenbarten sich durch kleine Lichtexplosionen, Freudenblitzen gleich, welche in alle Körperregionen strahlten. Von weit her hörte ich ein langgezogenes "Aaaaahhhhh". Wer war das? Schon wieder das Aaaaahhhhh. Aus meinem Mund kam es und ich schämte mich seiner nicht. All das spielte sich in mir ab, in einer unbekannten, nie erlebten Glückseligkeit. So ging das fort und fort. Wieder wollte ich meine Energie – oder war das meine Essenz, das, was ich tatsächlich war, mein Allerinnerstes – auf die junge Frau richten.

Da, plötzlich kam der Bus ruckartig zum Stehen. Ich erschrak. Unerwartet schnell waren wir am Ziel angekommen. Vorsichtig öffnete ich die Augen. Das Glücksgefühl blieb. Gerne wäre ich noch weitergefahren, hätte mich tiefer verloren in mir selbst – mit ihr und in ihr. Die Türen öffneten sich unter lautem Druckluftgezische. Kaum hatten die Busfunzeln der Kraft der Nacht etwas entgegenzusetzen. Mein Gepäck sammelte ich benommen ein, wortlos verließen wir den Bus, der gleich darauf klappernd im Unbekannten verschwand.

Dunkel war es, kaum dass wir uns sehen konnten. Wir blieben stehen, bis sich unsere Augen etwas an die Dunkelheit gewöhnt hatten. Die wenigen anderen Fahrgäste waren irgendwohin verschwunden. Unschlüssig war ich, was nun geschehen sollte. Einfach in mein Zimmer gehen? Nein, meine Sehnsucht nach einer Fortsetzung des Erlebten war zu groß. Eine mir unbekannte, in sich ruhende Stille, die von den Nachtgeräuschen nicht berührt wurde, breitete sich aus, nahm Besitz von mir. Bewegungslos stand ich da, weit und energiegeladen war mein Körper.

Ehe ich mich zu etwas entschließen konnte, nahm mich die junge Frau wortlos an der Hand, langsam gingen wir die wenigen Schritte zum umzäunten Park, der zu dem von mir gebuchten Hotel gehörte. Nahe am Swimmingpool fanden wir auf einem der Liegestühle eine Decke, breiteten sie auf dem Rasen aus, ließen uns darauf nieder. Da waren nur noch die warme südliche Nacht, das leise Plätschern des Pools, das Schlagen unserer Herzen. Manchmal durchmischt mit exotischen Vogelstimmen und fremdländischen Lauten, die wohl vom Hotel herüberwehten. Über uns der lebendige, ewige Sternenhimmel. Kühl und klar standen die Sterne über uns, fast zum Greifen nah. Sirius und Canopus grüßten herunter.

Zusammenballungen von unzähligen Sternen ergaben zart getönte Farbareale. Die Milchstraße verdiente hier weiß Gott ihren Namen. Sternschnuppen überquerten den Himmel und erloschen. Leise murmelte ich einen Wunsch vor mich hin.

Das Gefühl für die Zeit war mir abhandengekommen. Wohin hatte sie sich zurückgezogen? War sie stehen geblieben? Die Augen hatten sich an die Dunkelheit gewöhnt, das Firmament gab mehr und mehr Sterne preis, die helleren schienen sich auszudehnen, zu vergrößern, bisher unsichtbare kleinere durchbohrten erfolgreich die Decke der Finsternis.

Nichts ist dem Geist erreichbarer als das Unendliche.

Novalis

Drehte sich das Firmament über uns? Langsam im oder gegen den Uhrzeigersinn? Uhrzeigersinn? Was ist das denn? Ich blinzelte. Konnte das sein, ja, das Firmament drehte sich, langsam zwar, aber immerhin in einer Geschwindigkeit, die selbst meinem ungeübten Auge auffiel. Das konnte nicht sein. Ich war doch nüchtern! Knapp über dem Horizont stand ein Sternbild, das ich beobachtete. Bewegte es sich an dem unweit stehenden hohen Baum mit den schwarzen Ästen entlang? Tatsächlich. Wie war das möglich? Seine Geschwindigkeit nahm zu, wobei dies am auffälligsten in den äußeren, erdnahen Bereichen zu erkennen war.

Die Sterne in den Randbereichen streckten sich, wurden oval, dehnten sich zu länglichen Leuchtgebilden, wuchsen parallel zur Erde zu kurzen, später zu längeren, leicht gebogenen Strichen. Das Sternbild Großer Hund geriet völlig aus den Fugen. Immer länger wurden diese Strichleinsterne. Selbst die weiter innen stehenden, welche näher an dem genau über mir befindlichen Zentrum der Kreisbewegung strahlten, folgten dem Vorbild ihrer Schwestern, verformten sich nun ebenfalls leicht. Im Zentrum des Firmaments, vergleichbar mit dem Auge eines Hurrikans, war noch Ruhe.

Da, es bildete sich etwas heraus, spitzte sich mir konisch entgegen. Die Spitze drängte sich in meine Richtung, wuchs mit enormer Geschwindigkeit aus sich heraus, schraubte sich nach unten in Richtung Erde. Entfernungen in Lichtjahren spielten keine Rolle mehr. Das Gebilde war einer trichterförmigen Windhose nicht unähnlich. Die spiralig sich mitdrehende Milchstraße und haufenweise unschuldige Sterne wurden aus ihrer Verankerung gerissen, verloren ihren Halt, kamen ins Trudeln, wirbelten durcheinander, taumelten direkt auf uns zu. Sie stießen dabei aneinander, zerbarsten mit ungeheurem

Weltraumgetöse zu gewaltigem Chaos, lösten sich in glühende Brocken und zu einem Feuerwerk von auseinander sprühenden Sternen und Sternschnuppen auf.

Das gesamte Himmelsgewölbe bis hin zu seinen äußersten erdnahen Rändern befand sich nun in Aufruhr, in einer ständig schneller werdenden Drehung mit unzähligen Sternstrichen, die sich aufgrund der zunehmenden Geschwindigkeit bald auf ein Viertel, dann auf ein Drittel, schließlich auf die Hälfte des schwarzen Horizonts verlängerten. Die göttliche Ordnung der Sterne, welche Millionen von Jahren gehalten hatte, geriet ins Chaos, war Geschichte. Kein Halten gab es mehr.

Ich rieb mir die Augen. Was geschah da gerade? Stürzte der Himmel ein? War dies der Weltuntergang? Die konische Spitze der Erscheinung, an welcher ich einen von Rot ins Weiß gehenden Wirbel erkannte, senkte sich weiter, nein, stürzte herunter. Direkt raste sie auf mich zu. Heiß durchfuhr es mich. Würde sie mich treffen, genau mich? Durchbohren würde sie mich, aufspießen, in tausend Stücke reißen!

Ein Impuls drängte: "Renn weg! Weg! Schnell!" Wegrennen wollte ich, allerdings reichte die Zeit nicht mehr, wegdrehen ginge vielleicht noch. Nein, auch das nicht. Zu spät, alles ging zu schnell, aaaah, aaaah, heiß berührte die Spitze blitzschnell meinen Bauchnabel, drehte sich in mich hinein, in mir weiter, durchfuhr mich.

Das Unendliche ist weit, vor allem gegen Ende.

Alphonse Allais

Lichtblitze durchfurchten hitzig meinen zuckenden Körper. Das Sonnengeflecht zog sich panisch zusammen, verkrampfte, mein Herz klopfte wild, das Geschlecht brannte. 'Bohrt sich diese ungeheure

Spitze bis zur Mitte der Erde?', durchschoss mich ein Gedanke. 'Vielleicht auf der gegenüberliegenden Seite wieder hinaus? Reißt es die Erde entzwei?' Ein heftiges Beben durchlief vom Nabel aus meinen Körper, schüttelte mich. Empor wurde ich geworfen, fiel hinunter auf die Decke, ins Gras. Mein armer Kopf fürchtete, das Bewusstsein zu verlieren. Laut schrie ich auf vor Schreck, rang nach Atem. Schlacken und Unreines lösten sich in meinem Körper, wurden wie Granulat hinausgespuckt, hinausgeschleudert in die Weite. So empfand ich es.

Panische Angst hatte ich um mein Leben. Das Drehen setzte sich unbarmherzig fort, riss mich in seine Mitte hinein. Zweifel kamen. Hatte sich das Himmelsgewölbe mitsamt den Sternen von oben in meinen Nabel hineingebohrt, konnte das sein? Oder war es genau umgekehrt? Wurde dieser Sternentrichter etwa aus meinem Nabel heraus geboren? Nichts wusste ich. Das waren Gedanken, die mir allerdings später, viel später einfielen.

Die junge Frau hatte ich bei dem Geschehen galaktischen Ausmaßes vergessen. War sie heil? Nun spürte ich ihre warme, weiche Hand unter meinem dünnen Hemd, direkt auf meinem Nabel. Eine Überraschung war das keine, ganz selbstverständlich nahm ich es an. War die Hand schon länger dort gewesen? Fiel es mir erst jetzt auf?

Das wirre Treiben nahm ein jähes Ende, der Himmel war wieder ruhig und klar. Sternenwolken hatten sich inzwischen in mich eingenistet, nährten hungrige Körperzellen. Genau das war es, was ich wahrnahm. Aus der Hand der jungen Frau ergoss sich ein stetiger, weicher Strom, floss in mich hinein. So gut ich das vermochte, legte ich mich in ihre Hand, dehnte mich in sie hinein, ganz hinein, war erstaunt über die Weite, die mich ergriff und öffnete, mich barg. Der Strom aus ihrer Hand breitete sich aus in meinem Bauch, floss in die Brust, in die Arme, die Beine und den Kopf. Aufgeblasen fühlte ich mich.

Eine kaum wahrnehmbare Vibration ging von der Hand der jungen Frau aus, nahm meine gesamte Aufmerksamkeit in Anspruch, vibrierte in mich hinein, setzte sich sachte in mir fort. Wie lange lag ich so da? Wie Ewigkeiten kam es mir vor. Die Nacht war so schwarz wie zuvor. Die Spannungen in mir, die gerade noch gefühlte Angst, das Missbehagen hatten sich unter ihrer Hand erst vermindert, hatten sich in Licht verwandelt. Leicht bewegte sie die Hand, kaum merklich, sie versetzte sie nicht, veränderte aber auf unterschiedliche Weise den Druck ihrer Finger und des Handballens. Ganz ruhig, langsam und stetig.

Nicht nur ihre physische Hand spürte ich zärtlich auf mir, überdies nahm ich eine mich einhüllende, liebende Kraft wahr, welche die verbliebene restliche Spannung wegwischte. Die Fähigkeit, diese Art von Berührung zu analysieren, oder wenigstens zu bemerken, was genau die junge Frau machte, war mir nicht gegeben. Schauernd vor Glückseligkeit gab ich mich vorbehaltlos hin, verlor mich in ihnen, vergaß du und ich, mein und dein.

Die Wirklichkeit ist nur ein Teil des Möglichen.

Friedrich Dürrematt

Unglaublich. Wunderbar. Lange saß ich da, versuchte, mich in Herberts Erleben einzuschwingen. Doch sah ich weder den südlichen Sternenhimmel noch die leuchtend gelbe Blüte. Trotzdem quoll mein Herz über. Vor Freude. Aus Freude für den Freund, der so etwas erleben durfte. Auch aus Freude darüber, dass so ein Erleben möglich war und es mir vielleicht in Kürze in ähnlicher Form bevorstand. Herbert hatte darüber nie gesprochen, auch keine Andeutung gemacht. Das Beschriebene trug sich wohl auf seiner Reise nach Peru zu. Herbert schien mir verändert, als er zurückgekommen war. So als hätte er sich verliebt oder durch gewisse, mir unbekannte Umstände seine Weltsicht verändert.

Nun war ein Glas Primitivo angesagt. Die schon geöffnete, weiß etikettierte Flasche wartete bereits einladend auf mich. Herbert hat mir wenig über diese Zeit erzählt. Aber doch so viel, dass ich mir von manchem eine Vorstellung machen konnte. Zum Beispiel war da Don Eduardo Calderon, ein Schamane, genannt *Der Herr der vier Winde*. Herbert war mehrere Wochen mit ihm und einer kleinen Gruppe mutiger Menschen unterwegs gewesen. Die letzte Woche verbrachte er allein mit der Familie von Don Eduardo in seinem aus handgeformten, ungebrannten Lehmziegeln erbauten Haus, dabei war ein spanisch sprechendes Gruppenmitglied, eine junge Dame.

Herbert erzählte, wie Don Eduardo in einem größeren Ritual die Mesa, eine Art Altar, aufbaute. Zuerst legte er ein reich besticktes helles Tuch auf den Boden und stellte sorgsam verschiedene Objekte darauf. Da waren allerlei Figuren, Messer, zum Teil gefüllte Flaschen, Pflanzen, Steine und anderes mehr. Schwerter rammte er in den Boden, fing an, die Objekte zu verschieben und umzustellen. Manches nahm er von der Mesa weg, legte es an die Seite, anderes stellte er stattdessen darauf. So als ob er die Objekte in ein bestimmtes Verhältnis untereinander, in ein Gleichgewicht bringen oder für eine bestimmte Aufgabe vorbereiten wollte. Dann blickte er lange auf die Mesa, verschob noch einige Objekte. Dazu redete er, sang bisweilen, murmelte vor sich hin. Begleitet wurde er von Trommeln, die von Zeit zu Zeit ihren Rhythmus wie auf ein geheimes Kommando hin veränderten. In alle vier Himmelsrichtungen sah er, kniff die Augen zusammen, schien zu überlegen, hinauszuspüren, drehte sich wieder in eine andere Richtung, deutete irgendwohin, rief unbekannte Namen.

Mehrmals nahm er Schlucke aus einer Flasche von braunem Glas, welche nach seinen Angaben mit Kräuterauszügen und Parfüm gefüllt war, sprühte die Mischung heftig blasend und prustend in alle vier Himmelsrichtungen. Ein seltsamer, schwerer Duft erfüllte die Luft. Herbert hat mir die Sache mit der Mesa öfter erzählt. An dieser Stelle machte er jedes Mal eine Pause, schloss die Augen und saß einige Minuten reglos da. So als ob er dem Duft nachspüren wollte. Dabei habe ich ihn nie gestört.

Später fuhr er fort und berichtete von einem kranken männlichen Mitglied der Gruppe. Der etwa fünfzigjährige Mann hatte sich gerade hinzustellen. Nach einigen Ritualen, die Herbert nicht näher beschrieb, nahm Don Eduardo Calderon ein quiekendes Meerschweinchen aus einer Tasche, fuhr murmelnd mit ihm an Kopf, Armen, Brust, Bauch und an den Beinen des Mannes entlang. Ehe man sich versah, riss er zum Schrecken der Umstehenden dem Tierchen mit bloßen Händen den Bauch auf. Darin waren die offen liegenden Organe zu erkennen, das schlagende Herz. Don Eduardo besah sich eine Weile die sich immer noch bewegenden Innereien, warf das Meerschweinchen einem Trommler zu und gab seine Diagnose ab. Wie Herbert später erfuhr, stimmte sie exakt mit der Diagnose des Arztes in Deutschland überein.

Senden Sie zärtlich Liebe und Segen zu Ihrem Baum,
Sie werden spüren, wie etwas zurückkommt.
Es geht darum, sich gleichzeitig hinzugeben
und zu empfangen.

Herbert

Am Tag darauf ging ich voller Hoffnung in den Wald. Nebelschwaden zogen an den Stämmen entlang, erweckten auch noch die schläfrigsten Geheimnisse des Waldes. Deckten sie wieder zu, ließen da und dort verschwimmende Lücken frei, um Kunde zu tun. Kundig zu werden, ja, das war mein großer Wunsch. Noch war ich weit davon entfernt. Mancher Nebeltropfen setzte sich an rauer Rinde ab, floss mit Gleichgesinnten erdwärts. Schwarz und nass glänzten die Baumstämme. Die Blätter waren um einige Nuancen dunkler als sonst, schimmerten feucht. Seiner nassen Last entledigte sich das Gras, indem es sich in weitem Bogen nach unten neigte. Nachdem die Wassertropfen ihren Weg geflossen waren, schnellte es wieder hoch. Meine Schuhe waren durchnässt.

Im Abstand von etwa drei Metern stellte ich mich vor einen meiner ausgewählten Bäume, die Fichte. Nach dem Begrüßungsritual versuchte ich, mich in Richtung Baum leicht zu machen und Sehnsucht aufzubauen. Das war schon etwas schwieriger als zu Hause, da äußere Einflüsse, namentlich ein kühler Wind, die feinen Energien der Bäume überlagerten. Jedenfalls meinte ich, ein leichtes Ziehen in meiner Brust zu spüren. Bei weiterem Hineinfühlen verschwand es jedoch wieder.

Die biblischen Juden haben sich immer wieder abgesondert, insbesondere wenn bei ihnen Zweifel oder Probleme auftauchten. In die Wüste haben sie sich zurückgezogen, um zu sich selbst zu finden, sich innerlich zu reinigen und zu stärken. Allen voran die Pharisäer, was grob übersetzt “die Abgesonderten” heißt. Das kam mir in den Sinn, als mir bewusst wurde, dass ich in den letzten Monaten sehr zurückgezogen gelebt hatte. Mir dämmerte, dass ich, abgesehen von oberflächlichen Begegnungen geschäftlicher Art, kaum noch Kontakt zu anderen Menschen hatte. Das konnte auf Dauer nicht gut sein. So nahm ich mir vor, wieder etwas in das übliche Leben einzutauchen. Vielleicht machte ich ja eine weiterführende Bekanntschaft.

Da ich gerne Musik höre, suchte ich an den Abenden ein Musikcafé auf. Dort konnte ich Laienpianisten beim Spielen zuhören und das Publikum beobachten. Meine Hoffnung war, dass ich etwas mehr über die Klänge, die Töne herausfinden würde, ganz im Sinne von Herbert. Vielleicht würde ich spüren, wie sich Worte der Gäste verdichten, sich zu Klanggebilden herausbilden und so neu geboren würden. Mindestens aber konnte ich meine Beobachtung schärfen. Wäre es gar möglich, die ohne Zweifel damit zusammenhängende Kraft zu schöpfen zu entdecken? So gerne hätte ich mehr dazu wahrgenommen.

Sprich, damit ich dich sehe.

Sokrates

Neben der Eingangstür des Cafés hängt ein Schild aus klarem Glas mit folgender, teils abgeblätterter, altertümlicher Aufschrift:

Kaffeesiederei mit Wein- und Bierausschank
Speisenabgaben, Zuckerbäckerei, Beherbergung.

Konzertcafé

Der Gastraum ist so eingerichtet, wie er es schon vor einhundertzwanzig Jahren gewesen sein mochte, als das Haus erbaut worden war. Selbst bei hellem Tageslicht fühlte ich in mir den Impuls, das Licht einzuschalten. Offenbar hatten sich die unzähligen Dunkelheiten der vergangenen Jahrzehnte nicht vollständig zurückgezogen und klammerten sich an die wenigen ergrauten Vorhänge und die spärlich bestückten Lüster. Man sagt, der Wirt habe nie geheiratet. Freundinnen hätten sich bei ihm nie länger als einige Wochen gehalten. An der langen Bar sitzt er für gewöhnlich und starrt in seinen Computer. Dabei trinkt er weißen Wein von einer Sorte, die es laut Aussage eines Kellners auf seiner Speisekarte nicht gibt. Seine grauen Haare trägt er in Form eines Pferdeschwanzes.

Augenfällig fehlt eine ordnende Frauenhand, wohin man auch blickt. Altertümliche Holzstühle, welche munter den Gastraum bevölkern, scheinen von verschiedenen Flohmärkten erworben zu sein, sie sind unterschiedlich in Größe, Farbe und Stil. Meist sind sie durchaus zierlich, aber auch wackelig und durchgesessen, so dass es vor der Benutzung selbstverständlich geworden ist, den Stuhl erst auf seine Tragfähigkeit hin zu prüfen. Selbst die besseren quietschen jämmerlich bei jeder auch noch so kleinen Bewegung.

Der Boden, belegt mit Holzbrettern verschiedener Breite, die wohl auch aus verschiedenen Holzarten bestehen, gibt da und dort nach. Die Idee, dass er aus verschiedenen Holzarten bestehen könnte, kam mir beim Betrachten der Maserung, unterstützt durch die Tatsache, dass sich die Holzoberfläche über die Jahre nicht einheitlich abgenutzt hatte.
Das tut der Beliebtheit des Cafés jedoch keinen Abbruch.

Der Eingang, eine Tür von unbestimmbarer dunkler Farbe, eine Doppelschwingtür mit an den Rändern der Glasfüllungen eingeschliffenen Blumenornamenten, knarrt bei der geringsten Bewegung. Erstaunlicherweise blitzen ihre Messinggriffe, vielleicht poliert von den vielen Händen, die sie ständig berühren. Gleich daneben befindet sich ein Bechstein-Flügel, er steht direkt neben dem großen Fenster mit der schon vor einigen Pianistengenerationen vertrockneten Yukkapalme. Mir scheint das der denkbar ungeeignetste Platz für das Instrument zu sein. Seine lackierte Oberfläche ist verkratzt und zerschunden, die schwarze Farbe ahnt man im besten Fall noch.
Meist stehen glänzende Tabletts mit Zuckerspendern, Salz- und Pfefferstreuern sowie Glasbehälter mit Zahnstochern darauf, die gnädig den Schaden verdecken. Bevor ein Pianist mit dem Spielen beginnen kann, räumt er zuerst diese Utensilien auf einen der nahestehenden Tische. Beim Eintreten und Verlassen des Cafés pendelt die Doppelschwingtür mehrfach geräuschvoll hin und her.

Beginnt die kältere Jahreszeit, weht gemeinsam mit einem Schwall Straßenlärm auch ein eiskalter Luftzug herein. Dem Flügel kann das nicht guttun. Die Gäste besuchen einerseits das Café wegen des Musikangebots, andererseits, wie mir auffiel, achten sie nicht auf die Musik. Manche mögen sich vom Spiel gar gestört fühlen.

Neben dem Café befindet sich in eine Bausünde, die psychiatrische Abteilung des Städtischen Krankenhauses.

Nicht auf das, was geistreich, sondern auf das,
was wahr ist, kommt es an.

Albert Schweitzer

Direkt neben dem Flügel parkt ein hochrädriger, mittelgrauer Kinderwagen. Ein übergroßes türkisfarbenes Kissen, übersät mit gelben Punkten, und ein kleiner beiger Kuschelbär liegen darin. Der Kinderwagen steht seltsamerweise immer an dieser Stelle, erläutert ein Kellner. Jemand hat ihn vermutlich vergessen. Zum Glück hat man das Baby mitgenommen. Dort, wo der Flügel sich verschmälert und zu einem geschwungenen Ende kommt, hat eine Vase aus Bleikristall Platz genommen. Ob sie wohl jemals Blumen beherbergt hat? Wegen ihres Gewichts wird sie gerne dazu verwendet, die Noten vor dem Wegfliegen zu bewahren, wenn die Eingangstür geöffnet wird.

Heute kam wohl kein Musiker. In der Gaststube fühle ich mich allein, wollte nicht bleiben. Gedanklich stelle ich mich darauf ein, morgen zum Fluss zu gehen, kann es kaum erwarten. Dort wächst eine alte Weide, welche sich in mehrere starke Stämme verzweigt. Einer davon hat kein Leben mehr. Vielleicht kann ich mit ihr in Kontakt kommen. Ein aufgequollenes Herz mit zwei unleserlichen Initialen wurde vor undenklichen Zeiten in die Rinde geritzt. Mit viel Fantasie konnte ich bei einem Spaziergang vor einiger Zeit ein R und ein T entziffern. Das R könnte genauso gut ein B sein. Was wohl aus den Liebenden wurde?

So schnell es ging, machte ich mich anderntags auf den Weg zur alten Weide. Mir fiel auf, dass es nicht besonders schwierig ist, nach oben zu klettern. Ich versuchte es. In gut drei Metern Höhe konnte ich in einer Astgabel sicher sitzen. Nicht ganz bequem allerdings.

Einige Tage besuchte ich den Baum und saß dort jeweils so lange, bis mir mein linkes Bein einschlief. Dabei versuchte ich, dem Baum innerlich näherzukommen. Ich lauschte den Geräuschen, die der leichte Wind gemeinsam mit den Blättern in die Lüfte schrieb, achtete auf das Plätschern des nahen Baches, beobachtete, wie Bienen und Insekten umherschwirrten und Ameisen in mein Hosenbein krabbelten. Vögel flogen neugierig näher und näher zu mir.

Sehr entspannend war es wegen der engen Astgabel nicht. Nach einigen Minuten schon fühlte ich mich trotzdem fast befreit von meinen Sorgen. Aber auf mein Aha-Erlebnis hatte ich wohl noch zu warten.

Tags darauf war ich wieder im Café gelandet. Bei den Pianisten, die ich in der folgenden Zeit durch ihr Spiel kennenlernen durfte, entdeckte ich unterschiedliche Charaktere. Ein gutes Spiel kann nur derjenige vortragen, der sich öffnet. Der Musik, sich selbst und auch dem Publikum.

Zum Beispiel eine attraktive, dynamisch wirkende Blondine im roten Hosenanzug. Passend, im exakt gleichen Knallrot, trug sie hohe Plateaustöckelschuhe. Die schon erwähnten kalten Luftzüge neben der Eingangstür waren wohl nicht günstig für ihre viel zu weit geöffnete schneeweiße Bluse. Sie stellte sich als Fortissimo-Spezialistin heraus. Dies war nicht nur zu hören: Man konnte es an ihren kräftigen Bewegungen gut beobachten. Der arme Flügel. Die mir unbekannten Stücke waren wohl extra für sie und ihren Spielstil geschrieben worden. Nichts davon ist mir in Erinnerung geblieben.

Man müsste die Geistesblitze aus den Irrenhäusern sammeln, man fände viele.

Charles de Montesquieu

Einige junge Herren, die sie im Schlepptau mit sich gebracht hatte, bevölkerten zwei große Tische direkt neben dem Flügel. Alle tranken dunkles Bier aus Literkrügen. Fast alle trugen dunkle

Anzüge und Krawatte, eine Ausnahme in diesem Café. Ziemlich unpassend eigentlich. Hierher kam man locker gekleidet, gerade so, wie man Lust hatte.

Auffallend war, dass alle Schweinebraten mit Kartoffelknödeln bestellten. Dies war wohl auf eine Empfehlung der rot gewandeten Blondine zurückzuführen.

Um Höhepunkte in den Stücken anzudeuten und wohl auch um mehr Kraft für ihr Fortissimo zu generieren, stand die blonde Dame während des Spiels mehrfach vom Klavierhocker auf. Dabei blickte sie, Salven von erschreckten Tönen erzeugend, mit blitzenden Augen jeweils siegessicher zu ihren Fans hinüber. Diese nahmen das als Aufforderung, während des Stückes zu klatschen. Andere Gäste fühlten sich sichtbar gestört. Wie lange es wohl dauern würde, bis die ersten Beschwerden eingingen? Es roch nach Dunkelbier und Achselschweiß.

Überhaupt schienen mir diese Fans wenig Konzerterfahrung zu haben. Nach jedem Stück brachen sie in frenetisches Klatschen, Pfeifen, Trampeln und Jubeln aus. Einige klopften mit den Fäusten auf die Tische, was dazu führte, dass die Bierkrüge kurze Sprünge unternahmen. Kaum war der letzte Ton eines Stücks angeschlagen, noch nicht ganz verklungen, sprang die rot-weiße Dame hoch und flitzte die wenigen Meter hin zu ihrer Fangemeinde. Großes Gejohle und Hurras, Umarmungen, Abknutschen, Küsschen hier und da, Schulterklopfen auch unter den Herren.

Dann eilte sie geschwind wieder zurück zum Flügel, weiter ging es in Fortissimo. "Mona, Mona, Mona!", rief der kahlköpfige Einpeitscher und alle schrien aus Leibeskräften, ohne den Takt zu beachten, mit. Immer kürzer wurden die Stücke. Der Eindruck, dass sie von Mona bewusst gekürzt wurden, kam auf. Nach wenigen weiteren Kurzstücken setzte sich Mona endgültig zu ihren Verehrern. Sie genossen einen heiteren Abend in Fortissimo.

Die Wirklichkeit sieht anders aus als die Realität.

Helmut Kohl

Zurück zu Hause. Ein kleiner Zettel aus Herberts Karton gab mir einen weiteren Hinweis bezüglich des Segnens. Man solle sich vor einem Baum aufstellen, die Arme gestreckt über den Kopf ausbreiten, die Handflächen möglichst waagerecht nach oben gerichtet. So solle man einige Minuten stehen bleiben. Nachdem man fühle, dass sich die Handschalen gefüllt hätten, richte man die Hände in Richtung des Baums. Dabei könne man sich vorstellen, in Richtung Baum leicht zu werden, und die Aktion mit Liebe sowie mit der Bitte um Annahme durch den Baum unterlegen.

Die Haltung soll etwa so sein, wie sie bei katholischen Priestern bei der Messfeier zu beobachten ist. Als eine Vorübung dazu soll man sich einige Tage zuvor auf den Mittelpunkt seiner Brust konzentrieren und immer ein klein wenig seiner Aufmerksamkeit dort parken.

Herbert ergänzte noch, dass diese Übung noch nicht der reiche Segen sei, sie sei aber ein guter Anfang und führe dazu. Das übte ich einige Tage und stellte fest: So viel Aufmerksamkeit ist mein Herz nicht gewöhnt.
Es schmerzt schon von der ständigen Konzentration. Wiederholt vergesse ich mein eigentliches Ziel und schweife ab. Oft mehrere Stunden lang. Manchmal spüre ich Wärme, ein Ziehen, eine herbe Sehnsucht.

Endlich, endlich möchte ich die Bäume spüren, mit ihnen reden, eintauchen und geführt werden in ihre Welt. Da hilft nur eines: wieder raus in den Wald. Gehen, gehen, gehen, dann segnen, sich an einen Baum lehnen und hoffen, dass etwas geschieht. Derzeit sitze ich sozusagen zwischen allen Bäumen. Aber ich habe wieder Hoffnung, die mich weitertreibt. Vielleicht hilft der Segen! Die alte Weide an der Weggabelung war der erste Baum, an welchem ich das Segnen erprobte.

Nach einiger Zeit unbewegten Stehens vor dem Baum kam es mir vor, als ob er mich anziehen würde. Tatsächlich beugte ich mich unfreiwillig etwas in seine Richtung und zwang mich dann wieder zurück in die Gerade. Wieder wurde ich angezogen, wieder stellte ich mich gerade hin. So ergab sich, da die Anziehung ständig zunahm, ein Hin- und Herschwanken. Dabei fühlte ich in mir eine Art Ausdehnung, gepaart mit übergroßer Freude. Inzwischen schmerzten meine Arme vom Hochhalten, ich nahm sie nach unten.

Die Weide lud mich zum Anlehnen ein. Leider teilen sich die mächtigen Äste erst in etwa drei Metern Höhe, so dass ich keine Möglichkeit hatte, auf sie zu klettern. Vor mich hinträumend vergaß ich die Zeit, kam in einen Zustand ähnlich dem zwischen Wachen und Schlafen.

Eine Schwalbe erregte meine schwache Aufmerksamkeit, sie schien in eine weiße Wolke fliegen zu wollen. Hatten sich Mücken darin versteckt? Unweit von ihr kreiste frei und ruhig ein Habicht. Bienen flogen, in der Ferne versummend, eifrig ihren Aufgaben nach. Leise raschelten die Blätter. Das Rauschen des Blutes in meinen Ohren nahm ich plötzlich wahr. Es nahm an Intensität und Lautstärke zu. Dann, vollkommen überraschend, spürte ich einen kühlen Hauch, ein leichtes Ziehen in meinem Rücken. Vielleicht eine Art Zustrom von irgendetwas.

Sicher war ich nicht. Hatte ich mich getäuscht? Sofort war ich hellwach.

Jeder Beginn einer Idee entspringt einer unmerklichen Verletzung des Geistes.

Émile Michel Cioran

Am Abend war ich wieder im Café vor einem gut eingeschenkten Bier. Heute saß ein Herr in seinen Fünfzigern mit spitzer Nase und gekrümmtem Rücken am Flügel. Zur Nase passend trug er spitze Schuhe, ein braun kariertes Hemd, eine ausgebeulte schwarze Hose. Offenbar hatte er den Klavierhocker zu weit nach oben geschraubt, so dass er sich weit nach vorn beugen musste. Die Biegung seines Rückens näherte sich der Waagerechten. Wie schaffte er es, in dieser Haltung zu spielen? Die Nase bewegte sich gefährlich nahe über den Klaviertasten hin und her, her und hin, immer den Bewegungen der rechten Hand folgend. Wollte der Pianist erkunden, ob sich etwas in den Ritzen zwischen den Tasten versteckt hielt? Vielleicht vermutete er darin Ungeziefer, das er, falls er fündig würde, mit seiner Nase aufpicken konnte.

Es roch nach Dieselauspuffgasen und feuchter Ackererde. Der Pianist arbeitete sich an einer schwierigen Beethovensonate ab. Soweit ich das beurteilen darf, technisch fehlerfrei. Etwas zu langsam, was ich verstehen kann. Durch das langsamere Tempo fällt das Spiel leichter. Leider konnte ich Beethoven in seinem Spiel nicht finden. Zusätzlich zu den Links-rechts-Bewegungen bewegte er den Kopf ständig auf und ab. Genau im Rhythmus. Immer schön im Takt. Ein lebendes Metronom. Die arme Wirbelsäule! So entstanden je nach gespielter Lautstärke Wellenbewegungen unterschiedlicher Höhe. Eine unschöne, mich störende Angewohnheit war das. Reiten hat unser Klavierlehrer selig dazu gesagt.

Nahe dem Pianisten stand ein Tisch mit vier Stühlen. Den hatte ein korpulenter, rund- und rotköpfiger Mann in Lodenjacke für sich in Beschlag genommen. Fünf, sechs Stühle hatte er getestet. Dabei hob er jeden Stuhl hoch in die Luft, hielt ihn kritisch über sich, gegen den über ihm hängenden Lüster. Auf diese Weise prüfte er wohl, ob die Sitzfläche stabil oder durchscheinend war. Einige der Glühbirnen waren ausgebrannt. Zahnlücken. Dann zog er mit verzerrter Miene abwechselnd die Stuhlbeine mit Gewalt auseinander. Etwa so, als ob er Übungen mit dem Expander machen wolle. Bei einem der Stühle krachte es bedenklich. Sicherheitshalber merkte ich mir die Stuhlform, um diesen Stuhl bei meinem nächsten Besuch zu meiden. Die seiner Meinung nach nicht geeigneten Stühle stieß der Mann mit einem verächtlichen Stoß krachend auf den Boden, ohne auf das Spiel des Pianisten oder auf irgendjemanden Rücksicht zu nehmen. Endlich hatte er einen Stuhl als stabil erachtet, setzte sich erst vorsichtig, zögernd auf die Sitzfläche, dann hin und her wackelnd, um den Stuhl so einem letzten, grausamen Härtetest zu unterziehen. Bei seiner Leibesfülle tat er allerdings gut daran, den Stuhl genau zu testen. Ratsam wäre es gewesen, sein Gewicht auf zwei Stühle zu verteilen.

Diese Tests spielten sich direkt neben dem Pianisten ab, dieser zuckte bei jedem Krachen zusammen, kam dadurch mit seiner Nase noch näher an die Tasten, ließ sich dadurch aber nicht von seinem Spiel ablenken und ritt, so gut es ging, weiter. Der Rundköpfige war fortan von unauffälligem Verhalten und beschäftigte sich mit seinen Weißbieren. Und zwar nur mit seinen Weißbieren. Das war mir nicht entgangen, saß er doch mit seinem Rücken so nahe am Pianisten, dass er diesen fast berührte, also genau in meiner Blickrichtung.

Ein Bier nach dem anderen bestellte der Gute. Das frische Bier hielt er in seiner rechten, nahm einen kräftigen Schluck, stellte es für einen Augenblick auf den Tisch, ohne seine Hand davon zu lassen. Gleich darauf nahm er den nächsten großen Schluck und so ging das weiter, bis das Glas leer war. Das nächste Bier bestellte er so rechtzeitig, dass keine Lücke aufkommen konnte. Also immer sofort, wenn ein Bier gebracht worden war. Beim Trinken hatte er die Gewohnheit, sich ganz weit nach hinten zu lehnen. So weit, dass sich die beiden vorderen Stuhlbeine ein gutes Stück vom Boden abhoben.

Vermutlich hatte er ein Problem mit seinem Hals und konnte den Kopf nicht so weit nach hinten beugen, wie es zum Leeren des Glases erforderlich gewesen wäre. Das Ächzen des armen Stuhls rührte ihn nicht. Immer wenn er sich zurücklehnte, war zu befürchten, dass er den Pianisten anrempelte, gar auf ihn kippte. Oder dass die Stuhlbeine, wegen der enormen Belastung, brechen würden. Trotz der angespannten Konstellation kamen wir glücklich und ohne größeren Zwischenfall durch die Beethovensonate.

Der Pianist hatte inzwischen einige Gläser Schnaps und ein Bier auf dem Flügel stehen. Fein säuberlich in Reih und Glied. Nachdem er die Schnapsgläser in einer kurzen Pause der Reihe nach flugs geleert hatte, wagte er sich beherzt an Mozarts "Kleine Nachtmusik". Wegen des Dopings hoffte ich auf ein besseres Spiel. Es schien mir zwar, ebenso wie die Beethovensonate, fehlerfrei zu sein, aber Nachtstimmung mochte sich trotz des sehr gemächlichen Vortrags nicht einstellen. Der Stuhl hat den Weißbier-Mann in wunderbarer Weise auch durch die "Kleine Nachtmusik" getragen. Der Pianist wurde nur wenige Male leicht angerempelt. Langsam, sich mit der rechten Hand den Rücken stützend, stand er auf, deutete eine Verbeugung vor dem Publikum an und schlürfte in Richtung Toilette davon.

Du lernst den Baum kennen, wenn du ihn segnest.

Herbert

Tags darauf machte ich mich voller Ungeduld und Erwartung auf den Weg zur Weide. Zuversichtlich, dass es heute weitergehen würde. Meine Vorfreude war riesengroß. Heute käme der Durchbruch. Das fühlte ich. So ganz genau wusste ich jedoch nicht, wie das sein könnte. Alles, was ich an Informationen über die Bäume erfahren hatte, kam von Herbert. Leider war vieles im Dunkeln geblieben. So war ich neugierig und stellte mich auf Überraschungen ein. Beim Gehen betrachtete ich die kleinen gelben Blütchen, die sich im schmalen Grasstreifen zwischen den Traktorspuren unschuldig und vertrauensvoll in den Himmel reckten. Ich bewunderte den weit das Gras überragenden, spitzblättrigen Sauerampfer mit den fleischig wirkenden dunkelgrünen Blättern, die manchmal Flecken aufwiesen, welche fast ohne Übergang vom Sattgrün ins dunkle Braunrot wechselten. Es roch nach frisch gemähter Wiese.

Wie es meine Gewohnheit war, sammelte ich einige Blätter: Giersch, Spitzwegerich, Löwenzahn, Sauerampfer, die ich mit Genuss verspeiste. Nicht ohne mich bei ihnen zu bedanken. Oft nehme ich noch anderes dazu: Pfefferminze, Gänseblümchen, Birkenblätter, Fünffingerkraut, Kamille, die leuchtend grünen Maitriebe der Fichten. Die weiß-rosa Blätter der wilden Rosen schmecken erstaunlicherweise genauso zart und rosig, wie sie duften. Ein Rosentraum.

Später im Jahr folgen dann Beeren der Schlehe, die des schwarzen Holunders und leuchtend rote vom Weißdorn. Und natürlich:

Hagebutten, die so wunderbar heilend sind bei Gelenkproblemen. Nach dem Genuss meiner Lieblinge hatte ich ein Liedchen auf den Lippen, während ich rundum nach Spaziergängern Ausschau hielt. Niemand war zu sehen. Prima. Allerdings näherte sich von Westen in gesamter Himmelsbreite eine bedrohlich wirkende, dunkelgraue Wolkenwand. Doch bis sie hier angelangt sein würde, konnten noch Stunden vergehen.

Endlich, nachdem ich die Biegung des Weges mit seiner nun fast zugewachsenen Fahrspur hinter mir gelassen hatte, erblickte ich meine Weide. Schön stand sie da. Ein Augenschmaus. Meine Schritte beschleunigten sich. Herzlich begrüßte ich sie, erzählte ihr von meiner Freude, segnete sie. Segnete sie noch einmal. Eine geschlagene Stunde stand ich anschließend an die Weide gelehnt, versuchte dies und das. Nichts geschah. Kaum konnte ich es fassen. Meine gute Stimmung schwand von Minute zu Minute dahin. Auch die Ameisen schienen schlecht gelaunt zu sein. Eilig schleppten sie allerlei für sie wohl Nötiges in ihren Bau. Die schwarze Wolke hatte ich ganz vergessen. Erst lautes Rumpeln und Grollen machte mich wieder auf sie aufmerksam. Schon fing es an zu tröpfeln. Die Wolke entschloss sich, mir eine kräftige Dusche zu verabreichen. Tropfnass kam ich zu Hause an.

Über meine Baumerfahrungen nachdenkend entschloss ich mich, mir heute im Café etwas Gutes zu tun.

Jener ist ein guter Mensch, der sich selbst etwas Gutes tut.

Der zweite Ritter

Üblicherweise esse ich preisgünstig zu Hause. Heute bestellte ich ausnahmsweise ordentlich von der Speisekarte. Auch dem Rotwein sprach ich gut zu. Das hob meine Stimmung etwas an.

Während ich aß, stellten zwei junge Männer in dunklen Anzügen und offenen, weißen Hemdkrägen einen klapprigen Stuhl neben den Klavierhocker. Ausgerechnet denjenigen, welchen der dicke Weißbiertrinker fast auseinandergerissen und dann verschmäht hatte. Mit den Risiken, welche auf sie bei der Benutzung der Stühle lauerten, waren sie offenbar nicht vertraut. Wie Zwillinge kamen mir die beiden vor.

Nach einer kurzen Diskussion, vermutlich darüber, wer rechts oder links sitzen sollte, setzten sie sich. Dann schüttelten sie sich die Hände, atmeten einige Male tief durch, räusperten sich so, als ob sie vorhätten zu singen, prüften mit den Augen, ob der jeweils andere die Hände an den Tasten hatte, gaben sich durch Nicken das Zeichen, dass es nunmehr losgehe, und spielten vierhändig ganz manierlich die in die Jahre gekommene "Petersburger Schlittenfahrt". In die Jahreszeit passte das Stück nicht. Es roch nach teurer Seife und Desinfektionsmittel. Von ihrem Spiel schienen sie so begeistert zu sein, dass sie sich während des Vortrags immer wieder anblickten, sich zunickten und anlachten.

Am Ende des Stückes standen sie auf, legten den Arm um die Schulter des jeweils anderen, verbeugten sich unisono, umarmten sich ungebührlich lange und klopften sich dabei gegenseitig ermutigend auf Schultern und Rücken. Die Zufriedenheit mit ihrem Spiel war ihnen anzusehen. Sie mag der Grund dafür gewesen sein, dass sie das Stück gleich drei Mal hintereinander vortrugen. Auch bei den zwei Wiederholungen blickten sie sich immer wieder an, nickten sich zu und lachten. Das war's dann auch. Anschließend nahm der junge Mann, der die Begleitung gespielt hatte, die Hand des anderen und führte ihn in die hinterste, kaum beleuchtete Ecke des Cafés, wo sie einen passenden Tisch für sich fanden.

Am nächsten Tag trieb es mich wieder hinaus in den Wald. Auf die Suche nach dem Wunderbaren. Die Sache mit den Bäumen ließ mir keine Ruhe. Die Bedeutung des Segens beschäftigte mich. Ich konnte seine Wirkung nicht einschätzen. Leichter Wind war zu spüren. Grau kam er mir vor. Etwas heller war er als der fleckenlos grau bemalte Himmel. Voller Hoffnung hatte ich mich an die Weide gelehnt. Allerdings war ich mit gemischten Gefühlen unterwegs. Würde ich heute Deutliches wahrnehmen? Wäre endlich eine klare Kommunikation möglich? Nach dem Segen meinte ich - mit den gleichen mir Hoffnung gebenden Wahrnehmungen wie einige Tage vorher -, die Weide an der Linie, an welcher mein Rücken sie berührte, anders als vorher wahrzunehmen. Irgendwie deutlicher, lebendiger. Meine Fußsohlen drängten sich von unten her in mein Bewusstsein und forderten Aufmerksamkeit. Die Weide strahlte mich an. Kühl. Konzentriert fühlte ich mich in die Berührungslinie hinein. Die Kühle dehnte sich langsam in die Breite, auf meinen gesamten Rücken aus. Plötzlich meldete sich mein Herz. Nein, es war kein Schmerz. Warm fühlte es sich an, lebendig. Mir fiel auf, dass ich lächelte. Meine Fußsohlen wollten auch etwas abhaben. Ich lächelte ihnen zu.

Einen Moment lang öffnete sich die Wolkendecke, die Sonne kam durch. Auf dem Bach tanzten und hüpften fröhlich Tupfen von Licht. Ein großer schwarzer Käfer krabbelte über meine rechte Hand. Bei dem Versuch, ihn durch Schütteln loszuwerden, stellte ich mich so ungeschickt an, dass er in den nahen Bach fiel. Ehe ich noch eine Möglichkeit hatte, ihn herauszufischen, war er schon untergegangen. Schade.

Die Bäume halten Erde und Himmel zusammen.

Der zweite Ritter

Auf diese Weise ging es einige Tage weiter. An einem wiederum grauen Tag nahm ich Spannungen in der Luft wahr. Das machte mich nervös. An der Weide angekommen, ließ mir eine große Fliegenfamilie keine Ruhe und lenkte mich ständig ab. Unbedingt wollten die Fliegen auf meinem Gesicht und auf meinen Händen spazieren. Gutes Zureden half nicht. Meine Geduld kam schnell an ein Ende, es gab noch eine letzte Warnung. Sollten sie mich nicht augenblicklich in Ruhe lassen, würde es Opfer geben. Trotz der lästigen Quälgeister fühlte ich die Weide intensiv. Die kühle Energie wurde von leichtem Kribbeln begleitet. Nach wenigen Minuten nahm ich einen leichten Druck am gesamten Rücken wahr, der immer stärker wurde. Langsam wurde mir das unheimlich. Was war nun zu tun? Sollte ich weiter an den Baum gelehnt bleiben oder lieber weggehen? Eine spezielle Atemübung durchführen? War das gefährlich? Mir wurde heiß. Mein Atem ging schneller und tiefer.

Eine erste Fliege musste ihr Leben lassen. Sie torkelte in den Bach. Die Forellen warteten schon. Der Rest des Fliegenclans war nun gewarnt. Auch von vorne kam Druck auf mich zu. Von beiden Seiten war ich nun bestrahlt. Was war das? Erst jetzt beachtete ich die vor mir stehende nicht allzu große Buche. "Hallo, meine Liebe!" Mein Oberkörper begann sich leicht zu winden. Wie um die immer mehr zunehmenden Energien in die richtigen Bahnen zu leiten. Im Solarplexus sammelte sich einiges an. Das schmerzte. Unwillkürlich fing ich an zu stöhnen, dann in den Solarplexus hinein zu summen. Der Druck wurde indes so stark, dass ich für diesen Tag die Weide verließ. Endlich geschah etwas! Glücklich trabte ich nach Hause.

In der Gegenwart zu leben ist ein Wunder.

Herbert

Immer wieder habe ich im Café die Gelegenheit, Stammgäste zu beobachten. Meist sind sie verwickelt in offenbar schwierige Gespräche. Die Mehrzahl der Gesichter ist ausdrucksvoll in Kümmernis versunken. Längst haben sie vergessen, wo sie sich aufhielten. Manche Gesten zeigen dies deutlich. Zum Beispiel ein unbeherrschtes Gähnen, begleitet vom weitem Aufreißen des Mundes, ohne die Hand vorzuhalten, das Bohren in den Ohren und ... bei diesen Beispielen lasse ich es wohl besser bewenden.
In ihrer Versunkenheit ist ihnen entgangen, dass das Bierglas leer ist und der restliche Schaum darin bereits hart wird.

Wenn jemand nach einem Musikstück klatscht, aber es muss schon ein lautes Klatschen in schnellem Takt sein, am besten noch mit lauten Bravorufen garniert, tauchen die Gäste langsam auf aus ihren verflochtenen Gesprächen, ihren bitteren Diskussionen. Ähnlich Delphinen aus den dunklen Tiefen des Meeres. Über die Gesichter huscht der Anflug eines Verstehens. Überrascht, erstaunt richten sie sich auf, blicken fragend um sich, runzeln die Stirn, wischen sich über die von der Dämmerung geblendeten Augen.

Wundern sie sich über ihr Gegenüber, mit dem sie gerade im Gespräch sind, oder über das Gesprächsthema? Welches Gesprächsthema denn überhaupt? Offenbar ist ihnen nicht klar, wer ihnen gegenübersitzt und wo sie sich derzeit aufhalten.

Was musikalisch vorgetragen wurde, ist ihnen ohnehin entgangen. Nicht einmal gehört haben sie, dass gespielt wurde. Nachdem sie sich umgesehen, die Hände zwei, drei Mal widerwillig und ohne ein Geräusch zu erzeugen aufeinandergelegt haben, nutzen sie die Störung, um ungeduldig ein weiteres Bier zu bestellen. Dann tauchen sie wieder ab.

In der Ecke, zwei Tische hinter dem Flügel, sitzt stets der "alte Karaschinski", ein weißbärtiger älterer Herr. Er zeigt wie immer einen zufriedenen Gesichtsausdruck, liest dabei immer dieselbe Doppelseite der inzwischen zerfledderten Abendzeitung. Von Zeit zu Zeit streicht er über das verwundete Papier, wohl um die durch Biertropfen entstandene Geographie zu glätten. Dabei senkt er seinen Kopf nach rechts, fast bis in Höhe der Tischplatte. Niemals dreht er die Zeitungsseite um, um auch die Rückseite zu lesen. Sie ist schon ziemlich ramponiert, dort, wo sie gefaltet ist, kann man bereits durch sie hindurchsehen.

Von Zeit zu Zeit nickt er bedeutungsvoll oder schüttelt den Kopf. Hin und wieder deutet er auf eine Textstelle, immer dieselbe, nebenbei bemerkt, und murmelt verwundert vor sich hin: "Dass so etwas möglich ist? Früher wäre so etwas nicht gegangen. Meine Gattin würde staunen. 'Du lügst schon wieder', würde sie zu mir sagen." Dann weicht sein zufriedener Gesichtsausdruck ungläubigem Staunen. Er hält einige Augenblicke inne, überblickt prüfend den Gastraum und wendet sich dann seinem Bier zu.

Ohne hinzusehen, mit einer abwehrenden Handbewegung, antwortet sein Nachbar, ein braungrünes Männchen: "Das ist doch jeden Tag das Gleiche. Früher konnte man täglich andere Berichte lesen. Heute wird gespart und: Jeden Tag steht tupfgenau das Gleiche in der Zeitung. Überall wird gespart."

An einem weiteren trüben Tag lehnte ich wieder an dem heute feuchten Stamm der alten Weide. Mit ihr fühlte ich mich inzwischen sehr verbunden. Die Wiesen dufteten frisch um die Wette, verstärkt durch die noch von den Blättern perlenden Regentropfen. Von Zeit zu Zeit öffnete sich die mürrische Wolkendecke ein wenig, strahlend blauer Himmel leuchtete kurz hindurch.

Gerade hatten sich blitzende Sonnenstrahlen auf meinem Gesicht niedergelassen, verirrt vielleicht. In Lichtgeschwindigkeit erforschten sie das mittelgebirgige, von Bartstoppeln in der Art von Bonsaibäumchen bewachsene Terrain. Eine kurze Blendung meiner Augen noch, dann wandten sich die Strahlen mit den gesammelten Informationen der fetten Brennnesselfamilie zu, die gleich neben der Weide ihr Zuhause gefunden hat. Dankbar leuchtete sie in unerhört strahlendem Grün auf. Etwas Wärme hatten die Sonnenstrahlen als Erinnerung auf meinen Wangen zurückgelassen. Ich dachte nach.

Im Feingefühl hat das Herz Geist.

Sully Prudhomme

Die Konzentrationsübung auf mein Herz brachte mich zu der Frage: Wie komme ich zu einem liebenden Herzen? Mit meinen Mitmenschen habe ich etwas gemeinsam. Glücklich möchte ich sein, geliebt werden. Stattdessen fühle ich mich oft hintergangen, von anderen in meiner Mühe missachtet. Das führt zu Enttäuschung, zu Verletzungen sowie zu Reaktionen, welche meine insgesamt unerfreuliche Lage leider nicht verbessern. Beleidigt zu spielen, wegen meiner Schwäche zu intrigieren oder in irgendeiner Form gegen andere vorzugehen, ist für mich der falsche Weg. Kleine Rache wärmte mein Herz allenfalls kurz. Ein schlechtes Gewissen stellte sich unvermeidlich ein, die Distanz zu den anderen vergrößerte sich dabei unnötig.

Die wehrhafte Brennnesselfamilie muss gerade ohne Sonnenstrahlen auskommen. Das Sonntagsleuchtgrün weicht dem Alltagsmattgrün. Nicht so strahlend ist es, aber doch die Voraussetzung für das spätere Leuchten.

Ein Kohlweißling besucht die Brennnesselfamilie und setzt sich auf den jüngsten Spross. Ein wenig leuchtet er, auch wenn die Sonne gerade nicht scheint. Kann es sein, dass ich mich auch so abweisend verhalte wie die Brennnessel, andere sogar brenne? Da blitzt wieder die Sonne durch. Ein strahlend weißer Schmetterlingsflügel belohnt sie mit dem unschuldigsten Weiß der Welt, feinstes Leuchtweiß.

Ich bin dafür und sogar dagegen.

Lech Wałęsa

Eine junge Dame, vermutlich aus China oder Japan, versuchte sich an Beethovens "Waldsteinsonate". Sie stellte sich zwar vor, was in diesem Café unüblich ist, aber wegen der Auseinandersetzung eines Gastes mit einem Kellner bezüglich der Höhe der Rechnung habe ich nichts verstanden. Wer dieses Stück kennt, weiß, wie schwer es zu spielen ist. Und es ist kein kurzes Stück.

Die Dame begann ihr Spiel in einem solch atemberaubenden Tempo, dass mir der Schweiß auf die Stirne trat. Wie sollte die Ärmste dieses Tempo das gesamte Stück über durchhalten? Kaum möglich. Sie schien nervös zu sein, auffallend hübsch, mit anmutigen Bewegungen, etwas Besonderes. Nicht nur mit ihren Händen spielte sie. Sie unterstützte die üblichen Auf- und Ab-, Hin- und Herbewegungen des Kopfes, gepaart mit bedeutender Mimik und ausdrucksvollem Augenrollen, zusätzlich mit ihrem geschmeidigen Körper. Für mich völlig überraschend deutete sie mit den Bewegungen ihres Kopfes mehrfach die waagerecht liegende Lemniskate an. Meine Spannung wuchs. Kein Auge konnte ich von ihr lassen.

Das Schließen der Augen bei entrückter Miene und gleichzeitiger Kopfbewegung in Form einer Lemniskate gehört meines Erachtens zu den stärksten Stilmitteln, welche ein Pianist einsetzen kann. Ohne dass es dem Zuhörer bewusst wird, kommt ein Hauch von Würde, von Ewigkeit gar, in das Spiel hinein. Solche Gesten, die ja während des Spiels sehr schwierig in Szene zu setzen sind, machen den Unterschied aus zwischen einem sehr guten und einem Weltklassepianisten. Wenn für wenige Takte eine Hand frei wird, zeigt sich der wahre Maestro.

Mit großem Interesse, atemlos habe ich oft dem Abheben der Hand von der Tastatur nach einem gelungenen Akkord entgegengefiebert. Schließlich kenne ich bei vielen Stücken die Stellen, welche dies erlauben. Manche Pianisten heben die Hand hoch, ohne sich des Einflusses dieser Bewegung auf sich selbst und auf das Publikum gewahr zu sein, um sodann die nächsten Töne anzuschlagen. Wenn sie wüssten, was sie verschenken! Bei dem Maestro scheint sich die Hand leicht und elegant nach oben zu heben, wie von einer gold-rosa Wolke getragen. Wie ein Vogel ohne Flügelschlag schwebt sie dem Firmament entgegen. Oben, nicht zu weit oben angekommen, verlangsamt sich das Spiel der die Tasten anschlagenden Hand etwas, um diesen wunderbaren Augenblicken einige weitere köstliche hinzuzufügen. Die Finger der freien Hand heben sich, am Zenit der Bewegung angekommen, kaum erkennbar auf würdigste Weise. Bewegungslos verweilen sie dort einen kurzen, aber unvergesslichen Augenblick lang. Fast bleibt die Zeit stehen. Die Fingerspitzen wenden sich nun überraschend etwas weiter, kaum wahrnehmbar nach oben, etwa um auf das Höchste abzuzielen. Dann dreht sich die Hand, öffnet sich leicht, keinesfalls mehr als das, himmelwärts, reiche Fülle von oben entgegennehmend, deutet dann bei dem folgenden Absinken nach unten den Anfang einer allumfassenden Kreisbewegung in Richtung Zuhörer an, was den Eindruck vermittelt, sie seien aufs Wunderbarste in das Spiel mit einbezogen.

Endlich vereinigt sich die Schwebehand nach leichtem Sinkflug wieder aufs Ergötzlichste mit der derweil spielenden Hand auf den Tasten. Unter uns gesagt, ich habe bei solchen Momenten die Musik vergessen, bin voll in die Gestik eingetaucht. Oft wünschte ich mir, dass einer dieser Meister ein Stück ohne Töne spielen würde, bestückt nur mit Gesten. Dann könnte er - wie wunderbar - mit beiden Händen gestikulieren. Musik lenkt von diesen göttlichen Bewegungen nur unnötig ab.

Gewisse Dinge greift man so vergeblich mit
Worten an wie Geister mit Waffen.

Wilhelm Busch

Der tonlose Vortrag könnte mit einem Rätsel verbunden sein: Wie heißt der Komponist? Um welches Stück handelt es sich? In welchem Satz befindet sich der Pianist gerade? Dankenswert wäre es, wenn einer der Meister der Gestik, wie soll ich es nennen, eine Gestik-Notenschrift entwickeln würde. Damit der staunende

Nachwuchs ebenfalls glänzen könnte. Unterstützt von einer solchen Novität würden sich wohl Duette, Trios, Quartette bilden, die sich der Kunst der Gestik widmeten und ganz ohne oder mit leiser Hintergrundmusik bei ihrer Performance auskämen.

Der in unserer Nachbarschaft wohnende Fahrer eines elektrischen Behindertenrollstuhls hat sich unvergesslich in meine Erinnerung eingegraben. Ein einfacher Mensch ist er, enorm übergewichtig, fast etwas gewöhnlich. Manche Bemerkungen, die er mir gegenüber machte, möchte ich gerne vergessen. Jedes Mal wenn wir uns auf der Straße begegneten, winkte er mir zu, aber auf eine solch königliche Art, dass mir die Luft wegblieb.

Dabei hob er den rechten Arm, jedoch nur so weit, dass er eine etwas mehr als waagerechte Stellung einnahm. Weiter drehte er die geöffnete Hand ein wenig nach oben in Richtung seines Körpers, so dass die Handaußenfläche in meine Richtung wies. Dann bog er den kleinen Finger und den Ringfinger leicht nach innen und bewegte den Mittelfinger minimal nach unten sowie den Daumen ein wenig in Richtung Mittelfinger, ohne dass sich die beiden berührten (das ist bei dieser Geste enorm wichtig). Der Zeigefinger wies leicht gekrümmt nach oben. Das erinnerte mich an die Handhaltung, wie man sie häufig bei Heiligenfiguren sehen kann.

Nun folgte eine sachte Winkbewegung von links nach rechts und zurück. Diese Bewegung war so gering, dass sie einem leicht entgehen konnte, weswegen ich eher von einer Winkandeutung sprechen möchte. Dabei bewegte der gute Mann den Kopf possierlich ein wenig nach unten, ihn ein wenig nach links in meine

Richtung drehend, eine Verbeugung andeutend. Mit offenem Mund blieb ich stehen und sah ihm nach.

Gestehen muss ich, dass ich vor dem Spiegel seine Grußbewegung nachzuahmen versuchte. Solch elegante Bewegungen sollte man beherrschen. In guter Gesellschaft hinterließe man einen guten, einen unvergesslichen Eindruck.
Obwohl ich viel Zeit darauf verwendete: Es gelang mir nicht, der Grazie unseres Nachbarn auch nur nahezukommen. Irgendwie fand ich meine Versuche gekünstelt.

Das goldfarbene Kleid mit den großen asiatischen Mustern lag eng am zarten Körper der Pianistin an. Ihre Füßchen steckten in goldenen Pantöffelchen, welche viel vom Fuß freigaben. Es roch nach Tausendundeiner Nacht und Moschus. Sie ringelte sich nach links und rechts, rutschte dabei fast vom Klavierhocker, hob das rechte Füßchen fast zu weit vom Pedal, setzte es zurückschwebend auf den Boden, tappte, nein, tappen ist ein viel zu grobes Wort, tippelte dann mit dem linken Fuß den Takt dezent mit.

Mehrmals sah es so aus, als wolle sie aufstehen. Dabei verlor ihr Körperchen den Kontakt zum Klavierhocker. Zum Glück kam es dann doch nicht dazu. Mit Energie zwang sie sich in die Sitzhaltung zurück. Möglicherweise übt sie zu Hause im Stehen und ist daran gewöhnt. Das kann durchaus sein. Ganz nahe wollte ich der Pianistin sein, um auch nicht eine ihrer aufregenden Bewegungen zu verpassen.

Mit dem Oberkörper beugte ich mich weit nach vorne, war mit meinem Platz dennoch nicht zufrieden, setzte mich dann an den ihr nächsten, zum Glück unbesetzten Tisch. So gefangen war ich von dieser ungewöhnlichen Darbietung, dass ich mein Bierglas vergaß. Das kommt sonst nicht vor. Überraschend für mich nahm ich geistesgegenwärtig meinen halbwegs stabilen Stuhl mit, ließ jedoch, wie gesagt, unbewusst das Bierglas zurück. Wie sich später herausstellte, konnte man mein Bierglas niemandem zuordnen, so wurde das Bier bedauerlicherweise weggeschüttet. Bedauerlich, sehr bedauerlich!

Aber bleiben wir vorerst bei dem faszinierenden Spiel der Pianistin. Sie wand sich mit ihrem Oberkörper nach rechts und nach links, ohne die Kontrolle über das Spiel zu verlieren. Das geschah der schnellen Spielweise halber blitzschnell und ruckartig. Dabei flog ihr schwarzer Haarzopf nur so hin und her, allerdings dem Takt immer etwas hinterherhinkend.

Es steckt oft mehr Geist und Scharfsinn in einem Irrtum als in einer Entdeckung.

Joseph Joubert

War sie mit sich und den Tasten, mit dem Flügel in einen Kampf verwickelt? Wild und kämpferisch waren jedenfalls ihre Bewegungen. Nicht unelegant allerdings. Mir war, als müsse sie dem Flügel die Töne abringen, sie aus ihm gegen heftigen Widerstand herausklopfen. Der Eindruck eines Kampfes verstärkte sich, setzte sich fort. Keinen Moment konnte ich meine Augen abwenden. Schweißausbrüche plagten mich. Ich ertappte mich dabei, dass ich schon etwas in den Kampf mit eingebunden war und unbewusst manche ihrer Bewegungen im Kleinen mitmachte. Ähnlich einem aufmerksamen Beifahrer, der den Fahrer unterstützt, indem er so tut, als ob er in kritischen Situationen das Bremspedal drücken würde.

In meiner Aufregung und um auch nicht einen Ton, nicht eine Gestik zu verpassen, hielt ich meinen störenden Atem an. Viel zu lange wie sich herausstellte, vor meinen Augen wurde es schwarz. Geistesgegenwärtig konnte ich mich gerade noch mit beiden Händen seitlich am Tisch festklammern, um nicht vom Stuhl zu fallen.

Dadurch geriet ich in die peinliche Situation, mit lauten Pfeifgeräuschen den nötigen Sauerstoff in meine gequälten Lungen einsaugen zu müssen. Nicht dass das jemand gehört oder dass es gar gestört hätte. Wegen dieser Schwäche war ich jedoch einige Takte lang unkonzentriert. Die Pianistin musste das bemerkt haben, sie warf mir einen, wie ich meinte, strafenden Blick zu.
Ohne Unterlass wurde der Flügel von der Dame weiter attackiert, ja, das Wort "attackiert" bleibt stehen. Genau so habe ich es erlebt. Nebenbei bemerkt: Das Stück ließ auch nichts anderes zu.

Von der Dame kam das Leben des Flügels, die Kraft für seinen Widerstand, sein Beharren. Bei längerer Beobachtung der Pianistin schien es mir, als ob sie unsichtbaren Schlägen des Flügels auswiche. Selbst die ruhigeren Teile des Stücks brachten keine Entspannung. Eher schien es, als ob der Flügel auf der Lauer läge, um dann jeden Moment zum tödlichen Schlag auszuholen.

Der Kampf zwischen dem Bechstein-Flügel und der zarten Pianistin schien sich seinem Höhepunkt zu nähern. Es war damit zu rechnen, dass sich nun unmittelbar der Sieger herausstellen würde. Für mich war glasklar, dass es sich bei diesem ungleichen Kampf nicht um die Dame handeln konnte. Jeden Moment würde sie leblos niedersinken. Nicht nur weil sie das Stück viel zu schnell spielte, was dem Flügel zuwider sein musste, sondern vielmehr wegen des dramatischen physischen Ungleichgewichts zwischen Dame und Flügel. Vermutlich war da nichts zu retten. Das gab mir einen Stich ins Herz. Schade um die schöne Dame!

Tief, sehr tief zu atmen zwang ich mich, um das vorherzusehende Unheil möglichst unbeschadet zu überstehen, darüber hinaus hielt ich mich mit beiden Händen am Tisch fest. Dem Impuls, mich an die Stuhllehne zu lehnen, widerstand ich aus den bekannten Gründen. Kurz kam mir in den Sinn, mich zum Schutze meiner Gesundheit ins Freie zu begeben. Als ich mich schon erheben wollte, kam jedoch eine plötzliche und gänzlich unerwartete Wende, die mich in die Nähe einer Ohnmacht trieb. Ich weiß nicht, wie ich das beschreiben kann, es wird sicher misslingen.

Die Bewegungen der Dame waren nicht weniger heftig als zuvor, aber der Flügel schien die Töne auf eine andere Art freizugeben. Ja, freigeben. Dieses Wort passt genau. Mir fiel das auf. Weniger verkrampft kamen die Töne aus dem schwarzen Bauch des Flügels, wenn damit gesagt werden kann, was ich meine. Nicht mehr wie zuvor, als die Töne widerstrebend, verbissen, teilweise widerwillig das Licht der Welt erblickten, sich in die Geräuschkulisse des Cafés einfügten, das Schnauben der Kaffeemaschine durchwirkten und das Quietschen der Eingangstür begleiteten.
Der Kampf der Dame verlor sichtlich etwas an Kraft, blieb aber wild. Mit einem Mal wurde sie ruhiger. Ich meinte wahrzunehmen, dass sich das Tempo des Spiels verlangsamte, die Anschläge der Tasten an Härte verloren. Bis endlich ein Lächeln auf dem rundlichen Gesicht der Dame mit den schwarzen Mandelaugen erschien. Von meinem Platz aus konnte ich das der geringen Entfernung wegen ganz genau sehen. Offenbar hatte sie sich das Instrument nun endgültig gefügig gemacht oder zumindest einen Waffenstillstand erreicht.

Den Rest der Sonate, wie ich meinte zu bemerken, spielte sie etwas langsamer, auch leiser. Fortan schienen Dame und Flügel versöhnt zu sein, gar miteinander zu tanzen. Ein herrlicher Tanz, asiatisch anmutend, leicht. Sehr schön zwar, aber nicht ganz so gut zur "Waldsteinsonate" passend. Nun war der Moment gekommen, in welchem meine Spannung ein klein wenig nachließ und ich es wagte, mich zum ersten Mal während des Vortrags vorsichtig an die Stuhllehne zu lehnen. Der Stuhl hielt. Wie gut war es gewesen, dass ich trotz der Anspannung den Stuhl an den dem Flügel nahestehenden Tisch gebracht hatte! Tief atmete ich einige Male durch. Puh! Gequält quietschte der Stuhl. Erleichterung machte sich zögernd breit. Schweißtropfen rannen über mein Gesicht. Meine Hände waren feucht. Sie zitterten. Das Hemd klebte mir am Leib. Die obersten Hemdknöpfe öffnete ich nicht ohne Schwierigkeiten. Zum Glück kam die Sonate bald an ihr Ende. Viel länger hätte ich diese Strapaze nicht ausgehalten.

Viel wird einem abverlangt, wenn man sich ein bisschen entspannen und Musik hören möchte. Nachdem ich laut und heftig geklatscht hatte, bemerkte ich erst, dass mein Bier verschwunden war, schaute mich um, konnte aber kein herrenloses Bierglas entdecken.

Echte Freude haben zu wollen, ist eine ernste Sache.

Lateinisches Sprichwort

Diese kleine Ablenkung meinerseits nutzte die Dame und verließ flink und ohne Mantel das Café. Vielleicht hatte sie gar keinen Mantel dabei gehabt oder er war in ihrem Auto geblieben. Schnell stürzte ich hinterher. Zu gerne hätte ich einige Fragen an sie gerichtet. Als ich aber vor der Tür suchend hin- und herblickte, konnte ich sie in der Dunkelheit nicht finden. Die Reklamation wegen des verschwundenen Bieres führte, fast konnte ich es nicht glauben, zu einem Freibier. Da ist der Kellner weit über sich hinausgewachsen. Bekanntlich schmeckt Freibier am besten, von allen Biermarken. Deshalb ärgerte es mich, dass ich davon etwas auf mein Hemd verschüttete, weil meine Hände immer noch zitterten. Die "Waldsteinsonate" hatte mich doch ziemlich mitgenommen. Das Bier stellte ich fortan nicht mehr ab.

Benommen starrte ich auf den verwaisten Flügel. In ihrer Eile hatte die asiatische Dame vergessen, den Deckel zu schließen. Sollte ich den Deckel schließen? Das Für und Wider wog ich eine Weile lang ab, während ich vor mich hinstarrte. Irgendwann wurden meine Augen von etwas über der Eingangstür wie magisch angezogen. Bei genauerem Hinsehen schälte sich die Figur einer etwa eineinhalb Meter großen Putte, ein nach unten gerichtetes Füllhorn in ihren Händen haltend, aus der Dämmerung heraus. Direkt über der Eingangstür war sie angebracht. Bisher war sie mir nicht aufgefallen. Früher war sie wohl weiß gewesen. Jahrzehnte an Zigarettenrauch hatten sie gelblich eingefärbt. Die Putte war bestens mit Babyspeck versehen. Selbst bei dem dämmrigen Licht konnte ich erkennen, dass dicker Staub auf ihren Speckwülsten lagerte. Aus dem Füllhorn rollten allerlei ebenfalls verstaubte Früchte heraus. Ein Apfel, eine Birne, zwei Bananen, eine Ananas, Weintrauben, etliche Beeren.

Ruhe drang bei der Betrachtung in mich ein. Stille floss in den Raum. Fast konnte ich sie fühlen. Etwa wie eine Art fein vibrierende Verdickung der Luft, einer Luft, die sich etwas kühler anfühlte als die Raumtemperatur, die nicht zu ihr Gehöriges eliminierte, auf unerklärliche Art und Weise aufsaugte.

Woher kam die Stille? Aus dem Füllhorn? Hatte die asiatische Dame sie vorbereitet, zurückgelassen? Sie floss wie eine von den Zwängen der Materie befreite Wasserflut weder langsam noch schnell in den Raum, sondern genau in der Geschwindigkeit, welche der Stille wohl eigen und angemessen ist, eben in der ureigenen Geschwindigkeit der Stille. Kam sie überall gleichzeitig an? Sie füllte mit Leichtigkeit die Zwischenräume zwischen den Stimmen der Zecher, wo immer sich eine Lücke bot, kapselte das Quietschen der Stühle ein, umhüllte den Krach der riesigen, chromblitzenden Kaffeemaschine.

Des Menschen Geist wohnt in den Ohren:
Wenn er etwas Gutes hört,
so erfüllt es den Leib mit Wohlgefallen;
hört er aber das Gegenteil,
so braust er auf.

Xerxes I.

Man hatte bei jeder produzierten Tasse Kaffee den Eindruck, es wäre ohnehin ihre letzte, bevor sie explodierte. Wahrscheinlich war sie weit gefährlicher als die wackeligen Stühle. Das ist der Grund, warum ich und auch einige der bewussteren Gäste, nie an der Theke, hinter welcher sich die Kaffeemaschine befindet, zu finden sind.

Die Stille überlagerte den üblichen Geräuschpegel, ohne sich mit ihm einzulassen, ohne daran auch nur das Mindeste zu verändern. Die Färbung des Raumes änderte sich nicht, es roch wie vorher, nämlich nach Martinstaler Wildsau, Riesling Auslese und geschälten Kartoffeln. Ist das etwa der Weißwein, den der Wirt für sich ganz alleine trinkt?

Den Duft der Stille, falls es diesen gab, nahm ich nicht wahr. Eine andere Realität schien den Gastraum zu erfüllen, durchmischte ihn. Als die Pendeltüren aufgestoßen wurden und zwei späte Gäste eintraten, schwang die Tür wie üblich einige Male hin und her, die vom Pendeln zerhackte Stille schien gemeinsam mit einem Schwall warmer Luft nicht in den Gastraum, sondern ins Freie zu schwappen. War das denn möglich?

Eines stand als Frage vor mir: Wie konnte Stille gleichzeitig mit Lärm anwesend sein? Um nicht abgelenkt zu werden, dachte ich mit geschlossenen Augen darüber nach. Bewegungslos saß ich da und versuchte zu denken, gleichzeitig der Stille und dem Lärm nachzufühlen, ihnen nachzuspüren. Das Denken war zu schwach, um auch nur irgendetwas zutage zu bringen. Gut, dann eben nicht. Kaum traute ich mich zu atmen. Nein. Diese Stille wollte ich nicht stören. Sie schmiegte, legte sich an mich, um mich wie transparente, zarte Seidenbänder. Lautlos, federleicht. Diese Lautlosigkeit nahm ich in all dem Gelärme ganz deutlich wahr. Mehr noch als den Lärm.

Es war, als ob die Geräusche des Cafés wie Treibgut auf der Stille schwämmen, sich über kurz oder lang auf ihrem Grund wiederfänden. Silbrig netzte sie die Geräuschtrümmer schon jetzt. Ganz entspannt fühlte ich mich.

Herberts Beschreibung des Pelzes, der sich an seinen Körper gelegt hatte, fiel mir ein. An meinen Armen wurde ich etwas gewahr, was ich mit gutem Willen als leichten Pelz hätte bezeichnen können. Konnte das sein? Es war tatsächlich außerhalb meines Körpers wahrzunehmen. So wie Herbert das behauptet hatte.

Meine Handinnenflächen pulsierten im Rhythmus des Blutes. Gleichmäßig, heiß. Fast trat das Pulsieren in den Raum hinaus. Stattdessen entschied es sich, sich in Richtung Schultern auf den Weg zu machen. Unangenehm, störend fühlte ich einen Druck auf meiner rechten Schulter. Hatte sich dort zu viel Energie angesammelt? Wie sollte ich damit umgehen? Ich schüttelte mich. Der Druck verschwand.

"Ihr Glas ist ja leer. Ausgetrocknet. Darf ich die Luft herauslassen?" Dann nach einer sehr ausgedehnten Pause: "Möchten Sie noch ein Bier?" Aus weiter Ferne donnerte eine raue Stimme, von Stille ummantelt, in meine Ohren.
Die Stimme versuchte humorvoll zu klingen. Es dauerte etwas, bis ich verstand, worum es ging. Das konnte nur der Kellner sein, der mir seine Hand auf die Schulter gelegt hatte. Vermutlich hatte er mich zuvor mehrfach angesprochen und ich hatte nicht reagiert. Ich schüttelte den Kopf, wollte weder Bier noch von jemandem gestört werden. "Aber Sie trinken doch um diese Zeit sonst auch noch ein Bier. Geht es Ihnen nicht gut? Kann ich etwas für Sie tun? Vielleicht möchten Sie einen Enzian oder etwas zu essen? Soll ich einen Arzt rufen?"

Ungern öffnete ich meine Augen, entschloss mich schließlich dazu, das rechte zu öffnen, sah in das etwas unscharfe Gesicht des Kellners. Seltsam muss ich ihn angesehen haben. Wortlos drehte er sich von mir weg.

Hätte der Glanz der Stille nicht über allem gelegen, der Kellner hätte eine unfreundliche Antwort von mir erhalten. Er musste doch bemerkt haben, dass ich, wie die meisten Gäste in diesem Café, abgetaucht war. Dass einen die Leute immer stören müssen! So murmelte ich nur "Einen Arzt? Wozu? Nein, alles okay" hinter ihm her. Kopfschüttelnd ging er seiner Wege und nahm die Stille mit.

Die Welt steht uns offen,
sie ist uns zum größten Teil unbekannt.
Sie zu erkunden ist das heilige
Abenteuer unseres Lebens.

Der zweite Ritter

Wie fühlt sich Kindheit an? Wäre es für mein derzeitiges Leben hilfreich zu versuchen, wieder in sie einzutauchen? In meine Kindheit. Um besser zu verstehen wie alles gekommen ist, wie es wohl kommen musste? Auf diese Weise gedachte ich herauszufinden, welche die wegbestimmenden Vorgaben und Ereignisse in meinem Leben waren. Diese wollte ich noch einmal betrachten mit dem Ansinnen, sie im kleinen Rahmen nachzuleben, das Heute zum Besseren zu wenden. Vielleicht könnte ich mich dann weiter öffnen, tiefere Verbindungen zu Bäumen und anderen Ebenen herstellen?

Könnte es von Vorteil sein, eine Art Reenactment, eine Art Kindheitsstellen, ähnlich dem Familienstellen, durchzuführen? Entweder nur in meiner Vorstellung oder in der heutigen Realität mit Stellvertretern, Platzhaltern für damals in meinem Leben wichtige Menschen und Dinge? Jede Menge offener Fragen ... Wenn ich an das Stellen mit Menschen denke, macht sich Unbehagen breit. Nein, das wäre zu kompliziert. Da mischte sich fremdes Draußen hinein.

Die Beschäftigung mit den Bäumen brachte Erinnerungssplitter aus meiner Kindheit zutage. Deshalb stellte ich mir diese Fragen. Allein der Wunsch nach Verstehen enthüllte manches. Zu wenig allerdings, um tragfähige Schlüsse daraus ziehen zu können. Das Vergessen hatte sich wichtiger Details und Hintergründe bemächtigt, mein Erkennen war schmalbrüstig, zu situationsbezogen, hatte Zugriff nur auf manche Knochen der Sache, das Fleisch war längst verwest. Selbst die Knochen waren arg ramponiert. Zu Überschriften waren die Ereignisse eingetrocknet in all den Jahren.

Langsam, ähnlich wie Blumen, würde sich die Vergangenheit öffnen, Blütenblatt für Blütenblatt. Die zur jeweiligen Situation gehörenden Gerüche und Düfte würde den Erinnerungen entströmen, das Wesen der Jahreszeiten würde mit dem zugehörigen Licht aufscheinen. Ich stellte mir vor, dass das milde Licht des Herbstes mich zart überfluten, mein Herz wärmen, die drängende Sonne des Frühlings mich singend in Wald und Flur hinaustreiben würde. Dabei erlebte ich im Spielfilmtempo das Gewesene noch einmal. Ha! Was für ein wunderbares Leben ich doch habe! So hatte ich das erhofft. Tage dauerte es, bis deutlich wurde, dass sich dieser Vorgang einem unbefriedigenden Ende nähern, die Blütenblätter eher verdorren, als sich weiter öffnen würden.

Gewünscht war ein Prozess, der sich nicht nur auf das Hervorholen von etwas Vergessenem beschränken sollte. Etwa so, wie man versucht, sich an eine Hausnummer oder an ein bestimmtes Datum zu erinnern. Das erhoffte Erinnern musste um ein Vielfaches breiter, tiefer sein und nicht nur meine damaligen körperlichen Zustände, Gefühle und Stimmungen, sondern auch die der beteiligten Menschen, Tiere, Pflanzen, der Dinge erhellen. Auch weitere für das Verstehen notwendige Umstände wären aufzuzeigen. Wie käme ich weiter?

Eine ruhige Mußestunde führte mich um Jahre zurück. Die Distanz zu meiner Kindheit verringerte sich. Farben waren damals satter, Gerüche intensiver. Erst im Ansatz bestanden Filter und Puffer, mit welchen ich später Ungeliebtes, Unangenehmes aus meiner Wahrnehmung herausdrängte, es so zurechtformte und stutzte, dass ich damit leben konnte. Erfahrungen waren ganz direkt seinerzeit und kamen ganz innen an. Da war keine Distanz zwischen mir und dem Außen. Ganz war ich im Geschehen, war selbst das Geschehen. Innen und Außen flossen zu einem unmittelbaren Erleben zusammen. Die Basis, auf der alles ruhte, war das unzerstörte Urvertrauen zu den Eltern und somit zum Leben. Darauf konnte ich bauen. Es umgab mich bei jedem Schritt, gab mir die Sicherheit, welche dem Vorwärtsdrängen jegliches Risiko, jede Gefahr nahm: Die Welt war mir freundlich gesinnt. Gefahr und Risiko waren Worte, deren Bedeutung ich noch nicht erahnte. Nichts, aber auch gar nichts Schlimmes konnte mir widerfahren. Jedes Missgeschick war heilbar. Die Tränen über kleine Wehwehchen würden schnell trocknen. Traurigkeit bliebe keineswegs zurück. Endgültige Verluste gab es nicht.

Wesen und Dinge schienen für immer mit mir verbunden, drohten nicht, aus meinem Leben zu verschwinden. Gut war das Leben, es verlangte danach, von mir entdeckt zu werden. Freuden warteten auf mich in jedem Augenblick. Antrieb war die Sehnsucht des Lebens nach sich selbst. Ein Hauch von Geheimnis überzog meine kleine Welt. Nie wusste ich, was aus einem Ding herauskäme, was damit anfangen. Gedanken an Sinn oder Zweck waren noch ungeboren. Der Wunsch zu sehen, was sich im Inneren der demontierten Gegenstände zeigte, wer oder was das Spielzeugauto zum Fahren, die Uhr zum Ticken brachte, war riesengroß. Nebliger Zauber breitete sich über alles. Jeder Moment war mit Unerwartetem, mit Überraschung angefüllt.

Wenn einer allein träumt, ist es nur ein Traum.
Wenn viele gemeinsam träumen,
ist das der Anfang einer neuen Wirklichkeit.

Friedensreich Hundertwasser

Abends um acht Uhr wurde ich ins Bett geschickt. Ein unendlich langer Tag war vergangen, trotzdem wollte ich nicht schlafen. Manche Träne weinte ich, aber es half nichts, ich musste ins Bett, So vieles hätte ich gern noch getan. Es blieb aber ungetan. Dem Bären Max, meinem Lieblingsbären übrigens, konnte ich das angefangene Märchen nicht zu Ende erzählen. Spielen wollte ich noch. Meinen Spielsachen wollte ich sagen, dass ich sie lieb habe. All das musste auf morgen verschoben werden!

Im Bett liegend versuchte ich, der Dunkelheit den Eintritt in meine Augen zu verwehren. War sie einmal in mich eingedrungen, ein wenig davon war schon ausreichend, gab es gegen den Schlaf kein Mittel mehr. Das hatte ich schon mehrmals erlebt. Das musste unbedingt vermieden werden. Ich schloss also die Augen, presste sie fest zu, rief die tagsüber erlebten Wunder, meine vielen lichten Freunde zu Hilfe. Eilig huschten sie aus meinem Herzen herbei, direkt hinein in die erwartungsvollen Augen. Nun wurde es wieder Tag und der Schlaf war erst einmal abgewehrt.

Aus scheinbar unzusammenhängenden Ereignissen und Dingen spannten sich zauberhafte Kulissen für Geschichten auf. Pralle Landschaften in starken Farben, schroffe Berge, die blaue Hügelkette ganz weit weg, Seen, blank und klar wie Engelsaugen, wehrhafte Burgen mit mutigen Prinzen und anmutigen Prinzessinnen bildeten den Rahmen für meine Abenteuer. Tausend Düfte wurden von lauen Brisen sachte ineinandergewoben, änderten sich dadurch stets in Färbung und Zusammensetzung, wurden noch betörender. Notwendiges Glück hauchten sie meinen oft gefährlichen Abenteuer ein. All dies strahlte Freude in mein kleines Herz zurück.

Beim darüber Nachdenken bekomme ich Lust, mich noch tiefer in die damalige Zeit einzuschwingen. Ja, das möchte ich jetzt! Ich lege mich auf das Bett ziehe mir die Decke über die Nase und schließe die Augen. Durch das offene Fenster weht Rosenduft herein. Vermutlich ist er von den weißen. Ihr Duft ist etwas milder als jener der roten. Besonders ausgeprägt ist der Unterschied in der gerade beginnenden Abenddämmerung wahrzunehmen, wenn die roten Rosen, von der Wärme des Tages angeregt, den Duft, der aus ihrem tiefsten Herzen strömt, der Nacht als Geschenk darbringen.

Die vielen Jahre gehe ich zurück, eins nach dem anderen, die guten und die weniger guten. Einige überspringe ich aus gutem Grund. Manche Ereignisse gucken aufmerksamkeitsheischend aus den abgewetzten Lebensfalten hervor, drängen sich in den Vordergrund, plustern sich auf, damit sie gesehen werden.

"Bleibt bitte, wo ihr seid. Ihr seid jetzt nicht dran. Ich besuche heute andere Jahre."

Nach einer Weile des Betrachtens der Schwärze tut sich, klein und unbunt erst, dann farbiger werdend, das mir aus der Kindheit so wohlvertraute Bild auf. Ich nähere mich unsicher. So viele Jahre war ich nicht mehr in meinem Wi-Wa-Wunderland gewesen, wie ich es damals nannte. Mit einem gewagten Schritt trete ich ein.

Zuerst besuche ich die Bäume, begrüße und umarme sie. Früher konnte ich mich mit ihnen unterhalten. Geht das noch?
Ja, die Bäume! Sie scheinen inzwischen nur wenig gewachsen zu sein. Als Wald treten sie kaum auf, meist stehen sie einzeln. Sie wahren einen respektvollen Abstand zueinander. So kann sich jeder nach Herzenslust an der Sonne laben und ungestört in der für ihn bestimmten Form wachsen. Bei genauerem Hinsehen erkenne ich, dass das von ihnen aufgenommene Sonnenlicht einen

zarten Schein über den Schatten der Stämme und der Blätter gelegt hat. Sind ihnen Schatten unangenehm?
Im Farbenspiel, im stillen Leuchten der verstreut den Boden bedeckenden Zaubersteinchen vermutete ich als Kind Glühwürmchen, angetan mit bunten Kostümen.
"Ach, könnte ich die Zaubersteinchen mit in den Tag nehmen, sie einsammeln, ich würde der größte Zauberer aller Zeiten werden! Größer noch als der berühmte Zarahastdu, von dessen Wundertaten die Zeitungen voll sind! Einen Zauberstab, um für die Armen Steine in Gold zu verwandeln, zauberte ich mir her, Siebenmeilenstiefel natürlich, einen Umhang, der mich unsichtbar macht." So sagte ich es der Großmutter.
Tiefer und tiefer schlittere ich in das damalige Erleben hinein.
Ach so, kann es sein, dass jemand nicht weiß, was Zaubersteinchen sind? Dann kennt er erst recht nicht den Zaubersand. Man kann ihn an besonderen Plätzen in verschiedenen Arten finden, von fein wie Mehl bis grobkörnig wie Gries. Großmutter kann die Zaubersteinchen nicht von anderen Steinen unterscheiden. Sie sagt, nur Kinder können das.
Ganz wichtig sind die pinkfarbenen und die fensterglasklaren Zaubersteinchen. Gemeinsam angewendet heilen sie - schwupps - jede Krankheit.
Es gibt auch Schatten im Wi-Wa-Wunderland. Geduckt und bedrohlich, wie hunderte von Skorpionen und krabbeliges Spinnengetier kriechen sie manchmal aus den Stellen hervor, die sumpfig sind. Schatten verbreiten einen üblen Geruch, er stinkt grässlich nach schwarzen Auspuffgasen.

"Wenn einem die Schatten zu nahe kommen, riecht man selber nach schwarzen Auspuffgasen und niemand mag sich im Kindergarten zu einem setzen. Wenn man zu lange mit den Schatten zusammen ist, zwanzigvier Minuten oder so, kann man selbst auch schwarz werden. Kohlrabenschwarz! Oben auf der Haut. Und viel schlimmer noch: schwarz bis ganz tief hinein in den Bauch und in die dicken Knochen. Sogar die Augen werden schwarz und man sieht nicht mehr richtig. Die Farbe geht nur wieder ab, wenn man sich auf die Zaubersteinchen legt und dort mindestens genauso lange schläft, wie man mit den Schatten war, also zwanzigvier Minuten oder so. Dann wird man langsam wieder sauber und stinkt nicht mehr."

Das habe ich Großmutter erzählt. Sie hat aufmerksam zugehört und einige Male mit dem Kopf genickt. Dann sagte sie, wie so oft: "Ja ja, hm-hm." Und dann wieder: "Hm-hm, ja, ja."

Die Schatten kriechen immer mit ihrem Hinterteil voraus aus dem Schilf. Das weiß ich schon lange. Ich habe das nämlich beobachtet. Warum machen sie das? Ganz einfach, damit man ihre bitterbösen Augen, die kalt wie Winterwasser sind und dabei glühen wie die Spitze der Zigarillos, die Großvater raucht, nicht sehen kann. "Weiße Eule" heißen sie übrigens, die Zigarillos.

Der Sumpf kommt davon, weil ich oft in den See springe und im flachen, warmen Wasser vor Freude umherhüpfe. Hoch spritzt es dabei, hoch, fast bis zur Sonne. Tausend kleine, regenbogenfarbene Wassertropfen fliegen über mich hinweg. Wie Weihnachtssilberglöckchen klingen sie, wenn sie wieder zurück in den See plumpsen. Klar, dass dadurch auch Wasser aufs Land platscht und dann Schilf wächst.

Wo Schilf ist, ist nicht Wasser, da ist auch nicht trockenes Land. Etwas hat sich gebildet, das ich nicht kenne. Das Schilf verdeckt darüber hinaus das, was im Sumpf vorgeht. Wenn man das aber nicht sieht und deswegen nicht weiß, kann man denken, es sei etwas Schlimmes und kriegt Angst. Garantiert! Das Schilf wächst übrigens nur dann, wenn man nicht hinsieht. Und hinsehen, um dies zu verhindern, will ich nicht, weil es mir unheimlich ist.

Das wilde Umherhüpfen ist eine Übertreibung. Und übertreiben sollte man nicht, sagt Großmutter. Lebendig steht sie mir vor Augen, mit ihrem verständnisvollen Blick, mit einer blauen Arbeitsschürze, in deren Taschen sich immer einige Bonbons finden.

"Wer übertreibt, geht weit über die Sache hinaus. Wer untertreibt, bleibt darunter. Bonbons findet man aber nur da, wo es sie gibt. Nämlich weder unter noch über, sondern im Schrank."
Großmutter hat eine quadratische, verschnörkelte Dose aus hellblauem Glas, gefüllt mit Bonbons in vielen Farben. Manche sind sogar bunt gestreift. Minzenkugeln sagt sie dazu. Die Glasdose befindet sich im oberen Drittel des Schranks, hinter einem Türchen. Auf dieses deutet sie, während sie mir das erklärt. Das leuchtet mir zwar ein, ich kann es aber nicht ganz glauben, da ich an die Glasdose nicht rankomme. Selbst wenn ich nicht übertreiben und mit dem Umherspringen aufhören würde. Ich bin zu klein, um zum Türchen zu gelangen. So bezweifle ich auch das mit der Über- oder Untertreibung. Aus eigener Erfahrung.

Wenn ich es mir noch mal genau überlege: Das Umherhüpfen kann doch übertrieben werden. Nun habe ich mit dem Sumpf den Beweis dafür selbst gefunden.
Das habe ich Großmutter erzählt. Sie hat aufmerksam zugehört und einige Male mit dem Kopf genickt. Dann sagte sie, wie so oft: "Ja ja, hm-hm". Und dann wieder: "Hm-hm, ja, ja".

Wenn also die Schatten aus dem Schilf herauskriechen, laufe ich, so schnell ich kann, dorthin, wo die meisten Zaubersteinchen liegen, nehme in jedes Händchen einige grüne und werfe sie nach den Schatten. Grün ist die Hoffnung. Aus den grünen Zaubersteinchen wachsen manchmal hübsche Blättchen wolkenförmig heraus. Auch das hat die Großmutter gesagt, ich meine, das mit

der Hoffnung. Das Herauswachsen der Wolkenblättchen habe ich selbst gesehen. Sogar probiert habe ich sie. Sie schmecken ähnlich wie Großmutters Minzenkugeln, nur nicht so scharf.
Es ist bekannt, dass Schatten die grüne Farbe nicht mögen. Und Hoffnung mögen sie erst recht nicht. Schnell verkriechen sie sich dann wieder im Schilf. Eine Weile noch kann man dunkles Platschen und Zähneklappern hören.

Das Wasser des Sees ist nicht immer ruhig. Manchmal ist es übersäht mit vielen kleinen Wellen. Großmutter meint, der Wind bewege sie. Es kann sein, dass er mithilft - wenn er mag. Die Hauptarbeit machen jedoch kleine, fast durchsichtige Wassergeister mit ihren Flossen. Fast wie Quallen sehen sie aus. Sie strampeln so fest, dass sich Wellen bilden. Ihre gutmütigen Augen liegen sich an ihrem Köpfchen genau gegenüber. Das hilft ihnen dabei, die eigene Welle zusammen mit der Nachbarwelle zu beobachten. Nur so ist es möglich, ungefähr gleich große Wellen zu erstrampeln.

Manchmal flirren und blitzen die Wellen so stark in der Sonne, dass es einem beim Zusehen schwindlig wird. Dann rufe ich: "Bitte nicht so wild, man wird ja ganz verrückt!" Das nehmen sie mir nicht übel. Sie sind gutmütig. Was tun sie, wenn sie nicht mit dem Wellenmachen beschäftigt sind? Ich habe versucht, es herauszufinden. Es ist mir noch nicht gelungen. Vermutlich liegen sie auf der gegenüberliegenden Seite des Sees in der Sonne und erholen sich. Schließlich ist das Wellenstrampeln anstrengend.
Das habe ich Großmutter erzählt. Sie hat aufmerksam zugehört und einige Male mit dem Kopf genickt. Dann sagte sie, wie so oft: "Ja ja, hm-hm." Und dann wieder: "Hm-hm, ja, ja."

Es ist spät geworden. Der Schlaf fordert immer dringlicher sein Recht, die Geschichten verlieren langsam ihren Glanz und dim-

men hinüber in die triste Welt der Grautöne. Wohlige Schwärze schließt sie ein. Oft mitten in einer spannenden Szene.
Die ganze Welt wird schwarz. Alle Menschen und Tiere, die Bäume, die Wellen. Weil die Nacht genauso schwarz ist, kann man sie nicht mehr sehen. Es ist alles gleich schwarz geworden. Die Sonne wird nicht ganz schwarz. Das schafft die Nacht nicht. Nur ein bisschen schwarz wird sie. Deshalb kann sie noch schwach leuchten. Zur eingeschwärzten Sonne sagt die Großmutter Mond.
Im Nu ist ein neuer Tag geboren. In keinem Kalender hat er Leben, fügt sich weder in das Gestern noch in das Morgen ein. Was bedeutet schon Gestern? Was ist Morgen? Der Tag ist einfach da. Ganz da. Einige Zaubersteinchen finden sich in meinen Hosentaschen, schenken mir magische Fähigkeiten. Zauberworte nebeln in die Welt hinaus.
Vorsichtig ziehe ich eine Flaumfeder, die frech und spitz aus dem Kopfkissen ragt, heraus. Und siehe da, sie verwandelt sich in einen Wundervogel, den Vogelkönig Ahn. Er sieht genauso aus, wie ich ihn aus meinem Märchenbuch kenne. Er betrachtet mich mit klugen Augen, reibt sein Köpfchen still an meiner Wange, zwitschert dann ein betörendes Liedchen, fliegt schließlich los, ohne jedoch meine Händchen zu verlassen. Seinen Flug beobachte ich mit ungezügelter Begeisterung, bewundere, wie seine weißen Flügel sich weiten und im Glanz der Sonne golden färben. Staunend sehe ich, wie der kühne Vogel hoch in der hellen Höhe kreist, ohne auch nur eine seiner Federn zu krümmen oder gar zu verlieren! Was für ein gelungener Flug! Freude durchströmt mich! Mit Patschehändchen beklatsche ich den mutigen Vogel. "Bravo, bravo", rufe ich. Und wundere mich darüber, dass sich die rote Farbe seines Schnabels, das Blitzen seines Goldkrönchens zuerst im Weiß des Gefieders, dann in der blauen Weite verliert.

Kleiner und kleiner wird er, kein Auge kann ich von ihm wenden. Dann kehrt er zurück. Mehrmals lasse ich ihn hinausfliegen, weit, ganz weit, bis fast an das Ende des Kinderzimmers! Dann, als er ermüdet, bitte ich ihn, über einem der gold glänzenden Türme zu kreisen, die zu dem Palast gehören, der sich überraschend aus der Dämmerung erhebt. Zuerst sehe ich nur einen unbestimmbaren Schimmer, aus dem sich nach und nach die Details herausbilden. Verschiedene Gebäude mit reich verzierten Fassaden, einige runde, nach oben hin spitzer werdende Türmchen, bunt bemalt, zierliche Balkone, ein goldener Brunnen, das eiserne Tor, der Wehrgang. Über dem hohen Turm flattert eine Fahne im Wind. Ein roter Löwe ist darauf abgebildet.

In der Wüste bin ich das wert,
was meine Gottheiten wert sind.

Antoine de Saint-Exupéry

Fast in der Mitte des Palastes befindet sich eine helle Kirche mit einem vielfenstrigen Turm. Er scheint auf dem Dach zu balancieren.
"Oh, hoffentlich plumpst er nicht herunter", flüstere ich erschrocken.
Den Eingang zur Kirche bildet eine große Doppeltür aus dunklem Eichenholz mit vielen geschnitzten Motiven. Vermutlich ist sie viel zu schwer, als dass Kinder sie öffnen könnten. Einige Engel mit ausgebreiteten Flügeln sind darunter zu sehen. Sie lächeln mich an. Ich glaube, die Erwachsenen nennen sie Humorengel. Zwischen den beiden Türen befindet sich eine hohe, blau verzierte Säule. Eine strahlende Dame mit freundlichem Gesicht steht drauf. Sie lacht mich an und winkt. Ist sie eine Humordame?
"Hallo", rufe ich ihr zu, "spielst du mit mir? Komm doch runter von da oben."

“Vielleicht später einmal”, singt sie mit glockenheller Stimme. “Wie langweilig”, antworte ich, “du könntest dich auf den Vogel setzen und ein bisschen umherfliegen.”
“Zum Fliegen brauche ich keinen Vogel, ich kann das auch so”, behauptet sie, ohne das zu beweisen.

“Flieg doch, flieg doch, flieg bitte”, rufe ich. “Ich möchte es sehen. Zeig es mir!” Das will die Dame aber nicht.

Dann sehe ich eben wieder nach Ahn. Gerade landet er auf den Zinnen eines der schlanken Türme, legt die Flügel fein zusammen, steckt das gekrönte Köpfchen unter die Federn und ruht sich aus. Später wird er weiterfliegen. Wohin? Bis in das ferne Morgenland. Morgen vielleicht. Falls später und morgen das Gleiche sind. Morgen und Morgenland. Das passt doch gut zusammen! Ist es dort immer Morgen? Gibt es dort auch einen Abend und eine Nacht? Ich nehme mir vor, Ahn nach seiner Rückkehr danach zu fragen. Schon weht mir eine erste Morgenlandbrise entgegen, warme Morgenlandluft, angefüllt mit dem schweren Duft von Gewürzen und Blüten, dem aufreizenden Parfüm bezaubernder Prinzessinnen, begleitet von flüchtigen Bildern strahlender Märchenhelden. Fremde Töne von Flöten und Trommeln, helle Bilder von seltsamen Landschaften, von Zwergen und Riesen, finsteren Höhlen und tiefen Wäldern huschen vorbei.
Mein Herz füllt sich mit Vorfreude über den abenteuerlichen Flug des weißen Vogels, über die Freiheit, in die er schweben wird. Entdecken wird er geheimnisvolle Gefilde, allerlei Vögel in verschiedenen Farben: in kräftigem Orange, dunklem Blau, leuchtendem Gelb. Gemeinsam mit allen Arten von fliegenden Teppichen wird er um die Wolken herumkurven. Kaum jemand mag durch die Wolken fliegen, glaube ich. Sie sind etwa so wie der Schaum in der Badewanne, brennen aber nicht in den Augen. Man bekommt allerdings klebrige Haare davon und muss den Kopf waschen.

Fliegen kann man immer!
Vorausgesetzt man möchte es.

Herbert

Manche der Teppiche sind dick gewebt, stabil, um Gewürze und schwere Waren unbekannter Art zu transportieren. Andere wiederum sind aufs Feinste gearbeitet, fast durchscheinend, mit hineingewebten, verwirrend bunten Mustern aus silbernen und goldenen Fäden. Ihre Aufgabe ist es, die hohe Gesellschaft von Prinzen und Prinzessinnen von einem Schloss zum anderen zu entführen. Vieles wird Ahn mir mitbringen. Unbekanntes und ganz, ganz wichtig: weitere Zaubersteinchen. Bisher habe ich nur von den blauen und den türkisen. Weitere Farben wünsche ich mir, mindestens aber die sonnengelben, mit denen man Regenwetter vertreiben und Blitze abwehren kann.
Ich entschließe mich dazu, das Später und das Morgen schon jetzt geschehen zu lassen, König Ahn erhebt sich erneut in die Lüfte. Er fliegt davon. Unerwartet wird es dämmrig. Gerade stand die Sonne doch noch ganz oben am Himmel.
"Ahn du kannst doch nicht allein in die Dunkelheit fliegen!"
Ich erwache. Es ist Nacht. Durch den Vorhang wirft eine matte Straßenlaterne ihr Muster unscharf an die Wand. Ein Windstoß bauscht den Vorhang etwas auf. Wo bin ich? Der Rosenduft ... der war doch vorhin auch schon da.
Der Wecker mit dem leuchtenden Ziffernblatt zeigt 4 Uhr zweiunddreißig. Die Nacht ist fast vorüber. Ich entschließe mich dazu, noch nicht aufzustehen, ziehe die Decke über die Nase und träume weiter.
Manche Aussagen, viele Worte, die die Eltern aussprachen, konnte ich in ihrer Bedeutung nicht erfassen. Aus dem mir zur Verfügung stehenden Wortschatz ergänzte ich, bildete mir das Fehlende ein. Versuchte, mit meiner Fantasie ein Bild, so wie ich dachte, dass es richtig sei, zu malen und mir einzuprägen. Später wurde klar,

dass ich einiges zu korrigieren hatte. Die Realität, die Bedeutung der Worte, folgte nicht meiner Vorstellung. Ja, Worte haben ihr eigenes Wesen und Wollen.

Hatte nicht jemand gesagt: Wenn ihr nicht werdet wie die Kinder, könnt ihr nicht ins Himmelreich eingehen? Mir dämmerte langsam, dass mein Vorhaben, mich in meine Kindheit zu versetzen, möglicherweise nichts Harmloses an sich hatte, mich als Ganzes beträfe. Mit Nebenwirkungen wäre zu rechnen. Das Ziel musste es sein, Teile meiner Kindheit wiederzuerleben. Meine Umgebung mit den Augen eines Kindes zu sehen. Nicht so intensiv, wie es in der Kindheit gewesen sein mochte, aber dafür ergänzt durch einen weiteren Blickwinkel und ein breiteres Bewusstsein. Herauszubekommen, wie genau ich in der Kindheit empfunden hatte, war mir kaum möglich. Dazu wäre es notwendig gewesen, meine Erinnerungen und Empfindungen zu verifizieren. Sozusagen das Heutige mit dem tatsächlichen Empfinden in der Kindheit zu vergleichen. Fest entschlossen war ich, meine Kindheit mitsamt ihrer verschollenen Wahrnehmung kennenzulernen, sie zu ergründen, sie bewusst in mein Leben einzubauen. Wenn mir das gelänge, wenigstens bis zu einem gewissen Grad, hätte ich viel gewonnen.

Der Glückliche versetzt sich zurück in seine Kindheit.
Dort angekommen genießt er das Kindsein.

Herbert

Ich wollte die Nähe zu Kindern unterschiedlichen Alters suchen, um herauszufinden, wie sie sich verhalten, wie sie sind. Das könnte mir dabei helfen, Vergessenes wieder hervorzuholen. Mehrfach hatte ich Gelegenheit, mit Kindern zusammen zu sein. Dabei versuchte ich, mich so weit als möglich zu öffnen, mein

Herz auszudehnen. Nicht nur bei der Beobachtung blieb es. Hineinzufühlen versuchte ich mich in sie, versuchte, wie sie ein Kind zu sein. Kindlich. Mich hineinfallen zu lassen, meinen inneren Kontrolleur abzustellen. Das Wissen so weit als irgend möglich zurückzudrängen. Herzenserstaunen zu üben.

Auch Grenzen wollte ich ertasten, bis hin zu dem übermütigen Zustand, welchen wir als kindisch bezeichnen. Führen lassen wollte ich mich von den vielen Impulsen, die von allen Seiten in mich einfielen. Das Vertiefen in Gegenstände, Situationen, tief genug, um nicht mehr zu bemerken, was um mich herum vorgeht, könnte mich weiterbringen. So tief, dass ich nicht mehr bemerkte, dass ein Auto auf mich zufuhr, ich es in meiner Versunkenheit übersehen würde. Das war nun kein besonders glorreiches Beispiel, aber aussagefähig. Ungefährlicher wäre es, wenn ich beim Spiel im Sandkasten Zeit und Ort vergäße. Ja, so weit wollte ich gehen, um den entschwundenen Reichtum zu heben. Meinem Ziel wäre ich nahe, wenn mich die Kinder im gemeinsamen Spiel, im Zusammensein nicht mehr als Erwachsenen, sondern als Kind wahrnehmen und auch so mit mir umgehen würden.
Dem Kindsein wollte ich Leben einhauchen, es dort zulassen, wo es seinen Platz fände, ohne anderes einzuschränken oder gar zu schädigen. Dieser Platz war ziemlich leer. Er wartete auf seinen vermissten Gast schon zu lange.

In diesem Zusammenhang wäre es angebracht, Wesen und Dinge, welche die Welt bevölkern, auf eine besondere Weise sehen zu lernen. Eher orientiert an dem, was sie wirklich sind, als an meiner Gewohnheit. Den Dingen eine Art Eigenleben zuzugestehen, es ihnen zuzutrauen, dass sie sprechen, lieb sein können, spielen möchten. Ihr Sein anerkennen, von ihnen fordern, dass sie es haben, dass sie es zeigen. Der Glanz, welchen die Fantasie nach außen wirft, muss in die Kindheit umgeleitet werden.

Meine Sensibilität war in der Kindheit noch nicht von Narben durch verletzende Erfahrungen gepanzert gewesen. Als Kind war manchmal eine so überschäumende Freude in mir, dass ich sprang, sang und tanzte. Oft war ich auch traurig, erinnerte mich dann an die glückliche Zeit und versuchte, diesen Zustand wiederherzustellen. Eine Weile dauerte es, bis ich das Rezept fand. Es bestand darin, mir zu merken, wo dieses angenehme Gefühl im Körper aufgetreten, wo es heimisch war und wie es sich anfühlte. Mit meiner Aufmerksamkeit, damals kannte ich dieses Wort noch nicht, ging ich an diesen Platz, fühlte mich hinein, versuchte dann, mich an das Ereignis, das es hervorgerufen hatte, zu erinnern. Es wieder aufleben zu lassen. Das ging sehr gut mit ein klein wenig Übung. Damals. Mit den Jahren hatte ich alles vergessen. Nun stand dieser Ausschnitt der vergangenen Zeit wieder so klar vor mir, als sei es gestern gewesen. Tränen waren in meinen Augen. Ich schämte mich ihrer nicht. Mein Herz war warm.

Da bemerkte ich etwas an meinem Rücken, ich lehnte ja an einem Baum. Aber was war das? Wieder drang etwas in mich ein. Oder war das Einbildung? Mein Rücken fühlte sich anders an als sonst. Genauestens versuchte ich, meine Haut wahrzunehmen, jeden Millimeter. Sie war wie aufgeladen, elektrisiert. Aus dem Baumstamm drängte eine Art Druck, ein Strömen in mich hinein. Freude kam auf.

Später suchte ich am Fluss einen Platz, an dem ich gut sitzen konnte. Ein flacher Felsen diente als Sitzgelegenheit. Meine Beine baumelten über dem Wasser, der Rücken lehnte an einem Ahorn. Ich ließ mich in mich hineinfallen, machte mich sozusagen schwer nach innen hin. Vor mir auf dem Fluss hielt sich eine graubeige Mückenwolke lange an einer Stelle auf. Die Mücken schossen innerhalb der Wolke so schnell durcheinander, dass ich sie als dünne Leuchtstriche wahrnahm. Über mir lebte dichtes

Blätterdach, gebildet aus verschiedenen Blattformen. Manche Blätter befanden sich dunkelgrün im Schatten. Andere beschien die Sonne direkt, hellgrün leuchteten sie, strahlten unbeschreiblich. Dazwischen gab es vielfältige Farbnuancen. Warmer Wind sorgte für Bewegung. Die tausendfältigen Impulse und Botschaften der Blätter legten sich zart auf meine Haut, in meine Seele. Aus dem stillen Ahorn, dem plaudernden Wasser, der kühlen Erde bewegten sich fröhlich mehr geahnte als gewusste Verdichtungen auf mich zu. Insekten fielen mit Gesumme über die Blüten eines Brombeerstrauches her. Mein Körper machte sich langsam bereit für die Kinderfreude, die zunehmend Raum einnahm, bequemte sich in ihre Richtung. Jede Zelle schien von ihr durchströmt zu werden. Weich fühlte sich mein Körper an, entspannt. Gäbe es denn mehr zu erreichen, als hier zu sitzen? Nichts wurde von mir erwartet. So wie ich war, genau so war ich willkommen. Mit all meinen Grillen und Schwächen, befand ich mich im Schönsten und gleichzeitig im natürlichsten Zustand der Welt. Als ich endlich aufbrach, mich bedankte, waren meine Knie weich, meine Arme baumelten gummilocker von den Schultern. Der Atem hob und senkte sich zärtlich. Ich fühlte mich geliebt. Mein Gang war entspannt. Noch Stunden später befand ich mich wie in einer Blase der Freude.

Zwei grundlegende Entscheidungen
gilt es im Leben zu treffen.
Alle weiteren beruhen darauf:
1. Macht mein Leben Sinn?
2. Möchte ich einer sein, der gibt, oder jemand, der nimmt?
Je nachdem, wie wir entscheiden,
bestimmen wir über Glück oder Unglück im Leben.

Herbert

An einem nebligen Abend erregte im Café ein älterer Herr in schwarzem Anzug, rot-schwarz karierter Fliege und weißem, offen getragenem Schal meine Aufmerksamkeit. Dazu trug er einen schwarzen, breitkrempigen Hut, ein Künstlertyp also. Schal und Hut sollte er den Abend über nicht ablegen. Sein Gesicht deutete an, dass er schon durch viele Untiefen des Lebens gesegelt sein mochte. Nicht nur einmal waren seine Schiffe gekentert. Trotz alledem zeigte sich unter einem Büschel grauer Haare, die unter dem schwarzen Hut hervorlugten, ein fröhliches Gesicht.

Mit Hüten kenne ich mich nicht aus. Sein Hut war aber ziemlich genau von der Art, wie ich gerne einen getragen hätte. Der Herr betrat das Café, nahm keine Notiz von den Anwesenden und setzte sich sogleich an den Flügel. Schon als er den Deckel über den Klaviertasten hochklappte, fiel mir auf, dass er diese Handlung mit Bedacht ausführte. Er schien ganz bei diesem doch nicht sehr wichtigen Akt dabei zu sein. Dann betrachtete er ausgiebig den Flügel, danach seine Hände, die Tastatur, rückte sich mehrfach den Klavierhocker zurecht und stellte die Kristallvase neben die vertrocknete Yukkapalme. Noten hatte er nicht dabei.

Anschließend begann er seine Finger zu massieren und nach hinten zu biegen, spreizte sie weit und vollführte darüber hinaus noch verschiedene Dehn- und Fingerübungen. Fertig damit, musterte er aufmerksam die Tasten, mit einem Gesichtsausdruck als warte er darauf, dass jeden Augenblick eine davon von unsichtbarer Hand angeschlagen würde. Als auch diese Phase endlich beendet war, rollte er seine Schultern nach vorne und nach hinten. Wie generell in diesem Café üblich, fand auch er beim Publikum keinerlei Beachtung. Heute duftete es nach frisch geschlagenem Holz und Jasminblüten.

Endlich schien es mit dem Spiel ernst zu werden. Das war kurz bevor ich ungeduldig zu werden drohte. Der Pianist schlug einige Töne mit unterschiedlich langen Pausen dazwischen an und lauschte ihnen nach. Dabei sah er wie fragend in das Publikum. Außer dem üblichen Stühlegequietsche und dem Durcheinander vieler Stimmen kam nichts zurück. Damit war auch nicht zu rechnen. Der Herr schien sich mit dem Flügel einig zu sein und setzte auf diese Weise sein Spiel fort, indem er die gleichen kurzen Tonabfolgen langsam spielte und mehrmals wiederholte. Das Gespielte muss ich gelinde gesagt als ungewöhnlich bezeichnen. Dabei erklang immer nur ein Ton nach dem anderen. Obwohl mit Ausdruck vorgetragen, wirklich keine große Kunst. Zwischen den Tönen hielt er, wie schon angedeutet, unterschiedlich lange Pausen ein. In dieser, wie mir schien, unfertigen Tonfolge konnte ich keine Melodie erkennen. Es schien reines Chaos zu sein. Oder war ein Konzept dahinter?

Als Ergebnis früherer Überlegungen, war ich zu der Meinung gekommen, dass es Chaos ohne Ordnung nicht geben kann. Dass Chaos aus der Ordnung heraustritt, kam mir einleuchtend vor. Das suchende Chaos als das Ausgreifen der Ordnung mit dem Ziel, alles Neue und Überraschende später wieder in Ordnung umzuwandeln. Sozusagen Chaos als Werkzeug der Ordnung.

Es ist wohl vielfach so, dass wir nicht in der Lage sind, weder die Ordnung noch das mit ihr daherkommende Chaos als solche zu erkennen und beide zu unterscheiden. Vermutlich sind beide unendlich groß und weit und aus dem für uns sichtbaren winzigen Zeitausschnitt lässt sich zu wenig schließen.

Ich versuchte also, das Tonchaos durch das Wegnehmen von einzelnen Tönen in meiner Vorstellung zu entwirren, was zu nichts führte. Es waren ja nur wenige Töne, auf diese Weise blieben kaum noch Töne übrig. Dann schien es mir eher so zu sein, dass es der Melodie an Tönen mangelte. Die Pausen nahm ich als künstlich, unpassend, möglicherweise als Platzhalter wahr. Meiner Meinung nach fehlten Töne, welche die Pausen füllen sollten. Diesen Mangel empfand ich als unangenehm und wollte das Natürlichste tun, was man unternimmt, wenn ein Mangel auftritt: ihn beheben.

Deines Geistes hab ich einen Hauch verspürt.

Johann Ludwig Uhland

Um dies zu erreichen, trachtete ich danach, zuerst in Gedanken und später mit leisem Summen die meines Erachtens fehlenden Töne in die Pausen einzubauen. Auf diese Weise versuchte ich, die Lücken zu schließen. Dies gelang mir nicht sogleich. Bei zwei Lücken waren für mein Gefühl mehrere Varianten möglich. Die weniger gut passenden sortierte ich aus. Dank der vielen Wiederholungen hatte ich genug Zeit, verschiedene Möglichkeiten auszuprobieren. Die von mir ergänzten und gesummten Töne fügten sich schließlich ganz passabel in die Lücken ein. Es ergab sich ein seltsames Zusammenspiel dadurch, dass der Pianist einige Töne anschlug und ich die dazwischen liegenden Töne summte, eine hübsche Melodie entstand.

Später ging der Pianist dazu über, zusätzlich zu den vorigen Tönen jeweils noch einen zweiten gleichzeitig anzuschlagen, vermutlich um so die Melodie farbiger zu gestalten. Auch hier fehlten in den Pausen Töne. Nun aber zwei. Die Melodie war die gleiche. Zwei Töne gleichzeitig zu ergänzen, stellte mich physisch vor ein Problem. Nur einen einzigen Ton konnte ich summen. Gab es denn eine Chance, mit dieser neuen Herausforderung klarzukommen? Meine kleinen grauen Gehirnzellen arbeiteten fieberhaft. Nach kurzer Zeit kam ich auf die Idee, einen der beiden benötigten Töne zu summen und den zweiten Ton innerlich, in meiner Vorstellung zu tönen. Ohne den gesummten Ton zu stören oder gar durcheinanderzugeraten. Dies war gewiss nicht leicht. Etwas Derartiges hatte ich ja noch nie gemacht, so dass ich von mir, für mich, etwas Geduld erwarten durfte.

Nach einigen Versuchen gelang es mir immer besser, den gedacht getönten mit dem akustisch gesummten Ton in Einklang zu bringen und beide fast gleichwertig in mir zu hören. Wobei der gedachte Ton nur für mich "hörbar", aber doch, anders zwar, auch außen vorhanden zu sein schien.

Ganz zufrieden konnte ich allerdings mit meinen Versuchen nicht sein, da der Pianist mittlerweile jeweils drei Töne, bei wieder gleicher Tonfolge, gleichzeitig anschlug. Schon wieder fehlte mir ein Ton. Das war der Gipfel der Anforderung! Ich fand, dass der Pianist dem Zuhörer mit dem fehlenden dritten Ton, den er selbst tönen musste, wirklich zu viel abverlangte, ihn weit überforderte. Wer sollte dies schaffen? Wie einfach wäre es gewesen, hätte er doch den fehlenden dritten Ton selbst am Flügel gespielt.

Fast wollte ich mit der Summerei aufhören. Gut, es könnten sich drei Zuhörer zusammentun, dachte ich mir, jeder könnte einen der Töne summen. Bei dem desinteressierten Publikum in diesem Café erschien mir das jedoch ein aussichtsloses Unterfangen zu sein. Sinnlos, das zu versuchen. Woher sollte ich denn nun den dritten Ton nehmen?

Du leidest an einer unheilvollen Seelenkrankheit.
Die Modernen nennen sie Schwermut,
die Alten hießen sie geistige Trägheit.

Francesco Petrarca

Unbedingt wollte ich jedoch diesen Dreiklang erzeugen. Der Ehrgeiz hatte mich gepackt. Zum Glück fiel mir ein, dass ich früher das Obertonsingen geübt hatte. Damals brachte ich das ganz gut mit zwei Tönen gleichzeitig zuwege. Weitere Töne schwangen im Hintergrund mit, klangen aber nur sehr leise an. Das ist lange her, ich war nicht sicher, ob mir das noch gelänge.

Um ungestört und ohne Zuhörer probieren zu können, flitzte ich flink vor die Tür. Draußen umfing mich schwarze Nacht. Still war es da. Hier wähnte ich mich alleine und begann mit dem Singen. Anfangs war es mühsam. Nach wenigen, anstrengenden Minuten klappte es einigermaßen, vorausgesetzt, dass ich hochkonzentriert blieb. Ab und zu fuhr ein Auto vorüber und übertönte mein Üben. Mehrfach fand ich mich durch Gedanken abgelenkt, die wohl nichts Besseres zu tun hatten, als mich zu ärgern. Zwei Töne waren durch die Ergänzung mit dem Obertonsingen physisch geschafft. Den dritten Ton erzeugte ich wie zuvor in meiner Vorstellung. Ich war zufrieden. Auch hatten sich meine Augen an die Dunkelheit gewöhnt.

Erst jetzt sah ich, dass sich rechts, gleich neben mir, ein Pärchen befand, das mich entgeistert und mit offenen Mündern ansah. Zu meiner Linken stand ein älterer Herr und zog an einer glutlosen Zigarre. Auch er sah mich seltsam an. Schnell entzog ich mich der Situation, eilte wieder in die Gaststube und fand den Pianisten zum Glück immer noch die gleiche Tonfolge spielen. Nun brachte ich meinen Obertonzweiklang ein. Ganz leise, versteht sich. Nur für mich. Bei dem Lärm im Café dauerte es eine Weile, bis ich es schaffte, die fehlenden Töne gleichzeitig aus meinem Mund herauszulocken und mir den dritten zu denken.

Beim Obertonsingen ist, meiner Erfahrung nach, der tiefere der beiden Haupttöne etwas leiser. Diesen Mangel versuchte ich auszugleichen. Der Pianist spielte indes sein eigenartiges Stück unverdrossen weiter. Ich achtete darauf, möglichst unauffällig zu agieren und die für das Obertonsingen typischen großen Mundbewegungen so klein wie möglich zu halten. Die nun drei Töne, also die beiden aus dem Mund und den gedachten, hinzubekommen, sie zu harmonisieren, war naturgemäß noch schwieriger, als es mit zweien schon gewesen war. Klar.

Sie sollten alle drei sauber dastehen, rein im Klang sein und vor allem für mich etwa gleich laut daherkommen. Damit nicht einer der Töne die anderen beiden überwiege. Auch den Wechsel der Töne im Rahmen der Melodie versuchte ich zu schaffen. Mein Resultat war bestimmt nicht bühnenreif, konnte aber den Mangel des Vortrags wenigstens teilweise beseitigen.

Einigermaßen zufrieden konnte ich sein. Die letzten Minuten war ich sehr auf meine Versuche und auf das genaue Treffen der Töne konzentriert gewesen. Den Pianisten hatte ich nicht mehr beachtet. Nun fiel mir auf, dass er aufmunternd zu mir herüberblickte und mir mehrmals freundlich zunickte. Nun wurde mir das Ganze peinlich. Ich fühlte mich ertappt und stellte meine Dreiklänge ein. Mitten in der Melodie beendete der ältere Herr sein Spiel, stand auf und kam unsicher auf mich zu. Ohne dass es auch nur einer der Gäste zur Kenntnis genommen hätte.

“Darf ich mich einen Moment zu Ihnen setzen?” “Sehr gerne.” “Ich weiß nicht, wie ich anfangen soll, bin etwas verwirrt. So lange Zeit wünsche ich mir schon, dass das geschieht, was heute geschehen ist. Ehrlich gesagt, hatte ich das Hoffen und Warten schon aufgegeben und nicht mehr daran geglaubt.” “Ich verstehe nicht ganz, was meinen Sie denn?” “Sie haben meinen Wunsch bisher als Einziger verstanden. Sie haben mitgemacht und die fehlenden Töne ergänzt. Vorzüglich! Drei Töne auf einmal! Unglaublich! Den dritten Ton konnte ich natürlich nicht hören, ich bin aber sicher, Sie bildeten ihn in Ihrer Vorstellung.

Wie soll ich es bloß sagen, mein Wunsch war es immer gewesen, nicht nur vorzuspielen, sondern gemeinsam mit dem Publikum etwas Größeres zu schaffen. Etwas völlig Neues, nie Dagewesenes. Einen gemeinsamen akustischen Raum, in dem wir eine große, wundervolle Schwingung erzeugen, das sollte es werden. Ein von allen Zuhörern, nein Zuhörer sind es ja dann nicht mehr, Mitspieler wären es, also ein von allen geschöpftes Gebilde, eine, lassen Sie es mich so sagen, Kathedrale aus vielstimmig gedachten und realen Tönen, welche, ich, äh, ich bleibe im Bild, ihre vielfarbig leuchtenden Glasfenster aus der Farbe des Seins jedes Einzelnen bezöge. Die Fenster sollten viel Blau beinhalten, die Farbe der Maienkönigin, die wertvolle, teuerste Farbe in den Zeiten des Kathedralenbaus.

Ein Gebilde, das die physischen und die nichtphysischen Schwingungen verbände, sollte es sein, um so eine Vereinigung zwischen der Fantasie und der Realität zu schaffen. Sie können meinetwegen auch Atmosphäre dazu sagen. Nein, lieber nicht, das wäre nur ein winziger Teil meiner Vorstellung. Was ich gerade sagte, ist vielleicht etwas verrückt. Ich sagte es zu Ihnen und nur zu Ihnen, weil Sie meine Vision verstanden haben.”

Das Leben ist voll von Widersprüchen
und von jeder Wahrheit ist auch das Gegenteil wahr.

Ricarda Huch

Der ältere Herr sah sich um, beugte sich dann über den Tisch nahe zu mir her und flüsterte etwas. Der Tisch knirschte und knarzte schmerzlich. Nichts konnte ich verstehen. Er sprach viel zu leise, es war ja laut im Café. "Bitte sprechen Sie doch lauter, ich habe nichts verstanden." Er rückte noch näher zu mir, was ihm nur dadurch gelang, dass er sich mit dem Oberkörper weit zu mir herüberbeugte und sich fast auf den Tisch legte. Dieser knarrte gequält noch lauter als zuvor und wackelte unter der Last des Pianisten hin und her. Sicherheitshalber, um Schlimmes zu verhüten, nahm ich mein Bierglas in die rechte Hand. Mit der anderen Hand versuchte ich, die Schwankungen des Tisches auszugleichen, indem ich das linke Tischbein festhielt und dagegendrückte.

"Meine Vision ist, dass diese Kathedralen, Sie verstehen doch, dass ich nur ein Bild bemühe, von Bestand sein sollen. Ich meine, dass sie sich unabhängig von denjenigen, welche sie kreiert haben, irgendwie, auf eine subtile Weise - lassen Sie mich andeutungsweise 'verfestigen' dazu sagen - verfestigen und weiterexistieren sollen. Für immer. Unsichtbar, nicht fühlbar für die meisten, aber doch eine Art von Realität. Nein, nicht so, ich meine eine andere Realität. Ein wenig würden sie immer klingen. Und feinsinnige Menschen auch künftig dazu einladen, sich einzubringen, mitzusummen, so Energie zuzuleiten und dadurch weiterzubauen, besser gesagt, das Bestehende auszuschmücken. Ihnen traute ich zu, dass Sie diese großartigen Werke auch in späteren Zeiten noch wahrnehmen können. Derartige Konzerte können in vielen Städten durchgeführt werden. So werden viele duftige Raumgebilde endlich eine weltumspannende, gewaltige Kathedrale der kommenden neuen Zeit bauen. Ein neues Haus des Herrn, das die gesamte Erde umspannt, gebaut für alle Religionen und Weltanschauungen, eine Geo-Kathedrale des Herrn. Eine Weiterschöpfung der genialen Baumeister der Gotik in einer höheren, einer duftigen Ebene. Die gesamte Erde einhüllend, sie bei der anstehenden Neuschöpfung unterstützend."

Die Reiche der Zukunft sind Reiche des Geistes.

Winston Churchill

Bei dem Wort "schöpfen" war es mir, als ob ich einen Stich in meinem Herzen fühlte, eine Flut von Wärme durchströmte meinen Körper. Der Pianist schwieg nun. Er sah mich lange an. "Das ist wirklich bahnbrechend. Was für eine Vision! So hat bisher noch keiner gedacht. Und, wenn ich das recht verstehe, würde durch diese riesige Kathedrale der Mensch auf irgendeine Weise angeregt, sein Denken würde nach oben gezogen, sozusagen in göttliche Gefilde." "Genau, ganz genau. So könnte man es sagen." Mittlerweile schmerzte mein Handgelenk vom anstrengenden Gegendrücken gegen das Tischbein. Gerne hätte ich die Arme gewechselt, da ich aber in meiner anderen Hand das Bierglas hielt, dessen Umfallen ich nicht riskieren konnte, war mir das nicht möglich. Auch den Tisch konnte ich nicht im Stich lassen. So musste ich eben trotz des Schmerzes weiter gegen das Tischbein drücken.

"Alle Gäste sollten dabei mitmachen", fuhr der ältere Herr fort. "Es ist mir wichtig, meine Idee dem Publikum nicht bekanntzugeben. Der Zauber, die Kreativität würde sich verlieren. Irgendwie wäre es künstlich, nur ein Abklatsch dessen, was ich mir vorstelle. Die Neugierde des Publikums sollte durch mein Spiel geweckt werden sowie die Lust zum Experimentieren, zum Mitmachen. Verstehen Sie? Ich möchte, dass jeder Einzelne das Fehlen von Tönen bemerkt, diese Töne für sich selbst ergänzt. Und bei gutem Gelingen diesen Erfolg vielleicht als Anregung, als Ausgangspunkt nähme, auch das sonst in seinem Leben Fehlende, das in unserer Gesellschaft Fehlende zu ergänzen.

Das alles sollte ohne große Erläuterung, ohne Belehrung, ohne Anweisung vor sich gehen. Unsicher würden die Zuhörer beginnen, stelle ich mir vor. Leise zwar am Anfang, verstohlen, auf den Nachbarn blickend, ob dieser auch verstanden habe und mitmachte. Am Ende würden dann alle dabei sein. Jeder auf seine Art. Gerne mit abweichenden, vielfältigen Melodien. Das wäre für mich das Schönste. Meine Hoffnung ist es, dass die Zuhörer bemerkten, dass wir uns gegenseitig brauchen. Sie füllen meine Lücken, ich fülle die ihren. Und ganz nebenbei helfen wir beim Schöpfen einer neuen Welt." Der Pianist sah mir tief in die Augen. Einige Tränen bahnten sich einen kruden Weg, mäandrierend durch den Tagesbart, glitten eine kleine Narbe entlang, welche sich auf der Wange befand, die dadurch feuerrot erstrahlte, kullerten über die beiden Lippenberge hinunter, bis zur rotgemusterten Schleife, wo sie dem matten Stoff endlich Glanz verliehen. "Sie haben bisher als Einziger verstanden, worauf es mir ankommt. Warum haben denn die anderen nicht mitgemacht? Verstehen Sie das? Für Sie kommt es vielleicht überraschend.

Die Geschichte fertigt den Entwurf der Zukunft.

Unbekannt

Ich hätte da eine große Bitte. Wären Sie einverstanden, äh, ich meine, wären Sie bereit, mit nach vorne zu kommen und das, was Sie vorhin leise gemacht haben, laut vor dem Publikum zu präsentieren? Aber ohne Erklärung. Einfach nur so. Dann könnte ich mir vorstellen, dass die anderen Gäste verstehen, worum es geht, und ihrerseits mitmachen." Ich schwieg und überlegte. Nach vorne kommen? Vorsummen? "Ich wollte hier nicht auftreten, sondern nur zuhören. Meine Aktivität war nur aus dem Mangel geboren. Und außerdem, da bin ich sicher, würde unser Vorhaben keiner der Gäste begreifen. Auslachen würden sie mich." "Gewiss nicht. Man würde Sie als genial beklatschen." "Das sehe ich nicht so. Seien Sie mir bitte nicht böse, aber ich kann das jetzt nicht machen. Nein, tut mir wirklich leid." Der ältere Herr machte ein trauriges Gesicht, unser Gespräch versiegte nach kurzer Zeit.

In dieser Pause fiel mir ein: Kürzlich sah ich ein kleines Erlenbäumchen. Einige seiner Blätter waren mit dutzenden von Löchern übersäht. Da hatte jemand gut gefuttert. Erstaunlich, die Blätter waren nicht in ihrer Farbe verändert, sahen geradeso frisch aus wie die anderen. Offenbar waren sie in der Lage, trotz der Schäden ihre Arbeit weiter zu verrichten. Neben dem Erlenbäumchen fanden sich einige hochgewachsene, braunrote Blutströpfchen in der Wiese. Meine Haut fühlte sich prickelnd an, wieder einmal waren Heere von Ameisen aktiv, welche darübermarschierten. Kühle, Frische drang in mich ein. Dann wieder Wärme, die sich von meinem Rücken aus in den ganzen Körper ausbreitete. Bis hin zu meinem Herzen, das mir weit und offen schien, bereit, dieses Strömen freudig aufzunehmen.

Ich war glücklich. Glücklich ohne irgendwelche Bedenken, Ängste oder negative Gedanken. Meinen Körper hatte ich vergessen und war vollkommen in die Freude, in die Dankbarkeit eingetaucht. Vielleicht war ich für einen Augenblick sogar ein bisschen dazu geworden. Lange noch saß ich an meinen Ahorn gelehnt. Der

blankblaue Himmel blitzte durch die Wolkendecke, versteckte sich wieder, guckte erneut hervor. Blinzelte er mir zu? Einige der spitzen Ahornblätter kitzelten mich am Ohr, dadurch kam ich aus meinem eigenartigen Zustand wieder zurück. Nun war es sonnenklar. Herberts Erzählungen waren keine Fantastereien, sondern Realität. Eine andere vielleicht, als die, die jedem jederzeit zugänglich war, aber doch erlebbar und wahr.
Einige Stunden später konnte ich mein Erlebnis wieder nicht glauben, meinte, geträumt zu haben, entschloss mich aber, meine Zweifel nun endgültig zu begraben.

Die lauten Gespräche der Gäste brandeten auf uns ein. Ich empfand den älteren Herrn und mich wie auf einer abgelegenen, mit Buschwerk bewachsenen Insel. Wir saßen an felsigem Strand und sahen auf das unendliche Meer, vielleicht dorthin, wo eines seiner Schiffe gestrandet war. Gleichzeitig befanden wir uns aber inmitten des endlos murmelnden und tobenden Ozeans von nicht unterscheidbaren Worten, einem Wirrwarr von Buchstaben und Satzfetzen, die teilweise mit angefressenen Buchstaben begannen oder endeten. Da und dort waren ein Lachen, ein Ruf des Erstaunens, ein Husten eingewebt. Das unvermeidliche Höllengeräusch der Kaffeemaschine, die an der Rückseite der Theke stand, hämmerte immer wieder auf uns ein, walzte wie ein Tsunami über uns hinweg. Lächerlich: Bei all dem Getöse bringt die Maschine maximal einen doppelten Espresso hervor. Mit etwas Bedeutenderem wäre zu rechnen gewesen. Das Klappern von Geschirr erinnerte an das Geräusch von zusammenstoßenden Felsbrocken in der blendend weißen Gischt des sich vor uns ausbreitenden hellen Sandstrandes. Mir standen plötzlich die schwarzen Lavastrände Lanzarotes vor Augen. Eigenartiger werdendes Wortgewirr und

Stimmengemisch füllte den Gastraum. War es denn eigenartiger als sonst oder bildete ich mir das nur ein? Ich rechnete damit, dass von unterschiedlichen Personen ausgesprochene Worte und Buchstaben aus dem Durcheinander hervortreten, sich zusammenfinden, eine Eigendynamik entwickeln, selbst kreativ werden, sich zu neuen Sätzen zusammenfinden und Botschaften an uns richten würden. Und all das aussprechen würden, was wichtig ist. Ich meine, das aussprechen, was wirklich wichtig ist, das, worum es hier eigentlich geht, das, was uns gemeinsam weiterbringt, eben das, was wir Menschen bisher versäumt haben, klar auszusprechen.

Der Unterschied zwischen Theorie und Praxis
ist in der Praxis noch größer als in der Theorie.

Unbekannt

Auch freundliche Worte könnten es sein, Komplimente oder Berichte von entlegenen Orten und vergangenen Zeiten. Schließlich sind Buchstaben und Worte schon länger im Umlauf. In allen nur erdenklichen Umständen und Weltgegenden, in unzähligen Sprachen sind sie ausgesprochen worden, haben Schmerzen und Freuden verursacht, bis sie ans Licht kamen, haben Schmerzen und Freuden denjenigen bereitet, die sie hören durften oder mussten. Alles, was Menschen jemals gedacht und gewollt haben, ist durch sie ausgedrückt worden, sie haben die Basis dafür gebildet, dass Menschen miteinander kommunizieren konnten. Unsere Gedanken, unsere geheimen Wünsche sind ihnen bekannt. Auf diese Weise, also wenn Buchstaben, Worte, Satzfetzen aktiv und kreativ würden, könnte sich über das Vorgesagte hinaus eine Erzählung galaktischen Ausmaßes und immenser Bedeutung bilden. Und jeder, der fähig ist, Buchstaben zu gebrauchen, diese Fähigkeit auch ausübte, würde mit dem Aussprechen seinen ganz persönlichen Teil zu diesem Opus magnum beitragen.

In schweren Zeiten, als ein möglicherweise eigenartiges Unterfangen, versuchte ich immer wieder, eine geheime Botschaft, einen beherzten Rat für mich herauszuhören, der sich aus dem Sein vieler Menschen, dem Zusammenklang der Erfahrung, der Worte ergäbe. Und zwar, Sie mögen es ahnen, häufiger vor dem ersten Bier und auch nach dem üblichen Konsum von Bieren und Enzianen. Äußerste Konzentration hatte ich aufzubringen. Allein, ich konnte Derartiges bislang nicht wahrnehmen. Zugeben muss ich: Mir fehlt noch die nötige Sensibilität und wohl auch die Fähigkeit, die Worte nicht nur sauber aus der Wortmasse herauszuhören, sondern sie auch blitzschnell zu Aussagefähigem zusammenzufügen.
So überlegte ich, ob es eine Möglichkeit gäbe, in meinem Verstehen weiterzukommen. Vielleicht fehlte mir nur der geschenkte Augenblick, der das Verstehen schärfen und geeignete Worteinsammel- und Wortverbindungswerkzeuge in die Zeit werfen würde, um endlich diese Botschaften wahrnehmen zu können.

Große Aufmerksamkeit ist nötig, um zumindest die aus dem Wortmeer herausragenden wenigen Worte, die ich verstehen kann, aufzunehmen, sie zu behalten und gleichzeitig weiter konzentriert zuzuhören. Lehrreich und noch anspruchsvoller ist die Aufgabe, mich nur auf angeknabberte Worte, also solche, die nur zum Teil hörbar sind, zu konzentrieren. In meinem Vokabular bezeichne ich sie als Rumpfworte. Das Zusammenfügen von Rumpfworten ergibt die erstaunlichsten Wortkreationen bis hin zu abstoßenden, widerlichen Wortmonstern. Leider erlahme ich dabei wegen der gebotenen hohen Konzentration meist schnell. Außerdem fehlen mir ja noch die weiter oben erwähnten Werkzeuge, so dass ich nur selektiv und zwar nach meinen Regeln, die meinem Unvermögen geschuldet sind, die Worte aufnehmen kann.

Wie wenig kreativ wir doch mit den Worten umgehen, fällt mir dabei auf. Meist bewegen wir uns im Fluss bestehender Worte.

Hand aufs Herz: Wann haben Sie das letzte Mal ein neues Wort geprägt, eine Redewendung kreiert? Haben Sie es gegen den Rest der Welt mutig verteidigt? War Ihnen bewusst, dass dies ein schöpferischer Vorgang ist?

Vor dem Beginn solcher Versuche gilt es, Kriterien zu entwickeln, nach welchen man Rumpfworte auswählt. Das soll vermeiden, dass beim gleichzeitigen Hören von mehreren Worten ein allzu persönlicher Einfluss auf die Auswahl genommen wird. Mitten in der Arbeit bin ich bezüglich der Erarbeitung dieser Kriterien.

Dann wieder lausche ich einfach nur dem Wortmeer, beobachte, wie es hin- und herwogt, wie da und dort deutlich Wortinseln, Wortberge, zerklüftete Buchstabenspitzen herausragen, Abgründe sich auftun, in welche leichtsinnige und unvorsichtige Worte stürzen können. In welche Weltengegenden und Umstände würde mich dieses Meer tragen?
Mit dem Boot meiner Aufmerksamkeit möchte ich mich ein wenig auf diesem Meer treiben lassen, beobachten, welche Stimmungen und Gefühle in mich einfallen. Ab einer bestimmten Anzahl von Menschen hört sich das Wortgeräusch jeweils ähnlich an. Gleichgültig, zu welcher Jahreszeit, egal, ob an Ostern oder Weihnachten. Unabhängig davon, um welche Sprachen es sich handelt. Einerlei ob im Gastraum oder im Freien. Das konnte ich beobachten. Obwohl man tagsüber im Freien zusätzlich ein wenig von der vibrierenden Weite der Welt wahrnehmen kann, während nachts ein brennendes Sternensehnen zu spüren ist.

Ein altes Pferd findet ganz allein nach Hause.

Ungarisches Sprichwort

Seit kurzem trage ich an den einzelnen Abenden die Anzahl der Gäste im Café in mein kleines rotes Notizbuch ein, auch einige weitere Begleitumstände. Getrennt nach Damen und Herren. Um ein Gefühl dafür zu bekommen, ab welcher Anzahl von Gästen das Verstehen von Details endet. Ob das Ende des Verstehens beeinflusst ist von der zahlenmäßig unterschiedlichen Mischung von Männern und Frauen? Um herauszufinden, ob das Gehörte, das Verstandene eine Botschaft in sich trägt, schreibe ich bestimmte Auffälligkeiten in mein Büchlein. In Form von sauberen und übersichtlichen Tabellen.

Eine der Spalten ist einzelnen Worten vorbehalten, die ich aus dem Gewirr heraushören kann. Neugierig war ich, welche Worte das sein würden, ob sich thematische Wortverdichtungen, Ansammlungen, Cluster ergäben, ob ich etwas mit ihnen anfangen könnte. Um Klarheit zu bekommen und um die Daten sinnvoll auswerten zu können, werde ich noch einige Wochen sammeln. Ob ich die Worte anschließend in der Reihenfolge, in welcher ich sie höre, oder nach anderen Kriterien, wie etwa der Wortlänge, der Anzahl der Vokale, welche sie beinhalten, oder alphabetisch den Anfangsbuchstaben nach sortieren werde, wird sich noch klären.

Kürzlich habe ich gehört, dass die Suren im Koran in der Reihenfolge des Textumfangs, also der Länge der einzelnen Suren nach sortiert sind, beginnend mit den langen Texten. Das bedeutet, wenn wir in der bei uns üblichen Leserichtung mit dem Lesen von links nach rechts begännen, fingen wir mit der kürzesten Sure an, da man im Arabischen ja von rechts nach links, also aus unserer Sicht von hinten beginnend liest.

Eine Art der Anordnung der Suren, die ich bemerkenswert finde. Gefragt, nach welchem System die Suren angeordnet seien, hätte ich geantwortet: wohl nach Themen geordnet oder chronologisch. Ich kann mir also in dieser Sache durchaus den Koran als Vorbild nehmen und das tun, was zu wenig geschieht - von anderen Kulturen lernen.

Wenn Sie denken, der letzte Abschnitt sei einem wirren Gehirn entsprungen und Sie nun froh sind, ihn hinter sich zu haben, muss ich Sie warnen! Es kommt noch schlimmer! Falls Sie zarten Gemütes sind, bitte die folgenden Abschnitte überspringen!

Der Autor

Wenn die an diesem Wortmeer Beteiligten alle gleichzeitig redeten, verschwänden die Unterschiede zwischen den Menschen. Das empfinde ich so, das behaupte ich. Keiner könnte dann, wegen der Lautstärke und der Vielzahl an Worten, etwas verstehen, sich hervortun oder wichtig machen. Niemand würde bevorzugt, selbst wenn er laut spräche, gingen seine Worte unter.

Dabei stellte sich heraus, dass die Unterschiede zwischen den Menschen unbedeutend sind, künstlich, konstruiert - oder anders gesagt, dass sie dem lauten Reden nicht standhalten. Jeder kann das zweifellos hören, indem er zwar lauscht, aber nichts versteht. Einzelne Worte höchstens kann er aufnehmen, bei geschultem Gehör. Als Zuhörer leiden wir dann trotz unserer "Hör-Mühe" an dem Mangel des Verstehens und werden uns gewahr, dass es allen gleich geht, dass wir wenigstens in dieser Sache Brüder und Schwestern sind.

Bei längerer Beschäftigung mit diesem Thema sind wir versucht, in uns hineinzuhorchen, um herauszufinden, ob wir den Wunsch und die Kraft verspüren, aus dem Wortmeer nicht nur etwas heraushören zu wollen, sondern, als einen möglichen nächsten Schritt, die Richtung zu wechseln und etwas hineinhören zu wollen, genauer ausgedrückt, ob wir imstande wären, etwas hineinzuhören. Hineinhören deshalb, weil der Umweg über das Sprechen unerwünschte Abweichungen der Inhalte, die wir kommunizieren möchten, hervorrufen könnte.

Beim genauen Zuhören kann man hören, wie sich Worte, um nicht völlig sinnlos zu verdimmen, mit der Zeit zu einer Art tragfähiger werdendem Teppich zusammenweben. Es bilden sich fantastische, manchmal tropisch anmutende Wortwebemuster, auf welchen sich bekanntermaßen Träume gerne niederlassen. Wenn die Zeit günstig ist, kann man das beobachten, vorausgesetzt man ist aufmerksam und schaut richtig hin, nämlich mit dem bereits erwähnten offenen Herzensblick.

Zugegeben, es war früher einfacher, in der glorreichen Zeit, als man in den Lokalen noch rauchen durfte. Auch Nichtraucher wie ich erinnern sich bisweilen gerne an das die Fantasie anregende, sich ständig verändernde, immer neue Rauchgewölk. Wie es bläulich-grau nach oben waberte, feinste Gespinste bildend, Lampen eingraute und im Laufe des Abends einen alle und alles verbindenden Rauchnebel herausbildete. Beachten Sie bitte, vom Zigarettenrauch zum Weihrauch ist es nur ein kleiner Schritt.

Ja, ein fliegender Teppich, wie im Märchen aus Tausendundeiner Nacht kann sich bilden. Demjenigen, der sich an seinen Klangträumen hochhangelt, sich mit ihnen hinaufsehnt, hinaufdehnt, über sich hinaus träumt, hinauswächst bis in die Höhe der fliegenden Teppiche, gelingt es mit Leichtigkeit, sich darauf niederzulassen und sich mit Prinzessinen und Prinzen in den Lüften zu vergnügen. Von oben, aus der Vogelperspektive, ist auf so einem Flug neben all den wundersamen Menschen, Dingen, Bergen auch das weite Meer zu sehen. Vermutlich auch die riesenhafte, leuchtend gelbe Blüte, die Herbert in den Tropen gesehen hat, und einige der Tonkathedralen des älteren Herrn vom Flügel, wie sie sich über die Städte wölben.

Überhaupt neige ich dazu, dem in der heutigen Zeit unterrepräsentierten Hören für mich wieder mehr Gewicht zu verleihen. Das Hören hat dem Sehen gegenüber den Vorteil, dass es den Klang, vor allem aber das schöpferische Wort aufnehmen kann. Das Hören kam wohl zuerst, das Wort hat ja die Welt geschöpft. Erst danach konnte die Schöpfung gesehen werden.

Um mir mein Gehör zu erhalten, mache ich täglich meine Ohrenübungen. Zwei Minuten reichen aus. Zum Beispiel drücke ich mit den Zeigefingern die Gehörgänge zu, um dann mit den Mittelfingern auf die Zeigefinger zu klopfen. Das gibt ein lautes Krachen. Oder, und das habe ich in Sri Lanka gelernt, ich schiebe meine flachen Hände vorsichtig über die Ohrmuscheln, decke damit die Gehörgänge möglichst dicht ab. Dann entferne ich die Handflächen schnell von den Ohren, es entsteht dadurch ein kurzer Unterdruck. Kürzlich wunderte sich meine Ohrenärztin nach einem Hörtest über meine außergewöhnliche Hörfähigkeit. Sie konnte es nicht glauben, der Test musste wiederholt werden. Das hat mich in meinen Übungen bestätigt.

Da wir nun schon mit diesem Thema begonnen haben, sollten wir getrost dranbleiben und es ein klein wenig weitertreiben.

Also alle würden mit dem Sprechen aufhören, ich meine, alle, wie wir das ja gerade schon hatten, reden und ... hören auf ... aufhören ... ein seltsames Wort. Da steckt das Hören drin. Vielleicht ist mit dem Aufhören das Umschalten vom Aktiven zum Passiven, vom Reden auf das Hören, auf das genaue Zuhören, besonders das in etwas Hineinhören gemeint. Und zwar so, dass am besten alle gleichzeitig nur noch hören, ich meine lauschen, zuhören, hinhören. Auch wenn es vordergründig nichts zu hören gäbe. Wenn es also vordergründig nichts zu hören gäbe, kann trotzdem der Versuch gemacht werden, etwas zu hören. Ich vermute sogar, dass dennoch etwas gehört werden kann. Mindestens aber das, dass es nichts zu hören gibt. Kann man das hören? Lassen wir das offen. Das jedenfalls sollte da sein, womöglich zu hören sein, das, was jeder hineinhören mag und kann. Jeder möge mit dem, was er ist, mit dem, was er zu geben hat, das Aufhören füllen.

Alle Entwicklung ist bis jetzt nichts weiter
als ein Taumeln von einem Irrtum zum anderen.

Henrik Ibsen

Etwas oder auch sich selber, sein Innerstes, wird er so auf eine ganz andere und neue Weise wahrnehmen und geneigt sein, seine Überfülle schenken zu wollen. Im Konzert mit den anderen. Mit den anderen als Gegenüber und doch auch mit ihnen gemeinsam.

Unnötig zu sagen, dass das hier gemeinte Hören über das übliche unbewusste, teilnahmslose Hören, das ja nichts mit zuhören zu tun hat, hinausgeht. Gleichzeitig kann über das Du und das gemeinsame Feld ein kleiner Schritt auf dem Weg zu uns selbst getan werden. Zwar befänden wir uns mit all den Mühen kaum außerhalb von uns, wären aber umso besser für uns selber wahrnehmbar, weil wir einen Ort zugewiesen bekämen, der sich aus der Gemeinsamkeit heraus definiert. Einen Ort für unser gemeinsam zu schaffendes Aufhören, das auf Dauer gesehen auch aufhören sollte und tatsächlich aufhören kann, einen Ort, in den wir unsere Überfüllen hingeben können. Wenigstens über kürzere Phasen wortloser Zeit.

Zu jedem der Aufhörenden fügte sich in diesem äußerst dynamischen Prozess das genaue Hinhören, auch ein Heraushören sowie noch ein wenig von den Überfüllen, welche die anderen hineinbrächten, hinzu. Damit etwas vom Reichtum der anderen, deren Fülle, das Eigene verbrämen möge. Bis endlich dann das Aufhören sich beruhigte, eine größere Tiefe erreichte und sich sachte der Stille annäherte.

Das Hören, wenn keiner mehr etwas sagt, wenn es anscheinend nichts Akustisches mehr zu hören gibt, könnte viele vordem unhörbare Türen öffnen. Dann kann das Hineinhören, das weit in diese Türen Hineinhören, zu einem Hören der Art werden, das in unbekanntes Terrain, in neue Welten vorstößt. Und die Worte wären im Sinne von Herbert stillschweigend mit eingebunden:

Auf der Suche nach dem Wunderbaren.

Das Aufhören ist bitte nicht mit der Stille zu verwechseln. Das möchte ich, weil bedeutsam, unbedingt noch anmerken. Kann sich das Aufhören nicht erst dann in Stille verwandeln, wenn keiner mehr etwas hineinhörte, hineinbrächte? Und aus ihr auch nichts mehr herausgehört würde, herauskäme? Stille, Totenstille gar, bedeutet, nichts rührt sich, nichts tut sich. Keiner will etwas. Niemand bringt sich ein. Es würde helfen, die Stille anzubahnen, käme ihr zugute, wenn man nach dem Aufhören dem, das dann aufgehört hätte, seine Ruhe ließe. Und umgekehrt sollte man dasjenige, das aufgehört hat, tatsächlich sein lassen und alle Bewegungen und Aktivitäten einstellen. Man würde nichts mehr bezwecken, nichts mehr hören wollen.

Dann könnte nahe der akustischen Oberfläche kaum noch etwas und in deren Tiefe gar nichts gehört werden, weder von einem selber noch von den anderen. In der Tiefe allerdings würde sich doch etwas erschließen und den Übergang von den angedeuteten Arten des Hörens in Richtung Wahrnehmen und Wahrleben bilden. Aber das ist ein anderes Thema.

Wenn alle bereit wären, nachdem sie eine bestimmte Strecke in der Zeit geredet hätten, mit dem Reden aufzuhören und stattdessen zuzuhören, könnte das zu einem ähnlichen Resultat führen, als wenn alle gleichzeitig redeten. Allerdings mit viel mehr Gewinn, da man sich nicht auf das Reden konzentrieren müsste. Für empfindsamere Gemüter scheint mir diese zweite Variante die Passendere zu sein. Man könnte die beiden Varianten mehrfach nacheinander abwechselnd durchführen. Mit einer Pause, der noch genauer zu definierenden Stille dazwischen, um sie besser voneinander abgrenzen zu können.

Die Königsdisziplin wäre dann wohl, die beiden Varianten gleichzeitig durchzuführen. Gemeint ist das Reden und dabei das gleichzeitige Zuhören, das weit über das Plappern und blanke Hören einer Geräuschkulisse hinausginge, freilich viel bewusster stattzufinden hätte. Das wird mancher nicht schaffen. Es ist ja schon schwierig genug, wenn das Sprechen und das Zuhören hintereinander angeordnet sind, vernünftig zu reden, den anderen auch noch ernst zu nehmen und ihm zuzuhören.

Nun merke ich, dass bei entsprechender Haltung eine weitere Variante entstehen könnte, die über das gleichzeitige Reden und

Zuhören und auch über das abwechselnde Reden und Zuhören meilenweit hinausginge.

Wahrscheinlich käme bei all dem mehr heraus als bei den unseligen Gesprächsrunden, bei welchen jeder sich im Besitz der Wahrheit wähnt oder, schlimmer noch, seine Meinung durchsetzen möchte.

Wobei niemand sich von seinem Standpunkt, welcher aus der Zugehörigkeit zu Verbänden, Firmen, Vereinen, Religionen herauswächst, wegbewegen darf, seien die Argumente der Gegenseite auch noch so stichhaltig. Kaum hört man zu, am Ende gibt es mit Sicherheit Verlierer: nämlich uns alle.

Hiersein ist herrlich!

Rainer Maria Rilke

Langsam kam ich aus meinen Gedanken zurück an unseren Tisch. Wie ein Delphin tauchte ich auf, ähnlich wie ich das schon bei den anderen Gästen bemerkt hatte. Liegt das an diesem Café? Oder an den Gästen? Gar am benachbarten psychiatrischen Krankenhaus? Geht unter dem Haus eine verflixte Wasserader durch, die alles durcheinanderbringt?

Ich sah mich um und fand mich auf einem quietschenden Stuhl sitzen. Der ältere Herr saß still und ohne Bewegung vor mir und betrachtete mich in aller Ruhe. Ich sah ihm in die Augen, kratzte mich unsicher am Kopf. Mir kam es vor, als ob er meine Gedanken geahnt hätte und sie meine Gedanken hätte sein lassen. Ohne etwas hören oder wissen, ohne etwas hinein- oder heraushören zu wollen. So als ob er von seiner Seite zur Stille – oder wenigstens zum Aufhören - hätte beitragen wollen. Ja, zur Stille dürfte er sich hingewendet haben - und weit in sie hinein. So jedenfalls wirkte seine Haltung auf mich. In mir blitzte wieder der Optimist auf, dieser dachte bei sich: 'Vielleicht ist nun ein Anfang gemacht und wir reden künftig aufmerksam, denken da und dort mit und hören ganz genau zu. Und sagen, was wir meinen. Ebenfalls ganz genau. Haben sogar Verständnis für das, was sonst noch so gesagt wird. Das könnte der Beginn sein zu lernen, nicht nur das Fehlende in der Musik zu ergänzen, sondern in allen Lebensbereichen. Oder es wenigstens als fehlend zu erkennen.'

Die offenherzige junge Bedienung trat an mich heran. "Darf es noch etwas sein, ich habe gehört, äh, gesehen, dass Ihr Glas leer ist?" "Zwei Bier, bitte." Gerade hätte ich Lust gehabt, sie in ein Gespräch zu verwickeln, aber jetzt ist erst der ältere Herr dran. Die offenherzige Bedienung läuft mir nicht weg. Das Bier kam, der ältere Herr bedankte sich. Wir prosteten uns zu. "Vielleicht haben Sie recht", sprach er, "so lange wir anderen etwas zeigen, vormachen, etwas erläutern, erklären, hört ja doch keiner zu und macht keiner mit. Wir können höchstens die Zuhörer dazu einladen, genau zuzuhören, um sich selbst ihre Gedanken zu machen. Wenn ich künftig vielleicht ein interessierteres Publikum haben sollte, darf ich dann auf Sie zurückkommen?" "Ja, sehr gerne, aber in diesem Fall sollten wir vorher üben." Meine Telefonnummer schrieb ich auf einen Bierdeckel. Er schrieb seine Telefonnummer auf einen anderen Bierdeckel.
Vielleicht wäre er jemand, der Interesse an den Bäumen hätte. Nein, von Bäumen wollte ich jetzt nicht sprechen. Das wäre zu viel.

Eine Pause entstand. Ich überlegte, ob ich dem Herrn einige Fragen stellen dürfte. Eigentlich war schon alles gesagt. Aber noch nicht alles gefragt. Meine Neugierde setzte sich durch. Wer nicht fragt, erfährt nichts. “Darf ich Sie etwas fragen?” “Ja, gerne.” “Sagen Sie bitte, wie sind Sie denn auf diese geniale Idee mit den Lücken in Ihrem Stück gekommen?” Der Herr sah mich auf eine Weise an, die mich vermuten ließ, dass nun Seltsames käme.

“Haben Sie schon mal einen Rüden über eine Frühlingswiese geführt?” Was will er denn damit sagen? “Ich verstehe nicht, was hat das denn mit meiner Frage zu tun?” “Bitte, haben Sie Geduld, Sie werden gleich sehen.” “Ja, gut, ja, die habe ich.” “Vielleicht kennen Sie das. Besitzer von Rüden riechen überall Hundepisse. Herrchen und Frauchen von Katern riechen hingegen überall Katzenmarkierungen. Der Teufel sch... immer auf den größten Haufen. Das weiß doch jeder. Das mit dem Teufel ist klar. Der größte Haufen ist deshalb Mist, nichts Gutes jedenfalls. Den Mist kennt der Teufel. Da fühlt er sich wohl. Da sch... er drauf.

Mit dem Rüden in der Frühlingswiese ist das etwas anders. Er pisst auf den höchsten Grasbüschel. Diesen Grasbüschel hebt er damit aus seiner Bedeutungslosigkeit hervor, bestimmt ihn für Hunde zu einer Landmarke in der Hundegeografie, zu einem wichtigen Grenzstein in seiner inneren Hundelandkarte. Und düngt ihn zum Dank für seine Unterstützung noch nebenbei. Dafür ist der Hund bereit, einige Meter zurückzulegen. Ob wohl Hunde Landkarten ihrer Reviere im Kopf haben? Unsicher bin ich. Manchmal kommt es mir so vor. Sie sehen immer so enorm konzentriert aus, wenn sie sich der Grenzmarkierung widmen.

Sieger ist einer, der immer wieder aufsteht.

Der zweite Ritter

Mit uns Menschen ist es ähnlich. Wenn jemand auch nur ein klein wenig über die anderen hinausragt ..." "... wird er angepisst", ergänze ich viel zu hastig. Wie in der Schule, fällt mir ein. Sich schnell melden, bevor einem ein anderer zuvorkommt. Wenn man schon mal was zu wissen glaubt. "Nein, nein, das meine ich nicht. Er bekommt am meisten vom göttlichen Segen ab." Denkpause. Vom göttlichen Segen? Was meint er denn damit? "Lieben Sie Tiere?", frage ich den älteren Herrn. "Unbedingt. Wussten Sie, dass Tiere und sogar Pflanzen klüger zu sein scheinen als Menschen?" Das wusste ich nicht, war aber begierig darauf, mehr darüber zu erfahren.

"Zwei Beispiele gebe ich Ihnen. Wir benötigen keine langjährigen wissenschaftlichen Untersuchungen dafür. Sie können sich selbst ein Bild machen und meine Beispiele überprüfen: Kennen Sie das Indische Springkraut?" "Klar, das beobachte ich seit Jahren. Wenn sich das weiter so ausbreitet, werden wir bald nur noch Springkraut draußen in der Natur haben. Es überwächst ja alles andere." "Gut beobachtet. Mir ist aufgefallen, dass diese Pflanze, um Energie zu sparen, immer nur ein wenig über die anderen Pflanzen hinauswächst. Das reicht dann, um das lebensnotwendige Licht abzufangen und die hübschen Blüten und die vielen Samenkapseln zu produzieren. Wenn sie reif sind, platzen diese Samenkapseln auf und schleudern die Samen meterweit durch die Luft. So habe ich das Indische Springkraut nicht mehr als einen halben Meter, aber auch über zwei Meter hoch wachsen sehen. Je nach Höhe der Pflanzen, welche sich in der Umgebung befanden - es wuchs einfach immer höher als diese. Die Pflanzen, die in ihrem Schatten bleiben, haben kaum eine Überlebenschance.

Und nun ein Beispiel aus dem Tierreich: Der Goldfisch im kleinen Aquarium wächst nicht mehr weiter. Sein Lebensraum lässt dies nicht zu. Stellen Sie sich vor, Sie würden ein Kind in einer kleinen

Behausung aufwachsen lassen, was ja oft genug vorkommt, vergleichbar mit dem Aquarium des Goldfischs. Denken Sie, das Kind würde das Wachsen einstellen, sagen wir im Alter von fünf Jahren? Das gibt es nur bei Günter Grass. Vieles könnten wir von Pflanzen und Tieren lernen. Weil ich schon so schön in Fahrt bin und bei den Fischen noch ein drittes Beispiel.

Wenn in einem Becken ein starker, dominierender Fisch die anderen an Größe überragt, fressen die kleineren nicht mehr so viel, um weniger oder gar nicht mehr zu wachsen. Sie wollen dadurch Konfrontationen mit dem dominierenden Fisch vermeiden, die sich ganz von selbst ergäben bei großem Wuchs."

Ich bin verblüfft. Der ältere Herr legt eine Verschnaufpause ein und begutachtet eine knackige, miniberockte, langhaarige Blondine mit leuchtend gelber Tasche, die sich gerade den Weg an uns vorbei zur Toilette klackt. Ihre Beine leuchten angenehm kontrastierend zum schwarzen Mini. Die Absätze scheinen mir fast halb so hoch zu sein wie ein Stuhl vom Boden bis zur Sitzfläche. Das führt dazu, dass ihre Füße fast senkrecht in den Schuhen stehen. Beim Eintreten in die Toilettentür muss sie sich wohl bücken. Animiert sehe ich ihr, wie alle anderen, die gerade nicht abgetaucht sind, nach, bis sich die Tür hinter ihr schließt. Pause. Der ältere Herr und ich brüten über der Blondine. Sie wird gleich wieder zurückkommen. Dann können wir noch einen Blick riskieren.

In mir zieht sich Gedankenenergie zusammen und gebiert den Hinweis, dass meine Frage noch nicht vollständig beantwortet ist. Ich frage nach. Der ältere Herr fährt fort. "Was ich vorhin sagen wollte, ist, dass es eben Landmarken gibt, wie zum Beispiel Grasbüschel. Sei es, dass sich diese Landmarken über die anderen Dinge herausheben, stärker verdichtet sind oder sonstige besondere Merkmale aufweisen. Solche Landmarken sind auch die von mir

gespielten Töne. Ich nehme sie als feste Positionen. Dazwischen gestalte ich frei den Rest der Melodie, baue sie für mich ein. Dann entnehme ich der Melodie bestimmte Töne, allerdings nicht die Landmarken. Über die Auswahl dieser Töne möchte ich jetzt nicht sprechen. Das wäre ein abendfüllendes Programm. Den Rest kennen Sie bereits. Eines vielleicht noch, ich habe die Töne im Rhythmus meines Herzens angeschlagen. Fiel Ihnen das auf?"
"Äh, nein, das bemerkte ich nicht. Zu sehr war ich auf das Üben der Töne konzentriert."

Die Welt ist so groß, dass alle Irrtümer darin Platz haben.

Rudolf Augstein

"Was geschähe wohl, wenn sich die Herzen aller Beteiligten synchronisierten? Wenn alle im gleichen Rhythmus schlügen? Haben Sie schon darüber nachgedacht?" "Nein, natürlich nicht. Sie sind also auf diese Idee verfallen, weil Ihr Hund auf Grasbüschel gepinkelt hat?" "Ja, so war das."
Das möchte ich nun nicht weiter vertiefen und formuliere die nächste Frage. "Ich bin sehr überrascht, mit jemandem zu sprechen, der das Wort 'Segen' in den Mund nimmt. Hat das für Sie eine Bedeutung oder ist es nur so eine Floskel?""Darüber spreche ich gleich, nur noch kurz zur Synchronisierung der Herzschläge. Meiner Vermutung zufolge würden dadurch starke Herzwellen entstehen. Sie kennen doch die Problematik mit den Brücken. Oder? Soldaten dürfen nicht im Gleichschritt darübermarschieren. Die Brücke könnte sonst ins Schwingen geraten und einstürzen. Da sieht man wieder, welche Kraft in synchronisierten Schwingungen steckt.
Mit den synchronisierten Herzwellen könnte man viel bewegen. Natürlich müssten sie noch gebündelt werden, ähnlich wie man es macht, um Laserstrahlen zu erzeugen. Dann könnte man sie zielgerichtet einsetzen. Meines Wissens gibt es darüber noch

keine Erfahrungen. Vielleicht wäre es nicht ungefährlich? Wer weiß. Vielfältig könnte man die Herzwellen jedenfalls einsetzen. Es gibt beispielsweise genügend verhärtete, vereiste Herzen von Politikern, die dringend aufgetaut werden müssten. Es scheint übrigens die Regel zu sein, dass es die Miesesten und Rücksichtslosesten von ihnen an die Spitze schaffen. Dass das nicht die Besten für uns sind, sollte klar sein.

Vielleicht könnte man auch Menschen mit gebrochenen Herzen, welche der Heilung bedürfen, helfen. Äh ... und so weiter. Denken Sie doch mal darüber nach. Nun zurück zum Segen." "Moment noch", werfe ich ein, "diese Gleichrichtung sollte noch mit guten Wünschen verbunden werden. Alle Beteiligten müssten den gleichen Wunsch haben und ihn mit aller Kraft wünschen." "Sie sagen es. Besser noch mit guten Wünschen und Segen. Das ist ein weites Feld. Ich habe in diese Richtung schon gedacht. Aber, lassen Sie uns zurückkommen zum Segen."

Unglaublich! Dieser ältere Herr war umwerfend. Herzwellen! Neugierig war ich darauf, was da noch käme. Meine Augen hatten sich gut an die Dämmerung gewöhnt und ich konnte ihn besser sehen als zuvor. Er saß ganz locker da und plauderte über so wichtige Themen, als handelte es sich um das Normalste der Welt. Ich rief nach der Kellnerin und bestellte zwei weitere Bier. Alles Menschenmögliche wollte ich von meiner Seite dafür tun, dass dieses Gespräch noch lange währte. "Darf ich Sie zu einem Enzian einladen?" Der ältere Herr überhörte meine Einladung und fuhr fort: "Man hat die Sonne demontiert und hält sich an die Planeten. Mal sehen, wie lange das gutgeht. Segen, ja das bedeutet viel für mich. Sehr viel. Das hat auch mit meiner musikalischen Arbeit zu tun.

Segen ist das, was uns bleibt,
wenn alles andere nicht mehr hilft.

Herbert

Aber für heute Abend ist das kein Thema mehr." "Schade. Sehr schade. Können wir denn demnächst darüber reden?" "Demnächst leider nicht. Ich verreise für einige Wochen. Bin auf einer Tournee. Nach meiner Rückkehr melde ich mich. Ist das fein für Sie?" "Sehr gerne." "Aber ein Letztes möchte ich noch anfügen", sprach er und beugte sich etwas zu mir über den Tisch. Ich beugte mich ihm entgegen. Schon vorhin kam ich zur Entlastung meines Handgelenks auf die Idee, den Druck mit dem Bauch abzufangen. Das war weniger unangenehm. So glich sich die Belastung des Tisches einigermaßen aus. Dabei fiel mir auf, dass der Herr große, schön geformte, fast fleischlos wirkende, durchscheinende Ohren hatte. Wie mein verstorbener Klavierlehrer selig. "Musik hat die Möglichkeit, ohne Sprache auszukommen. Das bedeutet viel. Allerdings kann sie sich nicht so klar artikulieren wie die Sprache. Große Kunst erkennt man daran, dass sie einen hineinzieht in das Werk, überwältigt, nicht mehr loslässt, dass sie keine Ruhe mehr gibt, einen beschäftigt. Wie ist das aber zu schaffen? Eine große Rolle dabei spielt eine gewisse Offenheit. Ein ausgeklügeltes Arrangement, Türen, die zum Eintreten einladen, Lücken, die noch gefüllt werden müssen. Freiräume, in die es Freude macht, sich als der, welcher man ist, ungeniert hineinzubreiten.

Auch das Gewahrwerden dessen, dass man sich selbst erhöht, erhöht wird, wenn man sich überwindet und den Faden aufnimmt, gehört dazu. Gewinnbringend ist das auf jeden Fall, nicht in Geld zu messen und daher umso wertvoller. Und viel Raum muss sein, in welchem man selbst weiterschöpfen kann.

Da braucht es einige Haken, an welchen man hängen bleiben soll. Haken, die ich schmieden muss.

Wenn man Halbfertiges mit einem Hauch davon anbietet, wie es weitergeht, kommt der Mensch kaum umhin, es zu Ende zu bringen. Ähnlich wie beim Ausfüllen eines Kreuzworträtsels. Wenn das gelingt, werden ihm vielleicht auch andere halbfertige Dinge auffallen. Er wird weitere Situationen finden, welche seiner schöpferischen Hilfe bedürfen. Dann kann das Neue, das Wunderbare entstehen. Für beide, den Künstler und den Zuhörer, der schon längst kein Zuhörer mehr ist, sondern zum Mitschöpfer, zum Schöpfer gar geworden ist." Bei dem "Wunderbaren" bin ich zusammengezuckt. Der ältere Herr, dessen Namen ich noch nicht einmal weiß, lächelt und steht auf.

"Also dann, gute Reise!" Zum Abschied ist es mir wichtig, ihm noch zu sagen, dass er mir nicht mehr fremd ist, mir sogar sehr nahesteht. Obwohl wir uns erst kurz kennen, kommt es mir vor, als ob wir alte Freunde wären. "Fremdheit ist nur eine Sache der Distanz. Wenn ihnen jemand entgegenkommt, sehen Sie auf eine Entfernung von fünfzig Metern nicht, wer das ist, ob er Übles vorhat oder gar bewaffnet ist. Steht er jedoch direkt vor Ihnen, bemerken Sie, dass er freundlich lächelt. So ist es mit allem. Fremdheit wird überwunden, indem man nahe rangeht. Ganz nah. So trivial ist das." Wir verabschiedeten uns. Ich ging mit vor die Tür und winkte in die Dunkelheit hinaus.
Die Distanz zwischen uns vergrößerte sich, ohne dass mir der ältere Herr fremd wurde.

Fremdheit macht Leute.

Unbekannt

Geschwind eile ich nach Hause. Von dem Gespräch mit dem älteren Herrn inspiriert, möchte ich jetzt selbst Klavier spielen. Vielleicht auch einige Landmarken setzen oder wenigstens überlegen, wie ich zu Landmarken kommen kann. Auf die Nachbarn kann ich keine Rücksicht nehmen. Jetzt nicht. Ich bin nicht zu bremsen. Den Klavierdeckel klappe ich hastig hoch. Oh Gott, was für ein schrecklicher Krach. So geht es nicht.

Nochmal beginne ich ganz von vorne, klappe den Deckel wieder zu, zwinge mich dazu, ihn wie der ältere Herr langsam und bewusst, diesmal mit zwei Fingern wieder zu öffnen. Eine Geduldsprobe ohnegleichen! Die schwarzen und weißen Tasten sehen mich im dämmrigen Licht freundlich an. Die Wandlampe hat die Schatten der schwarzen, nach oben hervorstehenden Tasten auf die weißen Tasten geworfen, die schwarzen auf diese Weise scheinbar in ihrer Anzahl verdoppelt. Ausgerechnet die schwarzen! So viele Tasten. Wahnsinn! Ich versuche, zu mir zu kommen, indem ich mehrere tiefe Atemzüge nehme. Das reicht noch nicht, ich muss mich noch etwas erden, um runterzukommen.

Vor Jahren habe ich nach reiflicher Überlegung das Spielen nach Noten aufgegeben. Die Stücke und Gefühle der anderen wollte ich nicht mehr spielen. Nein. Hören wollte ich, ob aus mir etwas herauskäme. Ich erwartete etwas Eigenes, Originelles. Etwas, das sich sehen, äh, ich meine hören lassen könnte. Und wenn das der Fall wäre, was das wohl für eine Musik sein würde.

In meiner Vorstellung hörte ich herrliche, phantasievolle Musik, reiche Melodien, zarte Passagen.

Es schien ein vielversprechender Anfang zu werden. Diese Phantasien versuchte ich nachzuspielen. Ich mühte mich ab. Als die Enttäuschung größer und größer wurde, meinte ich, das Misslingen habe seine Ursache in meiner Verkrampftheit. Entspannungs- und Atemübungen führte ich vor dem Spiel durch. All das half nichts. Kümmerlich waren die Resultate.

Mein Spiel veranlasste mich, das Klavier einige Monate lang nicht mehr zu berühren. Inzwischen ist genug Zeit verstrichen, ich habe mich von meinem Schrecken erholt. Nahezu objektiv gesehen kann ich behaupten, mein Spiel hat sich inzwischen etwas verbessert. Allerdings müsste das Klavier schon lange neu gestimmt werden. Derzeit ist es schon einen halben Ton zu tief gestimmt, hält dennoch die Höhe der Töne nicht mehr. Dass es darüber hinaus noch verstimmt ist, macht mir weniger aus. Im Gegenteil. Die Töne sind viel lebendiger, authentischer, reicher, als es die reinen Töne je sein könnten. Derzeit führt es aber wirklich zu weit.

Der Reihe nach betrachte ich nun die Tasten. Saubere Arbeit. "Ed. Seiler, Dresden" steht da in goldener Frakturschrift, eingelassen in das Wurzelfurnier der Innenseite des Deckels.

Bei den Spielern im Café fiel mir auf, dass sie, bis auf den älteren Herrn, keine bewussten Pausen im Spiel setzten. Gehetzt haben sie gespielt. Ja, gehetzt. Mit den Pausen ist es so eine Sache. Wie auch mit dem Reden. Pausen sind schwer zu ertragen. Manchmal noch schwerer als das Reden. Pausen überraschen. Sie machen neugierig darauf, was kommt, fügen dem Tongebirge Täler, weite Ebenen hinzu, tragen die Einladung zum Zuhören in sich. Pausen zwischen den Tönen öffnen die Türen, durch welche Liebe und Segen in die Musik fließen können, falls sie mögen. Dann schwingen die Töne aus dem Instrument ganz anders hinaus. Gestärkt, strahlend und, wie ich denke, sich ihrer göttlichen Herkunft bewusst.

Ein Instrument sollte erst eingespielt werden. Bis es seinen vollen Klang erreicht, erzählte mir kürzlich ein bekannter Domorganist, könne es Jahre dauern. Die Moleküle müssten sich im Holz erst entsprechend zusammenfinden, sich einrichten. Das erinnerte mich wieder an den Violinisten, der immer nur den gleichen Ton spielte.

Die meisten Spiele sind zwar nicht zweckfrei,
aber ohne Resultat.

Herbert

All das hat mich überzeugt, dass es Sinn macht, das Spielen mit einer Pause zu beginnen. Eine lange, vielsagende und ausdrucksvolle Pause soll es sein, in welcher das noch Ungeborene die Möglichkeit erhält, sich anzudeuten, sich auf bedeutende Weise zusammenzufinden und auf das kommende Spiel einzustimmen. Wichtig ist mir allerdings, für klare Verhältnisse zu sorgen und den Beginn der Pause genau festzulegen, um zu vermeiden, unbewusst in die Pause hineinzuschlittern, sozusagen in sie hineingezogen zu werden.

Eine Pause, die nicht auf beiden Seiten, also an ihrem Anfang und an ihrem Ende, begrenzt ist, kann ja wohl nicht als Pause verstanden werden. So ist es in der Musik und auch im Leben. Eine Pause ohne Begrenzungen würde sich im Zeitlosen, im Unendlichen verlieren. Deshalb entschließe ich mich dazu, für den Beginn und das Ende der Pause ein inneres Zeichen zum Einsatz zu bringen. Aber wann soll sie beginnen? Ich muss dazu bereit sein. Die Zeit muss reif sein. Fehlt noch etwas, bevor ich mit ihr beginnen kann? Nach einigem Zaudern gebe ich mir, unsicher geworden, endlich dieses innere Zeichen, damit ich weiß, dass nun die Pause beginnt und sich in ihrer Qualität deutlich abhebt von der unbeachtet verrinnenden Zeit vor der Pause. Nach dem Geben des Zeichens beginne ich sofort mit dem Warten. Mit dem Warten auf das Ende der Pause. Wann wird es kommen? Ich spüre, dass es Sinn macht, sich bei ernsthaftem Warten gerade hinzusetzen und auf mich selbst fokussiert zu sein.

Welche Kriterien, frage ich mich, müssen eintreten, damit ich die Pause für beendet erklären kann und darf? Das wirft neue Fragen auf. Wie ich damit umgehen soll, habe ich mir in meiner Eile vorher leider nicht überlegt. Zu dumm. Vorerst lasse ich die Pause also weiter pausieren. Bis sich die Fragen hoffentlich beantworten werden. Diese unglaublich schöpferische Pause, in welcher noch keine Eingrenzung oder Einschränkung besteht, fasziniert mich.

Noch ist alles denkbar, zukunftsoffen, alles ist noch möglich. Fantastisch! Alle Melodien, jede Tonart. Moll und Dur. Piano und forte. Der Takt wird erst später geboren. Ich bin sehr berührt. Dass eine Pause so zum Warten einladen, so vielsagend, vieldeutig sein könnte, habe ich nicht geahnt.

Wer wirft denn diese eigenartigen Gedanken in mich hinein? Könnte das ein beginnendes Hereinwehen von Erkenntnissen sein? Bin ich in den Vorhof des Wissens geraten? Herbert

kommt mir in den Sinn. Muss ich mir nun nicht nur um Herberts, sondern auch um meinen Geisteszustand Gedanken machen? Oder erlebe ich gerade wichtige Schritte auf der Suche nach dem Wunderbaren?
Einigermaßen irritiert lasse ich die Pause weiterlaufen und zünde ein rotes Kerzlein an.

In manchen Fällen sind Knödel den Blumen vorzuziehen.

Herbert

Das Warten muss ich noch genauer untersuchen. Meist wird es als unangenehm empfunden. Insbesondere dann, wenn man keinen Hinweis darauf hat, wann es zu einem Ende kommen wird. Und somit das Ende nicht selbst bestimmen kann. Man scheint zur Passivität verurteilt zu sein, vertreibt sich die Zeit, wie man sagt, welche man eigentlich gar nicht hat. Wer hat denn schon Zeit? Allgemein gesprochen und hinein bis ins persönliche Zeitdetail? Kann man Zeit denn besitzen? Das Wort "haben" in *Zeit haben* deutet jedenfalls darauf hin.

Nein, so ist es nicht. Wenn man die Zeit wirklich hätte, was könnte man damit nicht alles anstellen! Leicht lässt sich die Zeit beim Warten jedenfalls nicht vertreiben. Im Gegenteil, sie klammert sich fest, dehnt sich unangemessen, trödelt herum, macht sich breit, die Sekunden und Minuten schleichen langsam vorbei, die Geduld macht sich auf hinterhältige Weise gemeinsam mit ihnen davon.

Ganz anders kann warten sein. Ab jetzt wird ganz bewusst gewartet, sage ich mir. Deshalb betrachte ich das Warten als eine aktive Handlung. Punktgenau beginnt es - und zwar dann, wenn die Zeit dafür reif und das Zeichen von mir da ist. Ich lasse mir doch das Warten von der Zeit nicht aus der Hand nehmen! Und schon gar nicht mag ich es, wenn andere darüber bestimmen möchten, wann ich damit anfange oder aufhöre.

Ein Weilchen lasse ich noch passiv die Zeit verstreichen, um dann mit voller Konzentration und Energie mit dem aktiven Warten zu beginnen. Die Zeit des Wartens kann eine Zeit großer Konzentration und Bewusstheit sein.
Ich stelle mir vor, ich sitze im Wartezimmer von Frau Dr. Dr. Schwinghammer-Übelein. Gespannt bin ich dabei, höchst aufmerksam, achte auf jede Bewegung, jedes Geräusch von außen und von innen, bemerke die Veränderung des Lichts, das aus Wolkenlücken durch den vergilbten Vorhang in das muffige Wartezimmer fällt, versuche wahrzunehmen, was in meinem Umfeld geschieht. Beziehe mein Herz mit ein. Dann verschlinge ich gierig all diese Vorgänge, indem ich die Energie meiner Haut nach innen richte. Das führt dazu, dass die Zeit ins Schleudern gerät, ihre Macht wenigstens teilweise über mich verliert und ich in mir ankomme.

Viel später achte ich auf verdeckte Andeutungen, Hinweise, wann das Warten zu einem Ende kommen könnte. Verdichtet sich schon die Zeit, spitzt sie sich zu, wie benimmt sich die Luft, sehe ich Zeichen bei den Mitwartenden, deutet die Tür des Wartezimmers schon an, dass sie sogleich von der Arzthelferin geöffnet werden wird? Die mich aufruft?

Vieles ließe sich darüber noch sagen. Jetzt aber schnell zurück zur Pause.

Wann der Augenblick gekommen sein wird, der es mir erlaubt, dass ich die Pause beenden kann, darüber bildet sich noch keine mich befriedigende Antwort ab. Darüber muss ich noch brüten, das spare ich jetzt aus, sonst komme ich nie zu einem Ton. Höre ich da etwas? Das Schlüsselloch C macht irgendwie auf sich aufmerksam. Das Schlüsselloch sollte in der Mitte der Tasten sein, ist es meist auch, der dazugehörige Ton ebenfalls, es macht also Sinn, damit zu beginnen. Soll ich es anschlagen? Ich überlege noch.

Der erste Ton kann nur einmal als erster Ton angeschlagen werden. Gleichzeitig ist er auch jener, welcher die Pause beendet. Einerseits ist offen, ob er der richtige für den ersten Ton ist, andererseits ob er der geeignete für die Beendigung der Pause sein wird und auch derjenige sein kann, welcher schon fast die Tonart festlegt. Nach dem derzeitigen Stand meiner Erkenntnis muss der erste Ton nach der Pause mindestens diese drei Kriterien erfüllen. Der als Erstes angeschlagene Ton legt mich, wie gesagt, schon fast auf eine Tonart fest. Bin ich dazu bereit? Warum eigentlich nicht. Soll ich mit C-Dur anfangen?

Meine Finger fühlen sich von den Tasten angezogen. Die Tasten dürsten nach meinem Anschlag. Schmerzlich sammelt sich Energie in den Fingerspitzen an. Nun kann ich beim besten Willen nicht mehr warten, ich halte es nicht länger aus. Jetzt muss es sein! Selbst wenn der gewählte Ton nicht optimal sein sollte. Mit der rechten Hand vollführe ich einige einleitende, ausdrucksvolle

Handbewegungen, um die Spannung noch zu erhöhen, schlage punktgenau - die Pause beendend, die Tonart festlegend und das Spiel beginnend - das C weich mit dem Mittelfinger der rechten Hand an. Dabei drücke ich das Pedal. Schön schwingt das C hinaus, in mich hinein, nicht ganz rein, aber dafür lebendig. Langsam verklingt der Ton. Bevor er ganz verklingt, versuche ich, mich noch tiefer in ihn hineinzuhören, ihn so lange wie möglich in mir zu fühlen, ihm nachzusinnen und ihn derart aufzunehmen, dass ich ihn korrekt summen kann. Das Summen kitzelt mich im Hals, ich beende es. Verdimmend geht der Ton in eine Pause über.

Schließlich beende ich die Pause, klappe dann langsam und bewusst den Deckel zu. Müde bin ich. Viel zu müde. Ich gehe ins Bett für eine ganz lange, ausdrucksvolle Pause.

Gegensätze erscheinen uns nur dann als solche,
wenn wir den gemeinsamen Grund
noch nicht gefunden haben.

Der zweite Ritter

Ein kräftiger Herr spielt heute Abend im Café am Flügel, den ganzen Abend ohne Pause und das, ohne hochzusehen. Seine schwarze Hose deckte nur die obere Hälfte seiner Waden ab. Darunter, bis zu den sockenlosen Schuhen, ringelte sich ein dichter Haarwald. Kürzlich hörte ich, dass behaarte Männerbeine anziehend auf Damen wirken. Auffällig waren seine grau melierten, hinten zusammengebundenen Haare. In meinem Schubladensystem ist er beklebt mit dem Label "Schwänzchentyp". Schwänzchentypen habe ich bislang nicht für verbissen gehalten. Nun bin ich gezwungen, mein lieb gewordenes Vorurteil zu überprüfen. Vielleicht verhielt er sich nur so, weil er durch nichts abgelenkt werden wollte. Das muss man ihm anrechnen. Es roch nach Olivenöl, Bio-Vollkornbrot und ein wenig nach Knoblauch.

Über das Spiel selbst gibt es nicht viel anzumerken. Gerne möchte ich positiv bleiben. Voller Bewunderung denke ich noch heute daran, wie der Pianist es schaffte, ohne eine vorgegebene Melodie den ganzen Abend ein fehlendes Grundmotiv in fast immer gleicher Weise wieder und wieder frei zu interpretieren. Ein Meer von Interpretationsversuchen schwallte über die Zuhörer hinweg und hat dazu geführt, dass sich manche Klänge tief einprägten. Bis zum heutigen Tag tauchen sie wie aus dem Nichts in mir auf. Kaum werde ich sie los. Vielleicht kennen Sie das.

Nur mit Mühe und wiederholtem lauten Singen des allseits beliebten Liedes "Im Wald und auf der Heide ..." kann ich die Melodie aus meinen Ohren und aus meinen Gedanken drängen. Verschiedenes habe ich vorher schon erfolglos probiert, dieses kleine Lied kann ich wärmstens empfehlen. Bisher hat es sich bewährt. Allerdings möchte ich vor zu häufigem Wiederholen warnen, um zu vermeiden, dass es sich zu einem Ohrwurm entwickelt. Aber immer noch besser als die Variationen des Herrn mit dem Schwänzchen.

Auf das Lied bin ich gekommen, weil ich mir vor einiger Zeit ein neues Mobiltelefon gekauft habe. Funktioniert alles ganz prima. Leider bin ich noch nicht vertraut mit den vielen Möglichkeiten, welche es bietet. Mehrfach habe ich schon - ohne Erfolg - versucht, den Klingelton, genauer gesagt die Klingelmelodie, zu ändern. Sie ist wirklich sehr schön. Diese Melodie kannte ich vorher nicht. So gut hat sie mir gefallen, dass ich mich über jeden Anruf freute. Bei meinem vorherigen Mobiltelefon habe ich Anrufe oft als störend empfunden, es piepste unangenehm.

Einige Male habe ich mich vom Festnetz aus selbst angerufen, nur um diese Melodie wieder hören zu können. Mit der Zeit hat sie sich in mir festgesetzt, so dass ich sie oft vor mich hinsummte. Ganz gewiss aber nach jedem Anruf. Nachts erwachte ich und fand mich, diese Melodie summend, im Bett sitzen. Wenn ich mit anderen Menschen zusammen war und dabei angerufen wurde, wechselte das Gespräch fast immer auf meine Klingelmelodie. Oft wurde ich gefragt, wie sie heiße. Alle wollten diese Melodie auf ihrem Mobiltelefon haben.

Einige Male haben mich Kollegen sogar während unserer Unterhaltung angerufen, nur um sie wieder zu hören. Dass sich die Gespräche nur darum rankten, so viel Aufmerksamkeit und Zeit beanspruchten, ging mir schließlich auf die Nerven. Es war schrecklich. Zudem fühlte ich mich wie abhängig. Abhängig von einer Klingelmelodie!

Dann begann ich, verschiedene Lieder zu summen oder zu singen, um die Melodie zu überlagern, sie vielleicht auf diese Weise loszuwerden. Es half nichts. Am Ende landete ich wieder bei ihr. Zu sehr hatte sie sich bereits eingebrannt. Außerdem wurde ich ja bei jedem Anruf aufs Neue an sie erinnert. In einem Telekom-Laden habe ich mir schließlich einen Piepton installieren lassen. Er ist sehr einfach, geradezu nüchtern, hört sich technisch an, lädt jedoch nicht zum Mitsummen ein.

Die Melodie war ich aber noch nicht los. Erleichterung kam erst, als ich an einem Kindergarten vorbeiging. Die Kinder saßen im Freien und sangen das Liedchen: “Im Wald und auf der Heide ...” Ich summte mit und bemerkte, wie sich die Klingelmelodie verflüchtigte.

Der Blickwinkel macht viel aus.

Kann er frei gewählt werden?

Der zweite Ritter

Die Verbindung zum Herzen herstellen, wie ich es einst nannte, bedeutet für mich heute unter anderem, meine Gedanken mit meinen Gefühlen zu verbinden und dann die Tat, auf welche sich Herz und Verstand geeinigt haben, bewusst folgen zu lassen. Um das Unterfangen zum Erfolg zu führen, ist ein gemeinsames Sehnen von Herz und Verstand erforderlich. Und zwar in Richtung der durchzuführenden Tat oder des Raumes, in welchem sich der ausgesandte Wunsch realisieren soll. Richtig ausgeführt führt es zu einem Multiebenen-Glücksgefühl, welches jedoch nie die anhaltende, sich steigernde Sehnsucht verleugnen oder unterdrücken kann.

Noch ist mir nicht klar, ob sich Sehnsucht und Liebe trennen lassen. Die Sehnsucht, welche letzten Endes die Sehnsucht nach dem Wiedereinzug ins Paradies, nach der Vereinigung mit dem Göttlichen ist, scheint mir mein stärkstes Werkzeug zu sein, um diese Vereinigung zu befördern. Ist Liebe nicht dasjenige, das wir aus dem Paradies mitnehmen durften, um uns stets an es zu erinnern? Dass wir Liebe wieder lernen müssen, zeigt schon das Beispiel von Adam und Eva. Von Gott angesprochen, warum sie den Apfel gegessen hätten, stotterte Adam herum, gab schließlich Eva die Schuld an dem Fehltritt, anstatt sie zu verteidigen. Allzu sehr kann er Eva in diesem Augenblick nicht geliebt haben, denke ich mir. Aller Kummer, unsere Untaten, jede Krankheit scheinen mir am Ende von unserem Heimweh nach der Einheit verursacht zu sein.

“Was fehlt Ihnen?”, fragt der Arzt stereotyp. Die Antwort: “Der Sinn des Lebens und eine Ahnung der direkten Gotteserfahrung, die mich auf dem Weg zurück in die Heimat, in die Einheit führt.” Wie wird der Arzt der Zukunft aussehen?

Als Kind war es “nur” die Verbindung zu meinem Herzen. Es war herrlich, die Weite zu spüren, die Verbundenheit mit allem, die Liebe zu allen Wesen und das Mitgefühl für alles, was ist und geschieht. Schon ein wenig habe ich damals geahnt, dass es tatsächlich um Mitgefühl und weniger um Mitleiden geht.

Vor einiger Zeit versuchte ich, diese Verbindung zu meinem Herzen wieder und wieder herzustellen. Begonnen habe ich damit, dass ich längere Zeit etwas Aufmerksamkeit in meinem Herzen parkte. Es gelang mir anfangs nicht, mit etwas Übung aber immer besser. Der freudige Zustand, der dann eintrat, hielt bei weiteren Versuchen ein Weilchen an. Sehr angenehm war es. So versuchte ich, meine Stimmung zu verbessern und eine Unterstützung in meiner Sinnsuche zu erlangen.

Wachstums- und Reinigungsprozesse können sehr schmerzhaft sein. Ich fürchte, sie sind ein nötiger und unverzichtbarer Teil meiner Reifung. Wenn ich das vergesse, wird es viel schwerer, die Verbindung zum Herzen herzustellen. Leider vergesse ich das oft.

Ich zündete mir ein rotes Kerzlein an und stöberte in Gedanken in dem Karton, den Herbert mir gesandt hatte, er berichtet darin über Bäume:

Das scheinbare Außen, der Baum, nimmt in unserem Herzen Platz ein über eine resonante Beziehung.

Herbert

Als ich an manchen Bäumen in Gedanken versunken vorüberging, machten sie auf sich aufmerksam. Für mich überraschend. Wie sie das machten, ist kaum zu erklären. Ich fühlte mich jedenfalls angezogen, meine Augen richteten sich plötzlich auf den Baum. Irgendwie sah ich ihn anders, fühlte eine Bezogenheit und Nähe zu ihm, wusste sogleich, dass er mich meinte. Das ließ mich in meinem Schritt innehalten. "Ach ja, sorry, ich hätte dich fast übersehen."

Birken, im Gegensatz zu Weiden, senden eine zielgerichtete Energie mit hartem Strahl aus, den ich am Kopf beginnend wahrnehme. Eine der Birken macht schon aus großer Entfernung auf sich aufmerksam, zieht mich zu ihr hin. Erlen sind Liebesbäume. Sie vermitteln so viel wärmende Energie. Der Weißdorn ist ebenfalls ein Baum der Liebe. Er schützt mein physisches Herz und wirkt auch in andere Ebenen hinein. Nadelbäumen wird nachgesagt, sie seien feurig.

Nicht zu vergessen die Walnussbäume mit ihrer starken Ausstrahlung – und schon gar nicht zu vergessen: der Holunder. Einer der ersten Bäume, die ich spüren konnte, war ein Holunder. Dutzende Male habe ich frohe Zeit unter seinen Ästen zugebracht.
Ungefähr vier Meter hoch stand er an der Ecke eines Grundstücks, das an eine Wiese grenzt. Ja, stand. Leider. Man hat ihn kurzerhand abgeschnitten, den Wurzelstock entfernt. Darüber war ich sehr traurig. Immer wenn ich vorbeigehe, gibt es mir einen Stich ins Herz. Kürzlich hatte ich die Idee, mich an die Stelle zu begeben, wo er früher stand. Völlig überrascht spürte ich die besondere, freundliche Energie, die ich so lange vermisst hatte. Ich hatte gehört, man soll keinen Kontakt mit Baumstümpfen oder gefällten Bäumen aufnehmen. Doch das Sitzen oder Stehen auf einem Baumstumpf hat mir oft mehr gegeben als das Anlehnen an den Baum, als er noch nicht gefällt

war. Bäume sehe ich nun nicht mehr als nur ortsbezogen. Jede einschränkende Vorstellung von ihnen begrenzt meine Möglichkeiten.

Früher wollte ich Unterschiede zwischen
den Bäumen herausfinden.
Heute, bei einem Baum angekommen,
will ich nicht mehr weiter.
Der Baum hält mich fest.
Er hat so viel zu geben.
Und mehr Seligkeit ist nirgendwo zu finden.

Herbert

Um den ovalen, nussbaumfurnierten Tisch im Konferenzraum haben sich einige bemerkenswerte Herren eingefunden. Zwei Kaffeekannen, die eine schwarz, die andere von einem fast durchscheinenden Graugrün, und kleine, goldgeränderte Tellerchen mit blassen Vollkornplätzchen darauf verteilen sich auf dem Tisch. Eine kleine Vase mit wilden Mustern in ihrem Kupferleib, gefüllt mit toten Plastikblumen von scheußlicher, ausgebleichter Farbe, steht verloren herum.

Bei jeder Besprechung nehme ich mir vor, die Vase mitsamt Plastikblumen heimlich in den Papierkorb zu werfen, und vergesse es dann wieder. Ärgerlich. Auf meinen Notizblock schreibe ich unter das Datum: Vase entsorgen! Mit Ausrufezeichen. Zweifach unterstrichen. Die Herren haben sich gesetzt, geräuspert, ihre Papiere vor sich ausgebreitet, ihren opulenten Füller gezückt und Kaffee eingeschenkt. Ich verzichte vorerst auf Zucker und Milch. In diesen Kreisen trinkt man schwarz. Ohne alles.

Es geht heute um ein neues Projekt und darum, wie es anzupacken ist. Neben mir sitzt ein älterer Herr, wie sich herausstellt der bekannte Herr von T. Sein graues Haar hat sich von den beiden tiefen Geheimratsecken aus seltsam nach hinten verlagert. Was an der Stirnseite fehlt, breitet sich füllig über seine schmalen Schultern. Er trägt ein buntes, groß kariertes Sakko in Gelb-Rot-Braun, ein weißes Hemd mit roten, senkrechten Streifen und dazu eine leuchtend gelbe Krawatte mit roten, auf ihren Spitzen balancierenden Rhomben darauf.

Ein waagerecht gestreiftes Hemd habe ich nie gesehen, fällt mir dazu ein. Die Streifen verlaufen stets von oben nach unten. So wie bei schräg gestreiften Krawatten vom Tragenden aus gesehen die Streifen stets von links oben nach rechts unten verlaufen. Oder? Muss ich sicherheitshalber nochmal prüfen.

Eine große knallrote Brille mit weißen opaken Bügeln rundet die Komposition ab. Herr von T. trägt sie ganz vorne auf der Nase, wohl um kompetent wirkend darüber hinwegsehen zu können. "Oberlehrer", kommt mir dabei in den Sinn. Die anderen Herren sind vergleichsweise unauffällig ausgestattet. Im üblichen Grauschwarz gehalten mit einem einzigen blassen Farbtupfer, dem ihrer öden Krawatten. Das trifft im Übrigen auch auf mich zu. Heute habe ich mich allerdings mit einer Krawattennadel geschmückt, die in Gold einen stilisierten Ritterhelm mit Krone zeigt.

In dieser wichtigen Sitzung habe ich vor zu probieren, ob und wie sich Herberts Übung, die mit den Händen in Bootsform (darüber wird noch genauer zu berichten sein), in so einem Umfeld durchführen lässt und wie sie sich auf mich auswirkt. Ein harter Praxistest, kann ich da nur sagen. Wird die Ablenkung durch die Herren dazu führen, dass ich nichts wahrnehme? Vermag ich die Übungen unauffällig zu gestalten?

Geräuschvolle Atemübungen oder Übungen mit ausladenden Bewegungen verbieten sich in diesem Rahmen von selbst. Sehr gespannt bin ich. Nach der Begrüßung und Vorstellung der Teilnehmer übernimmt sofort Herr von T. das Wort und die Führung des Gesprächs. Er spricht langatmig und mit einer Gleichmäßigkeit, die es zur Herausforderung werden lässt, wach zu bleiben.

Ich schenke mir noch einen Kaffee ein. Diesmal mit Milch und Zucker. Die blassen Vollkornplätzchen möchte ich nicht probieren. Meine Hände lege ich so auf meine Oberschenkel, dass sich die Fingerspitzen berühren und die Daumen bei ihrer Hand bleiben. Die Handballen stehen auseinander. Sofort nehme ich etwas wie leichte Energie war. Das geht ja erstaunlich schnell!

Herr von T. spricht von der notwendigen "kontinuierlichen Project-Pipeline, den BDAs, sogenannten 'Business Development Agreements', und den 'Difficulties des Corporate Finance'".

Die Energie verstärkt sich etwas und wärmt das Zentrum meiner Handinnenflächen ... "Es ist ein Frage der Überzeugungsschablone."
Nun werden der Rest meiner Hände und die Handgelenke warm. Das will etwas heißen. Meist sind meine Hände ziemlich kalt. Die Energie strömt mit Macht aus dem Raum zwischen meinen Händen in meinen Beckenboden. Meinen Unterkörper entdecke ich auf eine neue Weise. Lebendiger. Leicht vibrierend vor Energie. Nehme ich grobe Formen der inneren Organe wahr? Sind das meine Organe?

“... meine Herren, das ist eine ernsthafte Mahnung, lassen Sie uns von Anfang an auf die Pitfalls achten ...”

Ich bin positiv überrascht, wie schnell das alles geht. Der Energiestrom bewegt sich zum Herzen hin, es kommt unter Druck. Beginnt zu stechen. Wie weit soll ich gehen, bis ich abbreche? Bei der nächsten Gelegenheit zur Übung werde ich vorher meinen selbstgesammelten Weißdorntee, eine Mischung aus Blättern und den knallroten Früchten, trinken. Der tut mir gut. Auf meinem Notizblock notiere ich “Weißdorntee”.
Der Schmerz verstärkt sich. Zusätzlich zu dieser Missempfindung gesellt sich ein allgemeines Unwohlsein. Weiter möchte ich jetzt nicht gehen. Vielleicht atme ich falsch. Das könnte das Stechen verursacht haben.

Ich nehme die Hände kurz auseinander. Der Herzschmerz lässt nach. “... ohne mentale Change-Strategy wird das nicht abgehen. Und, meine Herren, das muss von oben beginnen ...”

Meine Beine fühlen sich an wie aufgeblasen. Abwechselnd hebe ich sie ein wenig nach oben, senke sie wieder. Das sollte die Durchblutung unterstützen. Das wiederhole ich mehrmals. Geräuschvoll stoße ich versehentlich mit dem rechten Knie von unten an die Tischplatte. Herr von T. fährt zusammen, wendet sich mir zu, schaut mich lange schweigend über seine Brille an. Nicht ganz ohne Vorwurf, wie ich feststellen muss. Die anderen Herren schließen sich mit ihrer Mimik gerne an. Dann schüttelt er den Kopf, blickt die grauschwarzen Herren nacheinander an, wohl um zu sehen, ob sie genauso empört sind wie er, und fährt in seinem Text fort.
Die Beine kann ich nun nicht mehr hochheben. Das habe ich mir selbst verdorben. Macht nichts. Die Lage hat sich verbessert, die Beine fühlen sich nun nahezu wie üblich an, allerdings mit einer Art Pelz um sie herum.

Die Hände nehme ich zur Brust und falte sie dort. Nun verlaufen die Energieströme völlig anders, nämlich von diesem neuen Zentrum aus sternförmig durch den ganzen Körper. Seltsam, dass das Herz in dieser Haltung nicht schmerzt ...

"... wichtig sind die Leverage-Effekte ... "

Ich berste fast vor Energie.

Der gute Geschmack ist die Fähigkeit,
fortwährend der Übertreibung entgegenzuwirken.

Hugo von Hofmannsthal

Herr von T. hat sich warm geredet. Mit den Leverage-Effekten ist nun Betonung und Bewegung in seine Stimme gekommen. Die Brille hält er in der rechten Hand und fuchtelt bedeutsam und, wie ich neidlos zugeben muss, beeindruckend in der Luft herum. Dann schwenkt er in eine offenbar wohlgeübte Kreisbewegung im Uhrzeigersinn ein, während er mit der Linken wie zur Unterstützung auf das Nussbaumfurnier trommelt. Wenn die Brille aufsteigt, trommelt er, bis sie den Zenit erreicht, dann hört er damit auf. Das wiederholt sich bei jeder Kreisbewegung. Bei genauer Beobachtung erschließt sich, er beginnt bei etwa 190° mit dem Trommeln. Es steigert sich in Intensität und Geschwindigkeit, überschreitet die 0° bis zu circa 15°, erreicht dort die größte Lautstärke, bis es dann mit einem letzten kraftvollen Schlag bei etwa 20° abrupt aufhört. Gleichzeitig, vermutlich damit das Trommeln gut herauskommt, hört er auf zu sprechen. Es folgt eine beredte Pause. Was für eine eindrucksvolle Gestik!

Davon kann ich einiges lernen! Wäre er Organist, wären sicher seine Beine und Füße in die Performance mit eingebunden.

Ich fühle mich so entspannt, so wohlig. Meinetwegen kann diese Sitzung noch Stunden dauern. Herr von T. dreht sich plötzlich zu mir.
"Was meinen Sie dazu?" Klar, dass er meinen Namen nicht nennt. Und wenn er ihn kennen würde, spräche er mich damit nicht an. Mich, den Namenlosen. Die Distanz zu den unteren Angestellten muss immer wieder aufs Neue erarbeitet werden.

Wie ich diese Überraschungen hasse! Leider habe ich nur halb, nein gar nicht zugehört. Schließlich bin ich angetreten, um hier meine Übungen zu machen. Hat er bemerkt, dass ich mit meinen Gedanken woanders bin? Was soll ich nun dazu sagen? Wenn ich jetzt nichts Vernünftiges auf den Tisch bringe, bin ich unten durch. Erst mal räuspern, dann darauf achten, dass ich gerade sitze. Ich nehme einen Schluck aus der Kaffeetasse. Beim Zurückstellen auf den Unterteller verfehle ich ihn fast, rücke ihn zurecht. Nun passt es.

Dann spreche ich etwas umständlich vom Risk Management im Life-Cycle und dass es auf konventionelle Weise kaum gelänge, dieses komplexe Project zum Laufen zu bringen. Man müsse ganz neue Wege beschreiten. Das setze starken Political Will von der Public-Seite voraus. Wenn dieser nicht auszumachen wäre, und zwar underpinned durch das ausführliche und komplette Fill-in unserer Application Form 23 römisch 14, zusätzlich dokumentiert durch ein ordentliches Financial Commitment und zwar from the start on, bräuchten wir uns nicht weiter mit diesem Project zu beschäftigen. Darüber hinaus sei ein starkes Konsortium von Project-Sponsores erforderlich, um die Phase des Project Development von Zero bis zum Financial Closure erfolgreich zu überwinden.

Eine belastbare Feasibility Study müsse diesmal aber von anderen Leuten prepared werden. Ich hätte da schon ein phantastisches Team mit international Experience im Auge, wissen Sie, diejenigen, die kürzlich bei Henner das TS 14-Project begleitet haben. Und das alles bitte, bevor die Sales People informiert würden und mit ihren ständigen Fragen jegliche Creativity verhinderten.

Auf Gestik verzichte ich bewusst. Herr von T. soll nicht den Eindruck bekommen, dass ich ihn nachahme. Er betrachtet mich mit geweiteten Augen, wobei er abwechselnd durch die Brille und drüber sieht. Vielleicht bekommt er mich nicht scharf. "Die Project Sponsores wiederum", fahre ich fort, "müssten zuerst die Project Application Form 26 römisch 04 ausfüllen und vor allem das dreistufige Best-Grading durchlaufen. Dann erst ist das BDA sinnvoll und notwendig. So sparen wir Workforce und Time.

Schließlich dürfen sich nur erstklassige Top-Firmen an dem später zu gründenden Special Purpose Vehicle beteiligen. Im Übrigen müssen wir darauf bestehen, dass wir nur, wirklich nur exakt nach unserem Workflow vorgehen. Es ist notwendig, ein besonderes Augenmerk auf die Connections des Political Advisers zu legen. Dies ist das A und O."

Das sind einige meiner Standardsätze für den Notfall. Nichts Besonderes. Bisher haben sie meist Zustimmung gefunden. Es ist auch nicht ganz einfach, denke ich, etwas dagegen einzuwenden. Herr von T. setzt die rote Brille ab, setzt sie wieder auf, beäugt mich über die Brille hinweg erstaunt und ausgiebig von oben nach unten, von unten nach oben. Nach einer Kunstpause trommelt er in einer für mich neuen Variante, von etwa 270° bis

360°, ganz ohne das Kreisen der rechten Hand. Hat er das vergessen?

Nun nimmt er die Brille wieder von der Nase. Ich lächle ihm verhalten zu. Und setze nach. "Voraussetzung für ein Gelingen ist das schon bei Projektstart einzusetzende MasterEIS." Herr von T. sieht mich verdutzt an. Und etwas hilflos. "MasterEIS?" Ich ergänze: "Ich meine das Master Economical Intelligence System."

"Ach so, nun weiß ich, was Sie meinen, immer diese Abbreviations. Das kenne ich natürlich." Nur jetzt nicht übertreiben. Ich denke, es ist nicht gut, noch mehr zu sagen. Herrn von T. habe ich durchschaut. Das MasterEIS habe ich mir gerade ausgedacht. Das gibt es nämlich nicht. Herr von T. beschreibt einige große Brillenkreise ohne Trommeln und äußert sich dann: "Selten, dass ich jemanden treffe, der meine Sprache spricht. Gut, dass so erfahrene Spezialisten mit am Tisch sitzen. Sehr beeindruckend, Herr ... äh ... äh ... junger Mann!" Dabei nickt er mir bedächtig zu, dann in die Runde.
Die anderen grauschwarzen Herren verziehen keine Miene.

Dann macht er sich mit seinem knallvioletten Tintenfüller, der auch noch knallviolett schreibt, einige Notizen in seinen Notizblock. Ich kann von meiner Position aus nur mit Mühe sehen, was er notiert, ohne dass meine Neugierde auffällt. Er schreibt groß, klar bei seinem Vermögen, mit vielen Schweineschwänzchen ähnlichen Schnörkeln, nachvollziehbar, bei seiner adeligen Familiengeschichte. "Special Purpose Vehicle" und "Project Application Form 26 römisch 04" hat er jedenfalls notiert. Das erkenne ich. Und "MasterEIS".

Auf jeder Seite seines Notizblocks ist farblich dezent, aber sehr groß sein blassbuntes Familienwappen abgedruckt. Darunter steht

ein Spruch in Latein. Latein war nie meine Stärke und so bleibt mir sein Wahlspruch vorläufig ein Geheimnis. Fragen mag ich nicht, sonst steh' ich gleich als Banause da und mein schöner Auftritt verliert an Wirkung.
Banause ist übrigens vermutlich das älteste Schimpfwort, das wir kennen. Schon die alten Griechen haben es benutzt.

Heutzutage wäre der Wahlspruch derer von T. wahrscheinlich in Englisch, fällt mir ein. In 20 Jahren würde er wohl in Chinesisch sein. Erst jetzt bemerke ich, reichlich spät wie ich finde, dass sich die roten Streifen seines weißen Hemdes um eine Nuance vom Knallrot der Brille unterscheiden. Die Streifen sind etwas dunkler im Rot. Und mit mehr Blauanteilen. Ich möchte mich nun endlich wieder auf meine Übung konzentrieren und falte meine Hände wieder über dem Herzen.

Gerade kommt die Sonne heraus, mogelt sich mit einem dünnen Strahl geschickt durch die fast geschlossenen Fensterlamellen und bringt die Vollkornplätzchen zum Leuchten. Nun sehen sie viel besser aus. Ich entschließe mich dazu, eines davon zu probieren. Ein kleiner Lichtpunkt fällt gerade auf das besonders eindrucksvoll geschnörkelte Schweineschwänzchen des knallviolett geschriebenen "P" des "Special Purpose Vehicle".

Die fast durchscheinend graugrüne Kaffeekanne erhält ebenfalls einen leuchtenden Punkt, der sich an der Vase entlang in ovaler Breitlinienform über die eingetrockneten Kaffeetropfen legt und ihnen Wärme und Leuchten schenkt. Da bleibt noch ein Rest Licht übrig, der sich nun an den Tisch schmiegt und von den Maserungen des Nussbaumfurniers mit Freuden begrüßt wird.

Von Zeit zu Zeit stütze ich mein Kinn leicht auf die Fingerspitzen. Das sieht hoffentlich so aus, als ob ich besonders genau zuhören und mitdenken würde. Meine Handflächen sind heiß geworden. Herr von T. wird mich heute nicht mehr fragen. Das ist sicher. Zu Hause wird er nachsehen, was ein "Special Purpose Vehicle" ist und herausfinden, dass es SPV (Ess-Pi-Wi) abgekürzt wird. Die Bedeutung des "MasterEIS" wird ihm hingegen verborgen bleiben.

Mir ist aufgefallen, dass ich, seit ich mich mit Herberts Texten und den Bäumen beschäftige, abgenommen habe, weniger Alkohol trinke und auch sonst gesünder lebe. Es wirkt sich positiv aus, dass ich viel Zeit in der freien Natur verbringe. Zuversichtlicher bin ich geworden. Kürzlich zwang ich mich, bewusst in den Spiegel zu sehen, und war überrascht, wer mir entgegensah. Ein jüngerer, gesünder aussehender Mensch! Mit klaren Augen. Auch meine Haut hat sich verbessert. Erstaunlich, wie mich meine Beschäftigung mit den Bäumen verändert hat.

Mein Blick auf die Mitmenschen hat an Wärme gewonnen. Mehr Verständnis bringe ich für andere auf, bin weniger verletzlich, fröhlicher geworden. Ich zünde mir ein rotes Kerzlein an.

Das zu wissen, was man weiß, und zu wissen,
was man tut, das ist wissen.

Konfuzius

Wieder im Café: Über einige der Pianisten habe ich nichts notiert. Sie haben leidlich gespielt und sind wieder nach Hause gegangen. Ein Bub, in Begleitung seiner Mutter, sollte heute vorspielen. Das vermutete ich, da die Mutter den Klavierhocker nach oben schraubte. Die Jacke des Buben legte sie auf das übergroße türkise Kissen im grauen Kinderwagen, der immer noch neben dem Flügel stand. Der Kleine, kurze schwarze Hosen, weißes Hemd, blonder Haarschopf, runder Kopf, schien keine Scheu vor dem Spielen vor Leuten zu haben. Er begann mit einer Mozartsonate mit solcher Hingabe, dass ...

Hingabe. Ein Wort, das fast aus der Mode gekommen ist. Heute denkt man wohl zuerst an körperliche Hingabe. Die Bedeutung des Begriffs geht weit darüber hinaus, denke ich. Ich gebe etwas hin, gebe es also weg. Weggeben und es gleichzeitig behalten wollen, geht nicht. Geben kann ich nur das, was ich habe, und gebe tatsächlich nur das, was ich geben möchte. Manches mag ich mein Eigen nennen, aber es steht mir doch nicht zur Verfügung. Meine Hand, um im Materiellen zu bleiben, kann ich kaum verschenken.

Anderes mag in mir sein, aber es ist mir nicht bewusst. So kann ich es ebenfalls nicht hingeben. Was habe ich denn wirklich? Mich selbst? Hingabe schenkt sich selbst und verliert sich im Augenblick. Sie ist unbedingte Zuwendung und setzt das ganze Wollen voraus, ohne nach Sicherheiten oder einem Warum zu fragen.

Auch nicht danach, was man im Gegenzug dafür bekommt. Darum heißt es auch Hingabe und nicht "Hin-tauschen" oder "Hinbekommen". In einem umfassenderen Sinn wird mir beim Hineinfühlen in das Wort klarer, dass es sich um ein Hingeben als Ganzes handeln muss. Wenn ich mich selbst hingebe, kann das nichts Halbes sein. Das ist auch die Haltung, die den Bäumen gegenüber angebracht ist. Die Bäume sind ganz für uns da. Sie mögen keine halben Sachen.

Was mir nicht vorher gegeben, geschenkt wurde, habe ich nicht, kann ich nicht weiterschenken. Mit leeren Händen bin ich in diese Welt gekommen und ich werde sie mit leeren Händen verlassen. Das heißt jedoch nicht, dass ich nichts mitnehme. Das wird allerdings nicht Geld und Gut sein. Auch nicht mein Wissen. Genau genommen ist das, was ich hier mein Eigen nenne, eine Leihgabe. Durchlässiger, offener gilt es zu werden, damit das, was mir in jedem Augenblick gegeben wird, in mich hinein und durch mich hindurchfließen kann. Das Einfließende mag ich als Verwandtes empfinden, es kann mich anrühren und dazu ermutigen, dass ich das, was sich in der Brandung der Welt zu Eigenem entwickelte, zum Fließen dazugeben möchte. Das, was ich wirklich selber bin, meinen innersten Herzenskern. Nur der steht mir wirklich zur Verfügung.

Der Bub beendete sein Spiel. Obwohl ich wegen der Beschäftigung mit der Hingabe nur den Anfang gehört hatte, klatschte ich, so laut ich konnte. Manche Gäste sind aufgewacht und klatschten mit. Der Bub freute sich. Die Mutter auch.

Innerlich neu ausrichten:
vom Denken, was sein sollte,
hin zum Fühlen, was gerade ist.

Der zweite Ritter

Hingabe geschieht in jedem Augenblick. So wie es jetzt ist, ist es mir ja schon gegeben. Also gibt es nichts, worauf ich warten müsste. Hingabe legt mein Leben vertrauensvoll in die Hände eines Größeren.

Ich gebe auf. Gebe mich also nach oben hin. Kann ich wirklich meine Probleme, mich selbst aufwärts, nach oben geben, weggeben? Erkannt habe ich, dass ich nicht der große Macher bin. Darauf vertraue ich: dass ich bestmöglich durch das Leben geführt werde und meine Anliegen einen guten Verlauf nehmen. Hingabe macht mich dazu offen und bereit, die Geschenke des Lebens zu empfangen und sie mit Freude anzunehmen.

Ich bemühe mich, eine Arbeit so gut ich kann zu erledigen. Dann überlasse ich das Weitere dem Strom der Zeit.

Arno Peters

An einem regnerischen Abend brachte eine junge Mutter ihre Tochter ins Café. Die Tochter im hübschem weißen Kleidchen im klassischen Stil und mit einigen hellblauen Schleifchen im Haar trug artige schwarze Sandalen, weiße Kniestrümpfe. Die Mutter kam in brauner Hose, auffällig schneidigen Bügelfalten, braunem Rollkragenpullover, braunen, flachen Schuhen, übergroßer schwarzer Brille.

Es roch nach ungelüftetem Klassenzimmer und Bohnerwachs. Die Mutter spielte Klavier, die Tochter Violine. Sie begannen mit einem mir unbekannten, einfachen Stück. Nichts Besonderes. Dabei fiel mir auf, dass die Tochter, acht Jahre alt mochte sie wohl gewesen sein, ganz ohne Freude spielte. Wenn ihre Mutter eine Solostelle spielte und das Mädchen pausierte, sah sie ängstlich zu ihrer Mutter hinüber, die ihr ernst und nicht ohne Vorwurf in den Augen kurz zunickte. Das Mädchen zuckte zusammen. Am Ende des Vortrags nahm die Mutter lächelnd die Hand der

Tochter und beide verneigten sich vor dem hochverehrten Publikum. Rührend.

Die Mutter mit einem überaus freundlichen Ende-des-Konzert-Gesichts, um dann übergangslos, wieder mit Blick auf ihre Tochter, auf ihr ernstes und vorwurfsvolles Gesicht umzuschalten.

Weil es sich um ein Kind handelte, habe ich besonders laut geklatscht und so die Stammgäste, die nur selten klatschen, animiert mitzumachen. Es zeigte sich kein Freudenschimmer auf dem ängstlichen Gesicht des Mädchens. Dressur vorläufig geglückt.

Magie deutet auf den Versuch hin,
Schöpfer werden zu wollen,
aber noch nicht zum Kern der Sache
durchgedrungen zu sein.

Herbert

Einen meiner langjährigen Freunde hatte ich wegen meiner Baumaktivitäten etwas vernachlässigt. Sein Steckenpferd, falls man es so nennen kann, ist ungewöhnlich. Er sparte sein Leben lang, wo es nur ging, um Skulpturen von Engeln aus verschiedenen Epochen sammeln zu können. Er ist ein ruhiger Mensch. Manchmal spricht er. Wenig zwar. Dabei fühle ich, dass ihm das Aussprechen von Worten Unbehagen bereitet. Vielleicht sind seine Sprechwerkzeuge ungeübt, verkümmert wegen des fortwährenden Schweigens, oder er spricht, wenn er allein, ist Worte, die nur seine Engel verstehen und eine andere Aussprachetechnik erfordern. Hat er sich dadurch von unserer Sprache etwas entfernt?

Die Worte kommen nicht als das Seine aus ihm heraus. Fremd kommen sie daher und verstört, teilweise verzerrt, gedehnt erblicken sie das Licht der Welt. Wie fremde Gäste, die zu lange geblieben sind, deren er überdrüssig geworden ist, nötigt er sie aus sich heraus.

Deshalb versuche ich erst gar nicht, ein Gespräch in Gang zu bringen. “Beim Darüberreden”, sagte er einmal, “wird sogar das Einfachste unverständlich und kompliziert. Wenn die Leute nicht verstehen wollen oder können, fangen sie damit an, alles zu zerreden. Und vor allem das Große kleinzureden. Töricht, wie sie sind, versuchen sie unnötigerweise, das Unerklärliche mit Worten, die eine festgelegte Bedeutung haben, zu erklären.”

Die Wände seines Wohnzimmers sind vollgepackt mit aus Holz geschnitzten Engeln. Zum Teil sind sie farbig bemalt. Sie sind so angebracht, dass sie, so gut es geht, in die Mitte des Zimmers blicken, dorthin, wo der Tisch steht und der Sessel, auf dem mein Freund zu sitzen pflegt. Auf dem Tisch stehen eng aneinander gedrängt bunte Engelköpfe auf kleinen Konsolen. Dazwischen, auf einem afrikanisch anmutenden, schwarzen Kerzenständer, brennt ein rotes Kerzlein der billigen Sorte. Macht aber Stimmung.

Einige der Figuren sind wertvolle Antiquitäten, manche, vor allem die kleinen, die sich auf dem Tisch niedergelassen haben, könnte man gar als Kitsch bezeichnen. Ein fast mannshoher Engel im gotischen Stil steht auf einem kleinen Podest in der südwestlichen Zimmerecke. Seine Farben sind verblichen. An vielen Stellen sieht man das dunkle Holz durchscheinen. Vielfach ist er beschädigt. Vielleicht ist er vor einigen hundert Jahren umgefallen. Auch fehlt ihm die linke Hand. Bei genauerem Hinsehen entdecke ich die Arbeit von Generationen von fleißigen Holzwürmern.

Auf einem Hocker befindet sich neben einem dunklen Schrank unbestimmbaren Stils ein sitzender Engel. Seine Beinchen baumeln in der Luft. Eine Seltenheit, wie mir erklärt wurde.
Pausbackige Barockengel, Engelköpfe verschiedener Größe, teils mit goldenen Flügeln, lächeln mich mehr oder weniger freundlich von allen Seiten her an. Unterschiedlich große Gemälde, die ebenfalls Engel abbilden, füllen die Lücken an den Wänden zwischen den Skulpturen.

Keiner der Engel ist restauriert. Mein Freund lehnt es ab, seine Engel so restaurieren zu lassen, dass sie wie neu aussehen. "Mit der Restaurierung nimmt man ihnen ihre Würde, ihre Geschichte. Da kann man sich genauso gut einen neuen Engel kaufen. Oder würdest du dich einer Schönheitsoperation unterziehen?" "Nein, das würde ich nicht, obwohl es bitter nötig wäre."

Von Zeit zu Zeit sitze ich mit meinem Freund in seinem Wohnzimmer und genieße die hohe Schwingung. Es ist ein stiller, hoher Raum. Oben an der Decke, um das Rohr herum, welches das Stromkabel zum Kristalllüster führt, befindet sich ein Sonnenrad aus Stuck. Es ist zart gelb eingefärbt. Lärm möchte sich im Wohnzimmer nicht aufhalten. Die Engel scheinen ihn nicht zu mögen und den Lärm, der von draußen kommt, sofort aufzusaugen. Die Worte, die wir sprechen, und es sind wenige, erscheinen unangebracht, störend, dimmen schnell weg, büßen im Nu auch noch den Rest ihrer ohnehin fragwürdigen Bedeutung ein. Die Worte verlieren in diesem Zimmer tatsächlich gänzlich an Kraft und ziehen sich, ihr Unangebrachtsein akzeptierend, zurück.

Zu Hause trägt mein Freund meist ein verschlissenes, grün-goldenes Kleidungsstück, ich würde es Kimono nennen. Vermutlich bezeichnet man dieses eigenartige Kleidungsstück mit einem anderen Namen. Mantelartig ist es geschnitten, hat weite Trompetenärmel. Mein Freund trägt es vorne immer offen. Der Stoff zeigt verschiedene verschlungene, goldgrüne Ranken, die sich verdichten, sich annähern, zusammenfinden, um dann wieder kräftig und frei auszuschwingen. Dazwischen, in freien Räumen, sind auf weißem Grund verschlungene goldfarbene Symbole oder Schriftzeichen einer fremden Sprache abgebildet. Unter diesem Kleidungsstück trägt er oft ein buntes T-Shirt, manchmal mit Aufschrift, was mir zur Gesamtkomposition nicht ganz zu passen scheint.
Das kurz geschnittene, graue Haar betont seine hageren Gesichtszüge. Sein Alter kann man kaum schätzen. Es gibt immer Tee bei meinem Freund. Den Geschmack meines Freundes würde ich nicht kritisieren wollen, die von ihm gewählte Teesorte wäre in meinem bescheidenen Teerepertoire allerdings nicht zu finden. Wir trinken aus feinem, hauchdünnem, chinesischem Porzellan. Auf dem weißen Untergrund der Tassen sind feuerrote, golden konturierte, feingliedrige Drachen abgebildet. Glücksdrachen. Der Boden als plastisches Relief, sichtbar nur gegen das Licht, das Antlitz einer hübschen Chinesin mit hochgestecktem Haar und darin steckenden langen Haarnadeln.

Die Lust der Engel ist der Lust der Tiere
um mehrere Ebenen überlegen.

Thomas von Aquin

Von Zeit zu Zeit, nachdem ich einen Engel länger betrachtet, mich auf ihn eingeschwungen habe, erhebe ich mich, nähere mich ihm behutsam, setze meine Brille auf, betrachte ihn aus der Nähe. Dann puste ich ein wenig Staub von ihm. Dabei entdecke ich für mich neue Details, wie zum Beispiel eine fast unleserliche Bemerkung mit Bleistift, die auf eine Kleiderfalte geschrieben wurde, drei Worte nur, lateinisch vielleicht. Geschrieben mit einem echten Bleistift, welcher seinem Namen noch gerecht wurde, aus einer Zeit, in der die Minen tatsächlich noch aus einer Bleilegierung bestanden.

Damals hat man die Spitze des Stifts des besseren Schreibens wegen oft mit der Zunge angefeuchtet. Dann war auch die Zunge bläulich-schwarz. Der Geschmack war bitter. Dass es sich um einen echten Bleistift handelte, meine ich an dem besonderen Glanz der Schrift zu erkennen. Auch einen in einem Flügel steckenden, krummen, vierkantigen Nagel, dem der Kopf schon weggerostet ist, habe ich entdeckt. Er ist noch von der handgemachten Art. Er könnte zur Befestigung der Figur an einer Wand gedient haben. Vielleicht hat man etwas an ihm angebracht. Blumen möglicherweise oder die Gabe eines längst vergessenen Wallfahrers. Der große Engel im gotischen Stil ist an seiner Rückseite offen, innen hohl. Das Holz ist dort nur rau bearbeitet, faserig und ohne Farbe. Der Hohlraum hat in kriegerischen Zeiten vielleicht als Versteck für Wertsachen gedient. Wer weiß?

Am Morgen erhellt die Sonne einige Minuten lang das Haupt des gotischen Engels, dann strahlen seine stumpfen Farben. Sein Gesicht leuchtet und sieht trotz seines Alters fast jugendlich aus. Manchmal berühre ich einen der Engel vorsichtig, lasse leicht meine Fingerspitzen über seine unterschiedlich rauen Oberflächen gleiten, um ihn besser erfahren zu können. Dabei versuche ich, die kaum, verbliebene Farbe auszumachen und über das Tasten zu sehen.

Oder ich konzentriere mich darauf, seine Geschichte zu erfühlen. Zuvor habe ich mich in die Fingerkuppen konzentriert, mich sozusagen hineingelegt und mir vorgestellt, dass sie feinfühliger werden, habe sie dadurch zu hochauflösenden Präzisionsfühlern gemacht, um so das Optimale aus der Berührung herauszuholen. Und darüber hinaus etwas von der Geschichte des Engels aufzunehmen. Manches Mal haben sich dabei rätselhafte Bilder in mein Herz gesenkt.

Die Augen meines Freundes begleiten meine Bewegungen mit seinem uneingeschränkten Wohlwollen. In seinem Gesicht zeigt sich eine Art zurückgezogener, nach innen gerichteter Freude. Wir schweigen. Klar. Jedem Engel, mit dem ich mich beschäftige, folgen seine Blicke. Ich sehe meinem Freund in die Augen. Glücklich sieht er aus.

Sinn macht Sinn.

Herbert

"Wusstest du, dass ich diesen wunderbaren, heiß geliebten Engel schon seit mehr als zwanzig Jahren hier habe?" Mein Freund deutete auf den großen gotischen Engel, dem eine Hand fehlt. Sein überraschender Sprechausbruch, direkt aus der Stille heraus, hat mich arg erschreckt. Ich bekam Gänsehaut auf meinen Trommelfellen. Er fuhr fort: "Ich habe ihn Emanuel getauft. Für mich heißt das: *Gott mit uns*. Jeden Tag bin ich zu dem Schaufenster gegangen, in dem er stand, habe meinen Schatz angesehen und mit ihm gesprochen. Sicher war ich, eines Tages wird Emanuel zu mir kommen. Zu mir nach Hause. Ein Jahr lang habe ich immer wieder verhandelt und dann endlich einen bezahlbaren

Preis bei dem Antiquitätenhändler erreicht. Wahrscheinlich war er knapp bei Kasse und brauchte Geld.

Zwei Jahre später hat mir der gleiche Antiquitätenhändler das Dreifache meines Kaufpreises geboten. Meinen Engel wollte er zurückkaufen. Als ob man einen Engel verkaufen könnte! Einen Engel! Kaufen, ja. Ihn befreien aus einem Schaufenster, in das jeder glotzt, wo er zwischen unnützem Kram und Kitsch, ohne in seinem Sein beachtet zu werden, seine Tage fristen muss. Kaufen, ja."

Überrascht war ich und beeindruckt. Mein Freund hatte eine Rede gehalten. Einfach so. Aus heiterem Himmel. Eine solche Menge an Worten hatte ich lange nicht von ihm gehört, vermutlich noch nie. Über sich selbst war er hinausgewachsen. Und ich habe sogar noch verstanden, was er gesagt hat. Verwundert sah ich ihn an, prüfte seine Gesichtszüge. War er der Alte geblieben?

Nach dieser Anstrengung schien er erschöpft zu sein. Dessen ungeachtet fuhr er fort: "Weißt du, was ich entdeckt habe? Vermutlich hast du bisher nur die äußeren Erscheinungen der Engel beachtet. Aber da ist mehr. Engel gibt es tatsächlich. Bei besonderen Gelegenheiten kann ich sie spüren. Jede meiner Fibern wird dabei etwas, wie, äh, Falkensinne, etwas wie ein erkennendes Subjekt. Organe der Sehnsucht bilden sich, oder sie waren unerkannt schon immer da. Dann fühle ich die Wirklichkeit, ich meine, das, was wir als Wirklichkeit betrachten, ist in Wirklichkeit nur eine imaginäre Grenzlinie, eine Hilfskonstruktion im Fluss des größeren Seins. Manchmal nehme ich eine Weite und Größe in meinem Erleben wahr, eine Schwungkraft des Geistes, steilen Aufschwung, eine andere Art von Klarheit und Bewusstheit. Ein Hinausreichen über das Weltbewusstsein. Als öffne sich der Raum und der Atem der Ewigkeit wehte herein. Dann nehme ich kraftvolle Verdichtungen wahr, fühle vorsichtig mit meinem bebenden Herzen ihre Anwesenheit.

Gewaltig sind die Engel, so dass ich bis jetzt nicht gewagt habe, weiterzugehen und sie anzusprechen. Mein Respekt, meine Angst ist noch zu groß. Werde ich in der Lage sei, diese ungeheure Energie bei einer Kontaktaufnahme zu ertragen? Ist es vielleicht ähnlich einem starken Stromstoß, der mich verbrennen würde? Man kann ja über Beispiele von Engelsbegegnungen in der Bibel lesen." Mein Freund schwieg. Er hatte die Augen geschlossen.

Dem Mut zum Anderswollen
folgt unmittelbar das Anderskönnen.

Der zweite Ritter

Es kam vor, dass mein Freund geschäftlich verreisen musste. Keine Ahnung hatte ich, was seine Geschäfte waren. Wir haben nie darüber gesprochen. Nach einer langen Pause fragte ich ihn: "Wenn du mal weggehst, würde ich so gerne mit deinen Engeln allein sein. Dann könnte ich gewiss die eine oder andere wertvolle Erfahrung machen." Gleich war er einverstanden. Es dauerte zum Glück nicht lange, bis er wieder verreiste. In seiner Wohnung durfte ich die Stellung halten, mich seinen Engeln hingeben. Ich setzte mich in einen abgewetzten, lederbezogenen Schaukelstuhl, schloss die Augen und wartete darauf, was geschehen würde. Und es geschah etwas.

Zunächst fühlte ich mich zurückversetzt in meine Kindheit, in einer Schaukel sitzend, deren Stricke an einem dicken, fast waagerecht wachsenden Ast des alten Lederapfelbaums befestigt waren. Bis zur Dachrinne des nahestehenden Häuschens des Urgroßvaters konnte ich hochschaukeln und das im Sommer heiße Blech mit meinen bloßen Füßen berühren. Meist schaukelte ich nur leicht hin und her. Dabei ließ es sich besser träumen. Und träumen, das ahnte ich damals schon, kann der Anfang eines großen Abenteuers sein, in dem das Geträumte sich mit dem Wachen verbindet und auf diese Weise neue Welten hervorbringt. So ganz genau war die Grenze zwischen Traum und Wirklichkeit für mich damals nicht zu bestimmen.

Vielleicht waren Traum und Wirklichkeit ja ein und dasselbe und unterschieden sich nur dadurch, dass wir jeweils bestimmen, was Traum und was Wirklichkeit zu sein hat.

Damals war ich noch, ohne dass mir das klar war, selbst der Meister, der die Grenzen zog, sie definitiv festlegte. Ungeachtet dessen, wo und wie andere ihre Grenzen zogen. Wieder spürte ich die Wärme der damaligen Sonne und den leichten Wind, der unentschlossen, wie Winde so sind, hin- und herwehte.

Die Geheimnisse der Welt waren im Begriff, sich zu offenbaren, mein Herz wurde warm, dehnte sich weit in alle Richtungen hinaus, nach unten und nach oben, nach links und nach rechts und natürlich auch nach vorne und hinten, so weit, bis ich nach einiger Zeit an eine Wolke stieß. Ja, die weißen Wolken. Duftig, leicht, nachgiebig und doch fest genug, dass ich darauf herumspringen konnte. Riesige, in der Sonne leuchtende Phantasietrampoline mit Nicht-Herunterfall- und Spaß-Garantie. Jeden Augenblick änderte sich die Sicht. Weiß waren die Wolken, wie Zuckerwatte. Süß, aber nicht klebrig. Später nahm ich mir vor, ein Fläschchen bei meinem nächsten Wolkenbesuch mitzunehmen, etwas Wolke einzufüllen und es nach Hause mitzunehmen.

Zunächst ergab sich zwischen den Engeln und mir eine Art von Konversation von der Art, die keine Worte braucht, sie weder zulässt noch mag. Vielleicht weil Worte sich zwischen uns als eine Art Puffer etabliert und so eine unnatürliche Distanz geschaffen hätten, welche unerwünscht war. So fühlte ich mich wegen einiger einschlägiger Erfahrungen in den Kindertagen ein wenig im Wasser meines Freundes.

Ich schaute mich in seinem Wohnzimmer um. Friedlich hingen und standen die Engelfiguren an ihren Plätzen. Angenommen fühlte ich mich, ja angenommen. Eine unscheinbare, höchstens vierzig Zentimeter große Putte war neben der Couch an der Wand angebracht. Sie zog meine Blicke auf sich. Eine Weile fixierte ich sie. Ihre Farben, falls sie denn je welche hatte, waren im Lauf der Jahrhunderte verblasst.

Ich hab noch keinen Engel gesehen.
Wenn ich aber einen Baum sehe, wächst in mir
die Vorstellung, wie ein Engel aussehen könnte.

Herbert

Entspannt schloss ich die Augen. Dann segnete ich sie. Zuerst war da nichts als Schwärze, damit war zu rechnen. Dann fühlte ich eine Art Pulsieren an meiner der Putte zugewandten Körperseite. Etwas langsamer als mein Herzschlag. Viel später wurde ich gewahr, dass die Putte zartes Rosa ausstrahlte. Konnte das sein? Täuschte ich mich? Konzentriert beobachtete ich bei geschlossenen Augen weiter. Zunehmend wurde das Rosa kräftiger und tendierte mehr und mehr zu einem leuchtenden Purpur.

Als ich die Augen öffnete, war das purpurne Leuchten verschwunden, so als wäre es nie da gewesen. Das bedauerte ich. So gerne hätte ich das Purpur mit offenen Augen gesehen, um den Raum und vor allem die Mitengel der Putte in diesem Glanz bewundern zu können. Insgeheim hoffte ich, dass die anderen Engel ebenso Farben ausstrahlten. Vielleicht hat jeder Engel eine spezielle Farbe? Wer weiß das schon? Die Augen schloss ich wieder, das purpurne Strahlen war wieder da. Ich versuchte, den Engel zu überschlauen, indem ich nur ein Auge öffnete, das andere aber geschlossen hielt.

Nun war das gesamte Wohnzimmer von einem leuchtenden Purpurschleier überzogen. Wunderbar! Die anderen Engel nahmen hier und da etwas von dem Purpur an, ihre Farben, die mich an einen Regenbogen erinnerten, meinte ich schwach sehen zu können. Sie vermischten sich eigentümlich mit dem Purpur. Wenn ich das geöffnete Auge rhythmisch öffnete und schloss, ergab sich eine Art Purpurblinken, das kleine regenbogenfarbige Inseln aufwies. Es fühlte sich an, als wäre ich in einer Disco gelandet. Engeldisco. Das war wirklich mal etwas anderes. Bewegte sich der flotte Engel direkt neben dem Fenster nicht ein wenig im Rhythmus mit? Welcher Rhythmus denn? Ah, der Rhythmus des Schließens und Öffnens meines Auges. Oder war das eine Täuschung meiner wunschbetäubten Sinne?

Ein verirrter Sonnenstrahl bildete zur Freude der Staubteilchen silberglänzend leuchtende Rutschbahnen von der hohen Fensterbank bis hinunter auf den dunklen Parkettfußboden, der ein bräunliches Polster bildete, worauf die Staubteilchen weich landen konnten. Auch Purpur mischte sich ein und belud die größeren Staubteilchen mit Farbenschwere. Hell blitzten sie auf, umso schneller rutschten sie nun hinunter.

Mit dem Purpur war ich noch nicht fertig. Probeweise wollte ich mich als Spiegel versuchen. Die Strahlen würde ich auffangen und verbunden mit meinen besten Grüßen zurücksenden. Warum denn nicht? Und zwar so, dass das Purpur genau zum Purpurengel zurückgespiegelt würde. Schon der erste Versuch gelang, ich erschrak. Damit hatte ich nicht gerechnet. Eine Farbexplosion aller Regenbögen der Welt sprang aus dem Engel hervor. Gerne ließ ich meine Augen nun geschlossen oder öffnete nur eines und betrachtete voll Verwunderung dieses großartige Geschehen.

Einige Male bin ich wohl eingeschlafen, um nach kurzer oder längerer Zeit wieder frisch und belebt zu erwachen. Wenn ich allein war, trank ich allerdings nicht den Tee meines Freundes. Vorsorglich hatte ich eine Flasche Primitivo mitgebracht.

Für diese Nacht positionierte ich eine Luftmatratze auf dem Parkettboden, etwa in der Mitte des Wohnzimmers, und legte mich so darauf, dass ich das Fenster in meinem Rücken hatte. Einige Decken und ein Kopfkissen hatte ich bereitgelegt. Auf das Glas Primitivo am Abend hatte ich diesmal verzichtet. Klar wollte ich in meiner Wahrnehmung sein. Ganz klar.

Mein Schlaf war unruhig. Der Grund dafür war, dass ich das erste zarte Licht des jungen Morgens erleben wollte. Und ich befürchtete zu verschlafen. Sehen wollte ich, wie sich zaghaft das früheste Grau ins Wohnzimmer hineinschleicht – nein, Grau darf ich es gar nicht nennen, eher der feinste Duft von zartestem Lichtschein,

die erste Ahnung einer sich andeutenden Dämmerung, eine erste schimmernde Andeutung des Lichts.
Das sich hineinfallen lässt und fein angedeutete Konturen der Engel aus dem Dunkel herausmodelliert. Versuchen wollte ich, den Keim des Lichts, der ja, wie gesagt wird, in der Dunkelheit west, zu erkennen, bevor er sich zeigte, ich wollte beobachten, wie er hereinschleiert. Dann wollte ich in ihn eintauchen. Die Geburt des Lichts wollte ich erleben. Im Innersten hoffte ich, mit dieser Geburt auch selbst ein wenig neugeboren zu werden und so wieder in die ungeheure Fülle einzutauchen, die sich im Laufe meines Lebens so arg ausgedünnt hatte.
Ist das Kommen des Lichts von Tönen begleitet, fragte ich mich? Von Fanfaren oder feinen, zarten Harmonien vielleicht? Stand dieses in der Stille kaum wahrnehmbare Pfeifen in meinen Ohren vielleicht in einem Zusammenhang dazu?

Da kam noch etwas hinzu, das vorher kommen sollte. So dachte ich mir das jedenfalls. Den kurzen Augenblick beabsichtigte ich zu erfassen, in welchem die absolute Dunkelheit vom ersten noch so zarten Glanz, von etwas kaum Hellerem als tiefem Schwarz, von etwas, das man noch lange nicht als Licht, als Vorboten vielleicht, bezeichnen konnte, berührt würde.

War das ein leichter Übergang oder war es wie ein Schnitt, ein plötzliches Durchbrechen des Lichts? Und wo würde es zuerst zu sehen sein? Auf den goldüberzogenen, glänzenden Teilen mancher Flügel, auf den weiter oben im Raum befindlichen altweißen fein modellierten Engelnasen? Oder gar auf den mehr oder weniger kräftigen, ins Rosa tendierenden Pausbäckchen? Welche Körperteile würden sich als Erstes herausschälen aus dem Schwarz? Mit welchem meiner Lieblinge würde die erneute Schöpfung zuerst beginnen?

Würde es denn nicht sein wie eine Neuschöpfung, ein Herausbilden aus der Schwärze, ähnlich dem Herausschnitzen aus dem noch unbearbeiteten Holz des Baumes? Oder wäre es eher ein Heraustreten der Figuren aus der Dunkelheit in das angebotene Licht? Insgeheim hoffte ich, eine Engelerfahrung zu machen, so wie mein Freund sie angedeutet hatte. Wie sich das ergeben, wie es sein würde, wusste ich allerdings nicht.

Das Wohnzimmerfenster blickt in einen engen Lichthof hinaus. Von oben dringt wenig Licht herein. Bei Neumond und bewölktem Himmel und den wie üblich bis auf einen kleinen Spalt zugezogenen Vorhängen konnte man von fast absoluter Dunkelheit sprechen. Aber was ist schon absolut?
Das Schwarz, das Dunkel, auch dies ist erwähnenswert. In der Nacht habe ich versucht, das Schwarz zu durchdringen. Eine Weile schloss ich meine Augen, um zu prüfen, ob es sich dadurch noch vertiefen, noch weiter schwärzen würde. Würde der Pulsschlag meines Herzens, der mein Blut durch meine Augenlider pumpte, nicht auch von Lichtkeimen begleitet werden, welche einen zarten, in gleichmäßigem Rhythmus pulsierenden, zartrosa gefärbten Widerschein hinterließen? Die Schwärze versuchte ich mit meinen Augen zu durchdringen, versteckte Formen, Verdichtungen oder hellere, wolkige Bereiche, unterschiedliche Stimmungen, Bewegungen vielleicht, auszumachen. Feinste Ausstrahlungen von Licht hoffte ich zu erspähen.

Auch Licht von gestern wollte ich entdecken, das sich vielleicht irgendwo in den Kleiderfalten von Emanuel oder in den Haaren einer der Putten verfangen und nicht rechtzeitig den Rückzug zu Mutter Sonne angetreten hatte. Gab es möglicherweise ein erweitertes, ein anderes Sehen, welches mit dem physischen Sehen nichts zu tun hat und nur darauf wartet, entdeckt und aktiviert zu werden?

Wie ein Entdecker kam ich mir vor: Auf der Suche nach dem Wunderbaren.

Ein tugendhaftes Leben hat als Ziel,
Gott ähnlich zu werden.

Gregor von Nyssa

Nie hatte ich die Möglichkeit, solch einzigartige Kostbarkeiten wie antiquarische Engel sammeln zu können. Mir kam aber der Gedanke, dass all diese Engel aus Holz geschnitzt waren. Das war mir ein Trost. Mit Holz, mit Bäumen kannte ich mich etwas besser aus als mit Engeln. Holz ist schließlich greifbar. Sind die Bäume Engel, auch wenn der Betrachter sie oft nicht als solche erkennen kann? Einer, der Engel schnitzen kann, dachte ich mir, wird wohl kaum an einem Baum vorbeigehen können, ohne den darin befindlichen Engel zu sehen.

Leider hat mir mein Körper einen Streich gespielt. Ich schlief ein und erwachte erst, als vom Morgengrauen keine Rede mehr war.

Lassen Sie uns Fragen stellen, die uns dabei helfen,
ein sinnvolles und gelungenes Leben zu führen.
Der Sinn des Fortschritts ist daran zu messen.
Welche Art Mensch wollen wir sein?

Herbert

In einem übermüdeten Später zu Hause angekommen, setzte ich mich im Schlafzimmer in einen Sessel und erholte mich eine Weile von meiner kurzen Engelnacht. Zu Hause wachsen fünf

Pflanzen. Eine davon ist ein zwei Meter hoher Kaktus, alle anderen sind kleiner. Die Namen, welche wir Menschen ihnen gegeben haben, kenne ich nicht.

Später schrieb ich eine dringende E-Mail. Jemand versuchte, mich zu einem Kauf zu bewegen, erwähnte aber nur die positiven Seiten des Produkts. Darauf hingewiesen, lenkte er mit falschen Argumenten ab.
Plötzlich wurde ich vom Schreiben abgelenkt. Etwas, das ich nicht sehen konnte, ein Energiestrom, floss in mich. Die Zimmerpflanzen meldeten sich. Das heißt, ich fühlte ihre starke Ausstrahlung. Von ihnen ging Leben aus. Es war wunderbar. Ausgeglichen, zufrieden und beschützt fühlte ich mich. Die Pflanzen fühlten sich fast an wie Herberts Engel. Sind die Pflanzen meine Engel?

Der Mensch ist des Menschen Wolf.

Thomas Hobbes

Dieser Vorfall brachte mich dazu, über die Offenheit nachzudenken. Offenheit mag keine Geschichte, stört sich an den Einflüssen der Vergangenheit. Sie ist einfach nur da. Jetzt. Immer jetzt. Ich möchte in Offenheit in meine weite Seelenlandschaft hineinwachsen. Meine inneren Horizonte weiten. Das kann nicht gelingen, wenn ich dafür nicht offen bin.

Ist es möglich, ausgedehnte Räume - und viel mehr noch - in mir zulassen? Alles soll Raum erhalten, das Angenehme und das Unangenehme, auch die als schlecht beurteilten Gefühle und Gedanken, der Ärger, die Wut. Und so weiter. Aber auch das, was mir meine Mitmenschen so antun, erhält genügend Raum. Und meine Schandtaten. Die Schuld ist ein nicht seetüchtiges Schiff.

Schuld ist fehlendes Wissen.

Sokrates

Je größer der Ozean der Offenheit, je höher die Wellen in die Weite brausen, desto mehr verliert sich dieses Schiff aus meinem Blickfeld, geht schließlich unter. So entfällt es, sich schuldig zu fühlen, Schuld lebt in der Vergangenheit und nährt sich unanständig von der Kraft, die ich für den Augenblick benötige. Habe ich nicht getan, was ich in jedem gegebenen Augenblick für richtig hielt, habe ich nicht getan, was ich vermochte? Mehr kann ich von mir nicht erwarten.
Ähnlich geht es mit den Sorgen. Obwohl nur sehr wenige der befürchteten Ereignisse tatsächlich eintreten, sorge ich mich über so vieles. Sorgen nähren sich ebenfalls gut von mir. Auch die Sorgenschiffe dürfen untergehen. Allesamt.

Wenn du nicht über dich hinauswachsen möchtest,
wozu bist du dann hierhergekommen?

Der zweite Ritter

Manchmal reißt in einem übertragenen Sinne die Erde auf. Chaos entsteht. Probleme häufen sich, Schlimmes bricht über mich herein. Gleich suche ich nach Gründen, die bei anderen oder bei mir selbst liegen, mache mir Vorwürfe. Schicksalsschläge kommen und gehen jedoch genauso, wie sie das möchten. Nach ihren Regeln, nach eigenen Gesetzen.

Die Gäste sitzen am frühen Abend im Garten des Cafés, auf stabilen klappbaren Brauereistühlen, an klappbaren Brauereitischen, unter alten Kastanien. Mittig auf den Tischen thronen wie Kronen gezinnte, gläserne Aschenbecher. Es taucht etwas anderes ab, draußen, es taucht auch etwas anderes auf, unter alten Kastanienbäumen. In der Dämmerung. Auch wenn das für Außenstehende kaum zu begreifen und noch schwieriger zu spüren ist. Gäste stützen ihre Köpfe, andere kratzen sich dort, manche reden mit sich, mit ihren Tischnachbarn und Tischgegenübern, die ihrerseits gerade jemand anderen von etwas zu überzeugen suchen. Manchmal sind der oder die Angesprochene nicht anwesend. Das tut nichts zur Sache. Selten merken sie, dass ihnen keiner zuhört, noch seltener, dass sie gar nicht gesprochen haben. Sorgenvoll streift ihr Blick hin und wieder den fallenden Bierpegel in ihren Glaskrügen.

... alles gleich hinnehmen von Gott,
sei es Großes oder Kleines,
Liebes oder Leides,
ohne Unterschied eines wie das andere.
Wägst du eines schwerer als das andere,
so fehlt es dir an der rechten Einstellung ...
Wer zu einer Zeit froh ist, zur anderen unfroh,
der ist noch weit ab vom rechten Wege.

Meister Eckhart

Der Abend ist warm, die Damen sind knapp und hell gekleidet. Manche mit Strohhüten. Sogar einige dunkelrote Kirschen, mit wenigen Blättern garniert, habe ich auf einem Hut von hellem Stroh entdeckt. Einige der Angebeteten tragen noch ihre schwarzen warmen Strumpfhosen, dicke Schals und dunkle Strickjacken. Es braucht eben etwas Zeit, bis man sich auf die Wärme umstellt.

Auf so ein Wetter habe ich gewartet. Mein Wunsch ist es seit langem, auf dem Bechstein-Flügel zu spielen. Nun ist der Gastraum leer, ich bin ungestört. Nur von Zeit zu Zeit geht jemand durch den Raum in Richtung Toilette, einer der Kellner trägt ein Tablett mit Getränken ins Freie. Auf einem quietschenden Stuhl sitze ich, unweit des Flügels, warte darauf, dass sich niemand mehr in der Nähe befindet und sich für meinen Plan genug Mut angesammelt hat. So gerne würde ich einige Takte spielen. Nichts Bestimmtes. Etwas, das mir genau in diesem Moment einfallen würde. Eine inspirierte Überraschung. Hoffentlich passend zu meiner Stimmung und zur Stimmung im leeren Café. Niemand hätte etwas dagegen, wenn ich spielte. Wahrscheinlich hielten mich die Gäste für einen bestellten Musiker, falls sie im Garten das Spiel überhaupt hörten. Meine Aufmerksamkeit gilt nun ganz dem Flügel. Friedlich steht er da. Er scheint mir ein Instrument zu sein, das nicht nur Flügel heißt, sondern eines, mit dem man sich gemeinsam emporschwingen kann, wenn man selbst flugfähige Flügel trägt und mit der Sehnsucht, mit seiner ganzen Sehnsucht mitfliegen möchte. Hinaus, hinauf!

Mit meinem ganzen Wohlwollen begrüße, umfange, umarme ich den Flügel, dehne mich zu ihm hin, fühle in seine Richtung, lächle ihn an. So still steht er da. Wichtig ist es mir, dass ich ihn für mich gewinne, ihn auf meine Seite ziehe. Keinesfalls möchte ich ihn als Gegner haben. Lieber lasse ich von meinem Vorhaben ab. Einen Kampf, wie ihn die asiatische Dame auszutragen hatte, möchte ich nicht beginnen.

Ist es so weit, kann ich es wagen? Was soll ich spielen? Eine kleine Melodie bildet sich in meinem Herzen, erst verschwommen, dann deutlicher werdend. Sie bringt meine Finger zum Zucken. Ah! Wie mich der Flügel lockt, wie er mich anzieht, sich freundlich gebärdet! "Willst du, dass ich spiele? Fühlst du, dass ich dich liebe? Bist du mir wohlgesonnen? Willst du mein Flügel sein?" Wie er mich anzieht, dieser verrückte Flügel, wie Energien, Töne, Melodien durch meine Brust brausen und meine Finger und Arme anfangen zu vibrieren. Ich muss lachen.

Jetzt muss ich spielen. Jetzt. Nun ist die beste Gelegenheit. Ich stehe auf, verweile nachdenklich einen Augenblick, geschwind gehe ich dann die paar Meter zum Flügel, hebe gleich den Deckel, der die Tasten abdeckt, erschrecke vom gar nicht so lauten Knirschen des Scharniers. Die Straßenlaterne wirft dunkle, leicht zitternde, spitzblättrige Blätterschatten auf die Tasten. Die weißen geben sich bereitwillig als ihre Bühne her, während die Schatten von den schwarzen gierig verschlungen werden. Ein Kellner kommt vorbei, sieht mich an, zieht die Augenbrauen hoch, geht wortlos seiner Wege. Nur jetzt nicht zögern, bevor mich der Mut verlässt. Los geht's! Erst mal einhören. Einen Akkord schlage ich an, lasse die Finger auf den Tasten liegen, damit er lange nachklingt, schließe die Augen, höre mich in den Klang hinein, lausche dem Ausklingen nach. Inbrünstig klingt er, irgendwie verirrt im dunklen Gastraum, gleich einem einsamen Vogellied, bevor der Tag anbricht.

Enden alle Töne gleichzeitig? So sollte es jedenfalls sein. Mir scheint, dass das angeschlagene eingestrichene "A", der normierte Kammerton mit vierhundertdreiundvierzig Hertz, etwas länger nachklingt als die anderen Töne. Das war mir beim Spiel der Pianisten nicht aufgefallen. Vielleicht habe ich das eingestrichene "A" stärker angeschlagen als die anderen Tasten, denke ich mir. Das wäre eine einfache Erklärung. Also wiederhole ich den Akkord. Es ergibt sich das gleiche Resultat. Einige weitere Akkorde schlage ich an. Bleibe dabei stehen, bin überrascht, wie voll ich den Klang empfinde, wenn ich selber spiele. Herrlich verstimmt ist der Flügel, nicht zu sehr, aber verstimmt genug, um Leben zu vermitteln, um gerade und krumme Wege, Liebe und Leid, Freude, Schmerz, Trauer, Enttäuschung und vor allem Sehnsucht ausdrücken zu können. In Dur und Moll. In Moll und Dur! Und beide gemeinsam!
Unbestimmte Sehnsucht? Ist sie denn jemals exakt gewesen, ich meine im Sinne von genau definiertem Ziel? Wabert da nicht allzeit das Dunkle mit hinein, das auftragsgemäß dem Licht entgegensteht? Und uns wegführt vom Weg. Wohin? Wohl zu neuen, unbekannten Sehnsüchten.

Die Sehnsucht scheint sich auszurichten, wie ich wahrnehme, hin nach einem Zuhause, nach einem echten, nach dem richtigen und endgültigen Zuhause! Dorthin, wo mehrere schwarze Flügel stehen und auch weiße und Klaviere, Spinette, Orgeln, stabile Stühle und weiß Gott noch was, dorthin trägt sie mich einige intensiv gefühlte Augenblicke lang. Dorthin, wo wir vier-, sechs-, acht-, zehnhändig und so weiter spielen können. Jeder das, was er mag. Und so lange er mag. Gemeinsam.
Schluss damit!

Und noch etwas: Leichte Verstimmung deutet auf Ganzheit hin. Diese besteht wohl nicht nur aus dem Klaren, Reinen, Sauberen, sondern auch aus dem Unscharfen, Improvisierten, Unvollkommenen. Aus alledem besteht das Vollkommene und aus unendlich viel mehr. Und: Reine Harmonie ist an ihrem Ziel angekommen. Ich bin es nicht. Zum Glück!

Kaum hat der Sommer begonnen,
werden schon die Tage kürzer.

Herbert

Die kleine Melodie von vorhin spiele ich aus meinem Gedächtnis, wiederhole sie, beginne eine schnuckelige, genau kalkulierte Pause, beende sie zum fast richtigen Zeitpunkt, spiele das Melodiechen hübsch noch einmal, dann hänge ich mehrere improvisierte Variationen an. Die Augen schließe ich dabei, um auch noch den leisesten Ton hören zu können, lege dann wieder eine Pause ein, die ich wieder ganz bewusst beginne und beende. Das kurze Spiel hat Wellen des Schalls und vielleicht auch anderer Art direkt in mich hineingeschickt und eine Art leichter Vibration hervorgerufen. Herrlich! Verbunden, sehr verbunden mit dem Flügel fühle ich mich nun, als seinen ausgelagerten, aber herzlich verbundenen Resonanzkörper.

Kein Anzeichen von Missstimmung ist zwischen uns zu spüren. Ein großer Augenblick ist das für mich. Eine Weile bleibe ich noch bewegungslos stehen, obwohl längst alle Töne verklungen sind. Ja, auch die verklungenen Töne – wie auch das längst gelebte Leben – schwingen nach, leben weiter, zart zwar, unhörbar vielleicht, aber in hellen Stunden zu ahnen, gar wahrzunehmen, hoffentlich segnend in das Jetzt und in das Später hineinwirkend.

Langsam nehme ich die Hände von der Tastatur, soll ich den Deckel schließen? Nein, einige Akkorde möchte ich noch spielen, wenn ich schon mal die Möglichkeit habe. Ich lege mich erst prall in eine Pause hinein, lasse mich von den darauffolgenden Tönen ergreifen, packen, emportragen, fühle mich in warmem Aufwind, der mich als Ganzes umfängt und trägt. Schnell, wie das Umblättern einer Gebetbuchseite, ändert sich meine Stimmung. Zack! Spüre ich da Leidenschaft, Wildheit? Strömt das aus den Tasten, aus dem Flügel heraus? Kraftvoll saugt es sich in meine Finger, in die Hände und Arme, in mein Herz. Getrieben, gedrängt von dem verrückten Bechstein-Flügel fange ich an, auf den Tasten zu wüten. Ha, das haut rein! Die blond-rote Fortissimo-Dame durchfliegt mein Gehirn. Ah, nun versteh' ich ihr Spiel besser!

Die auf dem Flügel weilenden Salz- und Pfefferstreuer, die Zahnstocherbehälter und die große kristallene Blumenvase kommen in Bewegung, vibrieren, stoßen aneinander mit feinem Zirpen.

Nun flugs etwas Duftiges, Zartes dagegengesetzt, wie es so göttlich Beethoven zelebrierte, noch einige Schnörkelchen daraufgehaucht, schräge Dissonanzen nachgeschoben, auf dass das Ganze rund werde. Ha! Schluss jetzt!

Ich horche nach, lege die Hände auf das schwarze Holz des Flügels, spüre die feine Vibration, nehme wahr, dass das Kristallglaszirpen in Kristallglasschweigen übergeht, mache noch eine kurze, aber herzensvolle Pause, schließe sorgsam den Deckel. Die Töne haben sich in mir eingenistet, klingen weiter, die Herzmembran schwingt sachte mit. Unruhig vibrierende Blätterschatten fallen aus dem Rhythmus und gesellen sich zum Schwarz des De-

ckels, verlieren sich dort, gehen im Schwarz unter, unsichtbar für meine Augen. Fühlbar nur für mein inneres Tasten. Das Scharnier knirscht. Jetzt erst? Den Deckel hatte ich doch schon vorhin geschlossen! Oder war es das Knirschen der Holzbohlen? Leer ist der Gastraum, fast ohne Licht. Stehen bleibe ich, fühle, wie die Schwingung der Klänge etwas bewirkt im Raum. Sinne dem nach. Geschafft!
Hat schon einen feinen, vollen Klang so ein Flügel!

Vom letzten Tisch des Cafés, von ganz hinten klatscht jemand, reißt mich heraus aus meinem immer noch Hören, Hineinhören, Nachhören. Erschrocken sehe ich in die Richtung, aus welcher das Klatschen kommt. Den Umriss eines Menschen erkenne ich kaum, vorhin hatte ich ihn ebenso nicht bemerkt. Er winkt mich zu sich. "Hallo, guten Abend, ich lade Sie auf ein Bier ein. Setzen Sie sich doch bitte." Er rückt mir einen Stuhl zurecht. Die Prüfung des Stuhls auf seine Festigkeit fällt halbherzig aus, vorsichtig setze ich mich.

"Wie kommen Sie dazu?", frage ich. "Es ist doch ganz normal, dem Pianisten ein Bier auszugeben." Die Stimme gehört zu einem männlichen Wesen. Der Herr lacht. "Ich bin nicht der Pianist, ich habe nur so zum Spaß einige Töne angeschlagen." "Angeschlagen ist gut, das war große Klasse. Und ganz schön wild. Ja, ja, der Flügel ... Von wem war das Stück, das Sie gespielt haben? Den Anfang, meine ich, bevor es in die leidenschaftliche Abteilung überging, der kam mir bekannt vor." "Das war doch nur ein bisschen improvisiert." "Tatsächlich? Das hörte sich toll an. Lassen Sie mich überlegen, ich hab' es auf der Zunge. Na. Verflixt! Hm. Ah, ah, jetzt weiß ich es, das war die Hymne des Kongo." "Des

Kongo? Möchten Sie mich auf den Arm nehmen?" "Nein, gewiss nicht. Ich bin mir sicher, es war die Hymne der Demokratischen Republik Kongo." "Das kann nicht wahr sein. Ich habe diese, äh, Hymne nie gehört. Sie verstehen wohl etwas von Musik?" Der Herr sitzt da, wo die ohnehin schwache Lampe nur dürre Schatten hinsendet, ich kann ihn nicht gut sehen. Eine Bedienung mit offenherziger, großlöchriger Rüschenbluse lenkt mich etwas ab, als sie zwei Biere an unseren Tisch bringt. Das sehe ich wohl. Dass es hier drin auch immer so dunkel sein muss! "Zum Wohl", sagt sie und entschwindet. "Ich bin nicht mehr der Jüngste und weit herumgekommen. Da hört man dies und das." "Zum Wohl!" "Zum Wohl!" Wir trinken.

Dann fährt der Herr fort: "Wissen Sie, ich bin noch aus der Generation, welche die Autos noch auf Zug und nicht auf Druck fährt. Wenn wir früher beim Duschen das Wasser wärmer haben wollten, falls überhaupt warmes Wasser verfügbar war, haben wir das zu erreichen versucht, indem wir das kalte Wasser kleiner gedreht haben. Aber das nur am Rande."
"Was bedeutet 'auf Zug fahren'?" "Es bedeutet, das Gaspedal minimal zurückzunehmen, wenn man die angestrebte Geschwindigkeit erreicht hat, das Ganze, ohne die Geschwindigkeit dadurch zu verringern. Um Sprit zu sparen. Das ist heute offenbar nicht mehr gefragt.

Kürzlich wurde ich von einer Polizeistreife angehalten. Freundlich reckte eine kostümierte junge Dame ihren Kopf in das Auto, bemerkte dabei, es rieche nach Alkohol. "Jetzt, da Sie den Kopf hereinstrecken, rieche ich es auch", war meine Antwort. Sie errötete. Ernst fragte sie mich, ob ich Alkohol getrunken hätte. Klar sagte ich, ein Bier. Die hübsche Polizistin empfahl einen Alkoholtest. Nur zu meiner Sicherheit. Ich sagte ihr, dass ich mich absolut sicher fühle, bedankte mich für die unverdiente Fürsorge, wollte

aber ihre Zeit nicht in Anspruch nehmen und somit auf ihre Empfehlung nicht eingehen. Weiterfahren wollte ich.
Das hat der Dame nicht gefallen und sie bestand darauf, dass ich ins Röhrchen blase. Nur zu meinem Wohle. Ehrlich gesagt, ich werde misstrauisch, wenn jemand etwas ungebeten zu meinem Wohl tun möchte, mich sogar dazu zwingt. Außerdem war die sogenannte Empfehlung keine Empfehlung, sondern genau genommen eine üble Nötigung. Das kommunizierte ich der Dame und bat sie, ihre Wortwahl im Lichte der Wahrheit künftig zu überdenken.

Das Resultat des Tests war okay. Allerdings wollte ich wissen, warum gerade ich aufgehalten worden war. Die Polizistin meinte, ich sei zu langsam gefahren. “Klar, die Ampel vor mir stand auf Rot. Da ließ ich das Auto auslaufen.” “So fährt doch heute keiner mehr. So machen Sie sich verdächtig. Heute fährt man volle Pulle an die Ampel und macht dort eine Vollbremsung.”
“Wie erklären Sie sich dieses Verhalten?”, frage ich.
“Da kommen wir in ein völlig anderes Gebiet”, sagt der Herr. “Wissen Sie, das ist meiner Meinung nach eine Frage der Wahrnehmung. Wie nehme ich die Umwelt, die Menschen, mich selbst, die Ereignisse wahr? Nehme ich wahr, dass das heute praktizierte Fahrverhalten Umwelt, Auto und Geldbeutel strapaziert? Oder nicht? Vielleicht weiß ich das, aber es ist noch nicht richtig in mein Bewusstsein gesickert, so dass ich es noch nicht umsetzen kann.

Wahrnehmung ist untrennbar verbunden mit dem Sein. Verstehen Sie das?” Ich bejahe vorsichtig, so ganz klar ist es mir jedoch nicht. “Ohne Sein gibt es keine Wahrnehmung und umgekehrt.” “Ach so.” “Dazwischen tummelt sich das Bewusstsein mit der Aufmerksamkeit. Also, es geht im Leben meiner Meinung nach darum, die Wahrnehmung zu verbreitern und zu vertiefen, um dadurch das Sein besser verstehen zu können, es zu stärken, es überhaupt kennenzulernen, endlich es zu werden. Dieses Sein in das göttliche Sein eingebettet zu wissen und zu versuchen, dies auch so zu leben." "Wie soll das denn geschehen?"

"Das ist schwer zu verstehen für jemanden, der sich mit dem Thema nicht beschäftigt hat. Mir scheint aber, dass Sie an dieser Sache interessiert sind. Dann rede ich weiter. Kurz und gut, die übliche Art der Wahrnehmung, also sehen, tasten, hören und so weiter: alles prima. Aber es gibt eine Wahrnehmung, die darüber hinausreicht." Kaum kann ich es fassen. Wie kann dieser Fremde meinen Fokus auf den Tisch bringen? Unglaublich. Keiner redet sonst darüber. "Was könnte mich darüber hinausführen?" "Ich kam auf das Herz", fuhr der Herr fort. "Aber vergessen Sie den Rahmen des Üblichen, Herzschmerz, Schnulzen, Liebelei und so weiter. Das echte Herz meine ich, fast möchte ich sagen, den Bereich des Herzens, der über das übliche Verständnis von Liebe, im Sinne von Lust und gesteigertem Wohlwollen, weit hinausgeht. Es geht darum, mit dem Herzen auf eine Weise wahrzunehmen, welche zwar auf das Vorgesagte als Grundfärbung aufbaut, aber doch darüber hinauszielt, natürlich darin bleibt, gar nicht heraus kann oder möchte, aber doch entferntere Felder der Liebe mit einbezieht, welche sonst in der üblichen, flacheren Form nicht vorkommen.

Um dies erreichen zu können, benötigt man eine kristallklare Wahrnehmung, ein Sehen nicht nur mit den Augen, sondern, wie soll ich sagen, äh, das vom Herzen kommt, nicht an der Oberfläche der Objekte haltmacht, sondern eindringt, hineinleuchtet. Ja, eindringt, hineinsieht, nein, nicht nur das, auch sich einfühlt, aber auch das ist nicht ganz richtig. Sie sehen, welche Schwierigkeiten ich habe, mich auszudrücken. Was ich meine, ist eine Art

Hineinwahrnehmen in die tieferen Schichten, äh, in die inneren Strukturen, in die Konstruktion, somit in die wahren Motive und Hintergründe. Das geht nur mit dem Herzen und indem man den Herzenskern nach außen verlegt, also sozusagen die innere Herzenssubstanz hinein in das Objekt der Wahrnehmung. Und dies ganz behutsam."

Der Herr schweigt und mir dämmert etwas, noch nicht ganz greifbar, ganz nebelig, jetzt aufpassen, dass es mir nicht entwischt, um im Meer der Gedanken vielleicht unwiederbringlich unterzugehen. Das ist es: Die Stimme des Herrn kommt mir bekannt vor. Ja. "Hm, hm, sind Sie nicht der Herr, der kürzlich am Flügel gespielt hat, Sie wissen schon, dieses, äh, dieses Lied zum Ergänzen? Der mit Hut und weißem Schal?" "Ja, haben Sie mich denn nicht erkannt?" "Hier ist es so finster, Sie sind ohne Hut und ohne Schal und außerdem vermutete ich Sie auf einer Reise." "So verändert sich alles im Leben. Gerade erst wurde die Reise geplant, schon ist sie Makulatur." "Ich freue mich riesig, Sie zu sehen, aber wenn Sie mich für einen Augenblick entschuldigen würden, ich müsste kurz zur Toilette." "Klar, gehen Sie nur."

Das Wort wird schnell vergessen,
wenn das Herz nicht mit dabei ist.

Herbert

Als ich aus der Toilette herauskomme, hält mich ein Mann mittleren Alters auf. Direkt vor mich stellt er sich breitbeinig hin, versperrt mir so den Weg. Offen trägt er seine langen, seltsam ausgedünnten grauen Haare. Sie erinnern mich an einen schlimmen Vorfall mit meiner verstorbenen Schwiegermutter, Gott hab' sie selig, die nachts in ihrem weißen, knöchellangen Nachthemd zur Toilette unterwegs war. Mein Gott, wenn ich nur daran denke. Um niemanden zu stören, verzichtete sie darauf, Licht zu machen. Die Toilettentür war direkt neben der Treppe. Wenige Schrittchen tippelte die Gute zu weit, fiel mit grausigem Schrei und einem solchen Gepolter die Marmortreppe hinunter, dass alle wach wurden. Mindestens ein mittelstarkes Erdbeben vermutete ich. Als mir langsam klar wurde, was geschehen war, und die Schwiegermutter stöhnend am Fuß der Treppe liegen sah, rechnete ich mit dem Allerallerschlimmsten. Aber außer einigen Prellungen war sie zum Glück heil geblieben!

Zurück ins Café und damit zu dem Herrn, der mich blockierte. Er trägt eine runde Nickelbrille, ein verwaschenes, möglicherweise früher rosa T-Shirt mit unlesbarer Aufschrift. Mir ist es generell unangenehm, in meiner Bewegungsfreiheit eingeschränkt zu sein. Genau das ist nun der Fall. Das weckt unangenehme Gefühle in mir. "Hören Sie, lassen Sie mich bitte vorbei." "Entschuldigen Sie bitte, dass ich Sie an dieser Stelle anspreche. Ich bin mit der Entwicklung meiner Karte fertig und möchte Sie gern darüber informieren." "Aha. Worum handelt es sich denn?" "Haben Sie denn nicht davon gehört? Mit dieser Karte erhalten Sie in allen Geschäften beim Einkauf mindestens dreißig Prozent Rabatt. Auch für Reisen, bei öffentlichen Verkehrsbetrieben, in Theatern, Sportarenen, im Tierpark, einfach überall. Rechnen Sie sich doch aus, was Sie im Laufe eines Jahres an Geld sparen! Da ist der Preis für die Karte in Höhe von eintausendvierhundertneunundneunzig Euro nicht zu viel. Ab dem ersten Januar kostet die Karte dann sogar eintausendneunhundertneunundneunzig Euro. Also, der Preis ist für kurze Zeit limitiert, ein absolutes

Schnäppchen." Der Mann hört auf zu sprechen und schnappt nach Luft. Dabei wölbt sich sein ohnehin nicht kleiner Bauch weit nach vorne. Seine muskulösen Arme baumeln nach unten hängend unisono vor und zurück.

"Wissen Sie, ich kaufe so gut wie nichts ein, deshalb brauche ich keine solche Karte. Tut mir leid." "Bitte, im Januar, wenn die Karte teurer ist und jeder so eine Karte haben will, werden Sie das bereuen. Ich lege an dieser Stelle noch eins drauf. Nur für Sie. Wenn Sie sofort bezahlen, erhalten Sie die Karte zum absoluten Vorzugspreis von eintausendzweihundertneunundneunzig Euro. Außerdem mit der sagenhaften Nummer nullnullnullpunktnull-nulllnullpunktsieben." "Nein, tut mir wirklich sehr leid, ich brauche keine Karte, bitte lassen Sie mich jetzt vorbei. Außerdem habe ich so viel Geld nicht bei mir." Ich versuche, den Mann zur Seite zu schieben. Es gelingt mir nicht. Wie ein Betonklotz steht er da. "Bitte lassen Sie mich durch, bevor ich nach Hilfe rufe." "Noch einen Moment, bitte. Überdenken Sie doch den finanziellen Vorteil, den ich Ihnen an dieser Stelle gebe, das Sparpotenzial ist riesig." "Lassen Sie mich doch. Ich kaufe nicht. Bitte lassen Sie mich nun endlich durch." Ein wenig geht er zur Seite. Um vorbeizukommen muss ich mich durchquetschen.

Die ungewünschte Nähe lässt mich seinen Schweiß riechen und die Wärme seines Bauchs spüren. Auf dem Weg zu meinem Tisch ruft er mir nach: "Sie könnten auch die Nummer nullnullnull-punktnullnulllnullpunkteins haben. Die könnte ich Ihnen an dieser Stelle geben." Mich umsehend gehe ich weiter. Folgt er mir? Zum Glück nicht. Nun pralle ich auf etwas Weiches, es riecht nicht nach Schweiß, duftet eher nach Aigner. *Debut* könnte das sein. Eine Frauenstimme kreischt. Es ist die Bedienung mit der offenherzigen, großlöchrigen Rüschenbluse. "Oh! Entschuldigung. Hab Sie nicht gesehen." "Gut, gut, passen Sie künftig besser auf."

Kopfschüttelnd sieht mir der nach Schweiß Riechende nach. Wahrscheinlich kann er nicht verstehen, dass man sich so ein Schnäppchen entgehen lässt.

Als ich zu unserem Tisch zurückkomme, kann ich den älteren Herrn dort nicht sehen, vermutlich hat er sich an einen anderen Tisch oder an den Flügel gesetzt. Ging er etwa zur Toilette, an mir vorbei, ohne von mir bemerkt zu werden? Nein, ich sehe ihn nicht. Die Bedienung erklärt mir, dass er bezahlt habe. Er habe ein gutes Trinkgeld gegeben und dann das Lokal verlassen. Mit schönen Grüßen für mich. Mist.

Ich gehe nach Hause und höre mir auf You Tube die Hymne der Demokratischen Republik Kongo an. Anders hatte ich sie mir vorgestellt. Viel afrikanischer. Die Hymne hört sich an wie ein Liedchen der Wandervögel. Allerdings höre ich gerade eine Fassung mit Klavierbegleitung und Gesang. Ob das von mir im Café Gespielte ähnlich war, kann ich leider nicht mehr feststellen. Mein kleines Liedchen habe ich vergessen.

Mensch, werde wesentlich.

Johann Wolfgang von Goethe

Ein wichtiger Termin zog mich nach Dresden. Auf der Fahrt dorthin grübelte ich über Herbert und über unsere Freundschaft nach. So viele Jahre waren wir schon zusammen und es war uns nie langweilig gewesen.

Dresden steht für zahllose Gräueltaten des großen Krieges. Allvernichtend war die Wucht, unaufhaltsam sein wildes Rasen. Erbarmungslos der Tod, überfressen zwar, trotzdem nicht satt zu kriegen. Eine wehrlose Stadt, in der sich vorwiegend Kinder, Frauen, Alte aufhielten, wurde wie andere Städte in Grund und Boden gebombt. Kirchen, Schulen verschonte man nicht. Auch nicht Kindergärten und Krankenhäuser.

Das Drama drängt sich nach vorne bei jedem Schritt, den man zurücklegt, lähmt, engt den flüchtigen Atem ein. Beim Bewundern der vielen Schönheiten dunstet wieder und wieder klebriger Graunebel herein. Rauch verstellt die Sicht. Nicht nur in Grau und Schwarz, mit blutigem Rot ist er vermischt und hat auch die Farbe von himmelhohem Feuerschein und knochensengendem Schwefelgelb. Zu blassen Gesichterfragmenten, zu erstarrten Augen strukturieren sich graue Betonwände, zu glühend fallenden Balken, zu flüchtenden Menschen. Flüchten hilft nicht, ihr Armen, es fehlt am Wohin. Nein, es waren keine Sternschnuppen, die vom Himmel fielen.

Manches wurde in seiner rauen Zerstörung bewahrt. Zur Mahnung und Abschreckung. Das wäre nicht nötig gewesen. Unter ganzen Stadtteilen ausgebreitetes Verderben dunstet ohnehin aus den Tiefen der Straßenschluchten. Für den, der es zu fühlen vermag. Die Stadt, ein Mahnmal. Wer möchte in einem solchen Mahnmal leben? Vieles wurde zwar wieder aufgebaut. Doch der Unsinn des Krieges bricht immer wieder durch, kommt flächig zutage.

Sollte es wahr sein,
dass der Krieg der Vater aller Dinge ist,
wäre ich lieber ein Waisenkind.

Herbert

In der Schinkelwache, gegenüber der Oper, warte ich bei einem Bier auf die Dame vom Eine-Welt-Laden. Draußen regnet es in Strömen. Der Himmel wirft ab, was er kann. Viel ist das, erschreckend viel! Stürzt er ein, herunter auf uns Arme? Lächerlich zu sagen: Es schüttet aus Eimern. Die Atemluft: bis zum Fließen wasserbeladen. Begräbt uns das Schwarz? Die Stadt, geduckt liegt sie da, wehrlos wie damals im Bombenhagel. Blitze von galaktischem Ausmaß fetzen herein, beleuchten kurz und schaurig den Gastraum. Donner. Kanonendonner? Unschuldige Lichtlein der Kronleuchter flackern, zittern, Gläser klirren. Droht ein Erdbeben, gar eine Flut? Sintflut? Ist die Elbe schon vor der Tür? Mich gruselt. Das Donnern folgt den Blitzen auf dem Fuße.

Zum Glück ist das kein Fliegerangriff. Wasser strömt breit und in Wellen die großen Fenster des Cafés hinunter. Fließt es außen oder schon an der Innenseite der Scheiben? Der Boden im Lokal scheint trocken zu sein. Noch. Kantig, meint die Hofkirche, dicht vor meiner Nase, wider- und überstehen zu können, doch schwimmt sie vielfach, ihrer Kantigkeit beraubt, ohnmächtig die Scheiben hinunter. Von ganz oben bis dorthin nach unten, wo sich die Scheibe halb hinter einer Tischreihe versteckt. Festhalten muss ich mich. Irgendwo. Damit der Blitz mich nicht hinausreißt, mitsamt meinem Bier.

Ich durchblättere unkonzentriert eine Tageszeitung, um mich abzulenken. Wenig Erfreuliches wäre ihr zu entnehmen, wenn ich sie denn lesen würde. Erstaunlich, immer wieder, wie ich durch die Zeitung, durch den Tisch hindurchsehen kann, ohne etwas wahrzunehmen.

Die Lokaltür öffnet sich, speit zusammen mit einem Schwall Wasser einen mittelgroßen, schlanken Herrn herein. Er schaut sich um. Zielsicher steuert er auf mich zu. Obwohl sich außer mir kein Gast in dem Café befindet, fragt er, ob er sich zu mir setzen dürfe. Ja, warum nicht. Alles andere ist besser als der drohende Weltuntergang. Der Mann ist schwarz gekleidet. Vom Hals bis zu den Turnschuhen. Tropfend vor Nässe. Der ebenfalls schwarze, hochgestellte Kragen mit einem schmalen weißen Rand an der Oberseite erinnert an die Kleidung eines Priesters. Ein Priester käme jetzt gerade recht, in Zeiten drohenden Untergangs. Auffallend in seinem freundlichen Gesicht sind seine roten Backen, die buschigen Augenbrauen. Er setzt sich zu mir, trocknet seine Brille mit einer Serviette, bestellt ein Bier, einen Schnaps. Die Zeitung falte ich zusammen, lege sie beiseite. Schon fängt der Herr an zu sprechen. Er spricht gutes Deutsch mit starkem, sympathischem Akzent.

"Was für ein Wetter. Und ich kann nicht schwimmen!" Er lacht über die gelungene Pointe. Wortreich beklagt er sich über die Montagsdemonstrationen. "Nirgends kann man parken. Und die Polizei unternimmt nichts. Gar nichts. Gleich hier drüben wohne ich, bin jedes Mal beeinträchtigt." Mit ausgestrecktem Arm deutet er in Richtung der immer wieder herabschwimmenden Sisyphos-Kirche. "Wissen Sie, ich bin Katalane. Barcelona." Spricht's aus und schaut mich dabei an, als ob Barcelona auf dem Mars läge. "Barcelona, aha", sage ich. "Verstehen Sie, um Himmels willen: Ich bin kein Spanier. Sagen Sie niemals, ich se Spanier!" Bedeutsame Kunstpause. Der Herr beäugt mich ausführlich. "Gut. Sie können auf mich zählen." Woher kommt denn plötzlich mein schlechtes Gewissen, ich hab' doch nichts Falsches gesagt oder gar gemacht? "Prima, Sie scheinen ein vernünftiger Mensch zu sein.

Kennen Sie Don Camillo? Ich meine die Don-Camillo-Filme." Ich bejahe. Die Don-Camillo-Filme, ich glaube es sind vier, habe ich mindestens je fünf Mal gesehen. Gerne erinnere ich mich an sie. Und ich mag Menschen, die Don Camillo ähneln. Das sage ich auch. "So einer bin ich", sagt der Priester triumphierend, schlägt sich mit der rechten Faust auf die dabei dröhnende Brust. Senkt dann den Kopf, setzt eine verschwörerische Miene auf, rollt die Augen, beugt sich zu mir her. Ein Donner lässt ihn hochfahren. "Oh! Furchtbar!" Erschrocken blickt er nach links, dann nach rechts und flüstert: "Wissen Sie, ich bin ..." Ein weiterer Donner zerfetzt unbarmherzig die nachfolgenden Worte.

"Bitte, halten Sie ein. Sprechen Sie doch lauter. Bei diesem Höllenlärm verstehe ich kein Wort!" "Gut, gut. Wissen Sie, ich bin unbequem. Sehr unbequem, bis hin zum Revolutionär. Immer schon gewesen, schon in der Schule. Bin immer angeeckt. Bei meinen Oberen, auch in der Kirche. Man hat mich deshalb nach Afrika, nach Lubumbashi geschickt, finstere Gegend, sag ich Ihnen. Kongo. Lauter Schwarze. Nur Schwarze. Nette Leute zwar. Trotzdem. Nun bin ich für einige meiner Brüder aus meiner Heimat hier in Deutschland zuständig. Als Oberster sozusagen." Es stellt sich heraus, dass er katholischer Priester ist. Jesuit.

Mit gedämpfter Stimme und bisweilen verstohlenen Seitenblicken erzählt er über seinen heldenhaften Widerstand gegen die engstirnige kirchliche Obrigkeit, den Muff unter den Talaren, gegen die Lügenpresse, gegen die Gedankenlosigkeit, gegen dumpfes Verhalten, spart seine Niederlagen nicht aus, klopft sich mit der rechten Hand auf die linke Schulter, als es zu dem Bericht über glorreiche Siege kommt. Und vergisst nicht zu erwähnen, dass er anders sei. Ganz anders. Und das alles im Telegrammstil. "Ich folge meinem Gewissen. In jedem Fall. Immer. Nichts und niemandem gehorche ich sonst. Gleichgültig, welche Konsequenzen drohen."

“So eine Haltung muss man loben. Heutzutage bräuchten wir viele Don Camillos. Und auch Peppones.” Das meine ich ernst. Den tapferen Jesuiten kann ich nicht genug bewundern. Ein Blitz blendet herein. Mit überklarer Deutlichkeit signalisiert er: Mein Bierglas ist fast leer.

Gerne möchte ich eine Frage stellen. Nicht als Beitrag zur Unterhaltung, sondern weil es mir wichtig ist. Vielleicht ist sie unpassend. Trotzdem, diese günstige Möglichkeit möchte ich nicht verstreichen lassen. “Es freut mich, dass ich mit einem Priester zusammen bin. Wissen Sie, ich hätte da eine für mich sehr wichtige theologische Frage und würde die Gelegenheit gern nutzen, sie zu stellen. Geht es Ihnen auch so? Manche Fragen quälen einen, man kommt alleine nicht weiter. Ist das für Sie in Ordnung?” “Ja, das verstehe ich. Hatte auch solche Phasen. Fragen Sie ruhig. Sehr gerne.” “Prima, danke.” Der Priester prostet mir zu. Wir trinken. Ermutigt stelle ich die Frage, die ich schon so lange mit mir herumtrage.

“In der Bibel wird von den Kindern Gottes gesprochen. Ein schönes Bild ist das.” “Sehr schönes Bild, ja, ja, sehr schönes Bild.” “Unter Kindern stelle ich mir Drei- bis Zehnjährige vor.” “Ja, ja, ist gut, warum nicht.” “Niemand sagt etwas drüber, was es mit diesen Kindern auf sich hat, was mit ihnen geschieht.” “Was soll mit denen schon geschehen? Worauf wollen Sie hinaus?” “Na ja, sie müssten doch irgendwann älter werden, ich meine, sie müssten wachsen, wie alle Kinder. Wenn sie erwachsen werden, dann müssten sie doch von Kindern zu Söhnen und Töchtern Gottes heranreifen. Sie können doch nicht immer kleine Kinder bleiben. Oder nicht?”

Offenbar versteht mich der Priester nicht ganz. So fange ich noch einmal ganz von vorne an. Am Ende ergänze ich noch: Söhne und Töchter Gottes würden ganz andere Menschen sein. Übles würden sie meiden, dafür viel Gutes tun. Neue Fähigkeiten wüchsen ihnen zu. Bemerkenswerte Fähigkeiten. Wie zum Beispiel Wunder wirken, ich meine, echte Wunder, Kranke würden sie heilen, auf dem Wasser gehen, Wasser in Bier und Wein verwandeln und so weiter. Auch mit Gott sprächen sie, so wie das Don Camillo gemacht hat.

Der katalanische Don Camillo sieht mich an wie einen Außerirdischen. Einen vom Mars vielleicht. Er trinkt mehrfach von seinem Bier, leert das Glas und bestellt ein zweites. Ich bestelle gleich mit. Das zweite Bier wird ihm flink gebracht. Er trinkt wieder und noch einmal. Das zweite Glas ist fast leer. Noch immer schweigt er. Die Frage ist wohl nicht so leicht zu beantworten. Offenbar ist sie ihm unangenehm. Mir ist sie das mittlerweile auch. Endlich sprudelt es aus ihm heraus. "Was heißt hier Kinder Gottes oder Söhne und Töchter Gottes, das ist doch das Gleiche. Absolut. Da gibt es doch keinen Unterschied. Nicht den geringsten. Verstehen Sie denn nicht, das ist doch nur ein Bild. Wie können Sie in dieses Bild nur so viel hineinfantasieren?"

Nun bin ich durcheinander. "Das finde ich nicht. Ich möchte die Bibel gerne ernst nehmen und verstehen. Wen sollte ich denn sonst fragen, wenn nicht einen Priester?", beteuerte ich. "Jetzt haben Sie mich vollends verwirrt. Wie können denn Kinder Gottes das Gleiche sein wie Söhne und Töchter Gottes, ohne vorher zu wachsen?", setze ich nach. Jetzt, da ich hart dran bin, möchte ich keinesfalls aufgeben. Weiß Gott, wann ich wieder zu einer solch günstigen Gelegenheit komme. "Jesus wird doch als Sohn Gottes und nicht als Kind Gottes bezeichnet. Wenn es so wäre, wie Sie sagen, dass es zwischen Kindern und Söhnen Gottes keinen Unterschied gäbe, dann wären wir alle schon jetzt auf der gleichen Stufe mit Jesus! Alle wären wir Jesusse!" Pause.

Der Jesuit schweigt hartnäckig. Nur jetzt nicht nachlassen: "Vielleicht hat Jesus ja auch als Kind Gottes begonnen und ist dann hineingewachsen in sein Gottessohn-Sein, Tag für Tag, Schritt für Schritt. Indem er dran geglaubt hat, ganz fest, immer mehr, bis er keine Zweifel mehr daran hatte, ihm nicht einmal mehr die geringste Unsicherheit geblieben ist, bis er endlich hundertprozentig daran geglaubt hat, sich ganz sicher war, dass er ein Sohn Gottes ist. Und den Glauben daran hat er schließlich abgestreift, vergessen und ist dadurch zu einem echten Gottessohn geworden. Das Vergessen, dass er daran glaubt, das zweifelsfreie Sein erst, hat ihm dann die Kraft verliehen, große Wunder zu wirken. Warum sollten wir Erdenkinder uns denn nicht weiterentwickeln und erwachsen werden? Ganz langsam, jeder in seiner eigenen Geschwindigkeit. Stellen Sie sich das bloß vor.

Möchten Sie denn keine Wunder wirken?", fuhr ich aufgeregt fort, "wenn wir beide das könnten, schlüge ich vor, mit kleinen Wundern zu beginnen, mit einfachen, übersichtlichen, solchen für den Hausgebrauch. Und dann könnten wir uns zu größeren, vielleicht zu gewaltigen Wundern hinarbeiten. So vieles könnte getan, den Mitmenschen könnte geholfen werden. Die Erde würde zum Paradies. Und Sie, ja Sie wären derjenige, der seinen Schäfchen beispielhaft vorausginge, sie lehrte zu glauben, an sich zu glauben, daran zu glauben, dass sie wirkliche Gottessöhne und Gottestöchter werden, ja schon fast sind, dass sie Wunder wirken können. Wenn ich es mir recht überlege, die Wunder wären nur das Resultat einer gewaltigen inneren Entwicklung. Ein schöner Nebeneffekt."

Don Camillo blickt nun ärgerlich drein. Vermutlich bin ich zu weit gegangen. Deshalb versuche ich, meine Aussagen etwas zu relativieren, reite mich aber dadurch immer tiefer hinein. "Ein klein wenig erwachsener zu sein wäre doch gut. Oder etwa nicht?" Don Camillo sieht mich entsetzt an. Ja, entsetzt, sprachlos. Ein

Blitz erleuchtet seine Augen. Nach einer langen Pause, in welcher er mehrmals große Schlucke aus dem inzwischen herbeigebrachten dritten Bierglas nimmt, dabei tief hineinsieht und den Kopf schüttelt, sagt er fast versöhnlich. "Das ist doch alles Quatsch. Einfach nur Quatsch."

Er leert das dritte Bier, rückt und dreht seinen Stuhl ganz in meine Richtung. Die Stühle sind übrigens in Ordnung, bieten zu Beanstandungen, was die Stabilität betrifft, auch nicht den geringsten Grund. Don Camillo setzt sich nun aufrecht auf seinen Stuhl, reißt die brauenbewehrten Augen auf, hebt ernst, fast drohend den rechten Zeigefinger, beugt sich weit in meine Richtung und sieht mich durchdringend an. Dann, nach einer Pause, welche mir wohl den Ernst der Lage signalisieren soll, erklärt er in viel zu lautem Ton: "In der Öffentlichkeit, und ein Café fällt in diese Kategorie, das werden Sie ja wohl nicht bezweifeln, beantworte ich keine theologischen Fragen. Grundsätzlich. Hab' ich nie gemacht. Wenn Sie Fragen haben, gehen Sie doch in die Kathedrale. Morgen von zehn bis sechzehn Uhr finden Sie mich dort." Er versucht, sein bereits leeres Bierglas ein weiteres Mal leer zu trinken. Ich bin verwirrt.

Dass Menschen in Schuld geraten, ist schlimm;
aber sich schuldig zu fühlen
und nicht an Vergebung glauben zu können, das ist die Hölle.

Eugen Drewermann

Nun kommt glücklicherweise die Dame vom Eine-Welt-Laden, auf die ich warte, zur Tür herein, an unseren Tisch und reicht mir ihre nasse, warme Hand. Ich stelle die beiden einander vor. Die Dame macht einen unfrohen Eindruck, was ich auf das Wetter zurückführe, verschwindet augenblicklich, ohne etwas Verbindliches gesagt zu haben. Vermutlich geht sie zur Toilette, um sich zu trocknen und zurechtzumachen.

Wir Zurückgebliebenen schweigen uns gegenseitig an, starren auf den Tisch vor uns. Die helle Holzplatte zeigt verschlungene Holzmaserungen. Nicht unschön, phantasiereiche Formen. Vermutlich durch den Wuchs der Äste entstanden. Einigen der die Formen begrenzenden Linien folge ich mit den Augen, um herauszufinden, ob sie irgendwo zusammenlaufen und in sich geschlossen sind. Vielleicht ist das Linienmeer auf der Tischplatte nur eine einzige Linie, auch wenn das dem ersten Augenschein nach nicht erkennbar ist. In diesem Fall wird es keine auch noch so kleine Lücke oder frei schwebende Linienenden geben.
Oder ist das eine Art Labyrinth? Könnte es sein, dass die Linien auf der Unterseite der Tischplatte zusammenlaufen? Gleich sehe ich nach, wie sie sich an den Schmalseiten der Tischplatte verhalten. Nach der Prüfung von drei Schmalseiten kann ich mit Gewissheit behaupten, dass die Linien von der Oberseite der Tischplatte über die schmale, senkrechte Kante nach unten laufen. Zumindest an den beiden Seiten, an welchen das Holz quer durchgeschnitten ist. Ob sie sich auf der Unterseite zu einer Linie vereinigen, bleibt unklar. Eine Untersuchung ist momentan nicht anzuraten.

Mit der Tischplatte möchte ich mich nun nicht weiter beschäftigen. Da und dort fehlt der Lack, fällt mir auf. In Clustern rotten sich kleine Beschädigungen zusammen. Weiter drüben, gleich neben Hochwürdens Bierglas, scheint eine Linie unterbrochen zu sein. Genau kann ich es nicht sehen, ich müsste näher ran. Nein, Schluss damit.

Mit Mühe hebe ich meine Augen von der Tischplatte. Ich mag es nicht, mitten in einer Untersuchung aufzuhören. Wo ist eigentlich die Dame geblieben? Ein Wunder, dass sie es bei diesem Wetter mit dem Fahrrad bis hierher geschafft hat. Soll ich den Priester zu einem Schnaps einladen? Ein Schnaps würde jetzt auch mir guttun. Gerade will ich den Vorschlag machen, da kommt die Bedienung an unseren Tisch, nimmt mein Bier und entfernt sich damit. Dabei blickt sie, so kommt es mir jedenfalls vor, heimtückisch drein. Das kann ich so nicht akzeptieren. "Halt, Moment, das Glas ist ja noch halbvoll", protestiere ich laut. Die Bedienung kommt zurück. "Die ganze Zeit möchte ich Sie schon etwas fragen. Ich erinnere mich dunkel an Sie", sagt sie mit Bedacht. "Waren Sie nicht schon einmal hier?" "Stimmt." "Wann war das?" "Ich schätze so vor fünfzehn Jahren." "Genau, das kann sein. Ich arbeite hier schon seit fast zwanzig Jahren." "Gutes Gedächtnis. Erstaunlich! Aber bitte, geben Sie mir doch mein Bier zurück."

Dass die Leute sich immer an meinem Bier vergreifen müssen. Ständig gibt es Probleme, wenn ich in Ruhe ein Bier trinken möchte. Nicht zu fassen. "Nein", sagt sie bestimmt und mit einem nun schelmischen Gesichtsausdruck, der sie ohne Zweifel noch hübscher aussehen lässt. Das Bierglas wärmt sie an ihrem Busen. Sie macht mich darauf aufmerksam, dass die besagte Dame am anderen Ende des Cafés einen ihr zusagenden Tisch gesucht und auch gefunden habe und mich dort erwarte. Mein Bier nehme sie schon mal mit. "Warum kommt sie denn nicht zu uns herüber?"

Keine Antwort, die Bedienung entfernt sich, mitsamt meinem Bier. Nun muss ich mich entscheiden, was mir angesichts der Tatsache, dass mein Bier weg ist, leichtfällt. So entschuldige ich mich bei Don Camillo, verabschiede mich mit schlechtem Gewissen von ihm, wende mich der Dame zu. "Was soll das, ich verstehe Sie nicht, warum haben Sie sich nicht an unseren Tisch gesetzt? Die Situation war peinlich für mich." "Ich möchte Sie jetzt ganz allein für mich haben und werde Sie mit niemandem teilen", informiert sie mich kühl, "auch nicht mit einem Priester." Dieser verlässt indessen das Café, nicht ohne uns einen ärgerlichen Blick zuzuwerfen.

Die meisten Selbstmorde werden nicht,
wie es heißt, mit Messer und Gabel begangen,
sondern mit einer falschen Lebenseinstellung.

Herbert

Kaum von Dresden nach Hause gekommen, musste ich wieder verreisen. Das war mir gerade recht, da hatte ich etwas Abwechslung und hoffte, besser mit Herberts Abwesenheit zurechtzukommen.

Gerade saß ich im Café, das sich im Erdgeschoß des Hotels Vojvodina befand, des ersten Hauses der Stadt Zrenjanin. Ich meine, es ist gerade gut für einen Versuch. Ein Stündchen habe ich Zeit bis zum nächsten Termin. Diese Zeit möchte ich sinnvoll nutzen. Braune, plastikbezogene Sessel, braungestrichene, dicke Säulen, braunbeige Bodenfließen mit eingelassenen breiten Linien, auch braun, Aschenbecher auf jedem braunen Tisch, so sieht es im Café aus. Die leere Kaffeetasse mit braunem Bodensatz steht knapp am Tischrand. Es duftet nach Kaffee.

Hunde mit Bratwürsten zu bewerfen,
kann nicht als Strafe betrachtet werden.

Herbert

Als ich frühmorgens um Wasser für den Tee bat, fiel mir auf, dass mir der Kellner fertigen Tee gebracht hatte. "Welche Art von Tee ist das bitte?", fragte ich höflich. Der Kellner verstand nicht gleich. "Ich meine, um welche Sorte handelt es sich bei diesem Tee. Ist es schwarzer Tee, Früchtetee, türkischer Bergtee oder was auch immer?" "Wenn Sie von Bergtee sprechen, weise ich Sie höflich darauf hin, dass wir hier nur griechischen Bergtee haben." "Das waren doch nur Beispiele, die Frage war, welche Art von Tee haben Sie mir gebracht"? "Das ist doch nur Wasser." "Sieht aber aus wie Tee."

Ungläubig starrte ich in die Tasse. Sollte das Leitungswasser hier eine Färbung wie heller Tee haben? Wie mir ein ortsansässiger Hydrogeologe später erläuterte, sei das Trinken dieses gelblichen Leitungswassers nicht gesundheitsschädlich. Es käme aus der Gegend. Das hätten er, seine Familie wie auch seine Vorfahren schon immer getrunken. Der Anteil von Arsen und anderen Bestandteilen wie Metallen, Mineralien und so weiter wäre unbedenklich, vorausgesetzt, man trinke nicht zu viel davon. Arsen wirke sogar positiv als leichtes Aphrodisiakum. Dabei grinste der Hydrogeologe und machte eine offenbar unzweideutige Bewegung. Diese Bewegung war mir neu. Im Hotelbadezimmer lese ich später: "Wasser zum Trinken nicht geeignet." Ich nehme mir vor, Mineralwasser zu kaufen.

Das große, mittig geteilte Caféfenster weist auf den für Zrenjanin viel zu großen, grau gepflasterten Hauptplatz der Stadt, den Trg Slobode hinaus. Unstrukturiert liegt er da. Ein graues, sinnentleertes, steinernes Meer. Etwas weiter links, von meiner Position aus nicht zu sehen, befindet sich das Rathaus. Rechts daneben die ockerfarbige Kirche, davor ein Reiterstandbild. Gegenüber liegt ein lang gestrecktes, gelbliches Gebäude im neoklassizistischen Stil auf der Lauer. Seitlich rechts davon schmiegt sich eine Art Brunnenumrandung flach an das gestufte Pflaster. Noch weiter rechts wachsen lindgrüne Lindenbäume vor der grauschwarzen, x-stöckigen, verschämten Bausünde. Eine Ruine, genau genommen. Der Dunst, der die Farben der gegenüberliegenden Gebäude etwas aufhellt, ist dabei, sich aufzulösen. Ein schöner Tag steht bevor. Wenige Menschen queren den Platz von links nach rechts, manche in umgekehrter Richtung. Ab und zu fährt ein Radfahrer vorbei oder schiebt sein Rad.

Mehrere Menschen habe ich gefragt, wer der furchteinflößende Herr auf dem Reiterstandbild sei. Mit der Linken zeigt er in eine zu erobernde Ferne, seine rechte schwingt demonstrativ einen Degen. Niemand weiß es zu sagen. Egal, Reiterstandbilder sind fast überall gleich. Die Posen ähneln sich. Man spricht immer von den Reitern. Die Pferde und die nachfolgende Infanterie werden nie erwähnt.

Meinen inneren Kompass habe ich justiert und eingestellt auf: "Mein Gott, wie überraschend und schön ist diese Welt." Und: "Jeden Moment werde ich feinfühliger und aufmerksamer. Ich empfange Energie und wandle sie in Freude um." Ein wenig Freude würde mir gerade guttun. Nun fühle ich mich in mein Herz ein, umarme es mit einer Gefühlsverdichtung, sage ihm, dass ich es liebe, streichle es ausgiebig. Es ist dabei aufzuwachen aus seiner ständig gleichen Routinearbeit, erwärmt sich etwas, beginnt fühlbar in meinen Körper auszustrahlen. Auch zu mir hin. Eigenartig, mein Herz strahlt zu mir hin. Aber ich erlebe es genau so. Auf meinem Brustkorb entsteht süßer Druck. Meine Hand lege ich flach auf die Brust, nehme wahr, wie bei jedem Ausatmen Energie von meiner Brust in meine Hand strahlt, wie sich beim Einatmen die Richtung nach innen ändert.

Schön zu spüren, wie der Segen hinein- und hinausfließt. Die Herzensstrahlung richte ich auf den Platz. Mein Herz ist nun voll

da. Ich schaue hinaus und schenke allem, was draußen vorgeht, die gleiche Aufmerksamkeit, den gleichen Raum, ohne zu fixieren, ohne festhalten zu wollen. Weder selektiere noch werte ich. Zumindest möchte ich das so versuchen. Mein liebevoller Blick ist auf weit gestellt und umfasst den gesamten Ausschnitt, den das Fenster zu bieten hat. Die Haut ist wie aufgeladen, Energie drängt durch sie hinaus, schickt sich an, den weiten Platz vor dem Fenster anzufüllen. Nun bin ich bereit, es kann losgehen.
Schon bewegen sich von links kommend zwei Damen in mein Sicht- und Energiefeld. Meinen offenen, weiten Blick, meine Blickrichtung mag ich nicht verändern. Innerhalb dieses weiten Blicks, ohne ihn zu verlieren, fixiere ich mich auf die Damen, hefte mich an ihre Bewegung. Keine Ahnung, was dabei genau geschieht, aber es funktioniert.

Sie kommen daher in kurzen, dunklen Miniröcken, engen T-Shirts, pink und weiß, und in abenteuerlich hohen Absätzen. Hübsch! Was kostet die Welt! Mit klackendem Gleichschritt machen die Damen auch akustisch auf sich aufmerksam. Die Stöckelschuhe lassen sie größer, auffälliger erscheinen. Spitz und hart sind die Absätze. Gefährliche Waffen. Dazu die modernen, krallenartigen Fingernägel. Angsteinflößend. Trotz alledem: perfektes Marketing. So eröffnet sich das Spiel. Jede ihrer Bewegungen, ihr Energiefeld überlagert sich mit dem meinen, wie soll ich das bezeichnen, erzeugt Reibung. Eindrücke. Kleinste, den Bewegungen folgende Energiestöße fließen in meine Augen, in meine Haut. In mein empfangendes Herz, es auskleidend mit kleinen vibrierenden Sternchen. Schöpft sich gerade eine Herzensmilchstraße? Jeder der vielen Impulse verursacht eine kleine Explosion, einen kleinen, bunten Freudenausbruch in meinem Herzen. Segen, Energie oder was auch immer es sein mag, baut sich dort auf. Objektiv gesehen wohl nicht sehr viel davon. Aber genug, um mich zu erfreuen. Schon fühle ich mich etwas heller, leichter.

Meine Haut ist sensibler geworden, schmerzt ein wenig da und dort. Dieses Phänomen tritt meist auf, wenn sie sendet oder empfängt.

Junge Bäume untermalen die Szene mit lindfrischer und strahlender Permanentenergiepräsenz. Die Damen drängen aus dem Rahmen. Das verklingende Klacken begleitet einen alten braungelben Mann mit NY-Baseballkappe, der bedächtig von rechts kommend mein Sichtfeld durchmisst. Er humpelt etwas. Die Hände hat er in den Hosentaschen vergraben. Seine linke Schulter fällt beim Gehen tiefer als die rechte. Das ergibt holprige, ungleich starke Energiestöße, einen eigenartigen Rhythmus und in mir eine Art inneres Humpeln. Hinter ihm wird ein flitzender Radfahrer sichtbar. Er überholt den alten Mann und ist schon wieder verschwunden. Der Radfahrer mutet zart an, trotzdem sendet er einen überraschend starken, strichförmigen Impuls. Er übertrifft die anderen, die mit einem Mal, für einen Augenblick, unter die Aufmerksamkeitsschwelle gerutscht sind.

Ein kleiner hellbrauner Hund folgt dem grün-gelben Mann wedelnd auf seinem Weg. Er macht einen selbstbewussten Eindruck. Offensichtlich wird er geliebt. Kurz hebt er an einem Stein das Bein. Es ist sein Revier. Das merkt man. Die Schlappohren schlappen mit seinen Trippelschritten im gleichen Rhythmus mit. Seine Impulse kommen bei mir als fast gleichmäßiges Signal mit vielen kaum hervortretenden Spitzen an. Auch Tiere senden. Oft stärker als Menschen. Offenbar bauen sie weniger Mauern um sich auf.

Um wie viel eleganter sich doch Vierbeiner im Gegensatz zu Zweibeinern fortbewegen. Ähnlich wie vierzylindrige Motoren ruhiger laufen als Zweizylinder. Bei Hühnern ist mir das zuerst aufgefallen. Nicht nur sicherer ist der Vierbeiner im Gang, er ist kaum umzuwerfen. Und erst die Ameisen. Haben sie nicht sechs Beine? Oder doch acht? Ein weiterer Vorteil: Vierbeiner können galoppieren. Das mache mir ein Zweibeiner vor!

Bescheidenheit erleichtert
mein Leben und befreit.
Besonders sein zu wollen,
ist anstrengend, macht einsam.
Gleicher unter Gleichen möchte ich sein.
Im besten Fall kann ich mich als
"älteren Bruder" bezeichnen.

Herbert

Meine Freude nimmt zu, mein Körper beginnt, den Passanten zuzulächeln. Ob sie das wahrnehmen? Vielleicht nicht bewusst. Möglicherweise spüren sie es wie einen Sonnenstrahl.

Ein blondwuscheliges Kind in kurzen, dunkelblauen Hosen stellt sich vor das Fenster und sieht interessiert herein. Die Nase presst es an die Scheibe, hält flach die Hände links und rechts vom Gesicht an das Glas. Damit es besser sieht. Sein linkes Knie ist schmutzig. Ursache ist vermutlich ein Sturz vom Rad. Sein kleiner Energiepunkt weitet sich aus, geht in Konkurrenz zur fast abgeflauten Kurve des Radfahrers. Das Kind schlendert wieder in die Richtung, aus der es kam. Spuren seiner Nase lässt es auf der Glasscheibe zur Erinnerung zurück. Wahrscheinlich war der Blick ins Café für es nicht ergiebig.

Auf der gegenüberliegenden Seite des Platzes, weiter vom Fenster entfernt, sind einige Menschen in beide Richtungen unterwegs. Darunter eine alte Dame mit großer dunkler Einkaufstasche und schrecklichen O-Beinen. Sie bewegt sich auf das gelbe, lauernde Gebäude zu. Ein schwarzer Vogel, eine Amsel, hüpft einige Male vor sich hin, pickt etwas auf, guckt sondierend in die Runde. Auch ein Zweibeiner, aber wenigstens kann sie fliegen! Ihr Lied pfeift sie in die Sonne, fliegt dann weg. Nette Energiepunkte lässt die Amsel zurück.

Leichtfüßig joggt eine junge Dame mit gelbem Stirnband und ebenso gelben Laufschuhen vorüber, überholt die alte Dame. Top, top, top, kommen die Energiestöße herein. Die Menschen hier hasten nicht. Auch wenn sie laufen, sieht es gemütlich aus. In dieser Stadt hat man offenbar ausreichend Zeit.

Einige gelb-schwarze Schüler ziehen vorbei. Übermütige Energiestöße hageln geradezu herein. Eine aufregende Konversation findet zwischen den Schülern und meinem Herzen statt. Nicht verbal, aber umso erfreulicher. Mir ist das sehr bewusst. Die Wahrnehmung ist intensiv, allerdings kann ich nur weniges davon begreifen. Wie könnte ich auch diese feinsten Schwingungen begreifen wollen. Schon das Wort "begreifen" führt "greifen" in sich, leitet so von vornherein in die Irre des Aktivismus.

Diese Art der Kommunikation wird sich im Laufe der Zeit vertiefen. Davon gehe ich aus. Ein Austausch von Überfließendem und ein mögliches Ausgleichen von Defiziten könnte ein nächster Schritt sein. Oder die Übermittlung von Information. Zum Wohle aller Beteiligten. Auf einer Ebene, die nach Gesundheit und Wachstum strebt. Eine Art Homöopathie 2.0 - oder sind wir schon weiter in der Zählung? 3.0 etwa oder gar 4.0?

Beiseite mit dem Kram, diese Zählweise ist ausgedampft, hat sich überlebt wie all jene Modebegriffe, die doch nur Bewegung, Fortschritt vortäuschen möchten. Vom Heilpraktiker mit Mühe ausgewählte Globoli können nicht so umfassend wirken wie der bewusste

Energieaustausch zwischen den Menschen. Globoli bedeuten Auswahl, Einengung, umfassen nur einen Teil der Möglichkeiten, bergen in sich die Gefahr der falschen Wahl. Weder Wissen über die Art des Mangels oder der möglichen Krankheit noch eine kostspielige Untersuchung, um dies herauszufinden, wird bei dem Energie- und Informationsaustausch benötigt. Aus der aus mir hinausfließenden göttlichen Vollkommenheit in Form der Energie, des Segens, nehmen sich mit Mangel versehene Ebenen meines Gegenübers diejenigen Informationen heraus, welche zur Gesundung benötigt werden. Und umgekehrt. Voraussetzung ist: Die Kanäle sind frei und offen. Heilung durch Anwesenheit und Öffnung. Ist es das, was Schamanen und Geistheiler schon immer praktiziert haben? Daran werde ich weiterarbeiten. Gewiss. Auch zum Zwecke meiner eigenen Heilung. Nach einer halben Stunde ist mein Freudenpegel so weit nach oben geschnellt, dass genug für heute angesammelt sein sollte.

Ich reiße die Augen weit auf. Das Bild hat sich verändert. Alles sieht so sonderbar aus, so als ob ich es vorher noch nie gesehen hätte. Wunderbar, strahlend, fast allzu schön, in Farben wie aus einem zu bunten Märchenbuch. Mit hellen Rändern um Menschen, Bäume und Häuser, da und dort sind sie füllig mit zarten Farben angefüllt. Staunend betrachte ich den Platz und die darauf befindlichen Menschen. Das vorhin noch triste Bild, das braune Café, leuchtet von innen heraus. Fast scheint es, als ob dieses Wunder allein für mich da wäre, nur um mich zu erfreuen. Und ich für dieses Wunder. Etwas, das zusammengehört, sich bedingt.

Eine Erinnerung aus der Kindheit taucht auf. Damals sah ich des Öfteren diese leuchtenden Bilder, tauchte in sie ein, fühlte sie mit meinem Herzen verbunden, nahm wahr, wie aus meinem Herzen Farben und Freuden hervorquollen und sich über alles, was draußen war, legten wie Sternenstaub.

Es geht mir gut. Einige Minuten bleibe ich noch sitzen, fühle mich wohl. Sehe zu, wie sich das Bild gemächlich eintristet.

Der zerschnittene Wurm vergibt dem Pflug.

William Blake

Als ich zurückkam von der Reise erfuhr ich, dass Vater schwer erkrankt war. Bewegungslos lag er auf dem Rücken in seinem Bett. Das einzige Lebenszeichen war der holprige, schwergängige Atem, der immer wieder von röchelnden Lauten unterbrochen wurde und den Raum mit Angst durchwirkte. Sein Gesicht war, abgesehen von den Bewegungen, die durch den Atem verursacht wurden, unbewegt. Starr, fast steinern. Das ging nun schon seit zwei Tagen so, wurde berichtet. Er aß und trank nicht mehr. Wir mussten mit dem Schlimmsten rechnen.

Kaum zu glauben, dass da ein Mann mit dem Tode rang, der sein Leben lang vor Kraft strotzte. Ein trauriger Anblick. Ich setzte mich zu ihm, ließ den Tag los, die Sorgen und Aufgaben, zog mich in meinen Körper zurück, indem ich mich in meinen Brustraum einfühlte. Hier hatte sich tiefe Trauer voluminös eingenistet, es war kaum noch Platz für mich übrig geblieben. So gerne hätte ich noch einmal mit ihm gesprochen. Nur kurz, das hätte mir gereicht. Bedankt hätte ich mich für sein weites Herz, mit dem er durch sein Leben gegangen war, von dem er kein Aufsehen machte, in welchem auch für mich so viel Platz war. Ich hätte ihm gern gesagt, dass ich ihn liebe, hätte mich entschuldigt für meine Gleichgültigkeit und ihm versprochen herauszufinden, wie auch ich zu einem weiten Herzen käme.

In Beziehung zu sein ist ein wichtiger Bestandteil eines erfüllten Lebens.

Unbekannt

Gäbe es denn eine Möglichkeit, mit ihm Kontakt aufzunehmen, ihn zu erreichen, das, was mir so wichtig war, zu sagen? Warum habe ich es denn bisher nicht gesagt? Wissen sollte er, dass er nicht allein war, dass jemand Wache hielt, sich um ihn sorgte. Was könnte ich tun, dass er mich wahrnahm? Ihn mit Worten zu erreichen, konnte ich mir nicht vorstellen. Wäre es gut, ihm Musik vorzuspielen? Musik kann man einfach so hören, man braucht keine Worte zu verstehen. Unsicher war ich, welche Musik ich wählen sollte. Seine Lieblingsmelodien? Welche waren das? Diejenigen, die ich kannte, schienen mir in dieser Situation nicht angemessen zu sein. In Ermangelung eines geeigneten Abspielgerätes verwarf ich diese Idee gleich wieder.

Langsam kehrte Ruhe ein. Ich kam an. Könnte ich Vater auf eine für mich ungewohnte Weise wahrnehmen, unmittelbar, als sein Wesen, seine Essenz vielleicht? Vor einigen Minuten jagte mir sein Atem noch Furcht ein. Nun nahm ich ihn anders wahr. Nicht mehr ganz so bedrohlich, seiner Situation angemessen. Energie kam in mir in Bewegung, strömte leicht, aber stetig in Vaters Richtung.

Mir kam in den Sinn, ihm ein Lied vorzusingen. Meine Stimme war bestimmt nicht als schön zu bezeichnen, aber eine andere stand mir nicht zur Verfügung. Wenn schon, dann sollte es ein neues, unverbrauchtes Lied sein. Passend zur Situation. Ein Lied ohne Worte am besten. Unsere persönliche gemeinsame Melodie, die uns auf eine besondere Weise verbinden würde. Vielleicht über den Tod hinaus. Ich lauschte in mich hinein, wartete auf unser Lied. Nach überraschend kurzer Zeit stellte es sich ein. Obwohl keine große kompositorische Leistung schien es mir, so ruhig und getragen es war, zu passen. Leise sang ich es. Hörte Vater das? Ich sah keine Anzeichen dafür. Immer noch lag er völlig reglos auf seinem Rücken.

Da fiel mir meine bescheidene Kommunikation mit den Bäumen ein. Ich nahm seine knochige, von Schwielen überzogene Hand in meine. Kühl fühlte sie sich an. Nach geraumer Zeit begann ich damit, ihm durch meine Hände Energie, Segen zu senden, indem ich mich leicht machte, mein Herz und meinen guten Wunsch mit in die Leichtigkeit hineinlegte. Der Segen floss nur so aus mir heraus, wollte sich jedoch nicht alleine auf den Weg machen, er nahm einige Tränen mit sich mit. Nun beabsichtigte ich, spezifischer zu werden, wollte Vater der Reihe nach Kraft, Gnade und Liebe senden. Das ging so eine Weile, auch mit anderen Themen, fort. Mir kam es vor, als ob sich Kanäle zwischen uns bilden oder weiten würden.

Nach meiner "Sendung" erfolgte jeweils eine Pause, dabei fühlte ich ein leichtes Pulsieren von Vaters Seite her. Vorher war das nicht gewesen. Das war nicht der Schlag seines Herzens! Kam da etwas Energie von seiner Seite zu mir herüber? Hatte ich mich getäuscht? Der Fluss von Vaters Seite her wurde, je länger ich bei ihm saß, deutlicher und stärker. Eigentlich war es kein einheitlicher Fluss. In unterschiedlich langen Intervallen kam er an.

Später kam ich auf die Idee, ihm Freude zu senden. Unsicher zwar, ob das der richtige Zeitpunkt dafür sei, entschied ich mich, es trotzdem zu versuchen. Nach etwa drei Minuten breitete sich zu meiner Überraschung ein Lächeln auf seinem Gesicht aus. Einige Minuten hielt es an, auch der Atem ging ruhiger. Ich fühlte mich reich beschenkt. Nun war ich ganz sicher, dass ich ihn erreicht hatte. Die Kraft, ihm zu sagen, was mir so wichtig war, stellte sich ein. Jetzt war der Augenblick gekommen. Langsam, deutlich sprach ich es aus. Zu sagen, dass ich ihn liebe, war mir am wichtigsten, und dass ich versuchen wollte, ein weites Herz zu bekommen wie er.

Bei jedem der nur noch wenigen Besuche nahm ich auf diese Art Kontakt mit ihm auf, sang unser Lied, sprach zu ihm. Ein einziges Mal hat er vor seinem Heimgang noch den Mund geöffnet. Das kam so überraschend, dass ich erschrak. Klar kam es aus ihm heraus. Drei Worte nur. Ohne die Augen zu öffnen sagte er: "Fürchtet euch nicht." Sein Gesicht zeigte keine Spur von Bitterkeit.

Das Beste ist doch das Letzte im Leben,
denn dafür wird alles gemacht.

Robert Browning

Kürzlich unterhielt ich mich mit Mutter über Veränderungen, die mir bei Herbert aufgefallen waren, auch über seine unangekündigte Abreise. "Nicht seine Art, nicht sein Stil", meinte sie. Mutter war betroffen von Herberts Verschwinden. Sie kannte Herbert ja schon, als er noch ein Kind war. Seine Erfahrungen mit Bäumen waren Teil des Gesprächs.

Sie erzählte, dass ihr Vater im Winter, meist bei eisiger Kälte, Waldarbeiten durchführte. Holzarbeit war Winterarbeit. Das war während des großen Krieges. Groß im Sinne der dabei entstandenen Verluste. Die älteren Kinder mussten mitarbeiten.
Nachdem sie durchgefroren mit ihrem pferdegezogenen Holzfuhrwerk im entfernt liegenden Wald angekommen waren, bat

Großvater seine Kinder, jedes solle sich einen Lieblingsbaum aussuchen. Sie würden spüren, welcher der richtige für sie sei. Für die Suche sollten sie ruhig etwas Zeit investieren. Großvater erwähnte auch, dass nicht alle Bäume zu jeder Zeit für unseren derzeitigen Zustand optimal seien. Man solle sich deshalb darauf verlassen, zu welchem Baum einen sein Herz hinzöge.

Dann folgte, meist im tiefen Schnee, die harte Arbeit bis zur Mittagszeit und eine kurze Pause am Feuer, das mit Hilfe von vor Ort gesammeltem Baumharz zum Brennen gebracht wurde. Wenn Müdigkeit aufkam, empfahl Großvater, sich an den ausgewählten Baum zu stellen und ihn zu umarmen. Anschließend solle man sich noch ein wenig an ihn lehnen. Nach einigen Minuten wäre dann die Müdigkeit verschwunden und die Arbeit ginge wieder flott von der Hand.

Die Geschichte der Menschheit wäre vernünftiger verlaufen,
wenn man nicht die Menschen,
sondern die Ideen belehrt hätte,
dass es süß und ehrenvoll ist,
wenn sie für das Vaterland sterben.

Gregor Brand

Mutter liegt mit geschlossenen Augen auf dem Rücken im Bett. Gleich daneben sitze ich auf einem der Holzstühle mit herzdurchbrochener Lehne. Seit vielen Jahren sitzen wir sicher auf ihnen. Das möchte ich der Ordnung halber erwähnen. Sie knarren nicht, sie sind wirklich stabil. Dunkel ist es geworden. Nur eine kleine Lampe spendet gelbliches, gedämpftes, spärliches

Licht. Ich zünde ein rotes Kerzlein an. Gerade habe ich Mutter gut zugedeckt und ihr gute Nacht gewünscht.

Das ist unser Ritual: Da und dort klopfe ich auf die Bettdecke. Gut soll sie an ihrem Körper anliegen, soll optimal wärmen. Dann ziehe ich die Decke über ihre Stirn und von dort herunter über ihr Gesicht, drücke sie unter ihrem Hals fest und sage: "Damit nur noch die Nasenspitze rausschaut." Dabei bläst Mutter jedes Mal die Luft aus wie ein harpunierter Walfisch und ahmt eine Trompete nach. Das wiederhole ich drei bis fünf Mal. Irgendwann wird mir wohl noch etwas Passenderes einfallen, dann werde ich das Bettdeckenritual erweitern.

Unverständliches brumme ich in ihr Ohr. "Ich verstehe nichts." Einige Male brumme ich noch. "Ich verstehe wieder nichts." "Dann ist es ja gut, ich hab' nur gebrummt!" Einiges folgt noch, aber das möchte ich lieber für mich behalten. Mutter ist kurz vor dem Einschlafen, atmet ruhig und gleichmäßig. Oder schläft sie schon? Sie hat abgenommen. Ihre Nase hat sich zugespitzt.

Wir haben uns lange unterhalten, vorhin, sie hat viel erzählt. Von früher. Gelernt habe ich, geduldig zuzuhören. Es sind immer die gleichen Geschichten, oft mit fast gleichem Wortlaut. Im Laufe der Zeit sind sie weniger geworden. Und kürzer. Irgendwann werden sie ganz aufhören. Ich ermuntere Mutter immer mit Fragen, weiter zu erzählen. Um im Zuhören nicht zu erlahmen, variiere ich das Gehörte in Gedanken, lasse die Ereignisse je nach Stimmung manchmal positiv, dann wieder negativ ausgehen - oder ich lasse sie ergebnisoffen. So ergeben sich von einem Stoff zahlreiche Varianten, manche haben fast gar nichts mehr mit der Ursprungsgeschichte gemein.

Guten Menschen erzähle ich

nur gute Geschichten.

Herbert

Die Themen meiner Mutter sind an der Vergangenheit orientiert. Da sind keine Zukunftspläne mehr, abgesehen von den kleinen Dingen des täglichen Lebens. Wie lange bleibt die Pflegerin? Wie wird das Wetter? Was haben wir heute für einen Tag? Unsere letzten Sätze und Worte sind ohne Nachhall ausgedampft. Längst ist es still geworden. Nur im Hintergrund singt der Heizlüfter sein eintöniges Lied auf Stufe eins. Es riecht nach verbrauchter Luft. Nun ist eine gute Gelegenheit, ihr Gesicht zu betrachten. Ein Gesichterleser könnte viel aus ihm herauslesen. Ich sehe nur die Furchen, welche die Zeit eingegraben hat. Schläft sie schon? Meine linke Hand habe ich auf ihren Kopf gelegt, streichle ihr über die weißen Haare, werde dabei noch ruhiger und entspannter. Die Gedanken verfangen sich irgendwo, wie weiße Nebelfetzen im Bergwald.

Man muss nicht sterben,

um in den Himmel zu kommen!

Herbert

Zunehmend hat Stille von der kleinen Kammer Besitz ergriffen. Dann meldet sich meine linke Hand. Es fließt von selbst Aufmerksamkeit in sie hinein. Dies ist ein seltsamer Stoff, ein eigenartiges Ding. Niemand kann sie sehen. Oder anfassen. Obwohl dies so ist, zweifle ich nicht daran, dass ich noch mehr mit ihr anfangen, dass sie bis ins Schöpferische hinein verstärkt werden kann. Dorthin, wo ich meine Aufmerksamkeit hinwende, folgt mein Sinnen und Wünschen nach. Ich möchte darauf achten, dass ich sie bewusst lenke, dorthin, wohin ich möchte.

In dem Wissen, dass ich mich zu dem entwickeln kann, dass ich das werde, wohin ich sie führe. Kann ich so bewusst Einfluss auf meine Zukunft nehmen? In der Schule ermunterte uns der Lehrer: "Seid aufmerksam, passt gut auf." Leider floss dabei keine Energie. Im Gegenteil.

Bäume sind wie gute Freunde und Lehrmeister.

Herbert

Bisher habe ich nur einen einzigen Baum getroffen, der mir ein schlechtes Erlebnis bescherte. Wobei dies allerdings am Anfang meiner Baumerfahrung war und es dafür Gründe hätte geben können, die mit dem besagten Baum nichts zu tun hatten.

Entlang ernteschwerer Felder näherte ich mich einem kleinen Wäldchen, von Büschen dicht umsäumt. Es war Hochsommer und herrliches Wetter, früher Nachmittag. Durch die Büsche schlüpfte ich, nicht ohne mich in den Dornen der Himbeeren zu verfangen, stolperte über bemooste Wurzeln, befand mich direkt vor einer alten Weide. Ihre ausladenden, enorm dicken Äste waren so gestaltet, dass ich ohne große Anstrengung einige Meter hochklettern, mich bequem in eine Astgabel setzen konnte. Das liebe ich, bei den meisten Bäumen habe ich wegen des Fehlens von tiefliegenden Ästen leider keine Möglichkeit hinaufzuklettern. Umsehen werde ich mich, ob es leicht transportierbare, zusammenklappbare Leitern gibt, die mir diesbezüglich eine Hilfe sein können.

Es roch nach Erde, würzigem Kraut und Sommerhitze. Beim Hinaufklettern überkam mich ein beklemmendes Gefühl, ich beachtete es nicht weiter. Oben konnte ich durch den Blättervorhang weit hinaussehen, über die hellen, grünen Wiesen, die gelben Weizenfelder. Eine Lerche trällerte ihr fröhliches Lied. Als ich ein Weilchen oben gesessen hatte, fühlte ich mich noch unwohler als beim Hochklettern. Was war das? Ich konnte es mir nicht erklären. Genauer besehen stieg Angst in mir auf. Warum Angst? Wovor? Alles war doch wunderbar? Während ich noch darüber nachsann, woher diese Angst kommen könnte, bemerkte ich, dass die Temperatur spürbar gefallen war. Feucht kam mir die Luft nun vor. Ich fror. Eine Kühle, die nichts Frisches an sich hatte, ließ mich schaudern. Beklemmendes lag in der Luft. Der Blick zum Himmel, der zwischen den Blättern durchlugte, zeigte mir, dass die Sonne nach wie vor hell schien, es für diese Kühle also keinen erkennbaren Grund gab.

Ich betrachtete die Umgebung des Baumes. Keine Freude kam zurück, wie das sonst der Fall war. Nur Graues statt frischem Grün. Waren da nicht tausend unsichtbare Augen, mich beobachtend? Als ob hinter jedem Ast, unter jedem Blatt jemand wäre, mir übel gesinnt, nur darauf wartend, eine Gelegenheit zu finden, mir zu schaden.

Unsichtbare, aber fühlbar unfreundliche Augen waren das. Hier war ich offenbar nicht gern gesehen. Die Äste, auf welchen ich nach oben geklettert war, glänzten. Feucht. Gut musste ich aufpassen, um beim Abstieg nicht auszurutschen. Vorher waren sie doch trocken gewesen! An einigen Stellen bewegten sich die Blätter. Es war aber windstill. Wenn Wind aufkäme, müssten sich doch alle Blätter bewegen.

Mulmig wurde mir zumute, vorsichtig kletterte ich nach unten, schnell verließ ich den Platz. Eilends suchte ich das Weite. Die Sonne hatte mich wieder.

Man sieht sich von Zeit zu Zeit,

dann stirbt man.

Gustave Flaubert

Zu wenig habe ich in letzter Zeit in Herberts Karton gewühlt. Das wollte ich ändern. Herbert fehlt mir! Im grünen Sessel sitzend und bei einem Glas Primitivo zünde ich mir ein rotes Kerzlein an.

Eine neue Story aus Herberts Karton zeigt ihn und seine Gattin am Anfang ihrer Ehe mit ihren Beziehungsproblemen. Beim Lesen fühle ich mich dem Freund näher.

Kürzlich ist in der Nachbarschaft eine türkische Familie eingezogen. Meine Gattin hat mir das mit undefinierbarem Gesichtsausdruck, kombiniert mit abwertenden Gesten, berichtet. Einige Tage vorher war mir schon aufgefallen, dass etwas anders war als sonst. Unser Grundstück liegt an einer Straßenkreuzung. Ein Eckgrundstück also. Mitten auf dieser Kreuzung haben sich in den letzten Tagen mehrfach Menschen getroffen und laut diskutiert. Weder erkannte ich den Zweck ihres Treffens noch war klar, in welcher Sprache geredet wurde. Vermutlich war es Türkisch gewesen.

Die Türken sind nicht dumm. Daran gibt es keinen, auch nicht den geringsten Zweifel. Man denke nur an das große Osmanische Reich. Lange hat es sich gehalten. Keine tausend Jahre, aber immerhin länger als das Tausendjährige Reich. Unter anderem wurden einige Völker in Südosteuropa und anderswo über fünfhundert

Jahre lang unterjocht. Das muss man erst Mal über eine so lange Zeit, in welcher sich allerlei Kriege und Aufstände ereignet haben, aufrechterhalten können.

Die Türken sind wieder auf der Straße gewesen. Sie haben sich für ihre Diskussionen wieder den exponierten Platz, die Mitte der Kreuzung, ausgesucht. Eine sehr kluge Wahl, wie ich meine. Von dort aus übersieht man unschwer alle vier Himmelsrichtungen. Man hat, strategisch gesehen, den besten Überblick. Vor Überraschungen ist man sicher. Nicht übel. Darauf war ich noch nicht gekommen.

Das Gespräch ging lange, laut, aufgeregt und gestenreich hin und her. Mir schien, dass die Türken häufiger und ausgreifender gestikulieren als wir. Ob das mit ihrer Sprache oder ihrem Temperament zusammenhängt, kann ich nicht beurteilen. Man brauchte sich keine Gedanken zu machen, dass jemand das Gesprochene verstünde. Türkisch spricht keiner in unserer Siedlung. Wir haben zum Glück nicht viel Verkehr. Hauptsächlich Anrainer befahren die Kreuzung. Von Zeit zu Zeit musste sie aber doch kurzfristig von den Türken geräumt werden, um Autos oder Radfahrer passieren zu lassen. Man nahm, nachdem das Fahrzeug vorbeigefahren war, umgehend die vorige Position wieder ein. Als ein Fußgänger, eine junge Dame, des Weges kam, wurde es still in der Diskussionsrunde. Man schwieg, bis sie sich ein gutes Stück weit entfernt hatte. Umso heftiger sprudelten dann die zurückgehaltenen Worte heraus.

Nach einiger Zeit trennte man sich und ging in verschiedenen Richtungen auseinander. Offenbar war alles geklärt. Ehrlich gesagt konnte ich die Szene nicht genau beobachten, da unsere Thujahecke, auf die ich wegen ihres dichten Wuchses sehr stolz bin, mir die Sicht versperrte. Da half es auch nicht viel, dass ich an der Hecke entlangschlich, um einen besseren Einblick zu erhalten. So viel sah ich jedenfalls: Drei Herren und zwei Damen waren es, eher klein von Wuchs, korpulent allesamt und für den deutschen Geschmack ungewöhnlich, weil etwas zu bunt gekleidet.

Meine Gattin hat die Türken noch nie gemocht. Definitiv. Da haben unsere vielen Gespräche nichts ändern können. Meine Bemerkungen, dass alle Menschen gleich sind oder dass sie das doch bitte mal anders sehen solle, wurden nur müde belacht. Auch Hinweise auf die köstlichen Leckereien, welche die Türken in großer Bandbreite herstellen, oder die Schönheit der türkischen Mittelmeerküste mitsamt ihren historischen Sehenswürdigkeiten und berühmten Bibelstätten, blieben ohne Wirkung. "Typisch deutsch! Ihr lasst jeden rein und hier seinen Blödsinn veranstalten. Aber nicht mit mir!" Das war noch eine ihrer harmloseren Aussagen.
Sie steigerte sich so weit in ihre Vorstellung hinein, dass sie sich von türkischem Personal nicht bedienen ließ. Sie ging einfach weg, ließ die armen Türken kommentarlos stehen. Ihren Friseur hat sie gewechselt, als dort eine junge Türkin auftauchte. Sehr attraktiv, die Türkin, nebenbei bemerkt.

Musste meine Gattin auf eine schlechte Erfahrung mit Türken, mit einem türkischen Freund gar, zurückblicken? Darüber schwieg sie.
Irgendwann habe ich aufgehört zu argumentieren. Zu viele Emotionen kamen dabei bei meiner Gattin hoch und die Stimmung trübte sich ein. Reden half ja doch nichts.

Als meine Gattin zufällig vor einigen Monaten bei einem Auslandsaufenthalt eine türkische Serie im Fernsehen sah, war sie von den beiden Hauptdarstellern so begeistert, dass sie, nach Hause zurückgekehrt, diese Serie in YouTube suchte und tatsächlich auch fand. Leider nur in türkischer Sprache. Es gäbe derzeit schon über achtzig Fortsetzungen, welche noch nicht alle in YouTube hochgeladen seien, wurde mir berichtet. Sie drückte die Hoffnung aus, dass in Kürze eine deutsche Übersetzung vorliegen würde, wenigstens mit Untertiteln.

"Weißt du, die Serie ist einfach gestrickt, ungekünstelt. Die Charaktere sind jedoch brillant herausgearbeitet. Da kann man viel über das Verhalten von Menschen lernen." Manche der Folgen wurden mehrfach von meiner Gattin angesehen, insbesondere die Partien, in welchen die Hauptdarsteller häufig vorkamen. Das tat sie mir kund. YouTube macht's möglich! Türkische Klänge füllten, oft dramatisch, unser Wohnzimmer. In der nächsten Zeit habe ich dutzende Male darum gebeten, den Ton leiser zu stellen. Mit wenig Erfolg.

Einige Wochen später bemerkte ich Veränderungen an meiner Gattin. Zunächst fiel mir auf, dass sie sich sorgfältiger kleidete. Auch Parfüm verwendete sie wieder und schminkte sich leicht. Mit dem Fasten hatte sie ebenfalls begonnen. Meist war sie fröhlich, oft summte sie orientalisch klingende Melodien vor sich hin.

Die Freiheit der Phantasie ist keine
Flucht in das Unwirkliche,
Kühnheit ist sie und Erfindung.

Eugène Ionesco

Mir fiel weiter auf, dass das Essen immer eintöniger wurde. Ich merke ja nie etwas, schon gar nicht, wenn sich etwas ändert, wird von meiner Gattin uneinsichtig behauptet. Diese Veränderungen waren jedoch zu auffällig, um übersehen zu werden. Mehr als zwei Wochen hintereinander gab es täglich warm gemachte Tortellini mit einer undefinierbaren dunkelgrünen Füllung, mit etwas Olivenöl übergossen. Das gab mir dann doch zu denken. Auch das sonst blitzsaubere Haus war nicht mehr so perfekt gepflegt wie üblich. Hin und wieder seufzte meine Gattin tief und sehnsuchtsvoll und guckte Löcher in die Luft.

Daraufhin sprach ich sie an. "Was ist los mit dir, du hast dich so verändert. Möchtest du mir dazu etwas sagen?" "Ja, du hast recht, seit

längerem wollte ich schon mit dir darüber reden. Es ist, wie du sagst, ich bekenne es gerade heraus, ich bin verknallt!" "Verknallt? Was willst du damit sagen?" "Es ist doch ganz einfach, verstehst du das nicht? Verknallt bin ich. Ich habe mich in Kirim verliebt." "In Kirim, aha", hakte ich nach, "wer ist denn das? Kenne ich ihn?" "Typisch für dich, du sprichst den Namen auch noch falsch aus, die Betonung liegt auf der zweiten Silbe. "Kirim, Kirim," hörst du, "so wird das ausgesprochen." "Aha: Kirim, Kirim." Erinnerst du dich nicht, das ist der Traummann, der Adonis aus der türkischen Serie. Haben wir nicht darüber gesprochen?"
Dunkel ahnte ich das schon vorher, nun wurden meine Befürchtungen bestätigt.

"Ist das denn dein Ernst? Ich meine, wie kannst du dich in einen Filmschauspieler verlieben, den du nicht persönlich kennst? Und dazu noch einen Türken. Du magst doch die Türken nicht! Das verstehe, wer mag. Wenn das aber dein Ernst sein sollte, wie stellst du dir das überhaupt in Zukunft vor? Wie soll es mit uns weitergehen?", fragte ich dumm und plump.

"Unsere Beziehung ist seit Jahren ausgelutscht. Das weißt du doch selber", antwortete meine Gattin in selbstsicherem Ton. "Du bist nicht mehr mein Traummann und schon gar nicht mein Prinz. Deine Chancen hast du längst vertan. Wenn ich könnte, würde ich dich noch heute verlassen. Unsere Tiere halten mich jedoch zurück. Nur dass du es schon weißt, ich fahre demnächst nach Ankara." "Nach Ankara? Das Ankara in der Türkei?" Jetzt war ich platt.

Das war zu viel auf einmal. Ich setzte mich auf die Récamière mit der geblümten Decke. "Nein, nicht hier", giftete mich meine Gattin an, "du sitzt immer an der gleichen Stelle, da ist schon eine Vertiefung in der Polsterung. Setz dich doch woanders hin. Weiter nach außen. Wie oft soll ich das denn noch sagen?" Ein wenig rutschte ich auf die Seite. "Nicht rutschen, steh' auf, sei nicht so faul! Du verwurstelst ja so nur die Decke." Ich stand auf, strich die Decke, so gut es ging, glatt und setzte mich an die empfohlene Stelle. Jetzt nur die Ruhe bewahren!

"Schau her, ich zeig ihn dir, ich zeig dir Kirim, damit du siehst, was ich von dir erwartet hätte." Sie nahm den Laptop, setzte sich neben mich, genau an die Stelle, von welcher sie mich gerade verjagt hatte. Dank Wireless Lan kam ich in den Genuss, Kirim und seine Angebetete Fatmagüll in Farbe sehen zu können. Hoffentlich habe ich die für mich etwas ungewöhnlichen Namen hier richtig wiedergegeben.

Kirim sieht aus wie fünfunddreißig, trägt lange schwarze, gegelte Haare, er hat ein sympathisches, offenes Gesicht. Das muss ich zugeben. "Er ist Waage", betonte meine Gattin genussvoll und sah mich dabei bedeutungsvoll an." "Waage, aha, sehr interessant." Besseres fiel mir dazu nicht ein. "Tu nicht so, als ob dir Waage etwas sagen würde. Ist Fatmagüll nicht der gleiche Typ wie ich, findest du nicht auch?", fügte sie mit zartem Schmelz in der Stimme hinzu. "Zugegeben, etwas jünger, aber exakt mein Wesen. Oder nicht? Fatmagüll ist übrigens Sternzeichen Fische, genau wie ich. Das sagt doch alles. Den Aszendenten konnte ich noch nicht herausfinden." Was das Sternzeichen Fische betrifft, konnte ich ihr getrost recht geben.

Wir betrachteten das Traumpaar eine Weile. Die Szene mit ihrer Hochzeit haben wir mehrfach angesehen. Mitgezählt wie oft, habe ich nicht. Besonders die für meine Begriffe viel zu lang ausgedehnte Strecke, in der die beiden eng miteinander tanzen und sich anschmachten, nein, fast mit den Augen auffressen, hat es meiner Gattin angetan. "Wirklich schön und romantisch. Siehst du, worauf es angekommen wäre? Aber mit dir ist ja nichts zu machen", bemerkte sie trocken und schob dann bissig hinterher: "So plump, wie du bist!" Sie summte die Melodie der Hochzeitsszene. "Schön, was?" "Die orientalisch klingende Melodie besteht lediglich aus sieben Tönen, die sich zu allem Überfluss auch noch permanent wiederholen, eigenartig in ihrer Reihenfolge und der unterschiedlichen Tondauer. Scheußlich finde ich das, ehrlich gesagt", warf ich unklug ein. Zum Glück, ohne gehört zu werden.

"Er schaut gut aus, da muss ich dir recht geben. Ein wenig schmierig vielleicht. Gegen den komm' ich nicht an", klagte ich. "Im Film käme ich sicher auch besser raus. Hast du eine Ahnung, wie lange man dreht, bis das so perfekt aussieht? Das ist doch völlig unnatürlich und x-mal eingeübt worden."

Einige Wochen sind inzwischen vergangen. Meine Gattin kann manches schon, soweit ich das beurteilen kann, ziemlich gut auf Türkisch aufsagen. "Wissen Sie, wo Kirim wohnt?" "Lass uns gemeinsam einen Kaffee trinken." "Ich liebe dich" und andere wichtige Redewendungen, wie zum Beispiel: "Was kostet das? Um Himmels willen, das ist viel zu teuer."

Die Lage zwischen uns hat sich wieder etwas entspannt, glaube ich. Inzwischen bekomme ich die Tortellini manchmal mit etwas Petersilie drauf. Kürzlich sogar mit geschnittenen Champions. Und auch noch angebraten!

Vor Jahren hat meine Gattin mit dem Nähen aufgehört. Sie war geschickt darin. Deshalb bedauerte ich das. Endgültig sei das, wie sie damals betonte. "Nie mehr werde ich einen solchen Fetzen nähen, warum so dumme Arbeit machen, wenn man doch alles fertig kaufen kann." Kürzlich hat sie wieder damit begonnen und sich ein Kleid in einem ähnlichen Schnitt, wie Fatmagüll ihn trägt, auf ihrer

Bernina-Nähmaschine genäht. Roter Stoff, weiter Glockenrock, darauf verstreut vereinzelte kleine Gänseblümchen. Runder Ausschnitt. Zehn Knöpfe zu je Euro 1,80. Es ist hübsch geworden, kleidet sie bestens. Mit Lob habe ich nicht gespart.

In den letzten Tagen wurde die Reise nach Ankara geplant. Dabei gab es viel zu bedenken. Welche Kleidung wäre passend, Direktflug oder Umsteigen in Wien, Lage und Art des Hotels und so weiter. Das Datum des Rückflugs sollte möglichst offen gelassen werden. Eine der wichtigsten Fragen war, ob Kirim in nächster Zeit in Ankara sei oder sich vielleicht irgendwo an der Küste zu Drehaufnahmen befände für die einundachtzigste Folge. Auch wenn ich es gerne getan hätte, in dieser Frage konnte ich nicht behilflich sein. "Ach ja, ich muss mir noch einen neuen Bikini kaufen." Meine Gattin plante, mit einer Freundin zu reisen. Sie hatte die Serie auf Empfehlung meiner Gattin ebenfalls gesehen. Wie ich hörte, hat sie schon einige Privatstunden in Türkisch hinter sich gebracht. Ob sie an einem Kleid, ähnlich dem, wie Fatmagüll es zu tragen pflegt, näht, ist mir nicht berichtet worden.

Da bleibt mir nur noch zu hoffen, dass sich die beiden Damen vertragen, und gute Reise zu wünschen. Bitte nicht vergessen: viele herzliche Grüße an Kirim!

Wer Geld hat, kauft ein Auto.
Wer keines hat, stirbt auf andere Weise.

Fernandel

Wenn es zum Thema Nähen kommt, kommt mir der "Wettbewerb für Damenschneidern" in den Sinn, an dem meine

Gattin vor Jahren in einem eleganten Salzburger Hotelsaal teilnahm. Der Wettbewerb wurde von einer Frauenzeitschrift jedes Jahr im Herbst veranstaltet. Auch damals hatte sie ein rotes Kleid genäht, mit schwarzen Teilen dran. Keine Ahnung, wie man dazu sagt. Aus leichtem Stoff, mit weißen Rüschen. Dazu trug sie feuerrote Stöckelschuhe. Ein dazu passender schwarzer, breitkrempiger Hut rundete die Komposition vorteilhaft ab. Blendend sah sie aus.

Im Vorfeld gab es einige Diskussionen darüber, welche Art und Farbe von Stoff Verwendung finden sollte, die Beschaffenheit der Knöpfe wurde diskutiert, welche Rocklänge angemessen wäre und, ganz wichtig, wie sollte der Schnitt aussehen? Oft fühlte ich mich überfordert zu beurteilen, was schön und modisch sei.

Diesbezüglich war ich in einer ähnlichen Situation wie der Bräutigam, dem die endlose Diskussion der Schwiegermutter mit der Braut darüber, welches Nachthemd die Braut denn nun in der Hochzeitsnacht tragen solle, zu viel wurde. "Vergesst den Blödsinn, das ziehe ich ihr sofort aus", sagte er schließlich.

Die Vorbereitungen zogen sich anstrengende Wochen lang hin. Endlich war es so weit und wir trafen wie gerädert in Salzburg ein.

Nach einigen Aufregungen in den Umkleideräumen würde bald der Wettbewerb beginnen. Aufregungen deshalb, weil einige der Damen jede Menge an Fragen über den Verlauf der Veranstaltung hatten, sich aus den Antworten weitere Fragen ergaben und die sich daraus ergebenden Antworten nicht alle zur Zufriedenheit der Näherinnen, die ja gleichzeitig auch die Vorführmodelle waren, ausfielen. Manche benötigten in letzter Minute vor dem

Auftritt Sicherheitsnadeln, Gummilitzen, einen Rat, wie sie damit umgehen sollen, dass sie die Jacke zu Hause vergessen hatten, oder sie benötigten jemanden, der ihr Make-up kontrollierte.

Zwei der Damen wurden ohnmächtig und konnten nur durch vom Veranstalter in weiser Voraussicht mitgebrachte Riechfläschchen zurück ins Leben gebracht werden. Im Vorgriff auf den Wettbewerb versuchten einige Schlaumeierinnen, andere Modelle durch abfällige Bemerkungen bezüglich der Kleider oder kleiner körperlicher Mängel, wie sie ja wohl jeder hat und damit fertig werden muss, zu diskreditieren. Manche Nasen wurden als zu groß, manche Brüste als kümmerlich bezeichnet. All dies diente dem Versuch, die Mitbewerberinnen zu verunsichern. Dass den männlichen Mitgliedern der Jury schöne Augen gemacht wurden, muss nicht eigens erwähnt werden.

Der Wunsch zu siegen steigerte sich bis hin zu persönlichen Beleidigungen und erotischen Darbietungen. Es gab ein Hauen und ein Stechen um die Sympathie der Jury. Nur aufgrund des erfahrenen Wettbewerbsteams konnte Schlimmes verhütet werden. Man griff beherzt durch und disqualifizierte zwei besonders renitente Teilnehmerinnen. Sie verließen unter lautem Protest den Umkleideraum. Dann kehrte Ruhe ein. All dies und mehr berichtete mir meine Gattin nach der Veranstaltung.

Die Damen wurden kurz vor Beginn hinter den Bühnenvorhang gebeten. Später wurden sie jeweils mit ihrer Nummer aufgerufen. Vorsichtig lugten sie dann durch den Spalt in der Mitte des Bühnenvorhangs, unsicher, ob sie die aufgerufene Nummer auch richtig gehört hatten. Dann betraten sie je nach Charakter mehr oder weniger selbstbewusst, teilweise lächelnd oder auch verbissen, die Bühne, stolzierten weiter auf dem mitten ins Publikum hineinragenden Laufsteg. Schüchtern teilweise. Und mit roten Köpfen. Von mehreren Scheinwerfern gnadenlos angestrahlt.

Da fiel jede schiefe Naht, jedes unschön genähte Knopfloch sowie jede Ungenauigkeit in der Passform auf. Mir als Laie enthüllten sich bis auf einen Fall keine Qualitätsunterschiede. Es handelte sich dabei um ein Kleid, das leicht "zipfelte", was in der Fachsprache bedeutet, wie ich gelernt hatte, dass der Rocksaum rundum keine einheitliche Länge aufweist.

Eine der Damen verfing sich beim Heraustreten aus dem Vorhangspalt mit dem hohen Absatz ihres rechten Schuhs unglücklich im Vorhangstoff und geriet ins Stolpern. Nur der außergewöhnlichen Reaktion des grau melierten Herrn, der durch den Abend führte, war es zu verdanken, dass sie nicht auf den Boden fiel. Er konnte die Dame durch beherzten Zugriff vor dem Aufprall bewahren. Sie verlor jedoch beim Stolpern ihre Nummer, hob sie hektisch und wenig elegant auf. Da die Bühne höher war als die Sitzreihen des Publikums, gewährte sie dabei Einblick in Farbe und Art ihrer Unterwäsche. Ich erinnere mich noch, sie hatte die Nummer sechsundzwanzig.
Der grau melierte Herr wurde vom Publikum für seinen beherzten Einsatz mit anhaltendem Applaus belohnt.

Damen jeden Alters nahmen an dem Wettbewerb teil, auch einige Jugendliche, die mit besonderem Applaus bedacht wurden, waren darunter. Verschiedene Kleiderkategorien waren vom Veranstalter vorgegeben. An drei davon erinnere ich mich noch: Abendgarderobe, Nachmittagskleider und Trachten. Der bereits erwähnte grau melierte Herr im schwarzen Anzug berichtete wenige persönliche Details über die jeweilige Dame, beschrieb dann kurz das Kleid und die Art des verwendeten Stoffs. Bei den Trachten gab es vereinzelt weitere Hinweise auf Besonderheiten, wie zum Beispiel auf echte Hirschhornknöpfe oder Charivaris.

Manche der Damen hatten sich Phantasienamen für ihre Werke ausgedacht. "Morgenröte, Abend am Strand, das kleine Schwarze,

Kampenwand" sind mir davon in Erinnerung geblieben. Meine Gattin nannte ihre Kreation einfach "Carmen". Nach jeder aufgetretenen Dame wurde ausführlich auf die Frauenzeitschrift verwiesen, welche so großzügig und uneigennützig dieses Ereignis finanzierte. Dabei sprach der grau melierte Herr mehrfach die hohen Ausgaben an: Hotelmiete, Dekoration, Fahrt, Verpflegung und Übernachtungskosten für die Jury und nicht zuletzt die Ausgaben für seine Wenigkeit, den Herrn mit den grau melierten Haaren.

Nachdem eine Dame ihren Parcours absolviert hatte, forderte der Herr das Publikum auf, die "wunderbare" Näharbeit und die "wunderbare Dame" mit "reichem Applaus zu verabschieden". Bei jeder der Damen verwendete er das Wort "wunderbar" in Sätzen gleichen Wortlauts. Wochen später fiel mir auf, dass auch ich dieses Wort zu häufig verwendete.

Die Damen drehten sich bei ihrem Auftritt ein paar Mal auf der Bühne, tippelten auf den Laufsteg, die Mutigeren drehten sich am Ende desselben ebenfalls, versuchten, sich möglichst anmutig in ihren Bewegungen zu geben, hielten ihre Nummer hoch und drehten sie nach allen Seiten, damit sie auch jeder der Anwesenden sehen konnte.
Besonders fiel mir auf, dass manche Damen sich bemühten, wie echte Mannequins zu gehen, das heißt bei jedem ihrer Schritte das Becken auf unnatürliche Weise weit nach vorne zu schieben. Die Überzahl der Damen spazierte allerdings daher wie wohl sonst auch. Bei jenen im Trachtenlook dominierte der ausgreifende Wanderschritt.

Die Kleider wurden von den sachverständigen Zuschauerinnen, die zugleich Konkurrentinnen waren, wie auch von der Jury, bestehend aus Profischneiderinnen und wenigen Herren, bewertet. Man bekam den Eindruck, dass die meisten froh waren, als sie ihren großen Auftritt endlich hinter sich hatten. Soweit ich mich erinnere, war ich das einzige männliche Wesen im Publikum.

Irgendwie hatte es meine Gattin geschafft, die Organisatoren der Veranstaltung zu becircen. Sie kam als Einzige, was nicht üblich war, mit eigens mitgebrachter Musik auf die Bühne. Carmen. Der Torero-Marsch. Perfekt passend zu ihr und ihrem Kleid. Zuerst war die Musik zu leise, dann, nach ihrer Reklamation, viel zu laut. Das tat dem Auftritt meiner Gattin jedoch keinen Abbruch. Wie die echte Carmen stürmte sie, dunkelhaarig, schlank, rassig, sich drehend und wiegend die Bühne. Mir blieb fast die Luft weg. Den Laufsteg beging sie gleich drei Mal, drehte sich an seinem Ende zwei Mal mit Grazie. Sie winkte dem Publikum zu, verstreute großzügig Kusshändchen, hob ihre Nummer hoch und während sie sich am Ende des Laufstegs ein letztes Mal drehte, deutete sie mit dem Zeigefinger der freien Hand elegant auf dieselbe, damit auch jede im Saal kapierte, welche Nummer zu wählen war.

Dazu lächelte sie das betörendste Lächeln, das man sich vorstellen kann. Einfach umwerfend! Die Bühne war ihre ganz natürliche Umgebung, der Rahmen, der ihr zustand. Wäre die Musik nicht so laut gewesen, hätte man sicher das Raunen gehört, das durch die Menge ging.

Ich saß in der vorletzten Reihe und klatschte am Ende so lange, bis mir die Hände schmerzten. Dafür erhielt ich von den übrigen Damen missbilligende Blicke. Unangenehm zwar, man muss sich aber gut überlegen, wie man in einer solchen Lage handelt. Der Wettbewerb ist kurz, das Leben hingegen lang.
Einen Preis hat meine Gattin leider nicht erhalten. Wenn es schon für die Qualität des Nähens oder die Wahl des Schnittes Minuspunkte gegeben haben mag, was ich mir nicht vorstellen kann, hätte sie doch einen Preis für die beste Performance erhalten müssen. Auch heute noch halte ich das Urteil der Jury für eine Fehlentscheidung.

Zeit spielt nun wirklich keine große Rolle.

Eine Eintagsfliege

Meine Gattin sitzt wieder auf der Récamière. Diesmal an der Stelle, wo die Polsterung noch gut ist. Es riecht nach Mandarinen und Schokolade. Vor ihr, auf dem Tisch, befindet sich der Laptop. Es läuft gerade die Szene, in der Fatmagüll von mehreren Männern Gewalt angetan wird. Diese Stelle wiederholt meine Gattin neben der Hochzeitsszene mittlerweile am häufigsten. Und ist jedes Mal aufs Neue entsetzt. Ihren Gesichtsausdruck während dieser Szene möchte ich nicht beschreiben. Beim ersten Ansatz des Schreis der Verzweifelten erkenne ich die Szene.
Die dazugehörige, sich überschlagende, grelle türkische Filmmusik, die sich gegenseitig ermunternden Zurufe der drei an der Untat beteiligten jungen Männer verstören mich. Besonders aber die mörderische, restlos alle Chancen auf eine positive Zukunft zerstörende Stille im letzten Viertel ist hundert Mal brutaler als alle Schreie, sie hat sich in mich eingebrannt. Manchmal während des Tages und, schlimmer noch, in der Nacht, meist aus dem Nichts auftauchend, läuft sie vor meinem inneren Auge ab. In 3D und im Großformat. In immer neuen und farbigen Varianten. Bodenlos, die Stille. Sie bleibt der zentrale, schrecklichste Bestandteil.

Oft bin ich schweißgebadet aufgewacht, diese Schreie hörend, meinte, sie kämen aus dem Schlafzimmer meiner Gattin. Meist zwischen vier und fünf Uhr morgens. Zum Glück war immer alles ruhig im Haus. Dafür bin ich dankbar. Der Schlaf wollte sich nicht mehr einfinden. Zu oft wiederholte sich die Szene. Die Variante, in welcher die Darstellerin dabei ums Leben kam, war noch die harmloseste. Wäre hier doch die Serie zu Ende gewesen! Eine Erlösung für alle

Beteiligten wäre es gewesen. Ein Akt der Gnade! Aber nein, in zahllosen verschiedenen Varianten spulten sich weitere Szenen, begleitet von dieser quälenden Sieben-Ton-Musik, gnadenlos vor mir ab. Da gab es keinen Knopf, um auszuschalten.

Von draußen kommend schieben sich aufgeregte und störende Stimmen in meine Ohren. Das werden wohl wieder die Türken sein. Durch die offene Terrassentür schleiche ich leise in den Garten. Meine Gattin ist wieder ganz in die Hochzeitsszene versunken. Sie nimmt nicht wahr, dass ich den Raum verlasse. Der Hinweis, ich solle doch die Gartenschuhe anziehen, bleibt mir daher ausnahmsweise erspart. Deshalb ziehe ich die Gartenschuhe auch nicht an. Diesmal nicht! Geduckt, in Hausschuhen, jedes Geräusch vermeidend, nähere ich mich der Thujahecke. Zwei Brettchen sind dort versteckt. Mit deren Hilfe kann ich die Äste und die Blätter vorsichtig auseinanderdrücken, ohne gesehen zu werden, kann so in Ruhe die Szene beobachten. Und weitere Erkenntnisse über das mir unbekannte Volk der Türken sammeln.

Die Türken haben sich, wie üblich, wieder in der Kreuzungsmitte platziert. Diesmal sind es vier Männer und zwei Frauen. Der Wortführer zeigt sich in blauen, verwaschenen Jeans und einem ehemals wohl knallroten T-Shirt mit ausgebleichter, heller Aufschrift. Es sind nur noch zwei Großbuchstaben, "Ü" und "T", mit Mühe darauf zu erkennen. Eine der Damen trägt über ihren türkisen Turnschuhen einen knöchellangen, dunkelblauen Faltenrock aus Wollstoff und eine über und über gerüschte rosa Bluse. Ihre dünnen Beine, die unter dem Rock ein wenig hervorlugen, erinnern an Zahnstocher. Im Haar hat sich ein rotes Schleifchen wie ein verirrter Schmetterling niedergelassen. Alles etwas unpassend für den heißen Sommertag, finde ich. Allerdings, Türken sind Hitze gewöhnt. Sie gehen wohl anders damit um als wir Mitteleuropäer. In ihrer Hand trägt die Dame den, wie man früher gehässig sagte, türkischen Diplomatenkoffer, einen ausgebeulten Plastikbeutel aus dem Supermarkt.

Leider verstehe ich immer noch kein Wort Türkisch. Vielleicht sollte ich diese Sprache lernen. Zur generellen Verbesserung meiner Strategie. Dann könnte ich auch die Serie ansehen und verstehen, worum es genau geht. Wenn ich zusätzlich das Verhalten Kirims imitieren lernte, würden die Chancen bei meiner Gattin wieder steigen!

Mutter saß im Stübchen, im grün gemusterten Ohrenbackensessel. Ich lehnte mit dem Rücken am Kachelofen und kam mir ziemlich bescheuert vor. Das Holz knackte und verbreitete wohlige Wärme. Der Kachelofen war ein Erbstück von Mutters Tante. Die Kacheln waren mit altertümlichen Rautenmustern verziert.
Zwei eiserne Türchen, die einen kleinen Durchbruch verdeckten, eine Art Bratrohr oder Durchsicht, waren mit je achtundzwanzig kleinen quadratischen Öffnungen durchbrochen, so dass sich in jeder der vier Türchen ebenso viele kleine Möglichkeiten ergaben, um hindurchzusehen. Und ebenso viele Möglichkeiten für die heiße Luft, um herauszuströmen. Die Türen waren mit Silberbronze gestrichen und schön anzusehen.

In dem Bratrohr konnte man gut Äpfel zu Bratäpfeln brutzeln. Danach bestreuen mit Zimt und Zucker. Heute hatte ich mir vorgenommen, meine Mutter um ihren Segen zu bitten. Klingt wohl nach einem seltsamen Unterfangen für einen halbwegs gebildeten Mitteleuropäer.

Tagelanges Ringen ging dem voraus. Würde ich diesen Wunsch aus mir herausbringen? War er angemessen, zeitgemäß? Mein Widerstand war groß. Viele gute Gründe kamen mir in den Sinn, diese Bitte nicht zu äußern. Wie ein kleiner Bub kam ich mir vor. Aber mein Vater war schon verstorben und meine Mutter dreiundneunzig Jahre alt. Wie lange würde ich diese Chance noch haben? Nach minutenlangem Zaudern bat ich Mutter tatsächlich um ihren Segen. Und hielt die Luft an. Wie würde sie antworten? Würde sie mich auslachen? Eine lange, durchaus dichte Pause entstand. Sie schien zu überlegen.

"Gerne werde ich dich segnen", antwortete sie viel später aus der Stille heraus, als wenn dies etwas ganz Normales, Alltägliches sei. "Genau so wie mein Vater mich gesegnet hat. So soll es sein." Dass sie so positiv auf meinen Wunsch reagierte, überraschte mich dann doch. "Sogar mit den gleichen Worten werde ich dich segnen, die mein Vater gesprochen hat, als er mich segnete. Vermutlich haben die vielen seiner Vorväter den Segen genauso ausgesprochen."

Die Quelle füllt sich, indem sie fließt.

Herbert

Mutter bat mich aufzustehen. Sie versuchte ebenso aufzustehen. Das war nicht leicht. An meinem Arm hielt sie sich fest. Mit gemeinsamer Anstrengung brachten wir sie zum Stehen, bemühten uns darum, dass sie nicht zu sehr wankte. Trotz unserer Mühen dauerte es eine Weile, bis sie ein einigermaßen sicheres Gleichgewicht für sich gefunden hatte.

Sie nahm meine Hand in ihre schlaffe, faltige Hand, drückte sie, schaute mir offen in die Augen. So offen, dass es einen geraden Rücken brauchte, diesem Blick standzuhalten. Ihr Blick war voller Liebe, aber auch, wie es mir bei ihr schon mehrfach aufgefallen war, gleichzeitig wie in sich gekehrt. So als ob sie in zwei Welten zu Hause wäre und ihre Aufmerksamkeit aufteilen müsste. Unsere Augen waren ineinandergefallen, hatten sich unbeabsichtigt ineinander verhakt, als ob es außer diesem Blick nichts von Bedeutung zu sehen gäbe. Dann sprach sie langsam, mit ruhiger Stimme den Segen.

Die Stimmung in der kleinen Stube veränderte sich mit jedem ihrer Worte. Es ist schwer zu beschreiben. War etwas mit der Zeit passiert? Offenbar verging sie langsamer. Stand sie vielleicht sogar still? Einen langen Augenblick? Ganz präsent fühlte ich mich im Stübchen meiner Mutter. Nichts von außerhalb wollte sich einmischen.

Eine spezielle Schwingung, ein besonderes Feld hatte sich gebildet und wir waren beide hineingeraten. Die kleine Stube kam mir weit vor. So vieles, vielleicht alles, hatte in ihr Platz. In der Luft lag dieses eigenartige, kaum vernehmbare Schwirren und Rauschen. Kennen Sie das? Es ist kaum wahrzunehmen, solange man nicht hinhört.

Hört man aber hin, erkennt man Geräuschstrukturen, die man nicht vermutet hätte. Man kann in sie eintauchen und die verschiedenen Klangstränge untersuchen und auch erkunden, ob und wie sie zusammenhängen. Wenn man mit den Fingern die Gehörgänge verschließt ... Vielleicht sollte ich das nicht weiter beschreiben, sondern es dem Leser überlassen, dieses interessante Terrain selbst zu erkunden. Wohlan!

Der Regulator an der Wand, den man sonst kaum vernahm, trat aus seinem Gleichmaß hervor, durchzog den Raum mit einem Netz von an- und abschwellendem Ticken, die der sonst linear erfahrenen Zeit eine darüber hinausreichende, geheime, räumliche Struktur zu schenken schien. Es war, als ob das Pendel sich immer langsamer seinen sonst so gleichmäßigen Weg von links nach rechts erwandern würde. Zwar bewegte es sich, schien aber die Zeit nicht mehr zu messen.

Meine Mutter war gerührt – ich auch. Sie hatte, während sie mich segnete, Tränen in den Augen. Wir waren uns bewusst, dass wir gerade etwas Besonderes, Einzigartiges gemeinsam erlebten. Eine Weile blieben wir noch, immer wieder schwankend und schweigend, stehen. Und sahen uns an.

Die Form von Mutters Gesicht sowie einige kleine Fältchen hatten sich aus dem vielen Leben und Lachen entwickelt. Auch durch Bitternis und Kummer. Da war nicht nur Segen gewesen. Alles in allem ergaben die Fältchen eine Landkarte, welche zwar Wege in viele Richtungen aufwies, Wege, die sich oftmals in verschiedensten Winkeln überschnitten, die am Ende aber doch allesamt in das vor uns liegende Land der Freude wiesen.

Nachdem wir uns wieder gesetzt hatten, dauerte es noch lange, bis das Gespräch wieder in unser Leben trat. Aber nicht wie sonst üblich, sondern sich vorsichtig herantastend, zurückhaltend. Ich fühlte in mir, dass ich von nun an meine Worte abwägen würde, sparsam würde ich mit ihnen umgehen, überlegen würde ich, ob ich sie aussprechen sollte, ihre Bedeutung vorher genau prüfen. Jetzt, da ich gesegnet war. Wir sprachen leise, als ob wir fürchteten, jemanden zu wecken oder einen Zauber zu zerstören. Dieser Zauber wärmte mich, hielt noch tagelang an.

Auch der Regulator brauchte noch ein Weilchen und hatte Mühe, sich wieder in die Ortszeit einzuschwingen.

Durch alle Wesen reicht der eine Raum:
Weltinnenraum. Die Vögel fliegen still
durch uns hindurch. O, der ich wachsen will,
ich seh hinaus, und in mir wächst ein Baum.

Rainer Maria Rilke

Von Herbert sind noch immer keine Nachrichten gekommen. Oft denke ich an ihn. Er fehlt mir. Wenn er noch am Leben sein sollte, was ich inbrünstig hoffe, hat er wohl über außergewöhnliche Erlebnisse zu berichten. Vermutlich ist er tief in das Reich der Bäume eingetaucht und zu dem geworden, was er als "vertikalen Pontifex maximus" bezeichnete. Oft überlegte ich, ob ich mit ihm auf geistigem Wege Kontakt aufnehmen könne. So gerne würde ich mit ihm kommunizieren wollen. Bisher war ich davor zurückgeschreckt.
Auch deshalb, weil ich fürchtete, ich würde Klarheit darüber erhalten, dass er nicht mehr lebt. Lieber blieb ich im Ungewissen.

Dann habe ich mir doch ein Herz gefasst. Beim Licht eines roten Kerzleins setzte ich mich vor sein Foto, konzentrierte mich ganz auf ihn. Versuchte, mich in ihn hineinzuversetzen. Das verwendete Foto war das chamoisfarbene aus Herberts Karton, das uns beide mit dem Fußball zeigt.

Obwohl wir darauf nur sehr klein abgebildet sind, schien mir dieses Foto gut geeignet. Stammt es doch aus einer Zeit, in der unsere kleine Welt noch ziemlich in Ordnung war. Durch das Flackern der Kerze entstand teilweise der Eindruck, als ob sich Herbert bewegen oder sprechen würde. Davon ließ ich mich nicht ablenken. Die Botschaften kommen ja von innen und nicht von außen. Das ist sicher. Sechs Tage lang habe ich mich jeweils mindestens fünfundzwanzig Minuten auf Herberts Foto konzentriert. Meist am Abend. Einige rote Kerzlein habe ich verbraucht. Dabei richtete ich einen Teil meiner Aufmerksamkeit vom Herzen aus auf sein Abbild, verbunden mit der Bitte, mir ein Lebenszeichen zukommen zu lassen. Nichts geschah.

Als ich so nicht weiterkam, ging ich dazu über, Fragen zu stellen. Wo bist du? Wie geht es dir? Und so weiter. Mehrmals sah ich Bilder, mit denen ich nichts anzufangen wusste.

Einen altertümlichen, fast verfallenen eingleisigen Bahnhof zum Beispiel, wo hohes Gras zwischen den Schwellen wächst. Mit einem großen, verlassenen Holzkoffer auf dem Bahnsteig. Mit vergilbtem Aufkleber, der mit altertümlicher, geschwungener Schrift versehen war. Leider konnte ich die Schrift nicht entziffern. Öffnen konnte ich ihn nicht.

Dann sah ich eine verschwiegene Waldlichtung mit leuchtend grün bemoosten Baumstrünken, abgegriffenen Werkzeugen aus Holz, ihre Bestandteile mit Holzdübeln verbunden, auf trockener, steinloser Erde ausgebreitet. Dazwischen einige abgestorbene, bleiche Grasbüschel. Für welche Art von Tätigkeiten die Werkzeuge gedacht waren, erschloss sich mir nicht. Menschen waren nicht zu sehen. Und dazwischen eingestreut immer wieder Strukturen, die ich nicht deuten konnte.

In den freien Bereichen zwischen den Werkzeugen hatten sich seltsam dimensionslose, weiche, darmartig ineinander verschlungene

Formen niedergelassen. Mit wenigen pastellfarbenen, mittig etwas dunkleren Punkten, die wie entkräftete kleine Sonnen oder Sterne wirkten. Manchmal in gedeckten Farben, manchmal in Grau. Einer dieser Punkte war nach oben hin mit drei hell auslaufenden Spitzen versehen. Das war das einzig Zackige, Kantige.

Würden sie der Schlüssel dazu sein, den aus der Zeit gefallenen kleinen Bahnhof und die Waldlichtung mit den altertümlichen Werkzeugen aus Holz zu deuten? Wären sie dabei nützlich, Zusammenhänge zu entdecken? Allein, ich war nicht in der Lage, die seltsamen Formen zu verbinden und einzuordnen, war nicht in der Lage, auch nur im Entferntesten Bekanntes in ihnen zu entdecken. Aus dem Gedächtnis zeichnete ich die Formen am nächsten Tag auf Papier nach, füllte sie mit Buntstift aus, betrachtete sie immer wieder in der Hoffnung, dadurch zu Erkenntnissen zu gelangen.

Dabei fiel mir, mich rückerinnernd, auf, dass sich rundliche, blassblaue, mit einem Anflug von Karmesin unregelmäßig durchwirkte, nebelhafte Objekte, die sich zu ihren Rändern hin auflösten, sachte zu drehen schienen. Das hatte ich bisher nicht ausreichend gewürdigt. An einem der nächsten Tage blitzten sie wieder auf, ich meinte, eine kreisende Bewegung zu erkennen.

Mir kam in den Sinn, dass der Kreis nichts an sich hat, was mir in meiner Lage hilfreich sein konnte. Er schien mir zu sehr auf seinen Mittelpunkt hin, auf sich selbst bezogen zu sein.

Liebe legt den Fokus nach außen.

Unbekannt

Die Sonne. Der distanzierte Sonnenkönig. Der Kreis. Er ist ohne Fehl, vollkommen, auch wenn er bis zum Pünktchen hin verkleinert wird. Nichts hat er, woran angepackt werden sollte oder

könnte. Unantastbar ruht er in sich selbst, geht nicht aus sich heraus. Einbahnstraße. Nichts kann dem Kreis nahe kommen.
Die Außenlinie hat von jedem Punkt aus betrachtet den gleichen Abstand zur Mitte. Wenn man von einem beliebigen Punkt aus der Form des Kreises folgt, sich nach einer Umrundung wieder dem Ausgangspunkt nähert, dort jedoch nicht endet, sondern wieder und wieder den Umfang des Kreises nachzieht, gibt es nirgendwo Abweichung oder Wandlung.

Daher bevorzuge ich die auf dem Kreis aufbauende, sich nach oben windende, frei drehende Spirale, welche, wie der Kreis, die gleichen Projektionspunkte auf die Fläche aufweist und auch die gleichen Grundthemen immer wieder streift. Durch die bei jeder Umrundung wachsende Distanz zu diesen Grundthemen und einen fortschreitend wechselnden Blickwinkel werden die Themen vielfach angeleuchtet, wieder und wieder neu aufgerollt.
Der immer wieder gleiche Umlauf auf der Umfangslinie des Kreises schafft hingegen kaum Abstand, keine Distanz zum Geschehen. Die Kreisaußenlinie ist nicht getrennt von der Kreisfläche. Sie verfügt nicht über eigenes Leben.

Schöner wäre es noch, wenn die Spirale sich zur Mitte hin verjüngte, so dass sich ein klarer Weg hin auf einen sich in der Ferne befindlichen Zielpunkt ergäbe.

Nun bin ich von meiner Beschreibung der Versuche, Herbert zu kontaktieren, etwas abgeschweift. Auch der Fluss schweift ab, mäandriert. Er verlässt das alte Bett. Aber nur, um das Unbekannte zu erkunden und den besten Weg für sich und seine Wasser zu finden. Den immer wieder neuen, unbekannten Weg.

Meine Versuche, mit Herbert Kontakt aufzunehmen, brachten mich noch nicht zum gewünschten Ziel. Enttäuscht gab ich vorerst auf. Zu einem späteren Zeitpunkt wollte ich aber weitermachen.

Wir Landwirte sind im ständigen Kampf mit der Natur.

Ein Landwirt

Da haben wir es.

Die letzten Tage verstrichen wie flüchtig graue Schatten mit wenigen farbigen, freudvollen, selbstgeschöpften Einsprengseln. Sie waren jedoch mit dem Bewusstsein von Herberts Verschwinden mehr durchtränkt als die Monate zuvor. Das Grau dieser Schatten war nicht von der Art, wie es verdünntes Schwarz ist, farblos, ohne echte Substanz, ohne Freude.

Es war durchaus bewegt von der Fülle vieler Farben, die sich untereinander vermischt hatten, um dieses changierende Grau zu schöpfen. Keiner dieser Farben gelang jedoch der Durchbruch zum eigenen Sein, zu klarer Reinheit. Mir fehlte ein wenig der Antrieb, mich auf den Weg in eine positive Richtung zu machen. Auch solche Tage gibt es. Wechsel hing in der Luft. Veränderung fühlte ich auf mich zukommen.

Bevor ich der Langeweile anheimfiel, holte ich mir lieber noch einen von Herberts Texten zum Lesen.

Ich sitze im Frühzug nach Wien. Die Reise soll weiterführen über Podgorica, Tirana, Peja und wieder zurück. Der Regen wirft sich todesmutig in tausend Tropfen schräg auf die angelaufenen Fensterscheiben. Die Tropfen zerplatzen und zeichnen parallele Perlenstriche auf das Glas. Straßenlaternen bringen sie wieder und wieder zu kurzem, irrlichterndem Leuchten. Mit einem Papiertaschentuch wische ich mir ein Guckloch aus dem vernebelten Fenster frei. Nicht lange dauert es, bis es wieder zugegraut ist.

Es regnet stark, wie schon zu oft in den letzten Wochen. Die Landschaft gleitet grün und wie mit einem dunklen Schleier überzogen an mir vorüber. Trotz der frühen Stunde genieße ich die Fahrt. Endlich komme ich mal wieder raus aus dem Büro, sehe etwas anderes. In den gastfreundlichen Regionen meiner Reiseziele werde ich bestimmt viel Spaß haben. Genau das brauche ich jetzt.
Nach etwa zwei Stunden Fahrzeit meldet sich schrill mein Mobiltelefon. Ich erschrecke, werde überhäuft von missbilligenden Blicken der aus dem Dösen aufgeschreckten Mitreisenden. Am anderen Ende befindet sich meine Hautärztin.

"Entschuldigen Sie die frühe Störung, ich möchte Sie wirklich nicht beunruhigen, bitte Sie aber dringend, baldmöglichst meine Praxis aufzusuchen." "Moment bitte, ich kann nicht gut hören." Nun schalte ich den Lautsprecher an, gehe in Richtung Toilette, um möglichst niemanden zu belästigen. Wieder die Hautärztin: "Ich möchte Sie nicht stören, es ist aber dringend. Deshalb rufe ich so früh an. Bitte suchen Sie baldmöglichst meine Praxis auf. Sie haben leider einen positiven Befund. Wir müssen eine weitere Operation vornehmen und eine weit größere Umgebung des Melanoms entfernen."

Bei der letzten Operation hat sie also doch nicht alles entfernen können. Mist! "Ist diese neue Situation gefährlich, ich meine, ist sie …", mir bleibt der Rest meiner spontanen Frage im Hals stecken.

Die Dame, an welcher ich gerade vorbeigehe, schüttelt mit ärgerlichem Gesichtsausdruck den Kopf und macht eine eindeutige Bewegung in Richtung meines Smartphones. Grimmig sehe ich sie an, ziehe eine Grimasse. Dumme Pute. "Regen Sie sich erst mal nicht auf", versucht die Hautärztin, mich zu beschwichtigen. "Also, wann können Sie kommen?" Hm, ich überlege. Das Gespräch bricht ab. Wie so oft im fahrenden Zug. Wenn ich zurück bin, werde ich sie anrufen. Für ein Gespräch dieser Art habe ich jetzt keine Nerven. Auf der Reise kann ich ja sowieso nichts tun. Das Smartphone klingelt wieder. Die Hautärztin. Ich schalte es aus.

Neben all den anderen wichtigen Themen
sollte man es in einer Partnerschaft als Aufgabe sehen,
dem anderen beim Erreichen seines
Lebensszieles behilflich zu sein.

Herbert

Verdammt. Der Tag beginnt ja gut, denke ich mir. Das hat mir gerade noch gefehlt. Die Ärztin klang sehr besorgt. Auch der frühe Anruf, den sie vermutlich von zu Hause geführt hat, deutet darauf hin, dass mit der Sache nicht zu spaßen ist. Ein Blick auf die Armbanduhr sagt mir, es ist Zeit, mich umzuziehen, wir nähern uns Wien. In meinen Koffer habe ich neben anderen Dingen das dunkelblaue Sakko mit den Goldknöpfen und den darin eingeprägten Ankern gepackt. Es knittert kaum, ist daher sehr gut für Reisen geeignet. Dazu, farblich passend, habe ich eine schwarze Hose ausgewählt. Ausgebeulte Hosen mag ich nicht, deshalb ziehe ich meine gut gebügelten Hosen erst kurz vor dem Ziel an.

Jetzt, rechtzeitig vor Wien, gehe ich in die Toilette, schlüpfe in die Hose, sie passt einigermaßen, ist aber wenigstens zehn Zentimeter zu kurz. Was ist das denn? Das kann nicht meine Hose sein. Sie knöpft sich auch nicht auf Herrenart zu, die Knöpfe sind auf der linken Seite, so wie es bei Damen üblich ist. Und seltsam genug, sie hat keine einzige Hosentasche. Nie im Leben hatte ich Hosen ohne Taschen. Eine Hose ohne Taschen finde ich ziemlich unpraktisch, da ich es gewohnt bin, meinen Geldbeutel in der Gesäßtasche aufzubewahren. In den Seitentaschen führe ich Autoschlüssel, Papiertaschentücher und sonstige notwendige Kleinigkeiten mit mir.

Da stellt sich schon die Frage, wo diese Hose herkommt und wer sie getragen hat. Vielleicht ist sie bei der Reinigung vertauscht worden. Ich ziehe mich vollends um, es gibt keine andere Wahl, ich muss diese Hose tragen, weil ich dummerweise nur eine Hose eingepackt habe. Die Hose, die ich im Zug trage, ist nicht salonfähig. Komisch sehe ich aus. Peinlich, das Ganze. Im nahen Speisewagen setze ich mich an einen freien Tisch, bestelle noch schnell eine Tasse Kaffee.

Die Durchsage kündigt "Wien Ostbahnhof" an. An den Nachbartischen sitzen einige junge Männer, die sich laut unterhalten. Sie heben ihre Biergläser und prosten sich immer wieder zu. Und das schon so früh am Tag. Ein lustiges Leben scheinen sie zu führen. Folgende Satzfetzen höre ich aus dem Zusammenhang herausgerissen: "... alle erwischt es einmal ... die letzte Fahrt unternimmt man im Kombi ... da hilft nichts. Das letzte Hemd hat keine Taschen."

Blitzartig zuckt es durch meinen Kopf. Die Hose, die ich gerade trage, hat auch keine. Passt gut zum Anruf der Ärztin. Kein schönes

Omen. Gedanken, die ich nicht haben mag, entern mein Gehirn. Wien ist jetzt so weit weg, die Lust an der Reise ist mir vergangen. Das Rattern des Zuges verkriecht sich gemeinsam mit den Trinksprüchen der Reisegruppe irgendwo zwischen den gepolsterten Bänken des Speisewagens.

In der letzten Zeit war ich oft beschäftigt mit der Suche nach mir selbst, nach meinem inneren Wesen, seinen vielen nebelhaften Körpern, welche, wie man sagt, in Ebenen übereinanderliegen. Ähnlich wie die berühmten russischen Matrjoschka- oder Babuschkapuppen.

Das hat mich neugierig gemacht. Bei Licht besehen merke ich, dass ich hier ein Defizit habe, mache mich auf den Weg, auf die Suche. Ja, ich möchte mich suchen, möglichst auch finden. So wie es viele große Figuren vor mir schon gemacht haben. Auf den Spuren großer Figuren.

Das Berühren der Figüren mit den Pfoten ist verboten.

Das gefällt mir. Aber wo fange ich an? In mir selbst? Bin ich denn in mir irgendwo versteckt, vielleicht hinter einer Wand aus grell-bösen Gedanken oder hinter dem wuchernd rankenden Unkraut giftfarbiger Begierden? Möglicherweise hinter einem dunklen, schleimbedeckten Lügengebirge? Wonach genau soll ich suchen? Wer bin ich denn und wie sehe ich überhaupt aus? Wie kann ich mich erkennen? Was für eine verrückte Idee, dass ich in mir selbst sein könnte?

Man stößt mich an. "Endstation, bitte aussteigen, guter Mann. Der Zug fährt nicht weiter. Sie können hier nicht bleiben." Ich öffne die

Augen, etwas hat sich verändert. Es ist still um mich geworden. Ich schalte um. Von innen nach außen, stelle fest, dass ich mich in einem Zugabteil befinde. Und dieser Zug steht menschenleer in einem Bahnhof. "Wien Westbahnhof" lese ich auf einem Schild. Wien strahlt mir entgegen.
Oft habe ich gehört, dass das, was auf einen zukommt im Leben, der Entwicklung diene und daher in jedem Fall gut sei, Sinn mache. Man solle bei allen Schicksalsschlägen nachprüfen, wie es dazu kam und was man ändern solle, um das gestörte Gleichgewicht wiederherzustellen. Um zu gesunden. Ja, dankbar gar solle man für Schicksalsschläge sein, würden sie uns doch Chancen für weiteres Wachstum bieten.

Das mit der Dankbarkeit habe ich ausprobiert, so ganz bin ich nicht damit klargekommen. Zum Beispiel hat einer meiner Kunden Insolvenz anmelden müssen und überwies mir daher einen hohen Geldbetrag nicht, den ich sehnlichst erwartet hatte, um meinerseits dringende Zahlungen erledigen zu können. Ein echter Schicksalsschlag. Meine Dankbarkeit hielt sich hier in engen Grenzen. Wahrscheinlich können andere das besser. Vielleicht hätte ich im Vorfeld mehr üben müssen.

Meine Krankheit ängstigt mich. Neu ist sie nicht. Schon sage ich "meine" dazu, obwohl ich sie gar nicht haben möchte! Vor gut zwei Wochen war ich bei der Hautärztin. Sie hat mich sorgenvoll angesehen und gleichzeitig gemeint, man müsse das von ihr herausoperierte Stück Fleisch, das befallene Stück Fleisch, einschicken und abwarten, ob die Sache harmlos sei. Einschicken ist so ein seltsames Wort. Es erklärt nicht, wohin, ist ziemlich neutral, sagt nichts darüber, was mit dem Eingeschickten genau geschieht, wer es beurteilt. Da ich schon mehrere solcher Operationen hinter mir habe, breiteten sich gemischte Gefühle in mir aus.

Könnte ich vielleicht mit dem Krebs reden? Ihm meine Sorgen und meine Angst erläutern. Vielleicht wäre er gnädig gestimmt, bereit zu einem Deal? Verrückte Idee. Trotzdem. Zeichnet sich auf diese Weise eine Lösung des Problems ab? Kontakt möchte ich zu dem Hautkrebs erhalten. Ja, ich möchte mit ihm reden. Am besten versuchen, ihn umzustimmen, ihn dann rasch loswerden. So schnell wie möglich. Da kommt mir eine verrückte Idee. Die Krankheit befindet sich an meinem linken Arm, direkt über meinem Handgelenk, unter einem großen beigen Pflaster. Dort, wo man üblicherweise die Armbanduhr trägt. Eine Weile überlege ich. Was kann ich tun? Dann nehme ich mir vor, bei jeder Gelegenheit durch Handauflegen auf die befallene Stelle zu versuchen, mich auf den Hautkrebs zu konzentrieren, mit ihm Kontakt aufzunehmen, mit ihm zu kommunizieren, herauszubekommen, worum es ihm geht.

Wenn eine Idee am Anfang nicht absurd klingt,
dann gibt es keine Hoffnung für sie.

Albert Einstein

Diese unangenehme Sache möchte ich schnell hinter mich bringen, setze mir deshalb einen Termin bis zum Ende der Reise. Bis dahin möchte ich alles Notwendige wissen, die erlösende Botschaft erhalten, sie verstehen und eine Idee davon bekommen, ob und wie ich ihren Inhalt sinnvoll in mein Leben integrieren kann.

Der Mensch ist unendlich größer als der Mensch.

Friedrich Nietzsche

Es wird wohl darauf hinauslaufen, dass die Krankheit etwas von mir fordert. Was könnte die Forderung sein? Es ist doch immer das Gleiche. Meine Schwächen und Fehler wird sie mir vor Augen halten. Meine Nachlässigkeiten, meine oft von meiner Gattin beklagte

Oberflächlichkeit, das Chaos, das mich begleitet. Wahrscheinlich werde ich keinen Primitivo und kein Bier mehr trinken dürfen. Auf jeden Fall werden hohe moralische Anforderungen auf mich zukommen. Mein Leben müsste ich schlagartig ändern, Veganer müsste ich wohl werden, Sport treiben, täglich in die Kirche rennen, Arme und Kranke versorgen, einen großen Teil meines Einkommens für soziale Zwecke spenden und so weiter.

Nun sitzen wir bei einer IT-Firma im Konferenzraum. Die Jalousien sind zugezogen. Kein Grün sieht herein, der Himmel ist ausgesperrt. Gerade haben wir Visitenkarten ausgetauscht. Kaffee wird in kleinen Tassen serviert. Ohne Milch, auf Wunsch mit Zucker. Schmeckt scheußlich, dieses Zeug, finde ich. Selbst mit Zucker. Auch mit Milch, die für mich eigens aus einem fernen Kühlschrank geholt wird, ist dieser Kaffee kaum genießbar. Die Milch bildet kleine gelbliche Klumpen, die sich auch bei längerem Umrühren nicht auflösen wollen. Ist wohl nicht mehr ganz frisch. Den Kaffee schütte ich hinunter. Da man sich meinetwegen schon so viel Mühe gegeben hat.

Bitterkeit breitet sich auf meinem Gaumen aus. Eine zweite Tasse lehne ich dankend ab. Man spricht über Infrastrukturprojekte sowie deren Planung, über IT-Unterstützung und Finanzierung. In der Landessprache wird gesprochen, die ich nicht verstehe. Die Kollegen stellen auch meinen Projektanteil vor, ebenfalls in der Landessprache. Das sehe ich an den Blicken, die hin und wieder auf mich geworfen werden. Mein Name fällt. Fragen werden keine an mich gerichtet. In der Besprechung werde ich eigentlich nicht gebraucht. Das ist mir nur recht. Indes konzentriere ich mich weiter auf meine wunde Stelle. Nichts regt sich, nichts geschieht, von einer Kommunikation kann nicht gesprochen werden.

Nach drei Tagen und vielen Versuchen der Kontaktaufnahme bin ich kurz davor, das Experiment abzublasen. Was für eine Schnapsidee, mit dem Hautkrebs Kontakt aufnehmen zu wollen.
Am nächsten Morgen, nach dem Aufwachen, meine ich etwas zu spüren. Endlich! Hat sich etwas verändert? Es ist etwas wie eine winzige Lebendigkeit zu ahnen. Wie ein Strom von etwas, das aus der Handfläche meiner rechten Hand in die Krebsstelle fließt. Was ist das? Wärme? Bin ich verrückt?

Nun reißt der Energiestrom plötzlich ab. Eigenartig. Nach einer Weile setzt er wieder ein, geht in ein leichtes Pulsieren über. War das Pulsieren schon die erhoffte Nachricht, schon die Botschaft? Oh, wenn ich doch diese Sprache verstünde! Wer kann sie mich lehren? Wo gibt es ein Wörterbuch dafür? Gierig würde ich es verschlingen. Jedes Wort möchte ich verstehen und mir merken! Meine rechte Hand wird wärmer und wärmer. Geradezu heiß. Die befallene Stelle ebenfalls. Das Pulsieren wird intensiver und gleichmäßiger in den Abständen. Es dehnt sich aus der Kontaktfläche Hand – Wunde ein wenig in meinen Körper, auch in den Raum hinein.

Meine Geschäftsfreunde sind mit dem Austauschen von Informationen beschäftigt. Von Zeit zu Zeit öffne ich meine Augen, sehe mich in der Runde um, beuge mich vor, nicke, um meine Teilnahme zu demonstrieren. Das ist eigentlich unnötig, mein Interesse nimmt mir heute gewiss niemand ab.

Nun nehme ich etwas wahr, das in meinem Herzen aufsteigt, etwas wie Freude. Kann das sein? Ja, zunehmende Freude, wachsende Freude. In meinem Brustraum fängt sie an zu wabern, sich auszudehnen, bewegt sich langsam, genau fühlbar über die Arme zu meinen Händen hin, erfasst nun auch die kranke Stelle. Legt sich mit eigenem Pulsieren über das bereits Bestehende, überlagert sich, nähert sich im Rhythmus an, formt ein gestärktes, fast gleichförmiges Pulsieren, wird dadurch noch intensiver.

Ganz tief in mir tauchen Gefühle auf wie kleine muntere, bunte Nebelchen. Eine Zeit lang tanzen sie umeinander herum, formieren sich neu, ohne sich zu einem einzigen Gebilde zu vereinigen, schließen sich dann doch zu einem nun etwas größeren, lockeren zusammen. Mit meinem ganzen Körper, der auf sie ausgerichtet ist wie tausend Augen auf den Schauspieler auf der Bühne, fühle ich, weiß sie. Es sind keine Wörter, keine Sätze, keine Bilder. Noch nicht. Als Ahnungen möchte ich sie bezeichnen, beladen mit einem wissenden, sich öffnen wollenden Kern. Inmitten der immer noch anhaltenden großen Freude versuche ich, ihre Botschaft zu deuten. Da brauche ich nicht zu zweifeln, zu überlegen. Klarer und klarer werdend, unmissverständlich, zweifelsfrei formt, formuliert es sich in mir, ergreift Raum, ergreift mich, deutlich steht es vor Augen, nistet sich in meine Brust, in mein Herz, tönt laut:

"Freue dich, freue dich, genieße das Leben.

Das, was du als Probleme siehst, sind doch nur Aufgaben. Nichts Unüberwindliches. Es sind Möglichkeiten, Herausforderungen. Erinnere dich, es ist wie in der Schule. Du darfst versuchen, sie zu lösen. Wenn es gelingt: wunderbar! Wenn nicht, ist nicht viel verloren. Trotzdem geht es weiter. Hör auf, dich zu beklagen, versuche nicht weiter, verbissen etwas erreichen zu wollen. Freue dich und bleibe in deiner Freude." Die Stimme, nein. Ist es denn eine Stimme oder was spricht so? Sie schweigt. Pause. "Und was ist mit dem Bier und dem Primitivo und dem inneren Schweinehund?", möchte ich fragen, kann mich aber gerade noch beherrschen. Freude. Freude?

Freude. Kann das wahr sein? Nichts von Vorwurf oder Moralin ist darin zu spüren. In meiner Freude möchte ich am liebsten gleich alle über diese frohe Botschaft informieren. Ja, ich werde das Empfangene weitergeben, damit sich auch andere freuen, damit auch sie etwas davon haben. Alle sollen das wissen, die ganze Welt, denke ich, soll sich mitfreuen.

Egoistisch möchte ich nicht sein und die Botschaft allein für mich behalten. Rundum glücklich bin ich. Wenn ich mich in dem trostlosen Büro umsehe, überzieht es sich unter meinem Blick mit feinem Schimmer, dem Glanz der geschenkten Freude.

Der unordentliche Stapel von Akten, die kaffeebetröpfelte Tischdecke, selbst die Hände mit ihren nikotingefärbten rundlichen Flecken zwischen Zeige- und Mittelfinger. Auch hier ist Freude. Überall. Dann ertönt die Stimme wieder. Deutlich und laut wie vorher: "Es geht jetzt ganz alleine um dich, nur um dich, um niemand anderen. Bleib bei dir. Verzettle dich nicht. Die Botschaft ist ganz persönlich und nur an dich gerichtet. Du brauchst nicht zu missionieren. Für die anderen wird schon gesorgt." Ich komme mir vor wie in einer billigen Eso-Schnulze. Was soll das, werde ich jetzt noch kitschig auf meine alten Tage? Ist das die Botschaft der Krankheit?

Freuen soll ich mich, genießen? Habe ich das so richtig verstanden? Das erscheint mir nun doch zu einfach, vor allem zu angenehm zu sein.

Keine Kritik, keine Gebote oder Verbote, nichts! Das ist völlig ungewohnt, ich lasse die Botschaft auf mich einwirken. Langsam dämmert mir, dass ich die Krankheit vielleicht überstehen könnte. Meine Angst schrumpelt wie ein knallroter Luftballon in der Sonne. Bedanken möchte ich mich bei der Krankheit, komme mir ziemlich lächerlich vor. Eine Weile ringe ich mit mir, dann schöpfe ich Mut, bedanke mich schließlich, bitte um Kraft für die Krankheit, damit sie mich verlassen kann, bitte sie, mich auch wirklich zu verlassen.

Und nie mehr zurückzukehren. Wünsche Glück und Segen an ihrer neuen Arbeitsstelle. Und Wesen, welche ihre Botschaft verstehen und damit angemessen umgehen werden.

Die Sonne scheint auf die Jalousien und bringt sie weißlich zum Strahlen. Die Schmutzflecken darauf sehen aus wie kleine Andromedanebelchen. Meine Geschäftsfreunde befinden sich im Aufbruch. Das bis auf das Datum ohne Eintrag gebliebene Notizbuch schlage ich zu, stecke es in meine Tasche. Wir verabschieden uns und gehen.

Das ewige Wort wird nur in der Stille laut.

Meister Eckhart

Auf der Fahrt von Peja nach Podgorica regnet es in Strömen. Die Sicht ist eingeschränkt. Die Scheibenwischer quietschen über das Glas. Da und dort reißt der Nebel kurz auf, nur um die so entstandenen Lücken gleich wieder zu schließen. Direkt fahren wir über die Berge, winden uns langsam die engen Serpentinen hinauf und hinunter. Es ist kurz vor Mitternacht.

Plötzlich leuchten rote Schlusslichter vor uns auf. Ist da ein Auto? Ein schwach beleuchtetes Schild erläutert, dass an einem Tunnel, der vor uns liegt, gearbeitet wird. So übersetzt es der Fahrer. Erst nach drei Uhr morgens soll es wieder weitergehen. Wir richten uns ein, so gut es geht. Ich kann mich kaum bewegen, auf dem Rücksitz ist es sehr eng. Und kalt. Der Wind treibt Regenschwaden vor sich her und schickt sie dann offenbar konzentriert direkt auf unser Autodach. Frontalangriff. Geht die Welt unter?

Ja, Freude möchte ich haben, genießen möchte ich, solange es noch geht. Dazu ist jetzt Gelegenheit. Podgorica haben wir hinter uns gelassen. Wir sitzen im Fischrestaurant in Tirana, ein Geheimtipp. Das Lokal ist im Übermaß mit Fangnetzen, Bojen und Ankern drapiert, in welchen dekorativ bunte Plastikfische aller Art, Seesternchen und Tintenfische zappeln. Auch einige echte Muschelschalen zappeln mit. Zappeln deshalb, weil durch ein geöffnetes Fenster der Wind hereinweht.

Drei grüne Kerzen, in Fischform versteht sich, schenken flackerndes Licht. Mein Gegenüber, selber Albaner, sein Name ist Kujtim, versucht, uns in manierlichem Deutsch davon zu überzeugen, dass die Albaner miteinander nur eines gemeinsam machen. Nämlich Sex. Ansonsten würden sie nicht kooperieren und gönnten sich auch gegenseitig nichts. Gar nichts. Überhaupt gar nichts, wie er mehrfach wiederholt. Meine Kollegen wundern sich. Kujtim betrachtet missmutig seine braungebrannte Hand, die er zur Faust geballt hat, streckt den Daumen aus der Faust heraus, reckt ihn nach oben, dreht seinen Unterarm einige Male nach links und rechts, so dass der Daumen nicht umhinkommt, hin- und herzupendeln, deutet schließlich nach unten. Dabei bewegt er die Vierfingerfaust mehrfach rauf und runter.

Dann zerknüllt er, während er eine Grimasse schneidet, seine hellblaue Serviette mit dunkelblauem Fischmotiv in seiner Hand. "Haaaah." Schlecht ist Kujtim gelaunt heute. Zum Glück beginnt schon das Mahl. Der dazu gereichte Rotwein mundet köstlich. Weißwein wäre nach offizieller Lesart passender gewesen. Bin froh, dass ich den roten bestellt habe. Rotwein scheint mir generell weniger Säure und weniger Schwefel zu haben als der Weiße. Den vertrage ich besser. Außerdem soll er die Blutbildung unterstützen.

Ein Gang nach dem anderen wird aufgefahren. Köstliche Fischhäppchen, gegrillt, dann die panierte Variante, eine wunderbare Fischsuppe, ich genieße jeden Löffel, Schüsselchen mit gegrillten kleinen Tintenfischteilchen, zusammen mit speziellen, bunten Soßen zum Eintunken, Spaghetti mit Meeresfrüchten, kleine Sardellen, gebraten, verschiedene Seefischchen, kaum gekocht oder gegart in Limonensaft.

Sogar ein Fisch, dessen Namen ich vergessen habe, im fernen Skutarisee gefangen, wurde gereicht. Er sei so voller Gräten, dass es unmöglich sei, sie herauszunehmen. Daher werde er vierzehn Stunden lang gekocht und überdies noch geräuchert. Er schmeckt wunderbar. Von Gräten ist nichts zu spüren.

Den erstklassigen Rotwein, er ist nicht durchsichtig, das ist mir wichtig, trinke ich mit Genuss, fühle mich blendend dabei. Transparenten Rotwein lehne ich grundsätzlich ab. Da könnte ich ja geradeso gut Rosé- oder Weißwein trinken.

Durchsichtiger Rotwein steht ziemlich weit oben auf meiner "Dönerliste". Das ist eine ganz private, imaginäre Liste, auf welcher all die Dinge vermerkt sind, um die ich einen Bogen mache. Sie beginnt ganz oben mit dem Wort "Döner". Ich mag keinen Döner. Aus grundsätzlichen Erwägungen heraus. Aber darauf kommt es jetzt nicht an. Dann folgen weitere Begriffe, wie zum Beispiel Zigarren, Kautabak, Hamburger, Fruchtpudding, Tee mit Zucker, türkischer Kaffee, Weißbier mit Cola, Sushi, Bier aus den USA, Olivenöl aus Supermarktketten, Wein, die Flasche unter sechs Euro, Mitmenschen, die mich dominieren möchten, das Fernsehprogramm und so weiter und so fort.

Mittlerweile ist die Liste ziemlich lang geworden. Verglichen mit den fast unendlichen Möglichkeiten fällt sie allerdings kaum ins Gewicht.

Auf dieser Liste sind eben auch durchsichtiger Rotwein und säurehaltiger, weil saurer Weißwein zu finden. Es gibt darauf auch eine Abteilung mit Dingen, die ich lediglich selten und in sehr geringem Umfang konsumiere. Dazu gehören zum Beispiel Fleisch, Wurst, Weißbrot, Marzipan, Toastbrot und Thunfisch.

Warum wenden wir uns gegeneinander?
Lasst uns lieber gemeinsam unsere
toxischen Theorien bekämpfen!

Herbert

Zurück ins Fischlokal. Ich freue mich wirklich sehr, ungeachtet dessen, dass Kujtim schlecht gelaunt ist. Am Ende habe ich zu viel gegessen, bin wirklich übervoll, übersatt. Auch meine Kollegen machen einen solchen Eindruck. Jetzt kommen überraschend noch zwei große Fischplatten auf den Tisch. Als Kujtim mein erschrecktes Gesicht sieht, erläutert er mir, dass die Vorspeisenabteilung nunmehr abgeschlossen sei und man nun zur Hauptspeise übergehen könne.

Nach dieser Überraschung gibt es gleich einen Raki, um im Magen wieder Raum zu schaffen, wie mir erklärt wird. Viel später folgen verschiedene Nachspeisen. Allerlei Puddingartiges, süß zwar, dennoch mit Fischmotiv. Den krönenden Abschluss bildet eine weißliche Süßspeise, in welcher sich neben kleinen roten Beeren vermutlich panierte Stückchen vom Bismarckhering tummeln.

Kujtims Laune verbessert sich, als er uns darauf hinweist, dass es diese wunderbare Nachspeise nur in diesem Lokal gebe. Der Koch, übrigens einer seiner besten Freunde, habe sie kreiert. "Ist er Albaner?",

möchte ich fragen, verzichte aber lieber darauf. Kujtim bestelle diese Köstlichkeit bei jedem seiner Besuche und habe bei seinen Gästen immer Begeisterung hervorgerufen.
Da kann ich natürlich nicht widerstehen. Begeistert bin ich allerdings nicht. Um den scharfen Geschmack der Bismarckheringe aus meinem Mund zu vertreiben, bestelle ich Rotwein nach. Gleich einen halben Liter. Die anderen trinken immer noch Weißwein. Sie unterhalten sich fortan in ihrer Landessprache. So habe ich Zeit und Muße, mich ausgiebig zu freuen. Der Abend wird lang, ich sehe zu, dranzubleiben und mich angemessen weiter zu freuen. Es gelingt mir ganz gut.

Um in der Freude zu bleiben, bestelle ich mir weiteren Rotwein, sage auch zu den spendierten Schnäpsen nicht nein. Um den Genuss auf die Spitze zu treiben, missachte ich meine Dönerliste, rauche eine albanische Zigarette und dann noch eine. Den Rauch lösche ich mit Rotwein. So schön kann das Leben sein, so groß die Freude, mit dabei zu sein. Dabei zu sein? Noch dabei zu sein? Vielleicht ist es das letzte Mal, dass ich dabei bin.

Vielleicht sind die Würfel schon anders gefallen, als ich mir das einrede und erhoffe! Gleich nehme ich einen großen Schluck Rotwein, um die Gedanken wegzuschwemmen.

Ich erwache im trüben Hotelzimmer. Schmerzen klopfen, dröhnen hinter meiner Stirn, branden herunter in die Augen, ziehen sich vom Genick hinauf bis zur Fontanelle und weiter, hin zur Stirn. Der Kreis ist geschlossen. Pappsatt, übersatt fühle ich mich. Das Frühstück ist gestrichen. Oh Gott!

In Ermangelung von Kopfschmerztabletten fällt mir nach einigem Sinnieren das Hausmittel ein, das vor langer Zeit an einem Badesee in Tirol meiner Gattin die Kopfschmerzen vertrieb. Damals nahm ich eine leere Bierflasche und schlug ihr damit, sachte wohlgemerkt, auf den Kopf. Verschiedene Rhythmen erprobte ich, bis sie schließlich laut aufstöhnte. "Das ist es, ja, bitte genau so weitermachen. Bitte. Nicht nur auf die Stirn, den ganzen Kopf beklopfen." Ich folgte ihrem Wunsche und nach wenigen Minuten war der Schmerz Geschichte. Den Bademeister, der einschreiten wollte, konnte ich nicht so recht von meiner Methode überzeugen. Das machte wenig aus. Der Kopfschmerz war besiegt.

So suche ich im Hotelzimmer nach einer Flasche, finde nichts, nehme mit einem gläsernen Aschenbecher vorlieb. Nach einigen Versuchen finde ich den richtigen Rhythmus heraus, klopfe überall dorthin, wo es schmerzt, der Schmerz lässt nach.

Wo ist die Freude geblieben? Ich horche in mich hinein. Durch das geschlossene Fenster dröhnt der nie enden wollende Verkehr. Es gibt hier offenbar mehr Notwendigkeit als anderswo, rund um die Uhr umherzufahren und vor allem zu hupen. Eher könnte man von Hupkonzerten sprechen. Mein Magen zieht sich zusammen. Was ist los?

Todesangst schreit mir aus jeder meiner Zellen entgegen, mein inzwischen schweißbedeckter Körper hat sich damit vollgesaugt. Meine rechte Hand lege ich auf die Wunde, schließe meine brennenden Augen, versuche, mich zu konzentrieren. Das Blut pocht durch meinen Schädel. Ich strenge mich an, schärfe meine Wahrnehmung. Kein Pulsieren ist in der Wunde zu spüren, kein Zeichen, keine Stimme, kein Nichts. Nach einer Weile stehe ich auf, verrichte meine Morgentoilette, Dusche mich ausgiebig kalt, begebe mich zu den anderen.

Erst wenn wir wir selbst geworden sind,
hören wir auf, wie andere sein zu wollen.

Unbekannt

Später sitzen wir mit potenziellen Kunden zusammen, diskutieren unsere geschäftliche Vorgehensweise in einem Projekt. Man hat uns mit Kaffee versorgt. Wieder sehr stark, ohne Milch. Der Italiener Fabio R. versucht, mich davon zu überzeugen, dass unser Geschäftsmodell nicht zum Erfolg führen wird. Wortreich und mit einem schwierig zu verstehenden Akzent im Englischen sprudelt es nur so aus ihm heraus. Mühe habe ich, ihm zu folgen, muss mich dabei sehr konzentrieren. Ihn zu verstehen, strengt mich an.

Manches Gesagte entgeht mir, seine Argumentation erschließt sich mir nicht. Mir ist unklar, worauf er hinaus möchte. So finde ich keine Antworten auf seine Argumente. Heute bin ich über den starken Kaffee froh.

"Du hast meine Botschaft an dich verstanden. Gut. Ich heile dich jetzt." Genauer höre ich hin. War da etwas oder habe ich mich getäuscht? "Ich heile dich jetzt", nehme ich wieder wahr. "Und vergiss mir nicht die Freude."
Vor mir sitzt indessen Fabio R., schaut mich an, spricht weiter. Seine Augen blitzen aufgeregt durch die goldgeränderte Brille. Er kritzelt mit einem breit schreibenden Füller mit grüner Tinte etwas auf ein Stück Papier, malt dazu einige Kästchen, verbindet das Geschriebene

mit Pfeilen, die auf die Kästchen hinweisen, deutet mit seinem dicken Zeigefinger immer wieder darauf. Seine Stimme, die Wörter und Sätze sind zwar noch an mich gerichtet, sein Ausdruck ist intensiver noch als vor Minuten. Seine Worte treffen mich aber nicht mehr. Ich höre sie nicht, sie sind viel zu leise, bedeutungslos. Wie huschende Schatten gleiten sie auf mich zu.

Entspannung macht sich breit und breiter, wie ein Lebenselixier weht sie in jeden Winkel meines Körpers. Sie setzt sich fort unter meiner Haut, weht in die Haare. Unaufhaltsam, jede Angst, jeden Zweifel verscheuchend. Ich lehne mich zurück und schließe meine Augen. Mag Fabio R. weiterreden, grüne Kästchen malen oder nicht. Jetzt muss ich mich ausnahmsweise um mich selbst kümmern. Und um niemand anderen. Jetzt bin ich mal dran.
Stille kehrt ein.

Ich kann mich nicht erinnern, wann ich sie das letzte Mal genießen konnte. Ah, ja, im Fischlokal. Ist ja noch gar nicht so lange her. Die Stille vertieft sich, Stille, das Wort verschwindet, hängt sich vermutlich an die Tränen, schwimmt mit ihnen talwärts. Nichts weiß ich von der Zeit, habe das Gefühl für sie verloren. "Du hast verstanden. Ich heile jetzt."

Fast erschrecke ich. Das Wort "heilen" klingt immer wieder in mir nach. "Und vergiss mir nicht die Freude." Mehrfach hallt Freude nach. Freude, Freude. Ja, die Freude. Was ist das für ein Geräusch? Lacht da jemand? Täusche ich mich? "Es gibt auch Schadenfreude." Lachen. "Schadenfreude?" "Auch die kann man nutzen, transformieren und durch das Herz ziehen. Und Humor. Und, und, und."

Viel später, als ich die Augen wieder öffne, mein Gesicht getrocknet habe, bemerke ich, dass ich allein im Raum sitze. Die Sonne geht gerade unter. Ich blinzle ihr zu, schließe wieder die Augen, sehe

ihr leuchtendes komplementäres Abbild. "Freu dich mit mir, liebe Sonne."
Fabio R. ist mitsamt meinen Kollegen vermutlich beim Abendessen. Er hat den grün und breit schreibenden Füller und den bekritzelten Zettel mit sich genommen.

Abends im Hotelzimmer. Ich sitze in dem ausgeblichenen beigen Sessel mit dem blassen, kitschigen Rosenmuster am Fenster. Das Licht schalte ich vorerst nicht ein. Draußen leuchten gerade die Straßenlaternen auf, malen die plumpen Muster der Gardine mit breitem Pinsel an die Wand. Die Hupen brüllen in den Himmel.

Um die Freude zu unterstützen, habe ich mir ein Viertel Rotwein bestellt. Mal sehen, ob das reicht, ob das hilft. Ich bitte um einen Wahlspruch. Ein paar Worte nur, die ich im Falle, dass ich wieder schwach werde, dass ich vergessen sollte, zu meinem Schutz und zu meiner Erinnerung einsetzen kann. Ein paar Worte, die ich jederzeit aufsagen kann, wenn es mich nach unten zieht, wenn die Freude geht oder nicht kommen will. Muss nichts Kompliziertes sein.

Ich zähle die plumpen Muster an der Wand. Wenn ich nur diejenigen rechne, die sich an der Wand niedergelassen haben, und jene, welche auf dem Sofa ruhen, ausblende, ergeben sich siebenundzwanzigeinhalb Muster. Einhalb deshalb, weil sich ein Muster zur Hälfte an der Wand und zur Hälfte auf dem Sofa abbildet.

Mir fällt ein Satz ein, den ich oft zitiert habe, wenn es jemandem schlecht ging. Als Trost, als Unterstützung und zum Festhalten. Immer wieder wurde berichtet, dass dieser Satz die Stimmung verbessert habe. Dieser Satz steht nun vor mir. In klaren siebzehn Buchstaben, zusammengefasst in insgesamt vier Worten. Sehen kann ich den Satz zwar nicht, auch könnte ich nicht sagen, dass ich ihn spüre. Mir fehlt das Wort dafür, wie ich ihn wahrnehme. Er ist einfach da. Er scheint mir unruhig zu sein, wird unscharf, verliert manche seiner Buchstaben, wabert hin und her, unterzieht sich unerwartet, langsam einer Wandlung.

Von "Das Beste kommt noch!"
über "Alles wird gut!"
und "Das Beste ist jetzt!"
zu "Jetzt ist das Beste!"
bis "Jetzt ist alles gut!"

JETZT IST ALLES GUT!
JETZT IST ALLES GUT!

Diesen Satz wiederhole ich mehrfach. Dann warte ich ab. Nichts tut sich, daran ändert sich nichts mehr. Er bleibt so stehen. An ihm kann ich nicht zweifeln. An ihm komme ich nicht vorbei. Er scheint erhaben gegen eventuell aufkeimende zweifelnde Momente in der Zukunft. Das spüre ich. Diese vier Worte werde ich in mich einbrennen wie ein Brandzeichen, damit sie mir immer und überall zur Verfügung stehen!

Folge der Freude!

Unbekannt

Einen Tag später, wieder im Hotelzimmer. Ich sitze wieder in dem ausgeblichenen beigen Sessel mit dem blassen, kitschigen Rosenmuster, sehe in meinen flimmernden Computer, schreibe mir das Erlebte auf. Keinen Satz, kein Wort, keinen Buchstaben möchte, darf ich vergessen.

Nun meldet sich störend das E-Mail-Programm mit einem leisen Klingen. Hoffentlich keine schlechte Nachricht. Mein Herz zieht sich zusammen, als ich eine E-Mail von meinem Rechtsanwalt sehe. Es gibt da einen schwierigen Fall, bei welchem es um hohe Beträge, möglicherweise um meine wirtschaftliche Existenz geht. Soll ich die E-Mail jetzt lesen? Oder später? Erst wenn ich zu Hause bin? Hier kann ich ja doch nichts ausrichten, außer mich zu sorgen.

JETZT IST ALLES GUT!
JETZT IST ALLES GUT!

Klingt es in mir. Ich wiederhole den Satz mehrfach, überwinde mich, bekomme feuchte Hände und lese die E-Mail mit Herzklopfen. Mein Anwalt teilt mir mit, dass er einen Teilerfolg erzielt hat.

JETZT IST ALLES GUT!
JETZT IST ALLES GUT!

Über mein Erlebnis mit der Krankheit denke ich nach. Gehe die letzten Tage noch einmal durch. Wie groß war doch meine Angst, wie sehr habe ich mich an das Leben geklammert. Dankbarkeit quillt auf. Freude mischt sich darunter. Wie ähnlich sich doch die beiden anfühlen.

Wir sind wieder nach Podgorica gefahren und sitzen im Flughafengebäude. Es regnet stark. Der Geruch nach Regen, der auf die Kleidung fällt und gleich wieder verdunstet, verbunden mit den individuellen Ausdünstungen seiner Träger, durchwabert die große Abflughalle. Der noch ziemlich neue Flughafen macht anfänglich einen sehr guten Eindruck auf mich. Allerdings tröpfelt es an mehreren Stellen durch das Dach, so dass sich Pfützen am Boden bilden. Da und dort stehen feuerrote Eimer, um das Wasser aufzufangen. Mitten in eine größere Pfütze hat man einen gelben Plastikaufsteller mit der Aufschrift "CAUTION WET FLOOR" platziert.

In der Toilette ist das Pissoir mit einer schwarzen Plastikfolie abgedeckt. Die Knöpfe für die Wasserspülung über der Sitztoilette sind mit einem völlig unpassenden, an der Wand mit zwei rostigen, krummen Schrauben befestigten Blech abgedeckt. Wozu das gut sein soll? Ich traue mich nicht, die Toilette zu benutzen, eine Überschwemmung möchte ich jetzt nicht verursachen, suche nach einer anderen Toilette.

Die Reise nähert sich ihrem Ende. Höchste Zeit ist es, mein Projekt "Hautkrebs" abzuschließen. Ein letztes Mal möchte ich Kontakt mit ihm aufnehmen, lege die rechte Hand auf meine Wunde. Die Hand wird schnell warm, ich spüre, wie Energien strömen. Ganz deutlich nehme ich auch wahr, dass ich das nun sein lassen soll, dass es genug ist. Alles ist gesagt, gehört und hoffentlich auch nachhaltig verstanden.

Ich bitte um Freude, erwarte die Freude. Es ist nicht die Freude des Genießers, die mich interessiert, auch nicht die Freude desjenigen, der einen großen Deal abgeschlossen hat. Eine Art von neutraler, von übergeordneter, von reiner, zielloser Freude möchte ich erleben. Einer Freude, welche keine Erfolge oder Anlässe benötigt, welche von außen kommen.

Am Ende werde ich froh und dankbar sein, wenn mich das Schicksal an den Rand des Stroms spült. Dorthin, wo die Wasser flacher werden und die Strömung nachlässt. Dorthin, wo die Kraft der Sonne bis auf den Grund dringt.

Dankbarkeit macht das Leben erst reich.

Dietrich Bonhoeffer

Folgenden Text aus Herberts Karton habe ich mehrfach gelesen. Und ein rotes Kerzlein dabei angezündet. Einige Gläser Primitivo benötigte ich, um damit klarzukommen. Tief hat er mich berührt, zeigt er doch viel von Herberts Innenleben, von seiner sensiblen Seite und der gewaltigen Sehnsucht, mit welcher er zurechtkommen muss.

"Gern erzähle ich euch einen, na, sagen wir, einen nicht ganz salonfähigen Witz. Kennt ihr den mit der Dame und dem Fahrschullehrer?", sprach der Kollege links vor mir auf dem Fahrersitz mit deutlichem Akzent. "Aber erst in ein paar Minuten. Ein bisschen Geduld noch, wenn ich bitten darf, meine Herren. Die Spannung lasse ich noch etwas anwachsen." Der Kollege Fahrer lacht laut auf. Sein Gesicht zeigt sich klein im Rückspiegel. Faltig grinst er vor Vorfreude.

Vor etwa einer Stunde waren wir von Podgorica aus nach Norden gefahren, entlang des Canons des Flusses Moraza. Ich sitze rechts auf dem Rücksitz des schwarzen Renault mit dem Podgorizer Kennzeichen. Der Wagen schraubt sich mit drei Kollegen und mir auf den schmalen und kurvigen Bergstraßen von Montenegro nach oben. Schroffe Felsen, Kalkstein links und rechts, Latschengehölz, wenig begrünte Kahlheit begleiten uns. Grau wie die Felsen zeigt sich heute der Himmel. Die Luft ist feucht und schwül. Regen kündigt sich an. Es riecht nach Gebirge und abgestandenem Zigarettenrauch.

Die Kollegen unterhalten sich gerade in der Landessprache. Zwischendrin scheint der Fahrer Witze zu erzählen. Sie lachen. Die Fahrt scheint ihnen Spaß zu machen.

Längere Fahrten drohen oftmals langweilig zu werden. So stelle ich sie gerne unter ein Motto. Was immer dieses Motto bisher auch gewesen sein mag, meist kam ich zu neuen Einsichten oder landete bei anderen, weiterführenden Themen. Heute bin ich gespannt auf mein kleines Abenteuer mit mir und neugierig darauf, ob und welche Einsichten es mir bescheren wird.

Nach einiger Überlegung entschließe ich mich dazu, die Zeit der Fahrt zu nutzen, um mich mit meinen Händen zu beschäftigen. Ja, meine Hände sollen es sein. Ich lege sie in den Schoß. Kühl fühlen sie sich an. Flach lege ich sie aneinander, so, dass sie sich gegenseitig spüren. Können sie sich denn spüren oder spüre ich mich in meinen Händen? Vorsichtig, so langsam es geht und wie es die Straße erlaubt, nehme ich die Hände ein wenig auseinander. Um das feine Gefühl zu erwischen, in den Fingern, in den Handflächen, in den Handballen … den Augenblick, in dem sie sich voneinander trennen.

Dabei richte ich meine volle Aufmerksamkeit auf meine Handinnenflächen. Deutlich will ich spüren, wie es sich anfühlt, wenn ich sie langsam wieder aneinanderlege. Möglichst so, dass sich die beiden Handflächen überall gleichzeitig berühren. Um dies zu erreichen, versuche ich, die Handflächen möglichst in eine plane, gerade Form zu bringen. Nun stelle ich mir vor, dass meine Hände enorm feinfühlig werden.

Anschließend betrachte ich meine Hände von allen Seiten. Sie sind so unscheinbar, machen den Eindruck, als hätten sie sich mit ihren Dasein abgefunden.

Nach allen Seiten drehe ich sie. Erstaunlich ist es, wie sie jede gewünschte Bewegung mitmachen. Eigensinn ist ihnen fremd. So lange sind sie mir schon hilfreich, haben nicht geklagt, nie versagt. Trotzdem sind sie mir ein wenig fremd. Fast unbeachtet haben sie ihren Dienst verrichtet. Ich falte sie wieder. Die Daumen liegen locker auf den Fingern der zugehörigen Hand. Nach einer Weile des Betrachtens und Spürens öffne ich die Hände mittig ein wenig. So entsteht ein schmaler Spalt. Spielerisch experimentiere ich mit unterschiedlich weiten Öffnungen, bis sich eine Form herauskristallisiert.

Eine Art von vorgegebener Form. Eine der Formen, welche wohl in den Genen steckt. Die Haltung der Hände erinnert mich an ein kleines Boot. Ich variiere die Form der Hände ein wenig, bis ich eine mir ideal erscheinende Form erreiche, eine brauchbare Bootsform gefunden habe.

Die Straße ist über lange Strecken renovierungsbedürftig. Die kalten, langen Winter richten jedes Jahr neue Schäden an, der Frost reißt Löcher und Risse auf. Im Frühjahr werden die Straßen notdürftig geflickt, um im darauffolgenden Winter zu einer noch schlimmeren Situation zu führen. Zu einer holprigen, reifenzermürbenden Fahrt. Der Fahrer fährt gerade durch ein tiefes Schlagloch. Das leichte Zittern meiner Hände verstärkt sich fahrbahnbedingt während der nächsten Kilometer.

Meine Hände, meine Haut spüre ich, mehr kann ich nicht wahrnehmen. Die Hände sind noch nicht ganz aufgewacht. Sie sind von mir noch nicht angemessen angesprochen worden, fühlen sich noch nicht richtig angenommen. Aufwecken möchte ich sie.

Meine Hände und mich möchte ich darauf einstimmen, sie daran erinnern vielleicht, dass ich mehr von ihnen erwarte, dass sie mehr sein können, dass sie mehr sind, mehr wert sind als nur reine Greifwerkzeuge. So ist es doch. Darauf hinweisen werde ich, dass ich die Welt durch sie erfahren, "erbooten" kann ... Nun geht mir ein Licht auf. Die Welt mit den Händen begreifen, sie wie mit einem Boot durchmessen, sie erfahren. Hinausfahren.

Mir wird bewusst: Meine Hände brauche ich jetzt dringend. Nicht nur zum Greifen. Zum Ausgreifen brauche ich sie, zum weit über sich, über mich Hinausgreifen sogar. Weit über ihren beschränkten Händeradius hinaus.

Der Fahrer des schwarzen Renault überholt fast ständig auf der Talspur. Der Straßenmittelstrich ist meist nur zu erahnen. Wir sind zu spät losgekommen. Unbedingt musste er noch mehrere Zigaretten rauchen, lange mit seinem Smartphone telefonieren, nachdem die Koffer längst im Kofferraum verstaut waren. Der Zeitverlust rächt sich jetzt. Nun möchte er die verlorene Zeit wieder hereinholen. Ich hatte den Fahrer unmissverständlich aufgefordert zu starten, unten in Podgorica. Dumm hat er nur gegrinst und eine mir sehr lange erscheinende Zeit weitertelefoniert. Auch während der Fahrt telefoniert er, erzählt Witze und lacht dabei mit jedem neuen Witz künstlich und künstlicher.

Wenn die Liebe zu stark wird, bringt sie dem Mann keine Ehre ein, sondern nur Schmerzen.

Euripedes

Der Art der Gesprächslandschaft nach, die sich im Auto erhebt, zerklüftet wie das vor uns liegende Gebirge, scheint der Fahrer nach einer allzu kurzen Pause wieder Witze, zum Glück in der Landessprache, zum Besten zu geben. Beginnend mit langsamer, ruhiger Intonation, ähnlich dem sachten, schwarz-grün bewaldeten Anstieg des Vorgebirges. Dann fährt er fort mit anschwellender Stimme und zunehmender Geschwindigkeit der Wortfolge, vergleichbar dem steiler und mühsamer werdenden Aufstieg beim Übergang zum Hochgebirge. Schließlich folgt eine wirklich sehr künstliche Kunstpause, schon mit breitem Grinsen auf seinem faltigen Rauchergesicht, das ich in zittrigen, ovalen Ausschnitten im Rückspiegel betrachten kann. Diese Pause ist vergleichbar mit dem Zaudern des Wanderers vor der gefahrvollen Passage über die schmale, die tiefe Schlucht überspannende, baufällige Brücke.

Der Wanderer wagt schließlich den Übergang. Dann kommt der unvermittelte kurze Schluss des Witzes, das letzte Wegstück vor dem Gipfel, schließlich das glückliche Ankommen, vergleichbar mit dem freudigen Ausbruch des Gelächters, des Prustens des Fahrers. Es erinnert auch an das erleichterte, befreiende Schulterklopfen und Lachen, nachdem alle Schwierigkeiten überwunden sind und der Berggipfel endlich erreicht ist. Etwas zeitlich versetzt und leiser werdend, wie ein Gebirgsecho, schließt sich das Lachen der Zuhörer an.

Wenn ich nun schon über ein Boot verfüge, möchte ich es auch benutzen, möchte damit zum anderen Ufer übersetzen. Ja, hinüber. Das Neue, das Unbekannte, das hoffentlich Wunderbare der anderen Seite möchte ich erleben. Vielleicht bin ich dann in der Lage, auch das nur durch lange Gewohnheit bekannt und vertraut Erscheinende dieser Seite besser zu begreifen. Mit meinem Verstehen möchte ich eindringen, möchte wissen, was mich, was uns bewegt, wo und was genau die Quelle meiner Sehnsucht ist. Nach wem oder was ich mich wirklich und im tiefsten Grunde sehne. Deshalb benötige ich ganz dringend dieses Boot. Aber ich muss es erst flusstüchtig, seetüchtig machen, muss lernen, damit umzugehen. Starken Sturm muss es aushalten. Das Boot und ich, wir müssen uns verstehen, ohne dass gesprochen wird, denn während des Sturms hört man nur die eigene innere Stimme.

Die Unvernünftigkeit einer Sache ist
kein Argument gegen ihre Existenz,
sondern eher eine Voraussetzung dafür.

Friedrich Nietzsche

Das Boot werde ich vom festen Ufer abstoßen, es dann im flachen Wasser einige Meter schieben, mit nassen Beinen hineinspringen, sobald das Wasser es trägt. Beobachten möchte ich, wie sich der Mond ins Wasser legt und mit den schwarzsilbernen Wellen spielt. Wie er sich in ihnen verliert und sich tausendfach blitzend verändert, umgeformt fortwährend neu schöpft, dann seine Schöpfungen spielerisch hinter sich lässt, um neue Ausdrucksformen seiner selbst zu finden. Mit den langen hölzernen Rudern werde ich das Wasser nach hinten schieben. Damit sich das Boot nach vorne bewegt. Ohne Pause möchte ich rudern. Weiterrudern. Immer weiterrudern. So lange, bis ich das andere Ufer erreicht habe. Und mag es noch so fern sein. Obwohl ich mit dem Rücken zur Fahrtrichtung sitze, werde ich geradewegs auf das andere Ufer zusteuern. Dabei werde ich die Fließgeschwindigkeit des Flusses prüfen und sie in meine Fahrtrichtung mit einkalkulieren. Das Platschen der Ruder wird mich begleiten wie ein geheimer Rhythmus, welcher die schwarze Stille erst hörbar macht. Anfeuern wird er mich, wenn ich zu erlahmen drohe.

Das Boot soll etwas aufnehmen, das üblicherweise in dieser Form und mit diesem Ziel nicht in Booten transportiert wird. Zumindest nicht mit wirklichen Booten aus Holz oder Metall. Schön, dass mir das Wort transportiert zufiel. Da steckt Port drin. Port, der Hafen. Der Hafen, den ich suche.

Die Sehnsucht wird der Wind für mein Boot sein, sie wird das Segel aufblähen. Ein Segel, das umso mehr Wind auffängt und umso mehr Geschwindigkeit liefert, je mehr die Sehnsucht wächst. Meine Sehnsucht. Und sie wächst der vermuteten Größe des unbekannten Ziels mit Ungeduld entgegen. Zu groß ist sie, um sie bei mir halten zu können. Sie hat ihre Kraft, ihre eigenen Ziele entdeckt, ihre eigene Dynamik entwickelt. Vielleicht weiß sie schon mehr vom anderen Ufer als ich, lässt mich aber im Ungewissen. Noch. Den Zeitpunkt habe ich verpasst, wo ich sie hätte zügeln und sie mich brav als Navigator durch die Welt hätte leiten können. Genährt habe ich sie mit meinem Herzblut. In langen, unruhigen Nächten. Nun wächst sie über mich hinaus, drängt in die Weite, um ihre Erfüllung in dem Ziel zu suchen, das hoffentlich mit dem meinen identisch oder ihm wenigstens ähnlich sein wird.

Bin ich verrückt oder bist es du?

Der zweite Ritter

Wonach ruft meine Sehnsucht, wohin sehnen sich meine unbestimmten Sehnsüchte? Nach einem Gegenüber? Einem Menschen, einer Personifizierung der Quelle, der Einheit? Ist ein Teil davon die Sehnsucht

nach dir? Ich kenne dich nicht, noch nicht. Bist du diejenige, welche mir die wenigen Male undeutlich im Traum begegnete?
Dann sind da noch die anderen Sehnsüchte. Manche nach jungem, vollem Leben. Andere nach Ekstase, nach Menschenglück. Die Sehnsucht nach der Ewigkeit, der Vereinigung mit dir, der ewigen Freude ist wohl die umfassendste. Alle anderen schließt sie in sich ein, geht so weit über sie hinaus, so unendlich weit hinein in das Blau des Firmaments, dass ihre Geschwister nur noch banal wirken. Klein.

Ein rot-gelber Radfahrer, blaues Mountainbike, strampelt vor uns auf dieser gefährlichen steilen Bergstraße nach oben. Unglaublich. Er hat sich vom Sattel erhoben, um stehend mehr Kraft für den steilen Anstieg zu generieren. Dabei schaukelt das Rad gefährlich nach links und rechts. Seine Handschuhe sind für meinen Geschmack zu nahe an der Farbe des Blutes. Zur gleichen Zeit kommt uns talwärts ein Bus entgegen, so dass unser Fahrer nicht überholen kann, sogar bremsen muss. Mehrfach hupt er ungeduldig, stößt mir, zum Glück unverständliche, Flüche aus, hebt voller Wut die Hände und schlägt auf das Lenkrad ein. Der Radfahrer fährt so nah an den unbefestigten Straßenrand, den Abgrund heran, dass es mir angst und bange wird.

Mir wird übel, ich versuche, nicht an die nächste Haarnadelkurve zu denken. Wir überholen einen überlangen Lastwagen mit Anhänger. Schwer ist er mit Holz beladen. Das Holz sieht dunkel aus. Von der Feuchtigkeit. Sein Auspuff fügt dem allgemeinen

Grau Schwärze hinzu. Nach dem kritischen Überholmanöver fängt der Fahrer wieder an zu reden, um einen weiteren Witz zu erzählen. Zum Glück wieder in der Landessprache.

Die Fahrt mit dem Boot ist ein Abenteuer mit unsicherem Ausgang. Die Reise muss gewagt, gelebt werden. Vorbilder, die auf diese Weise ans andere Ufer gelangen wollten, habe ich nicht. Sie sind mir unbekannt. Gibt es sie dennoch? Vielleicht sind sie nicht zurückgekehrt, um zu berichten.

Vielleicht ist mein Versuch von Ausweglosigkeit begleitet, weil ich etwas Wesentliches nicht bedacht, weil ich ein unmögliches Vorhaben im Sinn habe. Abhalten lasse ich mich dennoch nicht. Sollte mein Unternehmen scheitern, werde ich es wenigstens versucht haben. Vielleicht öffnet sich überraschend unterwegs eine Tür, die ich jetzt noch nicht sehen kann.

Der Kollege vor mir erzählt wieder einen seiner fünf Standardwitze. Jetzt in seinem eigenartigen Deutsch, damit auch ich verstehen kann und etwas davon habe. Durch meine geschlossenen Augen lässt er sich nicht irritieren. An seinem lauten Lachen gemessen scheint er sich schon vor dem Erzählen köstlich zu amüsieren. Diesmal lässt er die Schwiegermutter drei Mal (anstatt wie in früheren Versionen zweimal) den Satz "Jetzt reicht's mir aber!" sagen.

Er und seine schrägen Witze entwickeln sich offenbar weiter. Prima. Trotzdem kann darüber nun wirklich keiner mehr lachen. Das scheint dem Fahrer nun sogar selbst zu dämmern, was ich an einer kleinen Unsicherheit in seiner Stimme zu bemerken meine. Ungeachtet dessen wird er gleich mit einem weiteren Witz daherkommen. So gut kenne ich ihn. Hoffentlich nicht mit jenem, der von der Dame und ihrem Fahrschullehrer handelt.

Die Augen lasse ich geschlossen. Vielleicht denken die Kollegen doch, ich würde schlafen und lassen mich in Ruhe. Meine Hände sind etwas wärmer geworden. Ich fühle sie intensiver. In der Mitte der Handflächen bilden sich warme Stellen.

Gott ist immer in uns, nur sind wir so selten zu Hause.

Meister Eckhart

Mein Herz konnte nicht schnell genug mitwachsen in den letzten Jahren, mitwachsen mit dem Suchen und Sehnen. Die Fülle und Dichte der Sehnsucht hat so zugenommen, dass mein Herz sie nicht mehr beherbergen kann. Es ist überfordert. Dringend muss eine Lösung gefunden werden, um Schlimmeres zu verhüten. Meine Sehnsucht braucht Erfüllung, einen Ausgleich zwischen den übergroßen Gebirgen der Wünsche, der Begierde und des Verlangens, die sich aufgetürmt haben. Trachtet die verheißungsvolle, fruchtbar sattgrüne Tiefebene ihrerseits nicht auch nach ein wenig Höhe?

"Kennt ihr den mit dem Polizisten?", dringt wie aus weiter Ferne die Stimme des Fahrers zu mir durch. Meine Augen sind nach wie vor geschlossen, ich hüte mich davor, etwas zu sagen. Der Beifahrer murmelt: "Nein." Eine glatte Lüge. "Also gut", beginnt der Fahrer. "Stellt euch vor: Kürzlich am Münchner Hauptbahnhof habe ich meinen Fahrschein auf den Boden geworfen. Ein Polizist hat das gesehen und auf besonders freundliche Art, wie das die Münchner so an sich haben, gesagt: '20 Euro.' Ich habe ihm zwanzig Euro gegeben, was sollte ich auch sonst machen, und er gab mir eine Quittung. 'Was soll ich denn nun mit dieser Quittung anfangen?', fragte ich den Polizisten. Er antwortete: 'Werfen Sie die doch einfach weg.'" Der Fahrer brüllt vor Vergnügen.

Etwas geht vor sich. In mir und um mich herum. Es ist im Raum, wabert in der Luft. Von außen drückt es leicht auf meine Haut, auf die Hände, streift wie ein kühler, zärtlicher Hauch an ihnen entlang, von den Fingerspitzen kommend, dann weiter zu den Handgelenken. Etwas, das sich mehr ahnen als spüren lässt, sich möglicherweise nur für einige Momente zusammengezogen hat, um sich dann genauso schnell wieder zu verflüchtigen. Eine leichte Verdichtung der Luft vielleicht, die, wie es beim Einatmen manchmal geschieht, ein etwas anderes Gefühl, einen etwas anderen Widerstand hervorruft als üblich.

Ja, es geht vom Herzen aus und verbreitet sich durch ein leichtes, dem Vibrieren übergestülptes Pulsieren, jedoch in einem anderen Rhythmus als mein Herzschlag. Langsamer, ausgreifender, freier von Körperlichkeit. Die Hände sind warm geworden. Einige Minuten lasse ich das Boot sich auffüllen, so lange, bis ich meine, dass genug eingeströmt ist. Dann nehme ich die Hände, ohne eine Veränderung an ihrer Haltung vorzunehmen, vom Herzen weg, lege sie in meinen Schoß, versuche zu spüren, was geschieht.

Mehr Raum wird benötigt, das fühle ich, daher öffne ich mein kleines Boot nach kurzer Überlegung auf der körperzugewandten Seite, dort, wo sich die Handballen befinden, um so ein viel größeres Boot, begrenzt durch meine Arme und meinen Brustraum, zu erzeugen. Die Wärme füllt sofort den nun viel größeren Bootsraum aus. Wie ein Fremder lausche ich in das größere Boot hinein, neugierig zu erfahren, ob es zu einer Reise kommen wird und wohin sie geht.

Von ferne höre ich den Fahrer reden: "Frage: Welche Haarfarbe hatten die alten Germanen?" Das ist zum Glück nicht der Witz mit der Dame und dem Fahrschullehrer. Der Kollege Beifahrer fühlt sich angesprochen und sagt wie immer, müde und genervt: "Blond." "Nein, grau ist die Antwort." Keiner lacht außer dem Fahrer. Er prustet nur so. Dann zündet er sich eine Zigarette an.

Der Kollege vor mir dreht das Radio an. Er hört ein wenig in verschiedene Sender hinein, bis er bei einem seltsamen Musikstück hängen bleibt. Zwei Takte simpelster Melodie, irgendwie elektronisch verzerrt, werden ständig unverändert wiederholt. Melodie ist zu viel gesagt, vielleicht wäre "organisierter Lärm" eine bessere Bezeichnung. Ich öffne die Augen. Wo sind wir? Der Kollege vor mir bewegt sich, soweit das der beschränkte Raum zulässt, rhythmisch zur Melodie. Seinen kahl geschorenen Kopf hebt er dabei auf und ab. Nur den oberen Teil der Kuppel sehe ich, einen rosafarbenen kahlen Berg. Einen Schildkrötenpanzer ohne das übliche Muster. Mit den Fingern schnippt er und versucht mitzusingen. Brummen wäre wohl eine bessere Bezeichnung dafür. Nach der x-ten Wiederholung hat er sich einigermaßen die Melodie gemerkt.

Im nahen Nationalpark soll es Bären geben.
Ich erinnere mich. Schon einmal habe ich diese Art von Musik gehört und die Kollegen gefragt, was das denn für ein Blödsinn sei. Mir wurde erklart, es sei eine Multi-Ebenen-Musik. Je nachdem, was man gerade eingenommen hat, ruft sie unterschiedlichste Erfahrungen hervor.

Rozaje lese ich auf einem verblassten Ortsschild.

Ich schließe die Augen. Wärme durchströmt meinen Brustraum. In der rechten Schulter kribbelt es. Soll ich das Fenster öffnen? Lieber nicht, das führt nur zu den bekannten Diskussionen. So muss ich den Zigarettenrauch erdulden. Meine Hände kommen mir wie glühend vor, ich fühle hin, wo sich etwas tut, an alle Stellen, an welchen ich

Wärme spüre, möchte ich präsent zu sein. Nichts möchte ich verpassen. Die Wärme verwandelt sich ganz langsam. Neugierig bin ich, was daraus werden wird. Sie wird zu Freude, stiller, nach innen gerichteter Freude.

Alles Gestürme und der Unfrieden stammt
nur aus Eigenwillen,
ob man es merke oder nicht.

Meister Eckhart

Der Fahrer verringert die Geschwindigkeit. Irgendwo in der Ferne höre ich den Blinker klicken. Er nähert sich bedrohlich, hämmert rücksichtslos in mich hinein. Plötzlich höre ich das Stück wieder, es ist wohl immer noch das gleiche. Ja, Stück ist besser, Musikstück wäre zu viel gesagt. Es war ganz aus meiner Wahrnehmung verschwunden, ausgeblendet. Der schwarze Renault fährt rechts ran und bleibt stehen. Die Handbremse wird angezogen, der Motor ausgeschaltet. Vorsichtig öffne ich ein klein wenig das linke Auge. Leuchtendes Grau blendet mich, schmerzt. Verschwommen sehe ich im Hintergrund ein Gasthaus, zwei mächtige Bäume warten neben dem Eingang. Jemand öffnet die Wagentür, hält sie mir auf. Mein Auge schließe ich wieder. Das Stück hat ausgespielt. Mittendrin aufgehört. Die kühle Bergluft strömt herein. Ein Vogel zwitschert dezent. Bewegen kann und möchte ich mich nicht. Jetzt nicht. Ich räuspere mich.

"Komme gleich nach", murmle ich, "komme gleich."

Die Tür des schwarzen Renault bleibt offen, als die drei Männer ihre Koffer polternd und rumpelnd im vorgegebenen Rhythmus der Bodenplattenfugen in Richtung Gasthaus ziehen.

Viel später öffne ich meine Augen. Die Wagentür steht noch immer weit offen. Es ist dunkel geworden. Und kalt. Leichter Regen fällt. Ich friere. Vermutlich war ich eingeschlafen. So gut es geht strecke ich mich, verlasse das Auto, gehe in Richtung Gaststätte. Meinen Koffer trage ich. Den vorgegebenen Rhythmus der Bodenplattenfugen mache ich nicht mit. Vor dem Fenster der Gaststätte bleibe ich stehen. Drinnen sitzen meine Kollegen mit unserem Kunden. Jeder hat ein großes Bier vor sich stehen. Sie prosten sich zu. Der Fahrer erzählt mit großen Gebärden und lacht dabei aus vollem Hals. Wahrscheinlich gibt er einen seiner fünf Standardwitze zum Besten. Hoffentlich nicht den mit der Dame und dem Fahrschullehrer. Die drei anderen brüllen vor Lachen. Das kann ich durch die Fenster hören. Der Kunde schlägt sich vor Vergnügen mehrmals auf seine Schenkel. Dann wischt er sich mit einer grünen Serviette die Augen. Man prostet sich wieder zu.

Weiter geht's zur Rezeption. Dort hole ich den Zimmerschlüssel, finde das mir zugewiesene Zimmer in der dunkelsten Ecke am Ende des Gangs, werfe mich aufs Bett, betrachte die Decke.

Wäre das Leben nicht einfacher, leichter ... nur mit fünf Witzen bewaffnet?
Beim Frühstück am nächsten Morgen. Der Kunde ist bereits abgereist. Der Fahrer erzählt einen Witz.

"Ein Mann hat den Weg verloren, er hat sich beim Wandern verlaufen."
Ich fasse es nicht. Sollte das ein sechster Witz sein, ein neuer vielleicht in seinem Repertoire? Oder nur eine Modifikation eines anderen? Gottlob, jedenfalls nicht der mit der Dame und dem Fahrlehrer. Gespannt bin ich, was nun folgen wird. "Nach langer Zeit kommt er an einen Fluss, wandert an ihm entlang durch Wiesen und kleine Waldstücke. Lange wird es nicht mehr dauern, bis die Sonne

untergeht. Er hofft, bald an eine Brücke zu kommen, um auf die andere Seite, zurück in die Zivilisation zu finden. Weit und breit ist jedoch keine Brücke zu sehen.

Schon setzt die Dämmerung ein. Der Wanderer wird unruhig, beschleunigt seine Schritte. Gott sei Dank! Auf der anderen Seite des Flusses sieht er auf einem Acker einen Bauern arbeiten. Der wird ihm sagen können, wohin er sich wenden soll. Froh ruft er hinüber: 'Hallo! Guter Mann, wie komme ich bitte auf die andere Seite?' Mehrmals muss der Wanderer seine Frage wiederholen, jedes Mal schüttelt der Bauersmann den Kopf, der Wanderer schreit noch lauter, bis der Bauer ihn endlich versteht. Unschlüssig scheint er zu sein, was er antworten soll. Er überlegt ein wenig, kratzt sich an seinem schief gehaltenen Kopf und ruft schließlich zurück: 'Ich verstehe nicht, was du willst, du bist doch schon auf der anderen Seite!'"

Wer werden will, was er sein sollte,
der muss lassen, was er jetzt ist.

Meister Eckhart

Über den Autor

Was treibt uns an, was bringt uns dazu, jeden Morgen aufzustehen und neue Herausforderungen zu suchen? Ist es die Sehnsucht? Wenn ja, die Sehnsucht wonach?
Von Jugend an versuchten Herbert und der Autor Fragen dieser Art mit brennenden Herzen zu beantworten. Sie nannten es: "Die Suche nach dem Wunderbaren".
Während der vielen Jahre, in welchen der Autor in seiner Eigenschaft als Diplomingenieur Geschäftsführer einer Firma war, hatte er Gelegenheit, weltweit nach Antworten Ausschau zu halten. Aus dem äußeren Suchen wurde - ein inneres Finden. Ein Finden, das sich stets wunderbar erweitert und vertieft.

288 Seiten, broschiert
ISBN 978-3-96933-013-5
€ [D] 16,00

Franz Huber

Herzenshühner

Ein erfülltes Leben mit Hühnern

Ach du lieber Gott, meine Mutter hat mir ihre Hühner vererbt! Und jetzt? Wir haben uns tatsächlich angefreundet – die Hühner und ich.
Mich überkommen eigenartige Gefühle, wenn ich im Garten in der Abenddämmerung auf der alten Bank sitze, mit Bruno dem Gockel, der krähend versucht, die Sonne zurückzurufen ...
Was ist jetzt real? Das hängt davon ab, was ich als real bezeichne und wie ich mein Leben gestalten möchte, oder?
Ein Buch voller Farben, Klänge, Düfte und vor allem Erkenntnisse – nicht nur für Hühnerhalter.

196 Seiten, durchgehend farbig, broschiert
ISBN 978-3-89845-558-9
€ [D] 18,95

Bend Martinschitz

Die lebendige Kraft der Berge

Das gemeinsame Wachsen von Mensch und Natur

Die magische Gebirgswelt ist schon tausendfach beschrieben worden. Doch nun lernen wir sie neu kennen und betreten terra incognita.
Bernd Martinschitz lässt uns teilhaben an der Kraft der Bergriesen. Er präsentiert Berge erstmals als lebendige Wesen mit eigener Historie sowie die gesamte Landschaft als vitales Feld, in das wir Menschen seit Urzeiten eingewoben sind und von dessen Energien wir profitieren können.
Ein einmaliger Reiseführer in das Lebendige der Natur und zu uns selbst.

192 Seiten, 2-fbg., broschiert
ISBN 978-3-96933-001-2
€ [D] 18,00

Peter Berliner

Pension ich

Was ich wirklich brauche

Welche Eigenschaften sind maßgeblich verantwortlich für unser unverwechselbares Profil? Sie sind die essenziellen Begleiter auf unserer Lebensreise.
Stellen Sie sich diese Begleiter wie Zimmer einer Pension vor, der Pension ICH. Sie selbst sind diese Pension. Ausgestattet mit elf Zimmern, die für Ihre Verhaltensweisen und Grundsätze stehen. Sie werden in diesen Räumen Zusammenhänge, Widersprüche und Chancen entdecken. Jeden Tag aufs Neue.
Buchen Sie jetzt und stoßen Sie die Tür weit auf zu einem neuen Leben!

240 Seiten, broschiert
ISBN 978-3-89845-502-2
€ [D] 16,95

Maria G. Baier-D'Orazio

Vom Vergnügen älter zu werden

Fit, frech, fröhlich, frei das Leben genießen

Fit, frech, fröhlich, frei in jedem Alter – das ist kein Traum. Denn ein lebendiges Alter ist möglich – und auch Sie können das erreichen.
Wie? Indem Sie mit Leidenschaft Ihr Leben gestalten, anstatt das Älterwerden einfach nur zu »überstehen«, denn dann werden Sie viel müheloser durch jedes Alter gehen.
Dieses Buch hilft Ihnen dabei, hinderliche Denkmuster zum Alter abzubauen und daran zu glauben, dass Älterwerden ganz anders gehen kann. Legen Sie los und freuen Sie sich auf ein spannendes, authentisches Leben!

256 Seiten, farbig, mit vielen Fotos und Grafiken, Flexocover
ISBN 978-3-96933-009-8
€ [D] 28,00

Maria G. Baier-D'Orazio

Anders sein, anders denken, anders handeln

Um du selbst zu sein, um frei zu werden, damit sich etwas ändert. Ein inspirierendes Arbeitsbuch

Ein völlig neuer Weg der Innenschau.
Im ersten Teil des Buches führen Fotos dich in eine Reflexion über dein gesamtes Leben. Dein Denken wird auf die Probe gestellt. Du spürst, wer du wirklich bist, und entdeckst neue Wege.
Im zweiten Teil erlauben dir Zeichnungen, deine Sichtweisen und Probleme konkret zu bearbeiten. Im Buch selbst kannst du diese Zeichnungen neu gestalten. So findest du Lösungen und es wird sich etwas in deinem Leben verändern.
Eine Entdeckungsreise zu dir selbst!

Weiterführende Informationen zu Büchern, Autoren und den Aktivitäten des Silberschnur Verlages erhalten Sie unter:
www.silberschnur.de

Natürlich können Sie uns auch gerne den **Antwort-Coupon** aus dem beiliegenden Lesezeichenflyer zusenden.
Ihr Interesse wird belohnt!